辽宁省首批“十二五”普通高等教育本

航运业务与海商法

(第3版)

郭　萍　韩立新　王　欣　编著
司玉琢　主审

大连海事大学出版社

图书在版编目(CIP)数据

航运业务与海商法 / 郭萍,韩立新,王欣编著. — 3 版. — 大连：大连海事大学出版社, 2016. 1(2023. 8 重印)
辽宁省首批“十二五”普通高等教育本科省级规划教材
ISBN 978-7-5632-3277-2

Ⅰ. ①航…　Ⅱ. ①郭… ②韩… ③王…　Ⅲ. ①航运—高等学校—教材②海商法—中国—高等学校—教材　Ⅳ. ①U6②D922. 294

中国版本图书馆 CIP 数据核字(2016)第 010493 号

大连海事大学出版社出版

地址:大连市黄浦路 523 号　邮编:116026　电话:0411-84729665(营销部)　84729480(总编室)

http://press. dlmu. edu. cn　E-mail:dmupress@ dlmu. edu. cn

大连金华光彩色印刷有限公司印装　　大连海事大学出版社发行

1997 年 7 月第 1 版　　2006 年 12 月第 2 版

2016 年 2 月第 3 版　　2023 年 8 月第 5 次印刷

幅面尺寸:184 mm×260 mm　　印张:22. 75

字数:555 千　　印数:14001~15000 册

出版人:刘明凯

责任编辑:陆　梅　　责任校对:杨玮璐

封面设计:王　艳　　版式设计:解瑶瑶

ISBN 978-7-5632-3277-2　　定价:45. 00 元

内容简介

本书是根据航海技术专业本科指导性教学计划，按照“航运业务与海商法”课程教学大纲编写的。

全书共分两编二十三章。第一编为航运业务，介绍了国际贸易术语、远洋运输船舶营运方式、班轮货运单证、集装箱运输业务、班轮运价、船舶代理与船舶进出港手续、货运代理业务与无船承运业务、港口使费等内容。第二编为海商法，内容包括绪论、船舶、船舶担保物权、船员、海上货物运输合同、海上旅客运输合同、海上拖航合同、船舶租用合同、船舶碰撞、海难救助、共同海损、船舶污染损害赔偿、海事赔偿责任限制、海上保险、海事争议的处理等。

本书是辽宁省首批“十二五”普通高等教育本科省级规划教材，供航海技术专业的本科生使用，也可作为轮机工程、国际航运、外轮理货、海事管理等相关专业学生学习此门课程的参考书，并可供在职船员及航运企业管理人员自学使用。

内容简介

第三版前言

《航运业务与海商法》第一版、第二版分别于 1999 年、2006 年出版，系应用于船舶驾驶、轮机工程、国际航运、水运管理、物流管理、海事管理、海商法等专业的本专科教材。自出版以来，得到了一些航海类院校、法学院系以及航运企业的大力支持和垂爱。

《航运业务与海商法》主要分为"航运业务"和"海商法"两个部分，以满足学生们了解航运实务需求以及达到学习相关海商法律知识的目的。

自 2007 年以来，不论是国内外航运实践活动还是相关国际公约、国内法律，都发生了较大变化，因此本次修订中，着重将这些变化和最新发展情况体现在教材中。例如在国际贸易术语方面，主要根据 2010 年 INCOTERM 做出修订和补充；海难救助一章则将 2011 年 SCOPIC 条款内容吸收进来。《中国海事仲裁委员会仲裁规则》《中国国际经济贸易仲裁委员会仲裁规则》分别于 2014 年、2015 年修订，而且随着我国《物权法》《侵权责任法》《涉外民事关系法律适用法》等先后颁布，《民事诉讼法》于 2012 年进行修订，最高人民法院有关船舶碰撞、船舶扣押及司法拍卖、货运代理、油污损害赔偿、仲裁等领域的司法解释先后出台，有必要针对上述法律法规的变化和修订，及时对船舶及其物权、船舶碰撞、货运代理业务争议处理、油污损害赔偿、海事争议处理及船舶扣押等方面的内容进行补充和修订。

此外，作为保护海员权益的综合法典——《2006 年海事劳工公约》已经于 2013 年 8 月生效，我国全国人民代表大会常务委员会也已经于 2015 年 8 月底批准参加该公约的提案，2015 年 11 月 12 日，中国常驻日内瓦办事处吴海龙大使代表我国政府向国际劳工组织总干事递上了我国批准《2006 年海事劳工公约》批准文书，一年后该公约将对我国生效。而我国《海船船员适任考试和发证规则》也已经于 2011 年进行修订。因此应当根据上述公约和国内法的变化，对海员资质、船员劳动合同等相关内容进行补充和调整。

《关于外国船舶司法出售及其承认的国际公约草案》于 2014 年通过，考虑到有关诉讼、仲裁方面的法律及实务的变化，有必要增加有关 ADR 解决方式的内容，并补充、更新有关诉讼和仲裁方面的程序规定。

参加本书编写的有：郭萍教授（第三版前言、第二章、第三章、第七章、第十三章、第十六章、第二十章、第二十一章），韩立新教授（第一章、第九章、第十章、第十一章、第十二章、第十七章、第十八章、第二十三章），王欣副教授（第四章、第五章、第六章、第八章、第十四章、第十五章、第十九章、第二十二章）。全书由郭萍教授统稿，司玉琢教授审定。

《航运业务与海商法》（第二版）自出版以来，分别于 2009 年获得中国大学出版社图书奖首届优秀教材二等奖，大连市科学著作一等奖，2009 年度辽宁省普通高等学校省级精品教材；2013 年获得辽宁省首批"十二五"普通高等教育本科省级规划教材等荣誉。这些荣誉既是对本教材内容和质量的肯定，也是对本教材各位编者的鞭策。在此，感谢各位编者的齐心协力和不懈的努力，也感谢大连海事大学出版社以及法学院各位领导与同仁的鼎力支持和鼓励。

最后，对所有关心和支持本教材的各位读者和各界人士表示衷心的感谢！

本书错误与不足之处，欢迎读者批评指正。

编　者

2015 年 10 月于大连凌水桥畔

扫码学习《深入学习贯彻党的二十大精神　加快建设交通强国　当好中国式现代化开路先锋》

第二版前言

本教材是普通高等教育"九五""十五"国家级重点教材。

《航运业务与海商法》(第一版)于1999年出版,主要应用于船舶驾驶、轮机工程、国际航运、物流、海事管理、海商法等专业的本专科教学,同时也是当时唯一一部将航运业务与海商法结合在一起编写的教材。本书体例及内容的安排,既能够满足学生了解航运实务的需求,又能够达到读者了解相关海商法律知识的目的。1999年以来,国际国内法律先后发生了一些变化,航运实务也出现了一些新的情况,为了能够反映最新立法和航运实务情况,我们在第一版内容的基础上,对诸如航运管理、多式联运法律与实务、货运代理、无船承运业务等内容进行补充,对涉及航运业务的部分章节的前后顺序进行调整,同时对全书的内容进行更新,以使相关知识更加系统,相关章节的前后顺序更具逻辑性、连贯性。第二版延续了第一版的风格,将全部内容分为"航运业务"编与"海商法"编两部分。在"航运业务"编中,分别介绍了国际贸易术语、远洋运输船舶营运方式、班轮货运单证、集装箱运输业务、班轮运价、船舶代理业务与船舶进出港手续、货运代理业务与无船承运业务、港口使费等内容。"海商法"编基本上是根据我国《海商法》的体例和顺序,适当补充有关船舶污染、海事争议解决等内容,具体包括绪论、船舶、船舶担保物权、船员、海上货物运输合同、海上旅客运输合同、海上拖航合同、船舶租用合同、船舶碰撞、海难救助、共同海损、船舶污染损害赔偿、海事赔偿责任限制、海上保险、海事争议的处理等。

本次修订,在"航运业务"编中主要围绕近年来航运实践的具体变化,重点突出集装箱运输实务、多式联运实务与法律、无船承运业务与货运代理业务的区别和联系,适当增加海上运输管理的内容。在"海商法"编中,主要围绕我国《合同法》《国际海运条例》及其实施细则、《海事诉讼特别程序法》等法律法规的变化,并结合一些国际公约、国际航运实践的变化和发展趋势(如1992年CLC公约、1992年基金公约、1996年HNS公约、2001年燃油公约、2004年约克—安特卫普规则等),对原有内容做适当修改和补充。

参加本书编写的有:郭萍教授(第二版前言、第二章、第三章、第七章、第十三章、第十六章、第二十章、第二十一章),韩立新教授(第一章、第九章、第十章、第十一章、第十二章、第十七章、第十八章、第二十三章),王欣副教授(第四章、第五章、第六章、第八章、第十四章、第十五章、第十九章、第二十二章)。海商法2005级硕士研究生王颖同学参与了海上旅客运输合同、共同海损等章节的修订工作,特此表示感谢。全书由郭萍教授统稿,司玉琢教授审定。

本书的再版得到大连海事大学出版社和法学院各位领导与同仁的大力支持和帮助,在此一并表示感谢!

本书错误与不足之处,敬请读者批评指正。

编　者

2006年12月于大连

第一版前言

本书是交通部统编教材之一。多年来,“航运业务与海商法”一直是航海类专业的主干课程,集业务知识与法律理论于一体。通过学习,学生们能够全面、系统地熟悉航运业务知识,了解和掌握海商法的基本概念和内容,以及国际国内航运法规与惯例,为以后处理航运实务中的业务与法律问题和海事争议,奠定初步的基础。

航运业务与海商法伴随着国际航运的发展而在不断地发展变化。随着我国《海商法》的生效,新的国际公约的相继制定,许多知识迫切需要更新。因此在本书编写过程中,编者力争把最新的知识融于其中。

参加本书编写的分工是:郭萍(前言、第二章、第三章、第六章、第十三章、第十六章、第二十章、第二十一章);韩立新(第一章、第九章、第十章、第十一章、第十二章、第十七章、第十八章、第二十三章);王欣(第四章、第五章、第七章、第八章、第十四章、第十五章、第十九章、第二十二章)。全书由郭萍统稿,司玉琢教授担任主审并定稿。

受篇幅所限,本书未设附录。

由于时间仓促,本书错误及缺点在所难免,敬请广大读者批评指正。

编　者

1999 年 1 月 10 日于大连

目　　录

第一编　航运业务

第二编　海商法

第一编　航运业务

第一章 国际贸易术语

国际贸易系指营业地处于不同国家的合同双方所进行的商品买卖。商品要实现跨越国境的流通、买卖，离不开交通运输。在不同的交通运输方式中，远洋运输承担的外贸货运量是其他运输方式所无法比拟的。例如，在我国，至少80%以上的进出口货物都由远洋运输完成。

可见，远洋运输是国际贸易的重要环节，也是国民经济的重要组成部分，从事国际贸易的人员只有熟悉和掌握有关外贸运输的理论和实务，才能保证进出口任务的有效完成。作为远洋运输船舶的驾驶人员也应该对国际贸易的一些理论与实务有所了解，保证圆满完成运输任务，有效地保护自己的权益。在长期的国际贸易实践中，逐渐形成的贸易术语，是远洋运输业人员所应该熟悉和掌握的国际贸易理论与实务的重要组成部分。

第一节 国际贸易术语的概念与作用

一、国际贸易术语的概念

国际贸易术语(trade terms)，是指在国际贸易的长期实践中逐渐形成的，表明货物的单价构成和买卖双方各自承担的责任、费用与风险的划分界限的专门术语。通常又称之为价格条件(price terms)，习惯上用英文缩写字母来表示。例如，装运港船上交货简称为FOB(free on board... named port of shipment)，成本加运费简称为CFR(cost and freight... named port of destination)，装运港船边交货简称为FAS(free alongside ship... named port of shipment)，等等。

二、国际贸易术语的作用

在国际贸易中，采用贸易术语的主要作用在于明确买卖双方各自承担的风险、责任和费用。通过买卖合同中使用的不同形式的贸易术语，确定实际交货地点和方式；明确卖方还是买方负责办理货物的运输和投保货物运输保险、货物风险转移的时间与地点、买卖双方的费用负担；由卖方还是买方负责办理并提交各种装运单据，以及领取货物进出口国境所必需的其他单据，等等。

由于每种贸易术语在买卖双方各自承担的风险、责任和费用的划分上具有确定的含义，国际贸易双方在磋商交易条件和订立买卖合同时，只要选择某种双方认为合适的贸易术语，就可据此确定彼此之间的责任与义务。因此，使用国际贸易术语，对简化买卖双方洽商的内容、缩短交易洽商的时间、节省交易的开支和费用与促进成交都有积极的作用。

第二节　主要国际贸易术语的含义

为避免不同国家或地区的贸易双方在使用贸易术语时产生误解或做出不同的解释，由此引起争议和诉讼，国际商会（International Chamber of Commerce：ICC）于1936年首次制定并公布了《国际贸易术语解释通则》（International Rules for the Interpretation of Trade Terms：INCOTERMS）（以下简称《通则》）。随着国际贸易的不断发展，国际商会又先后于1953年、1967年、1976年、1980年、1990年、2000年和2010年对《通则》做了补充修订。为了适应电子贸易需要以及贸易术语含义的连贯性，《2000年通则》尽可能使用了1980年《联合国国际贸易销售合同公约》中的表述。《2010年通则》的修订则考虑了全球范围内免税区的扩展，商业交往中电子通信运用的增多，货物运输中安保问题关注度的提高以及运输实践中的许多变化。最新的《2010年通则》于2011年1月1日生效。

《通则》作为国际贸易惯例，其本身不是法律，对国际贸易当事人不产生必然的强制性约束力。国际贸易惯例在适用的时间效力上并不存在“新法取代旧法”的说法，即《2010年通则》实施之后并非1990年、2000年《通则》就自动废止，当事人在订立贸易合同时仍然可以选择适用。因此，当事人在合同中明确写明适用哪年的《通则》很重要。

《2000年通则》规定了13种贸易术语，并把13种术语划分为E、F、C、D四组。

E组	EXW	工厂交货
启运		
F组	FCA	货交承运人
主要运费未付	FAS	船边交货
	FOB	船上交货
C组	CFR	成本加运费
	CIF	成本、保险费加运费
主要运费已付	CPT	运费付至
	CIP	运费、保险费付至
D组	DAF	边境交货
	DES	目的港船上交货
到达	DEQ	目的港码头交货
	DDU	未完税交货
	DDP	完税后交货

第一组“E组”，卖方在其自己的地点把货物备妥；第二组“F组”，卖方须将货物交至买方指定的承运人；第三组“C组”，卖方必须签订运输合同，但货物灭失或损坏的风险以及装船和启运后发生意外事故所产生的额外费用，卖方不承担责任；第四组“D组”，卖方必须承担把货物交至目的地国家所需的全部费用和风险。

《2000年通则》的实质变化体现在两个方面：第一，在FAS和DEQ术语下办理清关手续和缴纳关税的义务；第二，在FCA术语下装货和卸货的义务。其他方面是形式上的变化。但由于有不同年份的《通则》存在，贸易双方在进行国际贸易时应标明使用哪年的贸易术语。

《2010 年通则》与《2000 年通则》相比较，主要变化如下：(1) 贸易术语的数量由原来的 13 种变为 11 种(见表 1-1)。(2) 删除《2000 年通则》中四个 D 组贸易术语，即 DDU (delivered duty unpaid)、DAF (delivered at frontier)、DES (delivered ex ship)、DEQ (delivered ex quay)，只保留了 D 组中的 DDP(delivered duty paid)。(3) 新增加两种 D 组贸易术语，即 DAT (delivered at terminal：运输终点交货) 与 DAP(delivered at place：目的地交货)。(4)《2010年通则》首次正式明确这些术语不仅适用于国际销售合同，也适用于国内销售合同。因为实践中，一方面，很多交易者将《国际贸易术语解释通则》普遍运用于纯粹的内贸合同。在美国，人们更愿意选择将《国际贸易术语解释通则》而不是《统一商法典》的装运和交货条款运用于国内贸易。另一方面，是考虑到对于一些大的区域贸易集团，如欧洲单一市场而言，国与国之间的边界手续已不那么重要了。(5) E 组、F 组、C 组的贸易术语不变。《2010 年通则》更新并加强了"交货规则"，并为每一规则提供了更为简洁和清晰的解释。《2010 年通则》同时也是第一部使得所有解释对买方与卖方呈现中立的贸易解释版本。新的《国际贸易术语解释通则》有助于国际贸易专业人员在法律的确定性和节省时间和金钱方面迈出重要的一步。[①]

表 1-1 《2010 年通则》贸易术语一览表

EXW	ex works(工厂交货……指定地点)	适用各种运输方式
FCA	free carrier (货交承运人……指定地点)	适用各种运输方式
FAS	free alongside ship (船边交货……指定装运港)	适用水路运输
FOB	free on board (装运港船上交货……指定装运港)	适用水路运输
CPT	carriage paid to (运费付至……指定目的地)	适用各种运输方式
CIP	carriage and insurance paid (运费及保险费付至……指定目的地)	适用各种运输方式
CFR	cost and freight (成本加运费……指定目的港)	适用水路运输
CIF	cost and insurance and freight (成本加保险费加运费……指定目的港)	适用水路运输
DAT (新术语)	delivered at terminal (终点站交货……指定目的地)	适用各种运输方式
DAP(新术语)	delivered at place (指定地点交货……指定目的地)	适用各种运输方式
DDP	delivered duty paid (完税后交货……指定目的地)	适用各种运输方式

然而，《2010 年通则》将这 11 种贸易术语分成了截然不同的两类。

第一类包括那些适用于任何运输方式，包括多式运输的七种术语：EXW，FCA，CPT，CIP，DAT，DAP 和 DDP。这些术语可以用于没有海上运输的情形。但要注意，这些术语能够用于船只作为运输的一部分的情形，只要在卖方交货地点，或者货物运至买方的地点，或者两者兼备，风险转移。

第二类实际上包含了比较传统的只适用于海上运输或内河运输的四种术语：FAS，FOB，CFR，CIF。这类术语条件下，卖方交货地点和货物运至买方的地点均是港口，所以"唯海运不

---

① 王炳焕，《谈〈国际贸易术语解释通则 2010〉的修订背景和主要变化》，《商业时代》2011 年 17 期，第 37 页。

可”就是这类术语的标签。

在11种贸易术语中,下面将根据《2010年通则》,主要介绍被国际贸易双方经常使用且与海上运输紧密联系的FAS、FOB、CFR、CIF四种术语。

一、FAS

(一)FAS的含义

FAS(free alongside ship... named port of shipment),船边交货……指定装运港,简称“船边交货”,是指卖方在指定装运港将货物交到船边,卖方即履行了他的交货义务;买方必须从那时起承担货物灭失或损坏的一切风险,并且由买方承担所有费用。该术语仅用于海运或内河运输。当货物通过集装箱运输时,卖方通常在终点站将货物交给承运人,而不是在船边。在这种情况下,船边交货规则不适用,而应当适用货交承运人规则(FCA)。

该术语要求卖方在需要时办理货物出口清关手续,更符合贸易实际情况。如果卖方希望买方办理出口手续,需要在销售合同中写明。但是,卖方没有任何义务办理货物进口清关、支付任何进口税或者办理任何进口海关手续。

(二)FAS下买卖双方的主要责任

根据国际商会《2010年通则》的解释,买卖双方主要应负担的费用、承担的责任和风险应划分为:

A THE SELLER' OBLIGATIONS 卖方义务	B THE BUYER' OBLIGATIONS 买方义务
A1 卖方的一般义务 卖方必须提供符合销售合同规定的货物和商业发票以及合同可能要求的、证明货物符合合同规定的其他任何凭证。 如果双方达成协议或者是有惯例可循,A1到A10条款中所述的单据可能是有同等效力的电子记录或手续。	B1 买方的一般义务 买方必须按照销售合同规定支付货物的价款。 如果双方达成协议或者是有惯例可循,B1到B10条款中所述的单据可能是有同等效力的电子记录或手续。
A2 许可证、批准、安全通关及其他手续 在需要办理海关手续时,卖方必须自担风险和费用,取得任何出口许可证或其他官方许可,办理货物出口所需的一切海关手续。	B2 许可证、批准、安全通关及其他手续 在需要办理海关手续时,买方必须自担风险和费用,由买方取得任何进口许可证或其他官方许可,并办理货物进口和从他国过境所需的一切海关手续。
A3 运输合同与保险合同 a) 运输合同 卖方没有订立运输合同的义务。但若买方要求,或者如果是商业惯例而买方未适时给予卖方相反指示,则卖方可按照通常条件订立运输合同,费用和风险由买方承当。在以上任何一种情况下,卖方都可以拒绝订立此合同;如果拒绝,则应立即通知买方。 b) 保险合同 卖方没有为买方订立保险合同的义务。但是应买方要求并由其承担风险和费用(如果有费用产生),卖方必须提供给买方订立保险时所需要的信息。	B3 运输合同与保险合同 a) 运输合同 买方必须自行承担运费,订立自指定装运港运输货物的合同。卖方按照A3 a)订立了运输合同时除外。 b) 保险合同 买方没有为卖方订立保险合同的义务。

A THE SELLER' OBLIGATIONS 卖方义务	B THE BUYER' OBLIGATIONS 买方义务
A4 交货 卖方必须在买方指定的装运港,在买方指定的装货地点(如果有的话),将货物交至买方指定的船边,或者取得已经交付的货物。不论用哪种方式,卖方必须在约定的日期或者期限内,按照该港的习惯方式交付货物。 如果买方没有指定特别的装货地点,卖方可以在指定的装运港内选择最符合其目的的地点。如果双方约定在一定时期内交付货物,则买方可以在约定时期内选择交货日期。	B4 受领货物(接收货物) 买方必须在卖方依照 A4 的规定交货时受领货物。
A5 风险转移 除 B5 规定的情况外,卖方必须承担货物灭失或损坏的一切风险,直至已按照 A4 规定交货为止。	B5 风险转移 自依照 A4 的规定交货时起,买方承担货物灭失或损坏的一切风险。 如果买方没有按照 B7 的规定通知卖方;或者买方指定的船只未按时到达,或未接收货物,或较 B7 通知的时间提早停止装货; 那么自约定的交货日期或期限届满时起,如果明确确定该项货物为合同项下之货物,买方承担货物灭失或损坏的一切风险。
A6 费用划分 卖方必须支付: a)直至已经按照 A4 规定交货为止的与货物有关的一切费用,除了按照 B6 规定的应由卖方支付的;及 b)在需要时,货物出口时办理的海关手续费用,及应缴纳的一切关税、税款和其他费用。	B6 费用划分 买方必须支付: a)自按照 A4 的规定交货时起的与货物有关的一切费用,除了 A6 中 b)项规定的在需要办理海关手续时,货物出口需要办理的海关手续费用,及货物出口时应缴纳的一切关税、税款和其他费用。 b)因发生下列情况产生的一切额外费用: (ⅰ)买方未按照 B7 规定及时通知卖方,及 (ⅱ)在已经明确确定该项货物为合同项下之货物的情况下,买方指定的货船没有及时到达,无法装载货物,或早于 B7 规定的时间停止装货产生的费用。 c)在需要时,货物进口时办理海关手续的费用及应缴纳的一切关税、税款和其他费用,以及从他国运输过境的费用。
A7 通知买方 由买方承担风险和费用,卖方必须给予买方关于货物已按 A4 规定交付或者船舶未能在约定的时间内接收货物的充分通知。	B7 通知卖方 买方必须给卖方关于船舶的名称、装船地点,以及如有必要,在约定期限内选定的交付时间的充分通知。
A8 交货凭证 卖方承担费用并向买方提供关于货物已按 A4 规定交付的通常证明。 除非上述证明是运输单据,应买方请求并由买方承担风险和费用,卖方必须协助买方取得运输单据。	B8 提货证据 买方必须接受按照 A8 规定所提供的交付证明。

A THE SELLER' OBLIGATIONS 卖方义务	B THE BUYER' OBLIGATIONS 买方义务
A9 检查、包装、标志 卖方必须支付为了按照 A4 规定交货所必须进行的核对费用（如核对货物品质、丈量、过磅、点数的费用），还包括出口国有关当局强制进行的任何装运前的检验费用。 卖方必须自付货物包装费用，除非按照相关行业惯例，该种货物无须包装发运。卖方可以提供符合其安排的运输所要求的包装，除非买方在销售合同成交前已通知卖方具体的包装要求。包装应做适当标记。	B9 货物检验 买方必须支付任何装运前检验的费用，但出口国有关当局强制进行的检验除外。
A10 信息帮助和相关费用 有需要时，应买方要求并由其承担风险和费用，卖方必须及时地提供或给予买方协助，以帮助买方取得任何文件和信息，包括买方为了货物进口和/或运送到最终目的地所需要的与安全有关的信息。 卖方必须偿还买方所有因买方在提供或给予 B10 中规定的取得文件和信息方面的帮助时引起的花费和支出。	B10 信息帮助和相关费用 买方必须以及时的方式向卖方提出任何安全信息要求，这样卖方才可能遵守 A10。 买方必须偿还卖方所有因其在提供或给予 A10 中规定的取得文件和信息方面的帮助时引起的花费和支出。 应卖方要求并由其承担风险和费用，买方必须在适当的时候以及时的方式提供或给予卖方协助，以帮助卖方取得任何文件和信息，包括卖方为了货物运输和出口以及运经任何国家所需要的与安全有关的信息。

二、FOB

（一）FOB 的含义

FOB(free on board... named port of shipment)，船上交货……指定装运港，简称“船上交货”，指卖方在指定的装运港，将货物交至买方指定的船只上，或者指（中间销售商）设法获取这样交付的货物。一旦装船，买方将承担货物灭失或损坏造成的所有风险。

卖方被要求将货物交至船只上或者获得已经这样交付装运的货物。这里所谓的“获得”迎合了连环销售（string sales），在商品贸易中十分普遍。在这种情况下，在一连串销售中间的销售商并不将货物“装船”，因为它们已经由处于这一销售串中的起点销售商装船。因此，连环销售的中间销售商对其买方应承担的义务不是将货物装船，而是“设法获取”已装船货物。因此，《2010 年通则》的相关术语中同时规定了“设法获取已装船货物”和“将货物装船”的义务。[①] FOB 不适用于货物在装船前移交给承运人的情形。比如，货物通过集装箱运输，并通常在目的地交付。在这些情形下，应当使用 FCA 术语。

在适用 FOB 时，卖方负责办理货物出口清关手续。但卖方无义务办理货物进口清关手续、缴纳进口关税或是办理任何进口报关手续。

我国通常称 FOB 术语为“离岸价格”或“船上交货价格”。该术语仅适用于海运或内河运输。

① 王炳焕，谈《国际贸易术语解释通则 2010》的修订背景和主要变化，《商业时代》2011 年 17 期，第 38 页。

(二)FOB 下买卖双方的主要责任

根据《2010 年通则》的解释,买卖双方应承担的费用、责任及风险应划分如下:

A THE SELLER' OBLIGATIONS 卖方义务	B THE BUYER' OBLIGATIONS 买方义务
A1 卖方的一般义务 卖方必须提供符合销售合同规定的货物和商业发票,以及合同可能要求的、证明货物符合合同规定的其他任何凭证。 根据双方合意或交易习惯,任何 A1 至 A10 条提及的单据都可以作为同等效力的电子凭证或手续。	B1 买方的一般义务 买方必须按照销售合同规定支付价款。 根据双方合意或交易习惯,任何 B1 至 B10 条提及的单据都可以作为同等效力的电子凭证或手续。
A2 许可证、批准、安全通关及其他手续 在条约适用的情况下,卖方必须自担风险和费用,取得任何出口许可证或其他官方许可,并办理货物出口所需的一切海关手续。	B2 许可证、批准、安全通关及其他手续 如果适用,买方在自担风险和费用的情况下,自行决定是否取得任何进口许可证或其他官方许可,或办理货物进口和在必要时从他国过境时所需的一切海关手续。
A3 运输合同与保险合同 a)运输合同 卖方没有义务为买方订立运输合同。但如果是根据买方要求或交易习惯且买方没有及时提出相反要求,由买方承担风险和费用的情况下,卖方可以按一般条款为买方订立运输合同。在上述任一种情况下,卖方有权拒绝为买方订立运输合同,如果卖方订立运输合同,应及时通知买方。 b)保险合同 卖方没有义务向买方提供保险合同。但是当买方要求的时候,卖方必须向买方提供买方获得保险时所需要的信息,此时一切风险和费用(如果有的话)由买方承担。	B3 运输合同与保险合同 a)运输合同 买方自己付费,必须签订从指定装运港运输货物的合同,除非卖方已经按照 A3 a)的规定制定了运输合同。 b)保险合同 买方没有义务向卖方提供保险合同。
A4 交货 卖方必须将货物交到买方所指定的船只上,若有的话,就送到买方的指定装运港或由中间商获取这样的货物。在这两种情况下,卖方必须在约定的日期或期限内按照该港习惯方式运输到港口。 如果买方没有明确装运地,卖方可以在指定的装运港中选择最合目的的装运点。	B4 受领货物(接收货物) 买方必须在卖方依据 A4 的规定交货时受领货物。
A5 风险转移 卖方要承担货物灭失或者损坏的全部风险,直至已经按照 A4 中的规定交付货物为止;但 B5 中规定的货物灭失或者损坏的情况除外。	B5 风险转移 自货物按照 A4 规定交付之时起,买方要承担货物灭失或损失的全部风险。 若: a)买方没有按照 B7 规定通知船只的指定;或, b)买方指定的船只没有按期到达,以致卖方无法履行 A4 规定;或(指定船只)没有接管货物;或者(指定船只)较按照 B7 通知的时间提早停止装货。

A THE SELLER' OBLIGATIONS 卖方义务	B THE BUYER' OBLIGATIONS 买方义务
	那么,自以下所述之日起买方承担货物灭失或损失的全部风险: 1)自协议规定的日期起。若没有协议约定的日期,则 2)自卖方按照 A7 规定的协议期限内的通知之日起,或者,若没有约定通知日期时,则 3)自任一约定的交付期限届满之日起, 但前提是,该货物已经被准确无疑地确定是合同规定之货物。
A6 费用划分 卖方必须支付: a)除由 B6 规定的理应由买方支付的以外,卖方必须支付货物有关的一切费用,直到已经按照 A4 规定交货为止;及 b)需要办理海关手续时,货物出口需要办理的海关手续费用及出口时应缴纳的一切关税、税款和其他费用。	B6 费用划分 买方必须支付: a) 自按照 A4 规定交货之时起与货物有关的一切费用,除了需要办理海关手续时,货物出口需要办理的海关手续费用及出口时应缴纳的一切关税、税款和在 A6 b)中提到的其他费用;以及 b) 以下两种情形之一将导致的额外费用: (ⅰ)由于买方未能按照 B7 规定给予卖方相应的通知, (ⅱ)买方指定的船只未按时到达,或未接收上述货物,或较按照 B7 通知的时间提早停止装货 除非该项货物已正式划归合同项下;及 需要办理海关手续时,货物进口应缴纳的一切关税、税款和其他费用,及货物进口时办理海关手续的费用,以及货物从他国过境的费用。
A7 通知买方 在由买方承担风险和费用时,卖方必须给予买方说明货物已按照 A4 规定交货或者船只未能在约定的时间内接收上述货物的充分通知。	B7 通知卖方 买方必须给予卖方有关船名、装船点,以及需要时在约定期限内所选择的交货时间的充分通知。
A8 交货凭证 卖方必须自付费用向买方提供证明货物已按照 A4 规定交货的通常单据。 除非前项所述单据是运输单据,否则应买方要求并由其承担风险和费用,卖方必须给予买方协助,以取得运输单据。	B8 提货证据 买方必须接受按照 A8 规定提供的交货凭证。
A9 检查、包装、标志 卖方必须支付为按照 A4 规定交货所需进行的查对费用(如核对货物品质、丈量、过磅、点数的费用),以及出口国有关当局强制进行的装运前检验的费用。 卖方必须自费包装货物,除非所运送的货物按照交易习惯属于无须包装的种类。卖方可以以适合运输该货物的方式包装它们,除非在销售合同签订之前买方通知了卖方的具体包装要求。包装必须做上适当的标记。	B9 货物检验 买方必须支付任何装运前检验的费用,但出口国有关当局强制进行的检验除外。

A THE SELLER' OBLIGATIONS 卖方义务	B THE BUYER' OBLIGATIONS 买方义务
A10 信息帮助和相关费用 在适用的情况下,应买方要求并由其承当风险和费用,卖方必须及时地给予卖方一切协助,以帮助其取得他们所需要的货物进口和/或运送到最终目的地的一切单据及信息(包含与安全因素相关的信息)。 卖方必须向买方支付所有买方因提供或帮助卖方得到 B10 中规定的单据或信息而产生的费用。	B10 信息帮助和相关费用 买方必须及时告诉卖方其对任何与安全有关的信息的要求,以使卖方可以遵循 A10。 买方必须支付全部费用以及在 A10 中规定的卖方提供和给予协助使买方获取单据和信息所发生的一切费用。 在适用的情况下,应卖方要求并由其承当风险和费用,买方必须及时地提供或给予卖方一切协助,以帮助其取得他们所需要的货物的运送和出口,以及过境运输的一切单据及信息(包含与安全因素相关的信息)。

(三)使用 FOB 贸易术语应该注意的问题

1.与运输合同的关系

根据 FOB 的解释,买方应负责租船或订舱,签订运输合同,并支付运费。因此,在运输合同中,买方是托运人或航次租船承租人,同时又是收货人,卖方在提单运输下也是托运人。[①]这一外贸运输合同关系可用图 1-1 表示

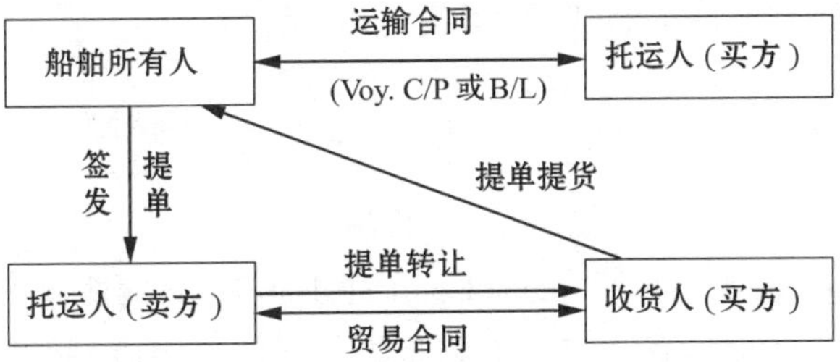

图 1-1 FOB 条件下外贸运输合同关系

在买方与船舶所有人之间,双方的权利义务受运输合同的约束;买卖双方之间的权利义务关系仍受贸易合同的调整;而在卖方与船舶所有人之间,后者向前者签发的提单或其他运输单据是双方间运输合同关系的证明;当提单转让至收货人买方手中时,买方与船方的关系亦受提单或航次租船合同的约束。

在外贸实践中,在 FOB 条件下,买方有时事后委托卖方代为租船订舱,卖方对此可以拒绝,也可以接受,但须向买方声明责任:"如卖方到时租不到船舶,或订不到舱位,与卖方无关,买方无权因此撤销合同,也无权向卖方索赔。" 如果卖方订立运输合同,应及时通知买方。

2.风险转移的界限

《2000 年通则》针对传统的适用于水上运输的主要贸易术语如 FOB、CFR 和 CIF,均强调以"船舷"为界来划分风险。这种划分风险的方式长期以来饱受争议。而实际上"船舷"只是个买卖双方活动领域之间假想的界限,长期以来已不能反映各国港口的习惯做法。因此,2010 年修订贸易术语解释通则时最终删除了"船舷"的规定,强调在 FOB、CFR 和 CIF 下买卖双方的风险以货物在装运港口被装上船时为界,而不再规定一个明确的风险临界点。

① 参见我国《海商法》第 42 条托运人定义。

3. 费用负担问题

根据FOB术语的解释，卖方须将货物装到买方指定的船只上，而负担货物装上船之前的费用与风险。由于国际上对“装船”的概念理解不一，有的认为是在装运港将货物吊起并在越过船舷之时，就应认为货物已被装上船；有的认为将货物装到船甲板上才算装船；也有的认为需将货物装到舱底才算装船。因而买卖双方对装船有关费用（包括舱内积载费和平舱费等）如何划分常发生纠纷。为了说明有关装船费用的负担问题，买卖双方有时在FOB贸易术语后加列一些附加条件，形成了FOB贸易术语的变形。实践中常见的FOB的变形有：

（1）FOB班轮条件（FOB liner terms）：有关装船费用按照班轮运输的条件办理。在班轮运输下，买方负担运费，该运资包括装卸费。也就是说，卖方此时不负担有关装船的费用。

（2）船上交货并积载（FOB stowed；FOB S.）：指卖方负责将货物装入舱内并支付包括积载费在内的装船费用。

（3）船上交货并平舱（FOB trimmed；FOB T.）：指卖方负责将货物装入舱内并支付包括平舱费在内的装船费用。

（4）船上交货并积载、平舱（FOB stowed and trimmed；FOB S. T.）：指卖方不仅须将货物装入舱内，而且舱内积载费、平舱费均由卖方负担。

（5）FOB吊钩下交货（FOB under tackle）：指卖方仅负责将货物交到买方指定船只的吊钩所及之处，买方负担船边到舱内的装货费、积载费和平舱费。

三、CIF

（一）CIF的含义

CIF（cost, insurance and freight... named port of destination），成本、保险费加运费……指定目的港，简称“成本、保险费加运费”，指卖方将货物装上船或指（中间销售商）设法获取这样交付的商品。货物灭失或损坏的风险在货物于装运港装船时转移向买方。卖方须自行订立运输合同，支付将货物装运至指定目的港所需的运费和费用。

CIF术语并不适用于货物在装上船以前就转交给承运人的情况，例如通常运到终点站交货的集装箱货物。在这样的情况下，应当适用CIP术语。“成本、保险费加运费”术语要求卖方在适用的情况下办理货物出口清关手续。然而，卖方没有义务办理货物进口清关手续，缴纳任何进口关税或办理进口海关手续。

在我国通常称其为“到岸价格”或“保险费、运费在内价”。该术语适用于海运与内河运输。

（二）CIF贸易术语下买卖双方的主要责任

根据《2010年通则》的解释，CIF术语下买卖双方应承担的费用、责任及风险应划分如下：

A THE SELLER' OBLIGATIONS 卖方义务	B THE BUYER' OBLIGATIONS 买方义务
A1 卖方的一般义务 卖方必须提供符合销售合同的货物和商业发票，以及买卖合同可能要求的、证明货物符合合同规定的其他任何凭证。 A1到A10中的任何单据都可能是在双方合意或习惯性用法中的同等作用的电子记录或程序。	B1 买方的一般义务 买方必须按照买卖合同规定支付价款。 B1到B10中任何有关的文件都可能是在各部分或习惯性用法中使用的同等的电子记录或程序。

A THE SELLER' OBLIGATIONS 卖方义务	B THE BUYER' OBLIGATIONS 买方义务
A2 许可证、批准、安全通关及其他手续 在适用的时候，卖方须自负风险和费用，取得一切出口许可和其他官方许可，并办理货物出口所需的一切海关手续。	B2 许可证、批准、安全通关及其他手续 在适当的时候，买方需要在自负风险和费用的前提下获得进口执照或其他政府许可，并且办理所有货物进口和从他国过境下所需的一切海关手续。
A3 运输合同与保险合同 a）运输合同 卖方必须自行订立或者参照格式条款订立一个关于运输的合同，将货物从约定交付地（如果有约定）运输到目的地的指定港口（如果有约定）。运输合同需按照通常条件订立，由卖方支付费用，并规定货物由通常可供运输合同所指货物类型的船只、经由惯常航线运输。 b）保险合同 卖方须自付费用，按照至少符合《协会货物保险条款》（LMA/IUA）条款（C）或其他类似条款中规定的最低保险险别投保。这个保险应与信誉良好的保险人或保险公司订立，并保证买方或其他对货物具有保险利益的人有权直接向保险人索赔。 应买方要求，并由买方负担费用且提供一切卖方需要的信息，则卖方应提供额外的保险，如果能投保的话，例如《协会货物保险条款》（LMA/IUA）中的条款（A）或条款（B）或任何类似的条款中提供的保险和（或）与《协会战争险条款》和（或）《协会罢工险条款》（LMA/IUA）或其他类似条款符合的保险。 最低保险金额应当包括合同中所规定的价款另加百分之十（即 110%），并应用合同货币。 保险应当承保从规定于 A4 和 A5 条款中的发货点发出至少到指定的目的港的货物。卖方必须提供给买方保险单或其他保险承保的证据。此外，应买方的要求，并由买方自负风险及费用（如有）的情况下，卖方必须提供买方所需要的任何获取额外保险的信息。	B3 运输合同与保险合同 a）运输合同 买方无订立运输合同的义务。 b）保险合同 买方无订立保险合同的义务。但是，如果买方想附加同 A3b）中所描述的保险，就须根据卖方要求，提供给卖方任何附加该保险所需的信息。
A4 交货 卖方必须将货物装船运送或者（由承运人）获取已经运送的货物。在上述任一情况下，卖方必须在约定日期或者在达成协议的期限内依港口的习惯进行交付。	B4 受领货物（接收货物） 买方在货物已经以 A4 规定的方式送达时受领货物，并必须在指定的目的港受领货物。
A5 风险转移 卖方直到货物以 A4 规定的方式送达之前都要承担货物灭失或者损坏的风险，除非货物是在 B5 描述的情况下灭失或者损坏。	B5 风险转移 买方自货物按 A4 规定的方式送达后承担所有货物灭失或者损坏的风险。 如果买方未按照 B7 规定给予卖方通知，买方就要从运送的约定日期或者运送的协议期限届满之日起承担货物灭失或者损坏的风险，前提是货物必须被清楚地标明在合同项下货物。

A THE SELLER' OBLIGATIONS 卖方义务	B THE BUYER' OBLIGATIONS 买方义务
A6 费用划分 卖方必须支付 a)除在 B6 中规定的应由买方支付的费用外的与货物有关的一切费用，直至按 A4 规定交货为止； b)运费和按照 A3 a)规定的所有其他费用，包括在港口装载货物的费用以及根据运输合同规定由卖方支付的卸货港的卸货费； c)A3 b) 规定所发生的保险费用； d)要办理海关手续时，货物出口需要办理的海关手续费以及出口应缴纳的一切关税、税款和其他费用，以及根据运输合同规定的由卖方支付的货物从他国过境的费用。	B6 费用划分 除 A3 a)规定外，买方必须支付 a)按照 A4 规定交货之时起与货物有关的一切费用，但不包括 A6 d)中规定的在需要办理海关手续时，货物出口需要办理的海关手续费以及出口应缴纳的一切关税、税款和其他费用。 b)运输至到达目的地港口过程中与货物有关的一切费用，运输合同中规定由卖方承担的除外。 c)包括驳船运费和码头搬运费在内的卸货费用，运输合同中规定由卖方承担的除外。 d)按照 B7 规定没有在约定日期或运送的协议期限到期时给予卖方相应通知而发生的任何额外费用，但以该项货物已正式划归合同项下为限。 e)要办理海关手续时，货物进口应缴纳的一切关税、税款和其他费用，货物进口需要办理的海关手续费，以及从他国过境的费用，已包含在运输合同所规定的费用中的除外。及 f)根据 A3 b)和 B3 b)，任何因买方要求而产生的附加保险费用。
A7 通知买方 卖方必须给予买方一切必要的通知，以便买方采取必要的措施来确保领受货物。	B7 通知卖方 当买方有权决定装运货物的时间和/或在目的港内接受货物的地点，买方必须给予卖方充分的通知。
A8 交货凭证 卖方必须自付费用，毫不迟延地向买方提供表明载往约定目的港的通常运输单据。此单据必须载明合同货物，其日期应在约定的装运期内，使买方得以在目的港向承运人提取货物，并且，除非另有约定，应使买方得以通过转让单据或通过通知承运人，向其后手买方出售在途货物。 如此运输单据有不同形式且有数份正本，则应向买方提供全套正本。	B8 提货证据 买方必须接受按照 A8 规定提供的运输单据，如果该单据符合合同规定的话。
A9 检查、包装、标志 卖方必须支付为了使运输货物符合 A4 的要求而产生的所有核对费用（例如核对货物品质、丈量、过磅、点数），以及出口国当局强制要求的运前检验的费用。 卖方必须自负费用，包装货物，但所运输货物通常无须包装即可销售的除外。卖方应当采用使货物适宜运输的包装方式，除非买方在买卖合同签订前告知卖方以特定方式包装。包装应当适当标记。	B9 货物检验 买方必须支付所有强制性运前检验的费用，但出口国当局强制要求的检验除外。

A THE SELLER' OBLIGATIONS 卖方义务	B THE BUYER' OBLIGATIONS 买方义务
A10 信息帮助和相关费用 当适用的时候,应买方要求,并由其承担风险和费用,卖方必须及时地提供或给予协助以帮助买方取得他们货物进口和/或运输至最终目的地所需要的,包括安全相关信息在内的一切单据和信息。 对于买方由于提供或是协助卖方获取 B10 所规定的所有相关单据和信息而支出的所有的费用,卖方必须予以偿付。	B10 信息帮助和相关费用 买方必须及时地告知卖方获取相关安全信息的要求,以便卖方能够遵守 A10 中的规定。 卖方由于履行 A10 所述的规定,提供和协助买方获得相关信息所支出的费用,买方必须予以偿付。 应卖方要求,并由其承担风险和费用,买方必须及时地提供或给予协助以使卖方获取其运输和货物出口通过任何国家所需要的,包括安全相关信息在内的一切单据和信息。

(三)使用 CIF 贸易术语应注意的问题

1. 与运输合同的关系

在 CIF 条件下,卖方负责租船订舱,成为航次租船的承租人,或提单运输的托运人,买方是收货人。这一外贸运输合同关系可用图 1-2 表示:

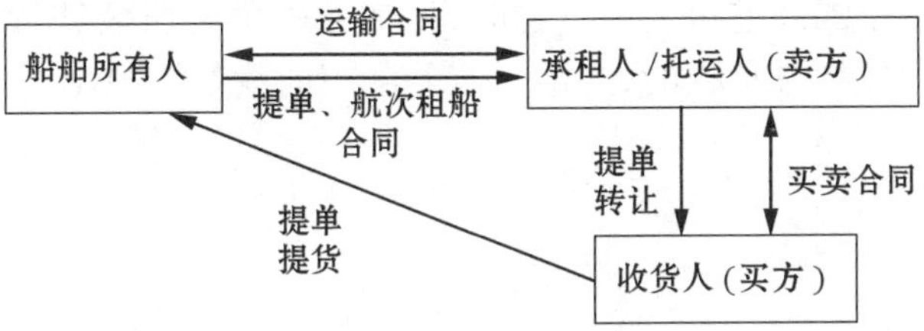

图 1-2 CIF 条件下外贸运输合同关系

在航次租船合同下,货物装船后,船舶所有人应向承租人(卖方)签发租船合同下的提单,该提单此时仅是货物收据和货物所有权的凭证,卖方与船舶所有人之间的权利、义务仍受航次租船合同调整;买卖双方受其买卖合同约束;当提单转让到收货人买方手中时,即成为船舶所有人与买方之间存在运输合同关系的证明。

2. CIF 术语的变形

在使用 CIF 术语时,虽然《2000 年通则》解释应由买方负担卸货费,《2010 年通则》增加了运输合同可以约定由卖方支付卸货港的卸货费,但是各国港口往往有不同的惯例。有的港口规定由船方负担在该港口卸货的费用;有的港口规定船方不仅需支付卸货费,还需支付货物在码头入库的搬运费和从码头仓库装上接运车辆的装车费;有的港口规定由收货人负担卸货费等。为明确卸货费用由谁负担以免日后发生纠纷,形成了在 CIF 贸易术语后面附加其他条件的 CIF 的变形,这些变形主要有:

(1)CIF 班轮条件(CIF liner terms):指货物到达目的港后的卸货费用由船方或卖方负担,这种方式在欧洲各港被广泛使用。

(2)CIF 舱底交货(CIF ex-ship's hold):指在卸货港的一切卸货费用由买方负担。

(3)CIF 卸到岸上(CIF landed):指货物运达目的港后,包括驳船费和码头费在内的卸货费用均由卖方负担。

(4)CIF 吊钩下交货(CIF ex-tackle):指货物运达目的港后,卖方只负担自舱底起吊的费用,驳船费和码头费由买方负担。

四、CFR

CFR(cost and freight... named port of destination)，成本加运费……指定目的港，简称“成本加运费”，指卖方将货物装上船或指(中间销售商)设法获取这样交付的商品。货物灭失或损坏的风险在货物于装运港装船时转移向买方。卖方应当签订运输合同并支付必要的成本加运费将货物运送至指定目的港。该术语要求卖方办理出口清关手续，仅适用于海运或内河运输。

CFR 与 CIF 的不同仅在保险费一项，即在 CFR 条件下，货物的投保和支付保险费由买方负担。除此之外，买卖双方责任、费用与风险划分完全相同，CIF 贸易术语的各种变形也适用于 CFR。应注意的是，卖方在货物装船后应迅速通知买方，以便买方能够及时投保，否则，货物在运输途中的风险由卖方负担。

在签订贸易合同和运输合同时要注意相互衔接，例如，由我国 CIF 出口货物时，我国卖方派船。在贸易合同中已议定由买方负担卸货费用，而在签订租船合同时相互脱节，议定由船方负担卸货费(租金中包括卸货费)，无形中使我方支付双重的卸货费。

我国远洋运输船舶在国外港口装卸货物时，如果能够确定所装卸货物的贸易合同中已规定货物的装卸费用由国外货方负担的，当港口有关部门向我船方提出支付装卸费用的签认时，我船方应拒绝签署。

第三节　国际贸易支付方式

在国际贸易合同中，支付货款的货币名称、支付地点、支付时间和支付方式等也是买卖双方协商的重要内容。就支付方式而言，主要有汇款、托收和信用证三种。

一、汇款

汇款(remittance)，也称汇付，指付款人(进口人)通过银行将货款汇交收款人的一种结算方法。汇款可分为电汇(telegraphic transfer: T/T)、信汇(mail transfer: M/T)和票汇(demand draft: D/D)三种。该方式常用于预付货款和定金、汇交和退还履约金、佣金、代垫费用、索赔款和欠款等业务的结算。

二、托收

托收(collection)，是指卖方(出口人)于货物装船后，开立以买方(进口人)为付款人的汇票，连同提单、发票和保险单等单据委托银行向买方收取货款的一种结算方式。在托收方式下，银行不负责保证付款，因此，托收是商业信用。

国际商会为统一托收业务的做法，减少托收业务各有关当事人可能产生的矛盾和纠纷，曾于 1958 年草拟《商业单据托收统一规则》。为了适应国际贸易发展的需要，国际商会在总结实践经验的基础上，1978 年对该规则进行了修订，改名为《托收统一规则》(The Uniform Rules for Collection, ICC Publication No. 322)；1995 年再次修订，称为《托收统一规则》国际商会第

522 号出版物(简称《URC 522》),1996 年 1 月 1 日起实施。《托收统一规则》自公布实施以来,被各国银行所采用,已成为托收业务的国际惯例。

托收的业务程序如下:(1)卖方根据发票金额开立以买方为付款人的汇票(draft;bill of exchange);(2)卖方向当地银行提出托收申请;(3)卖方所在地银行接受申请后,委托其在买方所在地的代理行或往来银行收取货款;(4)买方所在地银行向买方交单,买方付款赎单。

托收从不同的角度有不同的分类。从汇票是否随附装运单据来分,托收可分为光票托收(clean bill for collection)和跟单托收(documentary bill for collection)。根据交单的条件不同,跟单托收又可分为付款交单(documents against payment: D/P)和承兑交单(documents against acceptance: D/A)。根据汇票的性质,付款交单又可分为即期付款交单(D/P at sight)和远期付款交单(D/P after sight)。

三、信用证

信用证(letter of credit: L/C),是开证银行根据开证申请人(买方)的请求,向受益人(卖方)开立的在一定金额和一定期限内凭规定的单据承诺付款的书面文件。它以银行信用代替商业信用,解决了国际贸易中买方和卖方互不信任而又都想占用资金的矛盾。在信用证结算方式中,银行成为买方和卖方都信任的第三人,起到担保的作用,信用证就是银行保证付款的工具。信用证是从 19 世纪开始通行的一种支付方式,发展至今已成为当今国际贸易中主要的支付方式。

为规范和统一信用证支付方式,国际商会(ICC)最早于 1962 年制定并出版了《跟单信用证统一惯例》(Uniform Customs and Practice for Documentary Credits:UCP) ,是全世界公认的最成功的国际商事惯例之一。后于 1983 年、1993 年和 2006 年对其进行了修改。2006 年 10 月,在 ICC 年会上正式通过的修订版本被称为 UCP 600,于 2007 年 7 月 1 日正式生效。

信用证方式支付的一般程序是:(1)开证申请人向银行提出开证申请,并缴纳若干押金和开证手续费;(2)开证行接受申请,开出信用证寄交出口地的通知银行;(3)通知银行将信用证转交受益人;(4)受益人审查信用证无误后,装运货物,备齐货运单据并开出汇票,向议付行交单;(5)议付行按信用证审核单据无误后向受益人付款;(6)议付行将单据等寄交开证行要求付款;(7)开证行审单无误后向议付行付款;(8)开证行通知开证申请人付款;(9)开证申请人付款赎单,凭此向承运人提货。

信用证种类较多,主要的有可撤销信用证(revocable L/C)和不可撤销信用证(irrevocable L/C)、光票信用证(clean credit)和跟单信用证(documentary credit)、即期信用证(sight credit)和远期信用证(usance credit)、可转让信用证(transferable credit)和不可转让信用证(non-transferable credit)、保兑信用证(confirmed L/C)和非保兑信用证(unconfirmed L/C)、循环信用证(revolving L/C)、对开信用证(reciprocal L/C)、对背信用证(back to back L/C)等等。

远洋运输工作虽然不受信用证规定的约束,但是远洋运输工作组织得好坏会影响国际贸易工作能否顺利完成。例如,信用证中均有装船期限的规定,如果船舶各方面的准备工作不协调、不及时,就会延误货物装船时间,以致超过信用证规定的装船日期,使外贸出口部门不能顺利到银行结汇,增加工作麻烦,或被处以罚金,甚至会被取消合同。

第二章　远洋运输船舶营运方式

运输业是经济社会的命脉。自从人类社会出现生产和产品交换，便产生了运输。随着科学技术的进步和社会经济的发展，运输业在国民经济中发挥着越来越重要的作用。因使用的运输工具不同，运输业可以分为陆上运输、水上运输、航空运输和管道运输。其中陆上运输又分为铁路运输和公路运输，水上运输分为内河运输和海洋运输。而在海洋运输中，根据活动范围的不同，又可分为沿海运输和远洋运输。

远洋运输（ocean shipping）是指以船舶为工具，从事跨越海洋运送货物和旅客的运输。由于远洋运输表现为从事本国港口与外国港口之间或者完全从事外国港口之间的客货运输，所以又称为国际航运（international shipping）。远洋运输目前作为国际贸易成交后的主要货物运输手段，在全世界范围内进行，具有很强的国际性。由于远洋运输情况复杂，海上风险特殊，与之相适应的法律关系也特别复杂，为了维护海上航行安全，发展远洋运输事业，促进国际贸易的发展，国际上制定了相应的国际公约，各国也纷纷制定国内法，用以调整远洋运输中发生的各种法律关系。

第一节　远洋运输业的种类

从狭义上讲，从事国际航线的船舶营运业就属于远洋运输业。从广义上讲，船舶租赁业、货运代理业、船舶代理业、装卸/理货业以及海运经纪人等，都属于远洋运输业。

2001 年 12 月 5 日国务院发布第 335 号令，公布了《中华人民共和国国际海运条例》（以下简称《国际海运条例》），自 2002 年 1 月 1 日起施行。2002 年 12 月 25 日交通部①公布了《中华人民共和国国际海运条例实施细则》（以下简称《海运条例实施细则》），自 2003 年 3 月 1 日施行。根据《国际海运条例》及其实施细则，跨越海洋从事货物和旅客的国际运输没有称为“远洋运输”，而是以“国际海上运输”的概念代替，并且明确规定调整进出我国港口的国际海上运输经营活动及相关的辅助性经营活动。而与国际海上运输相关的辅助性经营活动，主要包括国际船舶代理、国际船舶管理、国际海运货物装卸、国际海运货物仓储、国际海运集装箱场站和堆场等业务。因此本教材关于远洋运输业的分类与《国际海运条例》等规定略有不同。远洋运输业的种类及业务内容大体包括如下几个方面。

① 交通部，2008 年 3 月 11 日经第 11 届全国人民代表大会讨论通过，更名为交通运输部。

一、船舶营运业

船舶营运业是指作为船舶经营人(ship operator)以自有的船舶或者租用的船舶、舱位,提供国际海上客货运输服务以及船舶经营管理的行业。其所经营的可以是班轮运输,也可以是租船运输。船舶营运业也被称为"船舶经营业"。①

二、船舶租赁业

船舶租赁业是指船舶所有人本身不经营船舶的营运业务或者不完全经营船舶的营运业务,而是将自有的船舶以光船租赁(bareboat charter)或者定期租船(time charter)的形式出租给承租人,由承租人作为船舶经营人全部经营或者负责部分船舶营运业务的行业。

三、货运代理业

货运代理业即通常所说的报关行(customs broker)或运输行(forwarding agent or forwarder),是指收取佣金,代货主办理货物进出口报关手续、检验、代为租船订舱等业务的行业。随着国际贸易和远洋运输的不断发展,货运代理业务范围有不断扩大的趋势,如代货主安排仓储、转运、签单、订舱、选择航线、投保、准备有关单证及货主委托的其他特殊事项等。随着集装箱运输业务的发展,在传统的货运代理业务中,逐渐产生了无船承运业务。一些国家也开始在20世纪80年代对从事无船承运业务的经营者进行监管。所谓无船承运业务,是指国际货运代理企业不再以代理人身份,而是以自己的名义接受海上货物运输的托运,并将自己承诺托运的货物交由船舶经营人从事运输的行业。具体详见本教材第七章的相关内容。

四、海运经纪人

海运经纪人(broker)是以中间人的身份代办洽谈业务,促使交易成交的一种行业。尤其是在租船业务和船舶买卖业务的洽谈中,都离不开海运经纪人的参与,并且已成为一种传统的习惯。

五、船舶代理业

船舶代理业是指接受船舶所有人、船舶经营人或船舶承租人的委托,为他们的在港船舶代办一切在港业务的行业。通常将为船舶所有人、船舶经营人、船舶承租人代办船舶在港应办各项业务和手续的代理人称为船舶代理人(ship's agent)。具体又可细分为船舶所有人代理人(shipowner's agent)、船舶经营人代理人(ship operator's agent)或承租人代理人(charterer's agent)。

六、装卸、理货业

装卸、理货业是指接受货主或船舶经营人的委托,在港口为船舶进行货物装卸、清点、交接、检查货物损害程度和原因并做出书面证明、衡量散装货物重量等项作业的行业。这些行业都是远洋运输中不可缺少的。

---

① 司玉琢主编,《海商法大辞典》,人民交通出版社,1998年,第805页。

装卸业是办理将货物装船或从船上将货物卸下的行业。经营这种行业的经营人被称为装卸人或装卸业者(stevedore)。装卸经营人通常对于港口经常装卸的货物包装、性质以及装卸的方式等富有经验,对各种类型的船舶也比较了解,能够参与制订装卸作业计划。但是由于货物的装卸和积载的情况往往关系到船舶及货物安全,所以原则上这些作业都是在船长、船员的监督和指挥下进行。如果因为装卸工人的故意、疏忽、操作不当或违反船长指挥而造成船舶或货物损坏的,赔偿责任及数额的确定常常是争议的焦点,所以有的运输合同就明确规定上述问题,以避免不必要的争议发生。

理货业是在装卸货时或集装箱装箱、拆箱时,对货物的件数进行清点,并对货物的交接做出证明的行业。理货业的从业人员通常被称为理货员(tally man or checker)。货主或船方通常各自委托自己的理货员,分别站在货主和船方的立场会同进行理货。在代表双方的理货员的会同确认下,才能证明货物交接的正确性。由于这种交接证明具有公证的性质,所以理货员不但要有较为全面的知识和熟练的方法,还必须具有公正、诚实的品质。

在上述传统的远洋运输业务中,又逐渐发展了船舶管理业、海运货物仓储业、国际海运集装箱场站及堆场业。随着国际航运的发展,航运企业的经营权与管理权出现分离,专门出现了船舶管理行业。所谓船舶管理业,是指受船舶所有人、经营人或者承租人的委托,代为从事船舶买卖、租赁及其他船舶资产管理业务,以及机务、海务和安排船舶维修,负责船员招聘、训练和配备,以及提供保障船舶技术状况和正常航行的其他服务的行业。海运货物仓储业是指通过自己拥有或者租赁的仓储处所,提供海运货物仓库保管、存储管理以及货物整理、分装、包装、分拨等服务的行业。国际海运集装箱场站及堆场业是指在港口内或者毗邻港口的区域,提供海运货物集装箱堆存、保管、清洗和修理以及集装箱货物的存储、集拼、分拨等服务的行业。

第二节　远洋运输船舶的营运方式及运输合同

远洋运输是随着航海贸易的发展而发展起来的,所以远洋运输船舶的营运方式必须与贸易对运输的要求相适应。为了适应不同货物和不同的贸易合同对运输的不同需要,也为了合理地运用远洋船舶运输能力,当前国际上普遍采用的远洋运输营运方式为定期船运输和不定期船运输。

定期船运输又称班轮运输,指船舶按规定时间,在固定航线上,挂靠既定的港口,经常从事某航线港口间货物运输的方式。班轮运输下,承运人与托运人之间一般不需签订书面的海上货物运输合同。当货物装船后,应货方的要求,由船长、承运人或承运人的代理人签发提单。提单上详载的内容和条款,是划分承运人和货方权利、义务的依据。当提单经过背书转让至第三人手中,提单上关于托运人的权利、义务规定,约束第三人。当然不排除承运人和托运人就提单以外达成特殊协议,但该协议内容因为未载于提单之上,因此不随提单的转让而转让给第三人的情况。不定期船运输又称租船运输。从事货运的租船运输,不同于班轮运输,没有船期表,也没有固定航线或既定港口,完全依据货源情况组织货物营运。根据租船方式不同,不定期船运输可分为航次租船、定期租船和光船租赁。出租人、承租人之间的权利、义务划分,完全依据租船合同的条款确定。

根据我国《海商法》的有关规定，航次租船合同属于海上货物运输合同，《海商法》第四章有关“海上货物运输合同”的内容，只是第47条、第49条强制适用于航次租船合同。而定期租船合同和光船租赁合同，均属于《海商法》第六章“船舶租用合同”范畴。根据我国《海商法》，该法关于航次租船合同的大部分条款及船舶租用合同的全部条款，仅在租船合同没有约定或者没有不同于《海商法》的约定时适用。因而上述条款均属于任意性条款，在上述条款规定范围内即使合同当事人约定了不同于《海商法》的规定，该内容对出租人和承租人来说，仍然具有法律效力。此外，尽管我国《海商法》对于航次租船合同、定期租船合同、光船租赁合同基本上采用任意性条款的规定，合同当事方能够在较大范围内享受“订约自由”，但是如果上述租船合同下签发提单，并且当该提单转让至承租人以外的第三人手中，则我国《海商法》第四章有关提单的规定，仍然强制适用于承运人和第三人之间的提单法律关系。因船舶营运（货运）方式不同，船方与货方承担的责任和费用也各不相同。为便于理解，现将远洋船舶不同营运方式的比较列表说明，见表2-1。

表2-1 远洋船舶不同营运方式比较

营运方式	定期船（班轮）	不定期船（租船）		
		航次租船	定期租船	光船租赁
基本特点	航线及挂靠港口固定	航线及挂靠港口随货源而定		
承运人	船舶所有人或船舶经营人	出租人或承租人	承租人或出租人	承租人
承运货物方式	托运人向承运人订部分舱位	承租人向出租人租用整船或部分舱位	根据合同约定的用途使用船舶，并视承租人按班轮营运方式或航次租船营运方式经营而异	
运费（租金）	根据运价表，按货物数量计费	根据租船合同，按货物数量计费	根据租船合同，按租期计算	
配备船员、任命船长、支付船员工资	由船舶所有人或船舶经营人负责	由出租人负责	由出租人负责	由承租人负责
船舶营运调度	由船舶所有人或船舶经营人负责	由出租人负责	由承租人负责	由承租人负责
船舶营运费用的分担	所有船舶营运费用由船舶所有人或船舶经营人负担	除货物装卸费、积载、平舱、绑扎及垫舱物料费等由谁负担需依租船合同条款外，其余费用由出租人负担	承租人负担货物装卸费、洗舱费、垫舱物料费、港口使费、燃料费、淡水费等，其余费用由出租人负担	出租人负担船舶折旧费以及根据合同可能负担船舶保险费，其余费用由承租人负担

第三节 班轮运输概述

班轮运输又称定期船运输（liner shipping），指船舶按照预定的船期表，在一定的航线上，以既定的挂靠顺序，经常从事某一航线上各港间货物运输的一种船舶营运方式。如果进一步划分，班轮运输又可分为两种形式：一种是定线定期班轮，即船舶严格按照预先公布的船期表运行，船舶到离港的时间及计划挂靠的港口固定不变，这是班轮运输的主要形式。另一种是定线不定期班轮，即船舶根据预先公布的船期运行，但船舶到离港的时间有一定的伸缩性；有固定的始发港和目的港，中途挂靠港则视货源情况可能有所增减。

20世纪60年代后半期，随着集装箱运输的发展，班轮运输又进一步分化为传统的杂货船班轮运输和集装箱班轮运输。由于集装箱运输具有快速、装卸方便、装卸效率高、货运质量好、便于开展多式联运等特点，越来越多的集装箱班轮运输已逐渐取代传统的杂货船班轮运输。船公司在组织班轮运输时，除了要求航线上应具备足够且稳定的货源外，为了使船舶能够按照船期表的规定满足各种货物对运输的要求，就要求船公司在开展班轮运输业务时，须具备其他一些条件。主要有：(1)要有技术性能较高、设备齐全的船舶。为了保证船期，就需要船舶状况较好、船速较高的船舶；为了满足不同货物对运输的要求，如冷藏货、危险货、重大件货等，就需要配备比较齐全的设备。(2)为船舶配备技术和业务水平高的船员，以保证航行安全和货运需要。(3)要有一套适应于小批量接受货物运送的货运程序。班轮运输主要用于小批量杂货的运输，如五金、纺织品、食品、服装、工艺品或某些贵重物品等。由于货物种类多、批量小，而且分属于不同的货主，因此需要建立一套不同于其他船舶营运方式的货运程序。

为了保证班轮运输能够严格按照事先制定的船期表运行，班轮运输的货运程序有别于其他营运方式的基本特点主要有：(1)承运人与托运人之间在货物装船前一般不需要书面签订完整的海上货物运输合同，而是在货物装船后，由船长、承运人或承运人的代理人签发事先印制好的提单，其上详细记载有关承运人、托运人或收货人的权利、义务条款，是调整各有关方运输关系的依据。(2)除非承运批量较大的货物并且承运人、托运人双方另外订有协议，允许在船边直接交接货，通常要求托运人将货物送至承运人指定的码头仓库交货，收货人在指定的卸货港码头仓库提货。(3)运费按事先公布的运价本中的费率及所运货物的数量计数，装卸等费用均计入运费之中一并收取。(4)一般不规定固定的装卸率，也不计算滞期费、速遣费，仅约定托运人或收货人必须按船舶装卸速度尽快提交或提取货物。(5)班轮运输的承运人通常负责包括装货、卸货和理货作业在内的作业，并负担其全部费用。事实上，由于集装箱货物的大量存在，而集装箱货物的装卸需要专门的机械或装置，这些机械或装置的资本投入往往比较巨大，实践中通常由集装箱码头经营人负责具体的集装箱及其货物的装卸和搬运工作。因此班轮运输的承运人实际上都是委托集装箱装卸公司完成集装箱及其货物的具体装卸及搬运工作。

由于班轮运输承运的货物批量小，货主多，挂靠港口多，装卸作业频繁，出现货损货差的情况比较复杂，为使货物在运输过程中能顺利装卸和防止或减少差错，实践中逐渐形成了一套与这种运输相适应的货运程序。

一、揽货和订舱

班轮运输的货运程序是从揽货或订舱开始的。揽货又称揽载(canvass)，是指从事班轮运输经营的船公司为了使自己经营的班轮运输船舶在载重量和舱容上得到充分利用而从货主那里争取货源的行为。揽货的实际成绩将影响班轮公司的经济效益及经营的成败，所以任何一家班轮公司都会付出一定的人力、物力从事揽货工作。

订舱(booking)是托运人或其代理人向承运人或其代理机构申请货物运输，承运人对这种申请予以承诺的行为。此时，承运人、托运人之间尚未签订完整的书面运输合同，只要承运人对托运人以口头或订舱函电(booking memo)予以承诺，并在舱位登记簿上予以登记，即表明承运人、托运人双方之间的海上货物运输合同关系已经成立。揽货和订舱是从不同角度说明承运人、托运人如何建立海上货物运输合同关系的。揽货和订舱时,船公司应注意船舶舱位的分配,订舱货物的性质、包装、重量等特性及港口有关法规和规章。

二、装船

一般意义上的装船是指托运人将其托运的货物运至码头承运船舶的船边并进行交接,然后将货物装到船上。如果船舶在锚地或系浮筒,托运人还应负责将货物通过驳船运至船边并将货物装到船上,即所谓的“实际装船”。由于班轮运输中,承运的货物种类繁多、性质各异,又分属不同的托运人,目的港也不一致,如果都要求每个托运人将货物送至船边,就会因种种原因使货物不能按规定顺序送到船边,致使装货现场十分混乱,影响装卸效率,妨碍船舶如期航行。因此对班轮运输的货物都采取“集中装船”的方式。

所谓集中装船,是指由船公司在各装货港指定装船代理人,在各装货港的指定地点(通常是码头仓库或者堆场)接受托运的货物,办理交接手续后,将货物集中按货物的卸货次序进行适当的分类后再进行装船,即“仓库收货,集中装船”。

三、卸货

卸货的程序正好与装船相反,即采用“集中卸货,仓库交付”的方式。也就是说,船舶到港后,先将货物卸至码头仓库或承运人指定的其他地点,进行分类后再向收货人交付。为了做好卸货工作,避免因船舶滞留而影响船期,船公司一般都指定卸货港的代理人。船舶代理一方面根据船舶发来的到港电报编制有关单证,联系安排泊位,准备办理船舶进口手续,约定装卸公司,等待船舶进港后卸货;另一方面还要把船舶预计到港时间(estimated time of arrival: ETA)通知收货人,以便收货人及时做好接收货物的准备工作。卸货时,船方和装卸公司应根据载货清单和其他有关单证认真卸货,避免发生溢卸或短卸。溢卸(overlanded)是指本应在其他港口卸下的货物在本港卸下的情况;短卸(shortlanded)是指本应在本港卸下的货物遗漏未卸的情况。溢卸和短卸统称为误卸(mislanded)。

船公司或其代理人发现误卸以后,应立即向各挂靠港发出货物查询单(cargo tracer),在调查清楚的基础上,将误卸的货物及时运回原定卸货港。除非是因标志不清及货主的过失造成的,否则所有补送、退运、卸货和保管费用都由船公司负担。

四、交付货物

交付货物是海上货物运输中最后的一个重要环节,交付货物标志着运输任务的完成,也标志着承运人在运输合同项下义务的完成。在货物交付的环节上,提单是收货人向承运人主张提货权的凭证,提单的收回并不意味着货物的实际交付,真正能实际提取货物的是提货单。具体程序是当收货人接到船公司在卸港的代理人发出的船舶预计抵港的通知后,立即办妥相关的货物进口手续和单证,将提单交给船公司在卸港的代理人,经审核无误后,换发提货单(delivery order: D/O),然后收货人再凭提货单前往指定地点提取货物并办理交接手续。

交接货物的方式依据合同或视具体情况而定,主要包括:

(1)仓库交付货物。这是班轮运输中最基本的交付货物的方式,是指将从班轮上集中卸下的货物先行搬入船公司或其代理人指定的仓库,然后由卸货代理人代表船公司逐票向收货人交付货物。

（2）船边交付货物。又称“现提”，指收货人在船公司的卸港代理处办妥提货手续后，持提货单直接到码头船边提取货物并办理交接手续，主要针对贵重物品、危险货、冷冻货、鲜活货物、重大件货物及批量较大的货物等。

（3）货主选择卸货港交付货物。指货物在装船时，货主尚未确定具体的卸货港，待船舶开航后再由货主选定对自己最为方便的卸货港，并在该港口卸货和交付货物。货主只能在提单上列明的港口中选择，而且须在船舶开航后抵达第一卸货港之前的若干时间内，及时“宣港”（declaration），否则船长有权将货物卸在合同中列明的任何一个港口，并视为履行了交付义务。

由于选择卸货港会给船方安排积载带来一定困难，因此在这种情况下，船公司都会征收一定的附加费用。而且收货人在办理提货手续时，只要提交其中一份正本提单即可办理提货手续。

（4）变更卸货港交付货物。指在提单上记载的卸货港以外的其他港口卸货和交付货物。变更卸货港时，收货人应提出申请，并应在船舶抵达原定卸货港之前或到达变更的卸货港之前提出。所变更的卸货港应当是根据船期表在船舶既定挂靠港口的范围之内予以选择。如果变更的卸货港不在船期表既定挂靠港口范围之内，对于班轮运输而言，船公司一般不太可能考虑接受此种变更申请。船公司在综合考虑诸多因素后，决定是否同意变更卸货地，而且由此产生的一切费用，由收货人负担。在变更卸货港交付货物的情况下，收货人应向船舶代理出具全套正本提单才能办理提货手续，这与正常情况下收货人仅凭一份正本提单办理提货手续不同。

收货人应当凭正本提单向承运人或其代理人提取货物。但是实践中，通常因为押汇、结汇时间较长，或者提单邮寄延迟（特别是在近洋短途航线情况下），提单遗失或被窃等原因，使得正本提单不能在船舶抵达卸货港之前流转到收货人手中，而收货人又急需提取货物，因此实践中不凭正本提单提货的情形时有发生。承运人未依据正本提单放货的，又称为“无单放货”。根据我国《海商法》第 71 条的规定，承运人有“凭单放货”的义务。目前我国司法实践也倾向于认定在“无单放货”情况下造成的损失，承运人要承担赔偿责任，甚至丧失责任限制，而且这种风险常常是保险公司或船东互保协会除外的风险。鉴于无单放货的法律后果比较严重，实践中承运人通常会采取一些措施，以保护自身利益。第一种情况是“电报放货”（telex release）。电报放货又称“电放”，是指正本提单未到收货人手中，或根据托运人要求在装货港收回签发的正本提单，或者不签发正本提单，以电报、电传、传真的形式通知卸货港代理将货物交给提单收货人或托运人指定的收货人。电放情况下，提单上常常注有“surrender”印章，表明是电报放货，而且通常适用于买卖合同不采用信用证结汇的方式。该提单往往是记名提单，较少情况下用于指示提单。电放时，托运人要提出书面申请，在已经签发全套正本提单的情况下，托运人交回全部正本提单，并签署担保函。第二种是凭副本提单加担保函放货。凭副本提单加担保函放货是指收货人尚未收到正本提单时，向承运人或其代理出具副本提单，同时出具承运人满意的担保函，从而提取已抵港货物的一种习惯做法。实践中大量的无单放货是通过这种方式进行的。收货人出具的担保函，既可以是本公司保函，也可以是银行开具的担保函。相比较而言，后者出具的担保函更易于被承运人接受。而收货人公司出具的担保函，往往是在收货人与承运人经常有业务往来，且交往密切、信誉良好、互相信赖的基础上才会被承运人接受。不论是凭收货人公司担保函还是凭银行出具担保函，承运人都构成违反《海商法》规定凭单放货的义务，建议承运人应当尽可能早地收回全部正本提单，并对此做法谨慎处理。

航运经营极富竞争性，在某一航线上同时有几家船公司经营班轮运输时，这种竞争尤为激烈。为了维护自身利益,限制无节制地降低运价,在19世纪后半叶,出现了以垄断航线经营为目的的班轮公会(Conference or Shipping Ring)。

班轮公会又称航运公会,俗称水脚公会,指由两家以上在同一航线上经营班轮运输的船公司,为避免相互竞争,维护共同利益,通过在运价和其他经营活动方面签订协议而组成的国际航运垄断组织。班轮公会主要包括封闭式班轮公会和开放式班轮公会。前者以英国为代表,主要特点是拒绝其他班轮公司自由加入公会,采用延期回扣制和"战斗船"(fighting ships)作为对外竞争手段。后者以美国为代表,允许会员自由加入或退出,主要采取"合同费率制"的方式对外竞争。

第二次世界大战后,越来越多的中小国家取得了民族解放和国家独立,使世界经济、政治形势发生了深刻的变化。在国际经济领域的斗争中,发展中国家强烈要求改变旧的经济体系,建立新的世界经济秩序,在"77国集团"的不断努力下,1974年4月6日在日内瓦召开的联合国贸易和发展会议上,通过了《班轮公会行动守则公约》。该公约确定的货载分配准则影响重大,即"两国之间的对外贸易由公会承运其货载时,这两国的国家航运公司集团参加承运彼此间对外贸易的、由公会承运的货物,在运价和数量上享有同等的权利;倘有第三国的航运公司参加该航线的货载承运,它们有权获得运价和数量中的一个相当大的部分,例如20%"。也就是有名的40:40:20的货载分配原则。

我国已于1980年9月23日加入该公约,不过我国的远洋运输企业没有加入任何一个班轮公会,因此不涉及履行公约规定的任何具体义务。该公约已于1983年10月6日正式生效。

班轮公会在限制和调解公会内部成员之间的竞争方面,主要采取协定费率、统一安排营运、统筹分配收入等措施。协定费率是指为某航线制定特定的运费率,要求成员公司共同遵守。统一安排营运是指在班轮公会控制的航线上,通过限制航次、挂靠港口或限制货载等方式,对各会员公司的营运进行种种限制,达到平衡各公司利益的目的。统筹分配收入又称公摊制,是指将公会内所有会员公司的运费收入的全部或一部分集中起来,再根据事先规定的分配比例在会员间分配的制度。在防止和应对来自公会外部竞争方面,主要采取延期回扣制、合同费率制、战斗船等措施。延期回扣制是班轮公会早期较常采用的方法。在航运实践中,班轮公会常常会与货主签订"忠诚信约"(loyalty contract),约定在一定时期内——这个时期通常被称为"计算期"(account period),如果货主将自己的货物全部交由该公会成员公司运输,在期满后,即可从班轮公会处取得按全部运费的一定比例计算的回扣(rebate),这种做法就是"回扣制"。合同费率制是指班轮公会与货主事先以合同形式约定,如果货主在特定时期内将所有货物均交由该公会会员公司承运,则班轮公会不仅保证货主得到充分的运力,而且可以享受合同所约定的低廉运价,或享受运价不变的待遇。而对于那些未签订此种协议的货主,则按照非合同费率收取运费。所谓战斗船,是指当班轮公会所经营的航线上出现了非会员公司的船舶参与营运时,班轮公会即派出战斗船与其竞争;战斗船的船型、船期和挂靠港口等,均与非会员公司的船舶相同,但运费率较为低廉;如果非会员公司采取降价的手段,则战斗船会跟着降价;这样经过反复较量,直到迫使对方船舶退出该航线的营运或者接受公会的条件时为止。

对于班轮公会存在的作用和意义,国际社会可谓毁誉参半。一方面,班轮公会对于避免经营同一条航线的各班轮公司之间的恶性竞争,维护正常的航运秩序,保护各班轮公司,尤其是中小班轮公司以及货主的利益,起到了非常积极的作用。但是另一方面,班轮公会也逐步发展成为某些航运巨头垄断特定航线上的班轮运输、攫取高额垄断利润的工具,它所采用的各项措施，在客观上产生了限制和排除外来合理竞争的后果，因而屡屡在各国受到涉嫌垄断的诟病和非难。欧洲以及美国、日本等传统的海运国家，为了保护本国班轮运输业的发展，在以往制定《反垄断法》（也称《反托拉斯法》）时，均赋予了班轮公会以反垄断豁免权，即不将班轮公会的有关行为视为垄断行为。但近年来，人们对班轮公会的抨击愈发严厉，从 2008 年起，欧盟、美国等陆续取消班轮公会的反垄断豁免权。

上述这些因素都导致班轮公会对班轮公司的吸引力大不如前，并从 20 世纪 80 年代末开始，出现了班轮公司纷纷退出班轮公会的风潮，班轮公会日渐衰弱。而与此同时，运价稳定协议组织这种更为开放、松散的新形式的航运垄断组织开始出现，并逐渐成为班轮公司之间控制恶性竞争、保证运价和盈利水平的主要手段。运价稳定协议又称航线稳定化协议，是由从事相同航线的班轮公司（既有班轮公会会员公司，也有非公会会员船公司）签订的用以稳定该航线的班轮运输市场秩序的一种协议。目前，世界上几条主要的集装箱班轮运输干线航线上，均有运价稳定协议组织的身影；而从事这些航线运输的班轮公司，也大多数加入了这些运价稳定协议组织。

关于运价协议组织的性质，尤其是它到底是否属于另一种形式的班轮公会，以及它是否违反了相关的反垄断法律，目前在国际上还存在较大的争议。我国对于运价稳定协议组织，也还没有明确的定性，但政府主管部门目前显然是将其作为和班轮公会同样性质的航运垄断组织看待。如 2007 年 3 月交通部发布了《关于加强对班轮公会和运价协议组织监管的公告》，并未对班轮公会和运价协议组织进行区分。

在 20 世纪 90 年代中期，航运实践中还产生了一些使经营合理化的运营协议组织，也被称为“航运联盟”。主要目的是通过协议，约定与经营有关的事项，例如舱位互租、信息共享、码头共享、共同开辟航线、临时调整运力、内陆设施合作等。① 由于这些航运联盟内的班轮公司更侧重全球范围上的合作，结构较为松散，因此依然保持其法律上的独立性。截止到 2014 年，共有 2M、G6、O3、CKYHE 四大航运联盟正式展开强强争霸的角逐。②

第四节　租船运输概述

租船运输（tramp shipping）又称不定期船运输，就货运而言，它不同于班轮运输，没有预先制订的船期表、航线，也没有固定港口。船舶就航的航线、运输货物的种类及装卸港口等都须根据货主的要求而定。船、货双方需签订租船合同（charter party：C/P）来明确彼此的权利、义务。

租船运输的基本特点有：（1）租船运输是根据租船合同的内容组织运输的。出租人与承

① 郑丙贵、王学锋，《后班轮公会时代班轮公司之间合作问题前瞻》，《上海海事大学学报》2007 年第 28 卷第 4 期，第 68 ~ 73 页。

② 2M 联盟包括马士基、地中海航运；G6 联盟包括赫伯罗特公司、日本邮船公司、东方海外、商船三井、现代商船、美国总统；O3 联盟包括达飞轮船、中海集运、阿拉伯联合；CKYHE 联盟包括中远、韩进、阳明、胜利、川崎汽船、长荣海运。以上各个航运联盟囊括了世界著名的班轮公司。

租人双方首先要签订租船合同,然后才能安排营运。租船合同中的条款是承租人、出租人双方应承担的责任、享受权利的划分,也是日后解决合同纠纷的依据。(2)租船运输的运价或租金率的高低,直接受订约时国际航运市场的行情影响。(3)船舶营运中有关费用的支出,应在租船合同中订明。而且因租船方式的不同,出租人和承租人负担的费用范围也各不相同。(4)租船运输主要从事大宗货物的运输,如谷物、木材、钢材、矿砂、化肥、砂糖、水泥等散杂货,一般都是整船装运。

根据承租人的不同营运需要,存在不同的租船方式。其中基本的营运方式包括航次租船、定期租船和光船租赁。

航次租船(voyage charter),又称航程租船或程租船,是指出租人提供一艘特定的船舶,在特定的港口或地点之间进行一个航次或数个航次运输指定货物的租船方式。航次租船具体又可分为单航次租船、往返航次租船和连续单航次租船或连续往返航次租船。

定期租船(time charter)又称期租,是指出租人提供一艘特定的船舶给承租人使用一段时间,并且承租人应当根据约定的用途使用船舶且由承租人支付租金的租船方式。

光船租赁(bare boat charter)又称光船租船或光租,是指出租人提供一艘不配备船员的船舶给承租人使用一段时间,由承租人占有、使用船舶并从中获得收益,作为对价,承租人应当支付租金的租船方式。严格意义上讲,光船租赁不属于承揽运输方式,而是一种财产租赁。

还有一种方式是航次期租(time charter on trip basis: TCT),是将航次租船和定期租船合二为一的一种混合式租船方式。一般情况下,船舶按航次整船租赁并完成约定的运输航次,但租金按整个航次实际使用的天数计算。在对航线不是很熟悉、装卸两港的装卸状况不好、难以预计完成该航次所需时间时,采用这种方式对出租人比较有利。根据航次期租中约定的具体条款和内容,可以将其定性为航次租船或者定期租船。

此外,实践中还有将光船租赁与船舶买卖融合在一起的租船方式,即光船租购。采用光船租购实际上是为了船舶融资的需要,主要是通过光船租赁的形式,最终实现船舶买卖的目的。在光船租赁期间,既不影响承租人对船舶的实际占有、控制,又可以通过分期支付购船价款,减轻承租人一次性支付钱款的压力。在光船租赁期限届满时,承租人全部购船款项也已经支付完毕,买卖合同发生效力,船舶所有权从出租人处转移至承租人处。

20 世纪 70 年代国际上发展起来一种新的租船方式,即包运租船。签订的合同称为包运合同(contract of affreightment: COA)。所谓包运租船是指出租人提供给承租人一定的运力,在确定的港口之间,以事先约定的时间及约定的航次周期和每航次较为均等的货运量完成合同规定的总运量的租船方式。当货运任务全部完成时,承租人应支付包运运费(lump sum freight)。形式上与连续单航次租船非常相似,因此有些航运人士认为包运租船是航次租船派生出来的一种租船方式。实际上包运租船与航次租船虽然存在较多相似之处,二者仍然存在一些不同。例如航次租船之下,从事运输的船舶是合同双方约定的特定船舶,而包运租船,往往并不限定为某一艘特定船舶,从而使得出租人享有更多调配船舶的自由度。航次租船往往针对某一个或几个运输航次做出特别约定,而包运租船更关心在约定的期限内完成货物全部运输,至于需要一个或几个航次,并非是合同中约定的重点。在运费支付上,航次租船往往根据每个航次装运货物的具体数量予以计算,而包运租船则往往约定包运运费(或者称为一揽子运费),不再关心每一个具体航次装运的货物数量,只要合同约定的总的货运量完成,即可计算并支付运费。

第三章　班轮货运单证

在班轮运输中，虽然集装箱班轮运输越来越普遍，但是杂货班轮运输的优点和特点依然保持。集装箱班轮运输有其特殊的业务流程和货运单证（具体内容见本书第四章），但是其原理和宗旨依然脱胎于杂货班轮运输。本章提及的班轮货运单证，仅限于杂货班轮运输。

在远洋运输中，从办理货物托运、装船，直到卸货、交付货物的整个运输过程中，需要编制各种单证。这些单证一方面起着货方、船方之间办理货物交接的证明作用，另一方面也是货方、船方、港方联系工作及划分责任的依据。远洋货运单证种类很多，在不同国家和港口，甚至不同公司都不完全一致，但主要单证的内容和作用大致相同，本章就国际上比较通用的、在我国也广泛采用的单证做以介绍。

第一节　装货港常用单证

一、托运单

托运单（booking note：B/N）又称订舱单，是指托运人根据买卖合同和信用证条款的内容向承运人或其装港代理人办理货物运输的书面凭证。经承运人或其代理人对该单证的签认，即视为已经接受托收，承运人与托运人之间的货物运输关系即告成立。实践做法是托运人或其代理人以口头或订舱函电向承运人或其代理人预订舱位，然后再以书面形式提交详细记载有关货物情况及对运输要求的托运单，船公司或其代理人接受承运后，便在托运单上编号并指定船名，将托运单留下，副本退还托运人备查。

托运单的主要内容包括：托运人名称，收货人名称，货物的名称、重量、尺码、件数、包装形式、标志及号码，目的港，装船期限，信用证有效期，能否分批装运，对运输的要求及对签发提单的要求等。

二、装货单

装货单（shipping order：S/O，俗称“下货纸”）是指由托运人按照托运单的内容填制，交船公司或其代理人审核并签章后，凭以报关和要求船长将货物装船承运的凭证。

托运人拿到船公司或其代理人签章后的装货单，首先必须到海关办理货物装船出口的报关手续，经海关查验后，加盖海关放行章，然后才能要求船长将货物装船。故此时的装货单习惯上称为“关单”。对于货价较高的货物或其他特种货物，通常以不同的颜色（如红色）的装货单与一般装货单相区别,并提醒船方装船时注意。

件杂货装货单通常由三联组成。第一联是留底联(counterfoil),用于缮制其他货运单证;第二联是装货单;第三联是收货单(mate's receipt)。除这三联外,根据业务的需要,还可增加若干份副本(copy),如外代留底联、运费计算联等(集装箱装货单通常为一式九联或七联,请参见集装箱货物运输部分的内容)。

装货单的流转程序是:船公司或其代理人接受货物托收后,将确定的载运船舶的船名及编号填入托运单,然后将装货单发给托运人填写,填妥后交回船公司的代理人,经审核无误后留下留底联,将装货单和收货单交给托运人前往海关办理出口报关手续,经海关审核准予出口,在装货单上加盖放行章后,便可持此单证要求船长装船。

装货单的内容包括托运人名称,承运船舶,卸货港,有关货物的名称、标志、件数、重量等详细情况,装船的时间及装舱位置,理货人员签名等。

装货单一经承运人签章后,船、货双方均应受其约束,如果发生货物退关造成损失时,应由责任方承担责任。① 如果需要修改装货单上所记载的内容,应及时编制更正单分送有关单位或部门做相应的更正。如果整票货物退关,除发更正单之外,还要收回原来的装货单予以注销。

装货单签发后,船方、货方、港方均需要一定时间用来编制装货清单、配载计划,办理货物出口报关、查验放行,货物集中等装船的准备工作。因此对于某一具体船舶,在装货开始之前都会确定一个时间作为截止签发本航次装货单的时间。若在截止签发装货单日期之后,再为该船本航次签发装货单的,称为"加载"。"加载"通常是为了满足外贸紧急出口任务、信用证到期等特殊需要。一般来说,只要配载计划没有最后编妥,或者虽然编妥,但船舶的舱位尚有剩余的,并且不影响原配载计划实施的,承运人通常都会安排"加载"。根据我国《海关法》第24 条的规定,出口货物的发货人除海关特准的以外,应当在货物运抵海关监管区后,装货的24 小时前向海关申报。所以承运人在确定截单日或安排"加载"时要注意这一点。

三、收货单

收货单(mate's receipt: M/R)是货物装船后,承运船舶的大副签发的,表明已收到货物并已将货物装船的货物收据,因此习惯上称为"大副收据"。收货单是装货三联单中的一联,其记载内容与装货单相同。为了便于同装货单识别,常用淡红色或淡蓝色制成并在左侧纵向增加一较宽的线条。收货单的作用表现在如下方面:一是划分船、货双方责任的重要依据。根据我国《海商法》第 46 条规定,承运人对非集装箱货物的责任期间自货物装上船时起至卸离船舶时止。因为承运人对货物承担责任是在货物装船后开始的,因此当货物装船时,大副必须认真核对装船货物的实际情况是否与装货单上记载的情况相符合。如有不符,应将货物实收情况(如外表状态是否良好,有无标志不清、数量不足,货物是否有损坏等)明确而详尽地记载于收货单,即所谓"大副批注"(remarks)。有了"大副批注"的收货单称为"不清洁的收货单"(foul receipt);反之称为"清洁收货单"(clean receipt)。二是据以换取已装船提单的单证。货

① 根据我国《海商法》第 89 条规定,船舶在装货港开航前,托运人可以要求解除合同。但是,除合同另有约定外,托运人应当向承运人支付约定运费的一半,货物已装船的,并应当负担装货、卸货和其他与此有关的费用。

物装船后，经大副签字的收货单由理货公司转交给托运人或其代理人，然后托运人或其代理人持收货单到船公司或其代理人处付清有关费用，换取已装船提单。如果收货单上附有大副批注，除非经承运人同意，凭托运人提交的保函换取清洁提单外，承运人应如实地将大副批注转批到提单上，使之成为“不清洁提单”。

由于收货单具有上述重要作用，因此大副在收货单上批注时，应注意批注的准确性。批注的内容要符合事实，既不应扩大，也不要缩小。批注用词切忌含糊不清，并应注意防止两种倾向：其一是不管货物是否良好，件数是否正确，一律不加批注，而使承运人负担本来不需承担的责任；其二是不问有无损坏或残缺，为减轻承运人的责任，吹毛求疵地一概加以批注，致使货主无法结汇，影响双方的关系。另外对价值不同的货物，批注的宽严程度应有所区别，贵重货物应从严掌握，反之适当宽松些。注意不重复提单中已有的免责内容，更不能与提单条款相矛盾。不应加注一些毫无实际意义的内容，如“新箱”“勿用手钩”“货物清洁装船”等。

关于批注的用语，简要举例如下：

（1）关于装货时客观情况的批注：

SNOW WORK AT SHIPPER'S REQUEST.

（2）关于装船时件数溢短的批注：

SHORT SHIPPED FIVE CASES.

（3）关于货物残损的批注：

FIVE BAGS BROKEN N/R FOR CONSEQUENTIAL LOSS OR SHORTAGE & CONDITION OF CONTENTS (N/R = not responsible).

ONE BALE (NO. 235) WET STAINED.

ONE BOX CRASHED, CONTENTS EXPOSED.

THREE DRUMS LEAKING.

TWO DRUMS, Nos 3,5, BADLY DENTED N/R FOR CONDITION OF CONTENTS.

（4）关于包装不同的批注：

UNSECURELY (INSUFFICIENT) PACKED

（5）关于货物标志的批注：

NO MARKS

MARKS INDISTINCT (INVISIBLE) N/R FOR SORTING OFF MARKS & NUMBERS.

（6）关于鲜活类货物的批注：

PERISHABLE CARGO AT SHIPPER'S RISK.

（7）关于贵重品的批注：

SEAL CRACKED & RESEALED ON BOARD, N/R FOR SHORTAGE OF CONTENTS.

（8）关于粮食作物的批注：

DAMAGED BY VERMINS (RATS).

MOULDERED N/R FOR LOSS OR SHORTAGE.

（9）关于裸装货物的批注：

THREE STEEL TUBES BENT.

PAINT (SURFACE) SLIGHTLY SCRATCHED.

（10）对水、油污的批注：

TWO BAGS (SLIGHTLY) WET BY OIL (BY FRESH WATER, BY SEAWATER, BY RAIN, BY SWEAT, BY SPRAY, BY SNOW).

四、提单

提单(bill of lading: B/L)是承运人或其代理人、载货船船长签发给托运人,"用以证明海上货物运输合同和货物已经由承运人接收或者装船,以及承运人保证据以交付货物的单证"。[①] 有关提单的内容,详见本书第十三章。

五、装货清单

装货清单(loading list: L/L, cargo list)是船公司或其代理人根据装货单留底联,将全船待装货物按卸货港和货物的性质归类,依航次挂靠顺序排列编制的装货单的汇总单证。

装货清单的主要内容包括:装货单号码、货名、件数及包数、重量、尺码及特种货物对运输的要求等。

装货清单是承运船舶的大副编制配载计划的重要依据,因此这个单据的内容是否正确,对能否正确、合理地编制配载计划具有十分重要的影响。同时它还是供现场理货人员进行理货,港方安排驳运、进出库场以及掌握托运人备货及货物集中情况等的业务单据。

如有增加或取消货载的情况,船公司或其代理人须及时填制加载清单(additional cargo list),或撤载清单(cancelled cargo list),并及时通知船上。

六、载货清单

载货清单(manifest: M/F)又称舱单,是按卸货港顺序逐票罗列全船实际载运货物的汇总清单。它是在货物装船后,由船公司或其在装港的代理人根据提单编制的,编妥后再送交船长签认。记载的事项包括:装船货物的详细情况(如提单号、标志和号数、件数及包装、货名、重量、收货人等),装货港,卸货港,船名,航次,托运人,开航日期等。

载货清单的主要作用有:(1)办理船舶出(进)口报关手续的单证。载货清单是国际上通用的一份十分重要的单证。船舶装货完毕开航以前,应将由船公司或代理编制的经船长签认的载货清单送海关办理出口报关手续,海关凭此验货放行。如果船上载有的货物未在载货清单上列明,海关可按走私论处。(2)作为船舶载运所列货物的证明。载货清单须随船带走,所以船舶离港前,船长应向船代索取若干份以备中途挂靠港口或到达卸货港时办理进口报关手续时使用。同时,载货清单还可作为计收运费和代理费的依据。载货清单可分为"出口载货清单"(export M/F)、"进口载货清单"(import M/F)和过境货物载货清单(through cargo M/F)。即使是空船进出港,也须提交记有"无装卸货物"(loading/discharging cargo nil)或"压载"(in ballast)字样的载货清单。

七、载货运费清单

载货运费清单(freight manifest: F/M)又称运费清单或运费舱单。它是由船公司在装货港的代理人按卸货港及提单顺序号逐票列明的所载货物应收运费的汇总清单。

---

① 见我国《海商法》第71条。

载货运费清单是船公司营运业务的主要资料之一，既可以是船代向船公司结算代收运费明细情况的单证，又可以直接寄往卸货港船代处供收取到付运费和联系其他业务之用。载货运费清单除包括载货清单上记载的内容之外，还增加了计费吨、运费率、预付或到付运费额等项内容。

八、危险货物清单

危险货物清单(dangerous goods list)是专门列出船舶所载运的全部危险货物的汇总清单。其记载的内容除装货清单、载货清单所应记载的内容外，特别增加了危险货物的性能及装舱位置两项。

为了确保船、货、港及装卸、运输的安全，国际上许多国家的港口都做出规定，凡载运危险货物都必须另外再单独编制危险货物清单。该单证常用红色并附加特别标志制成，以便于识别。而且港口一般都规定，船舶装运危险货物时，船方应向有关部门申请监督装卸。装船完毕后，由监装部门签发一份“危险货物安全装载证书”(Dangerous Cargo Safe Stowage Certificate)，这是船舶载运危险货物时必备的单证之一。

九、配载图和积载图

货物配载图(cargo plan)又称“配载计划”，是承运船舶的大副在开始装货前，根据装货清单，按船舶结构，货舱容积，货物性质、重量、尺码以及货物到港顺序，以图示的方式绘制的以标明货物装舱位置的汇总单证。

配载图主要用于向港口理货人员和装卸工人指明所装货物的计划装舱位置，以使装货作业有条不紊地进行。

在实际装船过程中，往往因种种客观原因，无法按计划装载，使实际装载的情况与配载计划不符，因此当全部货物装完后，应按照实际装载情况，重新绘制积载图(stowage plan)。积载图是船舶运输、保管和卸载货物时必需的资料，也是卸货港安排卸货作业和进行现场理货的主要依据。

第二节　卸货港常用单证

船舶抵达卸货港准备卸货之前，船公司在卸港的代理人会根据装港代理人寄来的单证或随船带来的单证，预先安排船舶报关、卸货、理货等工作。此外在卸货港卸货和交付货物过程中，为了明确交接责任，也要签发一些相关的单证。

一、过驳清单和卸货报告

过驳清单(boat note: B/N)是在卸货港过驳卸船时，用以证明货物交接和所交接货物情况的单证。过驳清单是根据卸货时的理货单证编制的，主要内容包括驳船名、货物标志、号码、件数、品名、舱口号、卸货港、卸货日期、过驳清单编号等，此外还记载所卸货物的残损情况和程度。过驳清单多用于日本及欧洲的一些港口，在一些不使用过驳清单的港口，则使用卸货报告。

卸货报告(outturn report)是按照起运港编制的出口载货清单和在卸货港卸下的全部货物重新按票汇总的一份详细进口载货清单,比起运港的出口载货清单增加如下内容:卸货方式、实交数量、溢短数量、残损情况和备注。对货物外表状况、溢短等可在备注栏内批注,并经收货人和大副共同签认。

二、货物溢短单和货物残损单

我国的卸货交接单据是货物溢短单和货物残损单。货物溢短单(overlanded & shortlanded cargo list)是当卸下的每票货物的数量与载货清单上记载的数量不符时,由理货长(chief tally)待全部卸货完毕、理清数字后编制的表明货物溢出或短缺情况的证明。

货物残损单(broken & damaged cargo list)是在货物卸完后,由现场理货人员根据卸货过程中发现的货物破损、水湿、水渍、油渍等情况汇总编制的表明货物残损状况的单证。

货物残损单和溢短单是日后收货人向船公司提出损害赔偿要求的证明材料之一,也是船公司理赔的原始材料和依据之一,且须经船方(船长或大副)的签认才有效。所以船方在签字时应认真核对,情况属实才给予签认。即使存在不同意见,最好能根据当时情况,与理货人员、装卸工人协商,尽可能取得一致的意见。协商不成的,也应在单证上做适当的保留批注。

三、提货单

提货单(delivery order: D/O)又称“小提单”,是船公司(承运人)或其卸港代理人,根据收货人或提单持有人提交的提单,签发给收货人或提单持有人的凭以在仓库或船边提取货物的凭证。

船公司(承运人)或其代理人签发提单时,要在仔细对照提单和其他装船单据的基础上,将船名、货物名称、件数、重量、标志、提单号、收货人姓名等详细地记载在提货单上,并由船公司(承运人)或其代理人签字。由于提货单的性质不同于提单,只不过是船公司(承运人)或其代理人指令码头仓库或装卸公司向收货人交付货物的凭证,不具备流通作用,所以为慎重起见,提货单上记有“禁止流通”(non negotiable)的字样。

除了具有实际提取货物的作用外,在我国许多港口,提货单还是收货人借以向海关办理进口报关手续的必备单证之一,只有在单证上加盖海关印章的情况下,仓库保管人才会放货。

除前述单证外,船舶在装卸两港装卸货物时,常常请理货人员现场点件、计数,并相应出具一些理货单证。常见的有理货计数单、理货日报单、现场记录、理货人员待时记录等。

理货计数单(tally sheet)是现场理货的最基本的一种单据,是舱口理货员登记每吊货物实际数字的原始记录。理货计数单是填写装货单、收货单实装数字的来源,也是提单及载货清单数字的唯一原始依据,同时又是编制货物溢短单的依据。因此常常是日后收货人提出溢短索赔和船公司处理赔偿案件最原始的证据。

理货日报单(daily tally sheet)是理货组长每日根据每舱口的理货计数单编制的船舶每日装/卸作业进度小结的报表,记载了船舶各舱口及全船当天装/卸货物的数量(件数、吨数)及包括当天在内已经完成的装/卸数量。

现场记录(record on the spot)是用来记载进出口货物原残、混装和各种现场情况的原始记录,是编制货物残损单的主要依据。其特点是随时发现,随时记录,随时签认,就地解决,以避免日后可能发生的争执。

待时记录(stand-by time record)是用来记载由于船方原因,如起货机故障、电源中断等致使理货员停工待时而做出的记录。经船方签认后,以便向船方收取待时费。其主要内容包括舱口号、人数、起讫时间、待时时间、原因等。

理货证明书(tally certificate)是在理货作业完毕后,由理货长根据理货作业情况编制后送交船方签认,作为计收理货费用的凭证。

第三节　主要货运单证的流转

一、主要货运单证的流转程序

班轮运输中,货物由发货人托运开始至收货人提取货物为止,各种主要货运单证的流转程序大致如下:

①托运人向装货港承运人代理申请货物托运,填写托运单(B/N)、装货单(S/O)。

②装货港承运人代理对托运人的申请承诺后,签发 S/O。

③托运人或其代理人持经装货港承运人代理签发的 S/O 向海关办理货物出口报关手续,经海关查验准予出口后,做好备货装船的准备。

④装货港承运人代理根据 S/O 编制装货清单(L/L),送船舶和港区装卸、理货等单位。

⑤大副根据 L/L 编制货物配载计划(C/P),送交装货港承运人代理,再由装货港承运人代理分送港区装卸、理货等单位。

⑥托运人或其代理人得到港方通知后,将经过检验和检疫的货物送至指定的码头仓库或船边。

⑦货物装船后,理货员将 S/O 交给大副,大副签字后留下装货单正本备查,将收货单(M/R)交回理货员,然后由理货公司将 M/R 交给托运人或托运人的代理人。

⑧托运人或其代理人凭 M/R 到装货港承运人代理处换取正本提单。在此之前预付运费应先付清。

⑨装货港承运人代理审核无误后留下 M/R 归档,签发提单(B/L)给托运人。

⑩托运人持 B/L 及其他结汇单据到银行结汇,通知银行核对无误后收下 B/L 等,并向托运人垫付货款,然后将 B/L 及其他结汇单据邮寄开证行。

⑪装货港承运人代理根据提单副本编制出口载货清单(M/F),向海关办理船舶出口报关手续,并将 M/F 交船随带。

⑫装运港承运人代理根据提单副本编制出口载货运费清单(F/M),连同提单副本送船公司,并邮寄或交船带给卸货港承运人代理。

⑬卸货港承运人代理接到船舶抵达通知后,通知收货人船舶到港日期。

⑭收货人得到开证银行通知后,付款赎单。

⑮卸货港承运人代理根据寄来的货运单证,编制出口载货清单等卸货单证,约定装卸公司,联系泊位,做好卸货准备工作。

⑯卸货港承运人代理办理船舶进口报关手续。

⑰收货人或其代理人向海关办理出口报关手续。

⑱收货人或其代理人向卸货港承运人代理付清应付费用后，以正本 B/L 换取提货单（D/O）。

⑲收货人持 D/O 到码头仓库或船边提取货物。

二、货运单证流转示意图

主要货运单证流转示意见图 3-1。

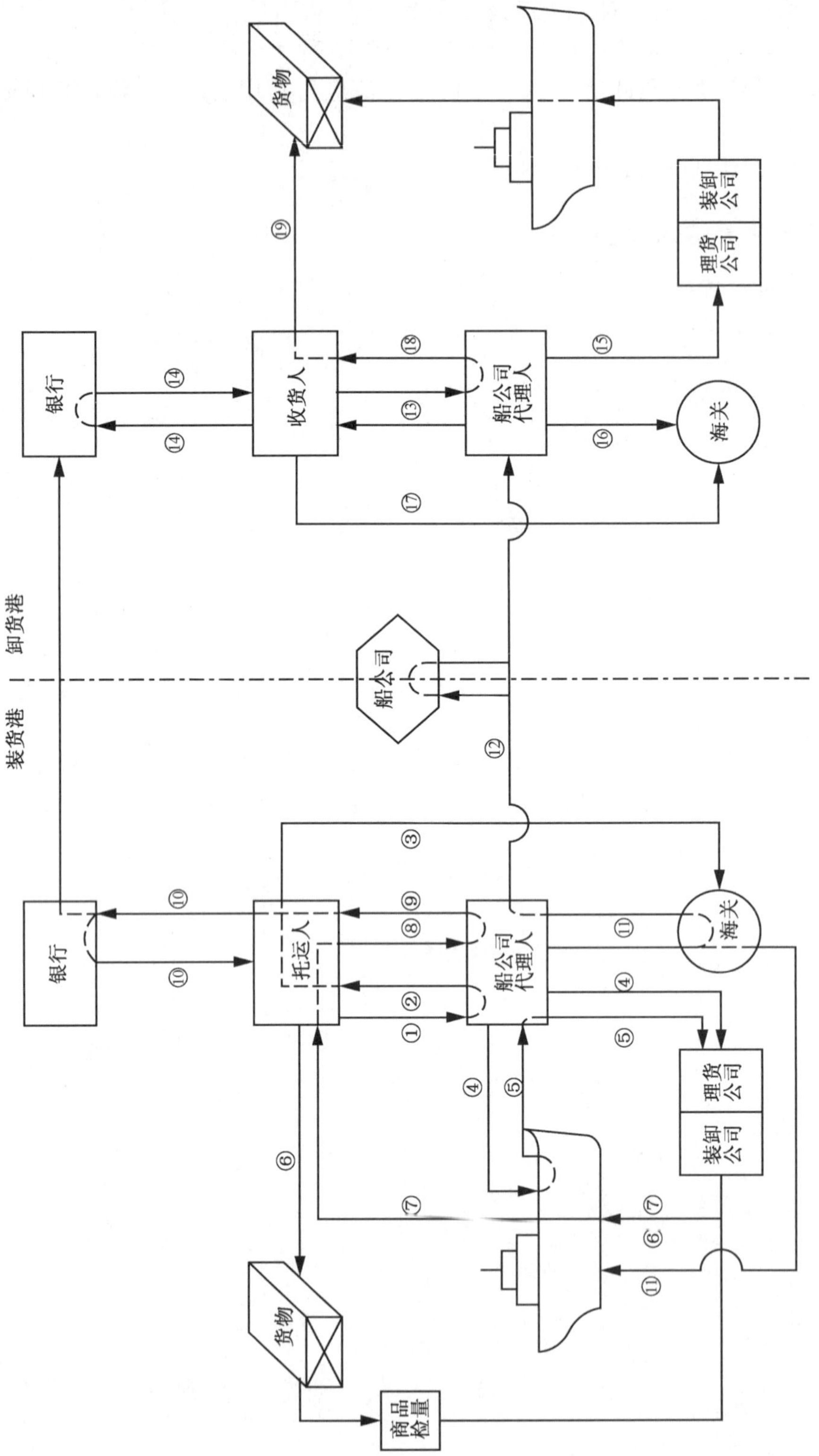

图3-1　主要货运单证流转示意图

第四章 集装箱运输业务

第一节 集装箱运输概述

一、集装箱的基本条件

(一)集装箱的定义

集装箱运输,是指将一定数量的单件货物装入集装货物的工具——集装箱(container)内而进行的货物运输。

集装箱又称货柜或货箱,作为一种货物装运工具,集装箱应当满足一定的基本条件。对此,国际标准化组织(ISO)对集装箱具备的基本条件做了下列规定:

(1)能长期反复使用,具有足够的强度;

(2)运输途中转运时,可以不移动箱内货物而直接换装;

(3)可以进行快速装卸,并可以从一种运输工具直接方便地换装到另一种运输工具;

(4)便于货物的装满和卸空;

(5)具有 1 m^3(35.32 ft^3)以上的容积。

根据上述基本条件,国际标准化组织进一步将通常称之为杂货集装箱的通用干货集装箱定义为:"用于运输和储存若干单元货物、包装货或散货的风雨密型方型集装箱;它可以限制和防止发生货损货差;可脱离运输工具,作为单元货物进行装卸和运输,无须倒装箱内货物。"

集装箱运输的最初阶段,各国和各个船公司适用的按自定标准制造的集装箱,规格极不统一。1961 年,国际标准化组织(ISO)成立了专门研究国家集装箱各种技术参数和规格的技术委员会,即 ISO/TC104,负责集装箱的国际标准化工作。经过几十年的补充、增减和修改,现行的国际标准为第 1 系列共 13 种,其中就包括实践中使用最广泛的 20 英尺和 40 英尺集装箱。换算成公制,20 英尺集装箱的外径长宽高分别约为 6.06 m×2.44 m×2.59 m;而 40 英尺集装箱外径规格则约为 12.2 m×2.44 m×2.59 m。为便于计算集装箱数量,实践中 20 英尺集装箱称为 1 TEU(即英文 twenty-foot equivalent unit 的简写),40 英尺集装箱则称为 1 FEU (forty-foot equivalent unit),1 个 FEU 相当于 2 个 TEU。

(二)集装箱的种类

1. 杂货集装箱

杂货集装箱(dry cargo container)又称干货集装箱或通用集装箱,这种集装箱适用于各种干杂货。在所有集装箱中,杂货集装箱的数量最多。

2. 保温集装箱

保温集装箱(insulated container)是一种所有箱壁都用导热率低的材料隔热,用以运输需要冷藏保温的货物的集装箱。一般包括三种类型:冷藏集装箱(refrigerated container)、隔热集装箱(insulated produce container)和通风集装箱(ventilated container)。

3. 特种集装箱

特种集装箱(special container)是一种为适应特种货物运输的需要,而在集装箱的结构和设备方面进行了特殊设计和装备的集装箱。此种集装箱种类很多,主要有:

(1)散货集装箱(solid bulk container),是用以装载粮食、水泥及化学制品等散装粉粒状货物的集装箱,使用这种集装箱可以节约包装费用,并提高装卸效率。

(2)罐状集装箱(tank container;liquid bulk container),是一种适于装载酒类、油类、化学品等液体货物的集装箱,具有适于装载此类货物的特殊结构和设备。

(3)敞顶集装箱(open top container),是一种顶部敞开,没有箱顶,须使用起重机将重货从顶部装入箱内或从顶部将货物吊出,待货物装入后,再用防水篷布遮盖顶部,以防货物受损的集装箱。这种集装箱适于装载机械设备等高度较高的重货。

(4)框架集装箱(plat rack container),是一种没有箱顶和箱壁,箱端壁也可卸下,只留箱底和四角柱来承受货载的集装箱。如果将四角柱拆下,也可做平台集装箱使用。这种集装箱主要用于不适于装入杂货集装箱或敞顶集装箱内的长大件、超重件、轻泡货、裸装设备等货物。

二、集装箱运输的优点

(一)提高运输效率,加速船舶周转

集装箱运输将小件货物变零为整,并通常使用专门的装卸机械,在专门的装卸码头进行装卸。另外,集装箱装卸通常不受天气影响,因此能大大提高运输效率,缩短船舶在港装卸停泊时间,使船舶周转速度大大加快。

(二)减少货损货差,提高运输质量

集装箱具有一定的强度和相应的设备,且整箱装卸,因此箱内货物能得到有效保护。集装箱运输减少了单件货物的装卸次数,尤其是采用门到门运输时,中途不拆箱;此外,集装箱用机械进行装卸,因而,货运事故大大减少。由于货物交换按整箱办理,便于理货,也减少了货差。

(三)降低运输费用

集装箱装卸作业机械化,节省了装卸劳动力,使装卸费用降低。整箱货在码头集装箱堆场交接,无须存仓,节省了货物在港内的搬移和堆存费用。集装箱货物的包装可以简化,甚至无须包装,从而节省了货物包装费用。货运质量提高,减少了货损风险,可降低货物的保险费用。

(四)便于货物多式联运

集装箱运输使货物多式联运得以迅速发展,即货物由一个承运人,以多种运输方式,依一张运输单证,从货物的卖方所在地运至买方所在地,给国际贸易的开展创造了十分有利的条件。

三、集装箱货物的装箱方式与交接方式

(一)集装箱货物的装箱方式

1. 整箱货

整箱货(full container load cargo: FCL 货)是指货方自行将货物装箱后,以一个集装箱为单位交运的集装箱货物。整箱货通常只有一个托运人和一个收货人。货物由托运人在自己的工厂或仓库自行装箱,海关人员在装箱现场进行监管,货物装妥并办理货物出口报关手续且经海关检验后,对集装箱施加铅封,船方以整箱为单位接收和交付集装箱货物。

2. 拼箱货

拼箱货(less than container load cargo: LCL 货)是指由承运人或其代理人将分属不同货主的同一目的地的单件货物分类整理后,集中适当批量装入集装箱内,经海关检验并对集装箱施加铅封后予以运输的货物。拼箱货的收妥、装箱、拆箱和交付在码头集装箱货运站或内陆站进行,承运人和货方对拼箱货的交接以集装箱货运站或内陆站为界。

(二)集装箱货物的交接方式

集装箱货物的交接是指由承运人与货方(包括托运人、收货人或其各自代理人)根据运输合同约定对合同涉及的集装箱货物进行接收和/或交付。集装箱货物的交接地点是运输方和货方关于货物运输的责任、风险及费用承担的分界点,也是确定集装箱货物运输责任期间的重要依据。在集装箱运输中,根据实际需要,货物的交接方式一般有以下几种方式。

1. 整箱接,整箱交(FCL/FCL)

(1)"门到门"

"门到门"(Door to Door)是指承运人在托运人(发货人)仓库或工厂接受托运人装箱的整箱货,运至收货人仓库或工厂以整箱交货。这种方式是集装箱运输最理想的货物交接方式。

(2)"门到场"

"门到场"(Door to CY)是指承运人在托运人(发货人)仓库或工厂接受整箱货,运至目的港集装箱码头内的集装箱堆场(container yard: CY),以整箱交给收货人,收货人在目的港集装箱堆场整箱提货。

(3)"场到门"

"场到门"(CY to Door)是指承运人在货物起运港集装箱码头内集装箱堆场接受集装箱货物,运至收货人仓库或工厂以整箱交货。

(4)"场到场"

"场到场"(CY to CY)是指承运人在货物起运港集装箱码头内的集装箱堆场接受整箱货,运至目的港集装箱码头内的集装箱堆场,以整箱交给收货人。

2. 拼箱接,拆箱交(LCL/LCL)

承运人在起运港集装箱货运站(container freight station: CFS)或内陆站(inland depot)接受单件货物,装箱并运至目的港集装箱货运站或内陆站,拆箱后交给收货人,这种货物交换方式为"站到站"(CFS to CFS)。

3. 整箱接,拆箱交(FCL/LCL)

(1)"门到站"

"门到站"(Door to CFS)是指承运人在托运人(发货人)仓库或工厂接受整箱货,运至目的港集装箱货运站或内陆站拆箱交货给收货人。

(2)"场到站"

"场到站"(CY to CFS)是指承运人在起运港集装箱码头内集装箱堆场接受整箱货,运至目的港集装箱货运站或内陆站拆箱交货给收货人。

4. 拼箱接,整箱交(LCL/FCL)

(1)"站到门"

"站到门"(CFS to Door)是指承运人在起运港集装箱货运站或内陆站接受单件货物,装箱并运至收货人仓库或工厂以整箱交付。

(2)"站到场"

"站到场"(CFS to CY)是指承运人在起运港集装箱货运站接受单件货物,装箱并运至目的港集装箱码头内集装箱堆场,以整箱交给收货人。

四、集装箱运输的主要关系方

(一)承运人

承运人是指与托运人订立集装箱货物运输合同,用自有或租用的船舶承运集装箱货物的人。在集装箱货物多式联运中,承运人又被称为"多式联运经营人"(multi-model transport operater: MTO)。有些情况下,承运人本身并不拥有船舶,但经营集装箱多式联运业务,接受托运人的委托,签发提单或多式联运单证,并委托船公司承运集装箱货物,这类承运人被称为"无船承运人"(non vessel operating common carrier: NVOCC)。接受无船承运人的委托,实际承运集装箱货物的船公司,便是实际承运人。

(二)集装箱货运站或内陆站

集装箱货运站或内陆站经营人接受承运人的委托,代表承运人办理拼箱货的装箱、拆箱和货物交接等业务。具体包括:(1)拼箱货的理货与交接;(2)出口拼箱货的配箱、积载和装箱;(3)货物装箱后在箱门上铅封,签发港站收据;(4)进口货箱的拆箱和货物保管;(5)办理货运单证的缮制、签发和流转;(6)联系海关监管;(7)结算有关费用。

(三)集装箱码头经营人

集装箱码头(或集装箱装卸区)经营人受承运人委托,主要办理下列业务:(1)在集装箱堆场对整箱货进行交接、贮存和保管;(2)对空箱进行收发、贮存和保管;(3)安排集装箱船的靠泊、装卸、编制货箱积载图;(4)缮制有关货运单证;(5)缮制并签署集装箱及载运工具的出入及流转的单证;(6)联系或办理集装箱及载运工具的检查、维修,以及空箱的清扫,空箱、重箱的熏蒸工作;(7)向船公司报告有关动态;(8)结算有关费用。

(四)集装箱租赁公司

集装箱租赁是随集装箱运输的发展而兴起的一种新兴行业。集装箱租赁公司是专门经营集装箱出租业务的公司。

(五)联运保赔协会

联运保赔协会,英文简称为TT CLUB,是一种提供承运人相互保险的保险组织,主要承保无船承运人等从事集装箱运输服务而产生的责任风险，是适应集装箱运输发展而产生的新型保险组织。

第二节 集装箱运输业务

一、集装箱运输的出口货运程序

集装箱运输的出口货运程序与传统的班轮运输出口货运程序（详见第三章）大体相同，不同之处在于：(1)增加了发放和接受空箱和重箱、集装箱的装箱和拆箱等作业程序；(2)改变了集装箱货物的交接方式；(3)修订和补充了一些与作业程序和交接方式相适应的单证。具体说来，集装箱运输的出口货运程序主要包括：

（一）订舱或托运

首先，托运人或其委托的货运代理人根据贸易合同或信用证的有关规定，选定班期适当的船舶，向船公司、其代理人或无船承运人申请订舱或托运。

（二）接受托运申请或承运

接受托运申请或承运是承运人对托运人的订舱或托运要求的书面确认。具体程序为：船公司或其代理人审核托运人填制的托运单或订舱单，确认无误后，在装货单〔即港站收据副本(1)〕上签章，表明承运人承运货物，并将装货单退还货主或其代理人。货主持装货单办理货物出口报关手续。船公司在承运货物后，根据订舱单或托运单缮制订舱清单，分送集装箱货运站或集装箱堆场，据以准备空箱发放和重箱交接、保管以及装船工作。

（三）发放空箱

集装箱通常由船公司无偿借给货主或集装箱货运站使用。在订舱后，货方应提出使用集装箱申请，船方会予以安排并发放集装箱设备交接单。在整箱货情况下，船公司或其代理人在承运货物后，即签发集装箱发放通知单，连同集装箱设备交接单一并交给托运人或其代理人，据以到集装箱堆场或内陆站提取空箱；在拼箱货情况下，则由集装箱货运站提取空箱。

（四）货物装箱

在整箱货情况下，由货主自行办理货物出口报关手续，在海关派员监装下自行装箱，并缮制装箱单和港站收据。在拼箱货情况下，由集装箱货运站将分属不同货主但流向相同的零星货物装箱，拼装为整箱货。其具体程序为：货主将货物连同事先缮制好的港站收据送交集装箱货运站；集装箱货运站核对货主缮制的港站收据和送交的货物，接受货物后，在港站收据上签收并退还给托运人换取提单。如果集装箱货运站接受货物时，发现货物外表状况不良，则应在港站收据上据实批注。货运站将拼箱货物装箱前，须向海关办理货物出口报关手续，并在海关监督下将货物装箱，并按货物装箱顺序编制装箱单。

（五）整箱货的交接和签收

不论是货主自行装箱的整箱货，还是集装箱货运站拼装的整箱货，最终均须送交集装箱装卸作业区的集装箱堆场等待装船。

整箱货情况下，托运人将自行装箱并经海关铅封的重箱，连同按装箱顺序缮制的装箱单、设备交接单和港站收据，通过内陆运输送交集装箱装卸作业区的集装箱堆场，集装箱堆场在核对订舱清单、港站收据和装箱单后，接收货物并在港站收据上签字，然后将签署的港站收据退交托运人换取提单。拼箱货情况下，除由集装箱货运站装箱，并负责缮制装箱单和设备交接单等有关货运单证外，其他程序与整箱货相同。

（六）换取提单

托运人收到经集装箱货运站或集装箱堆场的经营人签署的港站收据后，即可据以向承运人付清运费，换取提单或其他多式联运单证，然后去银行结汇。

（七）装船

集装箱进入集装箱装卸作业区的集装箱堆场后，作业区根据货箱流向和装船顺序编制装船计划或积载计划。将待装货箱移至前方堆场，按顺序堆放于指定箱位，待船到港后，即可顺次装船。

二、集装箱出口货运的主要单证

集装箱出口货运单证与传统的货运单证有所不同，主要表现在：(1)以港站收据代替传统的收货单；(2)为办理货物进出口报关和货物交接等手续，须由装箱人缮制装箱单；(3)为办理集装箱及其附属设备的交换，须缮制设备交接单。

集装箱运输所特有的出口货运单证主要有：

（一）集装箱发放通知单

集装箱发放通知单(container release order)，又称空箱提交单，是船公司指示集装箱堆场将空箱及其他设备提交给本单持有人的书面凭证。

（二）集装箱设备交接单

集装箱设备交接单(equipment receipt: E/R)，简称设备交接单，是集装箱所有人(船公司)或经营人委托集装箱码头、堆场与货方或集装箱货运站(用箱人)交接集装箱及其设备的凭证。

设备交接单的作用：(1)是分清集装箱设备交接责任的单证；(2)是对集装箱进行追踪管理的必要单证；(3)是证明箱内货物交接无误的单证。

（三）装箱单

装箱单(container load plan)，是装箱人按装箱顺序记载装箱货物的具体名称、数量、尺码、重量、标志和其他货运资料的单证。

装箱单的用途：(1)是集装箱船进出口报关时向海关提交的载货清单的补充；(2)是向承运人提供的箱内所装货物的明细单；(3)可供装卸港集装箱装卸作业区编制装卸船计划；(4)可供计算集装箱船舶吃水和稳性。

装箱单一式五联，分为码头联、船代联、承运人联各一联，发货人/装箱人联两联。整箱货由发货人制单；拼箱货由集装箱货运站作为装箱人制单。

（四）场站收据

场站收据(dock receipt: D/R)，又称港站收据或码头收据，是指船公司委托集装箱堆场、集装箱货运站或内陆站在收到整箱货或拼箱货后，签发给托运人证明已收到货物，托运人可凭以换取提单或其他多式联运单证的收据。

场站收据是十联集装箱托运单中的三联。[①] 十联集装箱托运单包括：

集装箱货物托运单两联，即货主留底联和船代留底联。

运费通知两联。

场站收据三联，即正本场站收据一联；场站收据副本（1），即装货单一联；场站收据副本（2），即大副联一联。

货代留底一联。

配舱回单两联。

集装箱货物托运单各联的流转过程是：

（1）托运人填制集装箱货物托运单一式十联，委托货运代理人代办托运手续。

（2）货运代理人接受委托后，将货主留底联退还给托运人备查。

（3）货运代理人持剩余的九联托运单到船公司或其代理人处办理货物托运。

（4）船公司或其代理人审核托运单，对照订舱清单，确认无误后，在场站收据副本（1）——装货单上盖章，确认订舱，承运货物，留下船代留底联、运费通知（1）（2）联等三联后，将包括盖好章的装货单在内的其余六联退还给货运代理人。

（5）货运代理人留存货代留底联，据以缮制货物流向单。

（6）货运代理人根据船公司或其代理人退回的配舱回单（1）缮制提单和其他货运单证。

（7）货运代理人持船公司或其代理人签发的装货单〔场站收据副本（1）〕和正本场站收据和大副联〔场站收据副本（2）〕，随同出口货物报关单和其他有关货物出口的单证一起到海关办理货物出口报关手续。

（8）海关审核有关报关单证，同意出口，在装货单上加盖放行章，将经海关加盖放行章的装货单和大副联以及正本场站收据退还给货运代理人。

（9）货运代理人将集装箱或货物连同装货单、大副联和正本场站收据及配舱回单（2）等四联送交集装箱堆场或集装箱货运站。

（10）集装箱堆场或货运站验收集装箱或货物，如无异状，则在正本场站收据及配舱回单（2）上签章后，退还给托运人或货运代理人；如集装箱或货物实际状况与场站收据或配舱回单（2）的记载不符，则须在正本场站收据和配舱回单（2）上做出批注，退还托运人或货代，而托运人或货代则须根据配舱回单（2）上的批注，修改已缮制的提单。

（11）集装箱堆场留下装货单，集装箱装船后将大副联交船方大副。

（12）托运人或货运代理人持正本场站收据和事先缮制的提单，到船公司或其代理人处办理换取提单手续，船公司或其代理人收回正本场站收据，签发提单。

三、集装箱运输的进口货运程序及货运单证

（一）集装箱运输的进口货运程序

集装箱运输的进口货运程序也与传统的班轮运输的进口货运程序大体相同。即在卸港的

---

① 根据各港口规定的不同，集装箱托送单的单证份数不一定都是十联单，可以是九联单，也可以是十一联单。但是通常一定会包括至少一份的场站收据正本。场站收据的作用与大副收据类似。

船公司代理人接到装港船公司或其代理人寄来的有关货运单证后，联系集装箱装卸作业区的集装箱堆场或货运站的经营人，为船舶进港和卸箱做好准备，待船舶到港后，组织卸箱和集装箱在堆场的存放，或在集装箱货运站拆箱。

另外，船舶到港前，一般由船公司卸港代理人向收货人或通知方发出进口货物提货通知书，要求收货人事先做好提货准备；在集装箱进入集装箱堆场或在货运站，做好交付准备后，再向收货人发出到货通知，收货人可凭提单和到货通知，办理提货手续，换取提货单，凭以提取货物。

集装箱运输中，由于货物连同集装箱一起办理交接，故集装箱堆场经营人须事先缮制集装箱设备出场交接单。在整箱货情况下，与收货人办理集装箱出借手续；在拼箱货情况下，则与集装箱货运站办理集装箱的交接。

（二）集装箱运输的进口货运单证

集装箱运输所特有的主要进口货运单证有：

1. 提货通知书

提货通知书（delivery notice），是船公司在卸港的代理人向收货人或通知人发出的船舶预计到港时间的通知。

2. 到货通知书

到货通知书（arrival notice），是船公司在卸港的代理人在集装箱卸入集装箱堆场或移至集装箱货运站，并办好交接准备后，用书面向收货人发出的要求收货人及时提取货物的通知。

3. 提货单

提货单（delivery order）是指承运人或其代理人根据正本提单签发给收货人的据以提取货物的凭证。提货单应当具有船名、交货地点、集装箱号、铅封号、货物名称、收货人等货物交付所必需的内容。

4. 交货记录

交货记录（delivery record），为一式五联中的一联，是集装箱堆场或集装箱货运站向收货人交付货物时，用以证明双方已进行货物交接或载明货物交接状态的单证。

5. 卸货报告

卸货报告（outturn report），是集装箱堆场或货运站在交付货物后，将交货记录中记载的批注，按不同载货的船舶，分船编制的表明交货状态的批注汇总清单。

6. 待提集装箱（货物）报告

待提集装箱（货物）报告（report of undelivery container），是集装箱堆场或货运站编制并送交船公司的，表明经过一段时间尚未能疏运的，仍滞留在堆场或货运站的重箱或货物的书面报告。据此，船公司可向收货人发出催提货物通知，以利疏港和加速集装箱的周转。

四、集装箱货物海运运费的计算

集装箱货物海运运费，通常情况下同普通班轮运输的货物的运费一样，采用分货种的等级运价，或者按均一费率计算。但是，集装箱货物海运运费的计算还有下列两种特殊情况：

（一）最低运费吨

船公司对于不同类型与用途的集装箱，分别按重量吨和容积吨规定最低装箱吨数，并以两者之中较高者作为装箱货物的最低运费吨或起码运费吨。该最低运费吨乘以所规定的费率,为集装箱货物的最低运费。当装箱货物的运费吨低于所规定的最低运费吨时,货方应支付最低运费,从而货方应承担一定的亏损箱容。

(二)最高运费吨

船公司对不同规格和种类的集装箱,规定一个按箱内部容积折算的吨位作为最高运费吨。当实际装箱货物的容积吨超过最高运费吨时,运费按最高运费吨乘以相应货物的费率计算,即对于超过最高运费吨的货物容积,免收运费。

第五章 班轮运价

第一节 班轮运价概述

一、运费和运价

运费(freight)是指海上承运人根据运输合同完成货物运输后,从托运人那里取得的报酬。而运价(freight rate)则是指承运人完成某一计量单位货物运输所收取的运费。

从理论上说,承运人为了提供运输劳务,需要承担一定的运输消耗和支付一定数额的有关费用。因此,当承运人出售其运输劳务时,就需要向运输劳务的购买者——在班轮运输中就是托运人——收取一定的报酬,以补偿运输的消耗与支出,并取得一定的盈利。承运人收取的此种报酬,就是运费。而计算运费的单价或费率就是运价。

按照运费支付的时间来划分,运费可分为预付运费(prepaid freight 或 freight in advance)和到付运费(freight to collect)。预付运费是指在签发提单前或签发提单后即须预先支付的运费,即整个运输工作尚未进行完毕而先行收取的运费;到付运费是指货物运到目的港在货物交付前应当支付的运费。

二、班轮运价的特点

班轮运价的特点与班轮运输的特点是相适应的,主要表现在:

(1)班轮运输的成本较高,因而班轮运价也较高。

(2)班轮运输的货物对运费的负担能力较强。

(3)班轮运价相对较稳定,在短期内不变动。

(4)班轮运价是一种垄断价格。

(5)班轮运价的制定采用在运输成本的基础上实行高值货物高运价,低值货物低运价政策。

三、班轮运价的种类

(一)按运价的制定者划分

班轮运价的种类按运价的制定者划分,可分为:

1. 班轮公会运价

班轮公会运价是由班轮公会制定,供参加该公会的会员船公司使用的运价。此种运价调整或修改由班轮公会决定,任何会员公司无权单独修改。该运价水平较高,是一种具有垄断性质的运价。

2. 班轮公司运价

班轮公司运价是由经营班轮运输的船公司自行制定并负责调整或修改的运价。任何一家班轮公司都制定有自己的运价。对于班轮公司自行制定的运价,虽然货方可提出意见,但解释权与决定权仍在船公司。

3. 双边运价

双边运价是由船、货双方共同商议制定、共同遵守的运价。运价的调整或修改,须经双方协商,任何一方无权单方面改变。

4. 货方运价

货方运价是由货方制定,船方接受采用的运价。对运价的调整或修改,货方应与船方协商进行,但货方有较大决定权。

(二)按运价制定的形式划分

班轮运价的种类按运价的制定形式划分,可分为:

1. 单项费率运价

这是一种对不同商品在不同航线上分别逐一制定的运价。尽管有些商品在同一航线(或港口)的运价相同,也要逐一列明,因此集中在一起组成的运价表十分庞大。这种运价表也称作"商品运价表"。

2. 等级运价

该运价首先将全部商品划分为若干等级,然后为不同等级的商品在不同航线或港口间运输制定某一运价。同一等级的商品在同一航线或港口间运输,其运价是相同的。

此种运价表前附有"商品分级表"。计算运费时,首先根据商品名称在"商品分级表"中查找出该商品所属等级,再从该商品运输航线或运抵港口的"等级费率表"中查出该级商品的费率。中远 1 号运价表即属此种运价。

3. 航线运价

这是不分运输距离的长短,只按航线、商品名称或等级制定的运价。此种运价是按照航线上各挂靠港口的平均距离为基础制定的。对于某一商品,只要其起运港和目的港是同一航线上规定挂靠的基本港口,不论运输距离的远近,均按同一运价计收运费。

四、班轮运费的结构

班轮运费可分为基本运费(basic freight)和附加运费(surcharges)两部分。基本运费是对任何一种商品都应计收的运费;附加运费是视不同情况而加收的运费。附加运费可按每一计费吨加收若干计收,也可按基本运费的一定比例计收。

(一)基本运费

在班轮运输中,将航线上船舶定期或经常挂靠的港口称作"基本港口"。综合这些港口的基本情况,为在航线上基本港口间的运输而制定的运价称作基本运价或基本费率。基本运价是计收班轮运输基本运费的基础。

基本运费只是根据一般商品在航线上各基本港口间进行运输的平均水平制定的。实际上，班轮运输所承运的商品中，除一般商品外，还有需要特殊处理的商品；除了直接运达基本港口的商品外，还有需加靠非基本港口或转船接运的商品。这些情况，会使承运人在运输中增加一定的营运支出，并需取得补偿。因此，基本运费只是班轮运费的主要部分，在计算全程应收运费时，还必须计收一定的追加额，这部分追加额即为附加运费，简称附加费。

（二）附加运费

目前，班轮运输中的主要附加运费有：

1. 超重附加费

超重附加费是指每件商品的毛重超过规定重量时所增收的附加运费。此种商品称为超重货。超重附加费按重量计收，且重量越大其附加费率越高。如超重货需转船，则每转船一次，加收一次。

2. 超长附加费

超长附加费是指每件商品长度超过规定长度时所增收的附加运费。此种商品称为超长货。超长附加费按长度计收，且长度越长其附加费率越高。如超长货需转船，则每转船一次，加收一次。

如果商品既超长又超重，则两者应分别计算附加费，然后按其中较高的一项收取附加费。

3. 直航附加费

直航附加费是指托运人要求承运人将其所托运的货物从装货港装船后，不经过转船而直接运抵航线上某一非基本港时所增收的附加费。

4. 转船附加费

转船附加费是指商品需在中途挂靠港口换装另一船舶才能运至目的港时，承运人为此而增收的附加费。

5. 港口附加费

港口附加费是指在某些港口（包括基本港和非基本港）的情况比较复杂（如船舶进出需要通过闸门），装卸效率低或者港口费收较高等情况下，承运人增收的附加费。

6. 其他附加费

除上述主要附加费外，当出现某些特殊情况时，承运人常临时采用增收附加费的办法来补偿因特殊情况而增加的开支。当特殊情况消除后，该临时附加费亦相应取消。常见的临时附加费有：

（1）燃油附加费

燃油附加费是指因国际市场燃油价格上涨，承运人在不调整原定运价的前提下，为补偿燃油费用的增加而增收的附加费。当燃油价格回落后，该附加费亦会调整直至取消。

2015 年 10 月 21 日，交通运输部发布《交通运输部关于开展清理和规范海运附加费收费专项督查的通知》，对班轮公司海运附加费收费进行规制，其中第三条要求：班轮公司不得长期、固化、只升不降地收取临时性的海运附加费，如战争附加费、紧急燃油附加费等，应根据相关情况或条件的变化及时调整或取消相应附加费。该通知第六条还规定，鼓励班轮公司合理调整海运运费价格结构，将有关海运附加费纳入海运运费，采用全包含（all-in）方式收取。

(2)选卸附加费

当货物托运时,如果托运人尚不能确定具体的卸货港,可要求预先指定两个或两个以上卸货港,待船舶开航后再做选定。这样,就会增加这些货物在舱内的积载困难,甚至会造成舱容的浪费,因此承运人可增收选卸附加费。

(3)变更卸货港附加费

变更卸货港附加费是指货物不在提单上载明的卸货港卸货而增收的附加费。

(4)绕航附加费

绕航附加费是指因某一段正常航线受战争影响、运河关闭或航道受阻等意外情况,迫使船舶绕道航行,延长运输距离而增收的附加运费。绕航附加费是一种临时性的附加费,一俟意外情况消除,船舶恢复正常航线航行,该项附加费即行取消。

(5)港口拥挤附加费

港口拥挤附加费是指由于港口拥挤,船舶抵港后要长时间等泊,为补偿船期严重延误的损失而增收的附加费。一旦港口拥挤情况得到改善,该项附加费即进行调整或取消。

(6)超责任限额附加费

超责任限额附加费是指当托运人托运贵重货物时,要求承运人承担超过提单上规定的赔偿责任限额(按实际损失赔偿)而由承运人增收的附加费。

除了上述基本运费和附加运费外,在我国集装箱班轮运输实务中,一些班轮公司还常常会在班轮运费之外,向货主收取一些费用,例如码头作业费(terminal handling charges:THC)、始发地接货费(origin receiving charge:ORC)、提单签单费、集装箱铅封费、设备操作管理费等等。上述杂费的名称不一,但是尤以码头作业费,即航运实践中通常称为 THC 费用最为突出。

有关 THC 费用的争议,主要发生在东南亚国家,包括印度尼西亚、斯里兰卡、日本,后来又延伸到澳大利亚、欧洲一些国家。大约在 1990 年,远东班轮公会率先征收 THC 费用,即以美元收取的集装箱货物的运费跟以当地货币收取的 THC 费用分开。最初,该班轮公会仅在中国香港、新加坡、马来西亚和中国台湾港口装船至欧洲的集装箱征收 THC 费用,后来班轮公会将收取 THC 费用的地区扩展到亚洲其他国家和地区。目前 THC 费用已经是海运中收取最为广泛的附加费用。

随着航运竞争压力不断增加,一些航运公司竞相在运费上压价,因此向码头、港口经营人支付的费用和成本,便以 THC 或者 ORC 等费用转嫁给货主身上,这样不论是始发地的卖方还是目的地的卖方都要向船公司缴纳 THC 或者类似的附加费用,否则船公司便以暂不签发提单或者扣押货物为借口向货主施加压力。据统计,中国货主缴纳的此类附加费用每年大约数百亿元人民币。

中国境内的一些班轮公司大约在 1997 年开始,在广东、广西、云南、海南等地区向外贸进出口货主收取 ORC 费用,在 2002 年起改名为 THC 费用。在 1999 年以后,又相继在上海、青岛、大连等口岸推行 THC 费用。

班轮公司这种做法,引起了中国诸多货主和相关行业协会的抵制和强烈反对。但是另一方面,船公司又通过拒绝签发提单或者扣押货物等方式迫使货主不得不支付此类费用,因此有关 THC 的争议和纠纷不断。

自 2003 年开始,中国政府开始调解 THC 费用引起的争端,并于 2003 年 8 月 21 日在北京召开 THC 调查听证会。调查组成员由交通部、国家发展和改革委员会(以下简称国家发改委）、工商总局的5名代表组成；专家组由13人组成；货主和船方各20人参加，船货双方旁听人员共30人；商务部、财政部、货代协会、船东协会等作为特邀单位参加会议。几经周折，2006年4月18日，交通部、国家发改委与国家工商总局以2006年第9号文件联合发布了《关于国际班轮运输码头作业费（THC）调查结论的公告》。该公告明确THC在性质上属于国际集装箱班轮运费的组成部分。此外还明确了班轮公会、国际班轮运输经营者享有集体订立运价协议的权利，但不得对公平竞争和国际海运市场秩序造成损害，并应当根据《国际海运条例》向交通部备案，否则应当根据《国际海运条例》的相关规定承担责任。①

既然根据该公告，THC费用被认为是集装箱班轮运费的组成部分，那么根据《国际海运条例》及其实施细则的有关规定，集装箱班轮公司就应当在备案的运价中明确该内容。备案的运价包括公布运价和协议运价。公布运价是指国际班轮运输经营者和无船承运业务经营者运价本上载明的运价，运价本由运价、运价规则、承运人和托运人应当遵守的规定等内容组成。协议运价是指国际班轮运输经营者和无船承运业务经营者约定的运价，包括运价及其相关要素。协议运价应以合同或者协议形式书面订立。

自2015年10月21日交通运输部发布《交通运输部关于开展清理和规范海运附加费收费专项督查的通知》之后，一些著名的国际班轮运输公司，已经不同程度地开始降低班轮运输附加运费的费率和种类。

五、班轮运费的计费标准

在班轮运输中，主要使用的计费标准是按容积和按重量计算运费；对于贵重货物，则按其货价的一定百分比计算运费；对于某些特定的货物，也按其实体个数或件数计算运费。

各种不同货物的计费标准，在班轮公司的运价表（本）中都有具体规定，通常用如下符号表示：

（1）以“W”表示，指该种货物应按毛重计算运费。

（2）以“M”表示，指该种货物应按尺码或体积计算运费。

（3）以“W/M”表示，指该种货物应分别按其毛重和体积计算运费，并按其中较高者收取运费。

（4）以“Ad. Val.”表示，指该货物应按其FOB价格的一定百分比计算运费，此种运费称为从价运费。

（5）以“Ad. Val. or W/M”表示，指该种货物应分别按其FOB价格的一定百分比和毛重、体积计算运费，并选择其中较高者收取运费。

此外，还有按货物实体的个数或件数为单位计算运费的。如活牲畜按每头计收，车辆按每辆计收。还有按承运人与托运人双方临时议定的费率计收运费的情况，按临时议定的费率计收运费多用于低价货物的运输。在集装箱运输中，一般按每一个集装箱计算收取运费。

① 以上内容参考2006年9月2—3日在深圳召开的“中国货主维权高峰论坛”会议部分资料。

第二节 班轮运价表

在传统的班轮运输实务中,班轮运输企业通常以班轮运价表的方式作为计收运费的依据。例如,我国远洋运输企业曾经使用的运价表有"中国远洋运输集团第一号运价表""中国远洋运输公司美国航线第17号运价表"以及"中国对外贸易运输公司第三号运价表"等。近年来,随着电子商务和网络技术的飞速发展,严格意义上的班轮运价表在实践中已难觅踪迹,取而代之的是更加快捷和便于调整的网络运费报价查询系统。但是,班轮运价表尽管在形式上已很少使用,但对于了解班轮运价内容和组成仍有帮助。故以下本书将对"中国远洋运输集团第一号运价表"的主要内容做以介绍。

一、"中国远洋运输集团第一号运价表"的基本特点

"中国远洋运输集团第一号运价表"(以下简称中远1号运价表)是我国交通部授权中远(集团)总公司制定的,供我国各远洋运输公司从事国际航线(中—美航线除外)运输,计收运费使用的运价表。该运价表是在原中远6号运价表的基础上于1993年7月重新制定,并于1993年8月15日开始执行的。

中远1号运价表的基本特点是以航线为基础的等级运价。要确定某种商品在某一航线上的运价时,首先要从"商品分级表"中查出该种商品所属的等级,然后再根据指定航线的"等级费率表"查出该等级的运价,即可得出该商品在该航线运输的运价,使用起来较为简便。

二、中远1号运价表的组成

中远1号运价表主要由说明及有关规定、商品分级表、集装箱航线费率表和杂货航线费率表四部分组成,其具体内容如下:

(一)第一部分:说明及有关规定

说明及有关规定实质是运价表中的条款部分,由总则、杂货运输规定及说明、集装箱运输规定及说明和港口规定及条款四部分内容组成。

在总则的开头,首先明确"本说明及有关规定适用于杂货及集装箱运输条款"。总则内容主要有适用范围、币制、运费支付方式、衡量折算率、费率变更、运费更正、承运人的超额责任、提单编制及签发以及货物包装等内容。

关于适用范围,明确规定:"本运价表适用于中华人民共和国港口与本内所规定各航区港口之间的往返货运。"一般来说,运价表(本)中有关规定的内容都是提单条款的组成部分,船货双方应共同遵守,对此,中远1号运价表明确规定:"本内有关规定和条款,应视作提单的组成部分,船货双方均应遵守。"

关于币制,中远1号运价表规定"各种费率、附加费及有关费用均以美元标价,并系净价"。

关于运费支付方式,中远1号运价表规定,预付运费一律应在签发提单前付清运费和其他费收,到付运费一律应在交货前付清运费和其他费收,并规定对于舱面货、冷藏货、活牲畜、鲜

货、行李以及易腐物品等商品的运费必须预付。

在“杂货运输规定及说明”中，主要说明对杂货运输收取的基本运费及附加费项目；运费计算的基本单位，托运人应提供的商品的详尽资料；对特种商品，如危险品、冷藏品、散装油、松散或捆装钢材、特种异味货的有关规定。此外，还对选卸货、变更卸货港、回运货物的收费办法做出规定。同时规定对无商业价值的样品可要求船方免费运送，但其体积不能超过0.2 m^3，重量不超过50 kg，承运人只签发一张正本提单，并且不承担货损货差责任。对于每提单的起码运费，按各航区实际货物等级费率计收。

在“集装箱运输规定及说明”中，主要内容包括：定义、集装箱运输方式、货物的接受、货运资料、特种异味货、免费样品、提单、货方自备集装箱、回运货物、危险物品/危害物品、交货、增加的服务和费用、选卸货、变更目的港、变更交货方式、重件货、运费计算、设备交接、集装箱限重、上门交货、拼箱货起码装货标准等方面的具体规定及说明。

在“港口规定及条款”中，主要列出一些国家和地区有关港口的规定和习惯做法。这些规定是有关港口主管当局或政府规定的，并非承运人自己的规定。承运人将这些规定以费率表条款的形式列明在费率表中，并要求在缮制提单时，将有关港口规定也加盖在提单上，以明确承运人与货方间的责任，避免日后纠纷。这些条款即通常所称的港口条款。

（二）第二部分：商品分级表

商品分级表是列明各种商品所属的计费等级和计费标准的一览表。中远1号运价表中的商品分级表内的商品名称是用中英文并列，按英文字母排列编制的。表内同时列明各级商品的运费计算标准，除标注按“Ad. Val.”“Ad. Val. or W/M”或其他特别计算标准外，均按商品毛重每公吨或按体积每立方米其中高者为计收运费的单位。

由于商品种类繁多，任何运价表（本）的商品分级表都不可能罗列所有商品的名称，只是按照一定的规则，将主要商品名称标列在商品分级表中，并确定其级别和计费标准。将商品列名于分级表的基本原则是：传统的进出口商品；货价较高或较低的商品；具有特殊性质和对运输有特殊要求的商品；积载因数过大及包装特殊的商品等。此外，在分级表内对于一些种类相同，其性质对运输要求基本一致的商品也不逐一列名，而是以“未列名货物”的形式列出。

（三）第三部分：集装箱航线费率表

这一部分主要是分别列出各集装箱航线不同等级商品及集装箱箱型的费率。在该部分前面还列有“非基本港附加费率表”，此表仅适用于集装箱航线运输。由于集装箱航线装港的基本港口不同，凡已在航线中列名的装港，视为该航线的基本港，对未列名的装港如发生货物运输，则需在基本港费率的基础上，按此表规定的费率加收非基本港附加费。

此外，在中国—欧洲航线集装箱费率表后，还附有需要从不同港口转运至其他港口或地方的转运附加费率表。

（四）第四部分：杂货航线费率表

这一部分分别列出各普通杂货班轮航线的等级费率、各项附加费率及冷藏货费率等。由于各航线的超重、超长附加费率和计收办法都是相同的，为节省篇幅而将这两项附加费单独附在各航线费率表之前。

对于在各航线上承运活牲畜的费率，均根据具体情况临时与托运人议定，故在费率表中不再列明。

第三节 运费的计算

班轮运费的计算可分为杂货运费计算和集装箱运费计算两大类,下面将分别予以介绍。

一、杂货班轮运费的计算

(一)运费一般计算

杂货班轮运费由基本运费和各项附加运费两部分组成,其计算公式为:

$$F = F_b + \sum S$$

式中:F—— 运费总额;

F_b—— 基本运费额;

S—— 某一项附加费。

基本运费是所运商品的计费吨(重量吨或容积吨)与基本运价(费率)的乘积,即

$$F_b = f \cdot Q$$

式中:f—— 基本运价;

Q—— 计费吨。

附加运费是各项附加费的总和。当各项附加费均按基本运费的一定百分比计算时,附加费的总额应为:

$$\sum S = (S_1 + S_2 + \cdots + S_n)F_b = (S_1 + S_2 + \cdots + S_n)f \cdot Q$$

式中:$S_1, S_2, \cdots, S_n$—— 某一项附加费率。

因此,运费总额计算公式为:

$$\begin{aligned} F &= F_b + \sum S = f \cdot Q + (S_1 + S_2 + \cdots + S_n)f \cdot Q \\ &= (1 + S_1 + S_2 + \cdots + S_n)f \cdot Q \end{aligned}$$

当附加费率均按每计费吨加收若干的形式规定时,附加费总额应为:

$$\sum S = (S_1 + S_2 + \cdots + S_n)Q$$

此时,运费总额计算公式为:

$$\begin{aligned} F &= F_b + \sum S = f \cdot Q + (S_1 + S_2 + \cdots + S_n)Q \\ &= (f + S_1 + S_2 + \cdots + S_n)Q \end{aligned}$$

(二)从价运费的计算

从价运费通常是按商品 FOB 价格的一定百分比计算的。如果托运人只提供 CIF 价格,则必须换算成 FOB 价格后,才能计算出从价运费。

根据一般习惯,CFR 价格通常为 CIF 价格的 99%,因此可通过下列关系求得 FOB 价格。

因为　CFR = 0.99CIF　FR = (Ad. Val.) FOB

又　CFR = FOB + FR

　　= FOB + (Ad. Val.) FOB

$$= (1 + Ad.\ Val.)FOB$$

所以 $$FOB = \frac{CFR}{1 + Ad.\ Val.} = \frac{0.99\ CIF}{1 + Ad.\ Val.}$$

因此 $$FR = (Ad.\ Val.) \times \frac{0.99CIF}{1 + Ad.\ Val.}$$

FR 为从价运费。

二、集装箱运费的计算

（一）集装箱运输中运费的结构

在集装箱运输中，由于货物的交接方式和地点与传统海上运输有所不同，使海上承运人负责的运输区间从海上延伸至陆上。因此，海上承运人向托运人（或收货人）收取的运输费用中除海上运输费用及港口有关作业的费用外，还应根据不同情况，收取包括某一区间的陆上运输费，以及与集装箱的装箱、拆箱及码头搬运作业有关的各项费用。集装箱运输运费的基本构成，可参考下图。

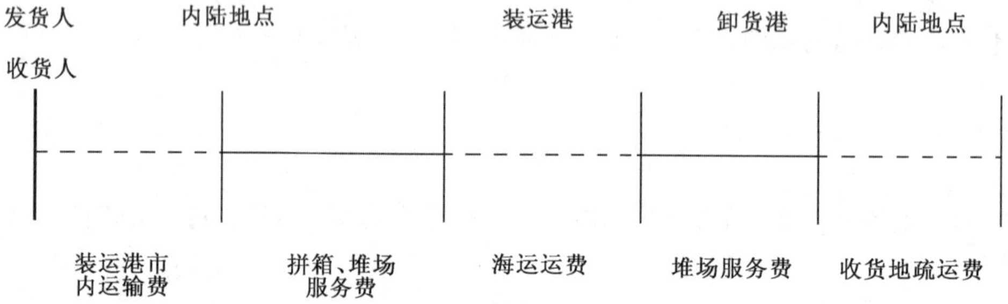

图 5-1 集装箱运输运费构成

对于集装箱运输的各项费用，不同承运人规定的收取办法不同：有的逐项计收；有的将某些费用合并计收，如将装、卸两港的码头搬运费包括在海运运费中；有的将各项附加费合并在一起计收。

（二）集装箱海运运费的计费办法

海上集装箱运输均采用班轮运输的营运方式经营。因此，集装箱海运运费的计算办法与普通杂货班轮运输中的运费计算办法一样，也是根据费率表中规定的费率和计费办法计算运费的，并有基本运费和附加运费之分。但是，由于集装箱货物有拼箱托运与整箱托运两种不同方式，因此不同方式的基本运费的计算办法也有所不同。

1. 拼箱货的海运运费计算

由集装箱货运站装箱的拼箱货的海运运费计算与普通杂货班轮运输海运运费的计算办法完全一样。所不同的只是应按集装箱运输的运费率，而不是按照普通杂货班轮运输的运费率计算而已。

对拼箱货，承运人也按提单上所记载的商品计收起码运费。如中远 1 号运价表规定，每一提单不足 1 运费吨时，则按 1 运费吨计收运费。

2. 整箱货的海运运费计算

在托运人自行装箱整箱托运的情况下，运费计算可以有两种方式，托运人可以按包箱费率计算支付海运运费,也可以采用按普通杂货班轮运输海运运费的计算办法,即根据装入箱内的不同等级的商品及相应的航线费率来计算整箱货物的海运运费。但在后一种方式下,运费计算应考虑"最低运费"和"最高运费"的情况。

(1)最低运费的计算

在托运人自行装箱整箱托运,又按照普通杂货班轮运输运费的计算办法计算运费的情况下,如果箱内所装货物没有达到规定的最低装箱标准,即箱内所装货物没有达到规定的最低运费吨时,对于亏损部分,托运人应支付"亏箱运费",以确保承运人的利益。

各航运公会或船公司均分别对不同用途、不同箱型的集装箱规定各自的最低装箱标准,即最低运费吨。当一个集装箱内只装载一种货物时,如果箱内货物的运费吨(重量吨或尺码吨之高者)的总量少于所规定的最低运费吨,则应按所规定的最低运费吨计收运费。也就是说,以所规定的最低运费吨乘以装箱货物的等级费率和应收的附加费率所得的乘积,即为该箱应收的最低运费。

(2)最高运费的计算

最高运费是在集装箱运输中,由托运人自行装箱整箱托运时所特有的一种运费计算方法,目的是鼓励托运人采用集装箱装运商品,并最大限度地利用集装箱内部容积。在海上集装箱运输运费计算中,航运公会或船公司都为各种规格和类型的集装箱规定一个按集装箱内部容积折算的最高运费吨。当整箱托运的托运人实际装入箱内商品的尺码超过规定的最高运费吨时,承运人仍按最高运费吨计收运费,超出部分免收运费。由于整箱货中所装商品可能分属不同运费等级,则免收运费的商品应从运价等级最低的商品开始计算。最高运费的计算仅适用于容积货物(即按尺码吨计算运费的商品),而不适用于重量货物(即按重量吨计算运费的商品)。这是因为各种类型集装箱均规定了最大限重,为了安全不允许超重,当然更不能通过规定最高运费吨来鼓励超重。

第六章 船舶代理与船舶进出港手续

第一节 船舶代理

一、船舶代理的概念

船舶代理是指船舶代理机构或代理人接受船舶所有人、船舶经营人或承租人的委托,在授权范围内代表委托人(被代理人)办理与在港船舶有关的业务、提供有关的服务或与第三人进行与在港船舶有关的其他经济活动,而由委托人承担这种行为的后果并支付代理费的行为。接受委托人的授权,代表委托人办理与在港船舶有关业务和提供服务,并与第三人进行与在港船舶有关的其他经济活动的法人或公民,则是船舶代理人。

在我国,以前从事中外国际航行船舶代理业务的机构主要有中国外轮代理公司(China Ocean Shipping Agency,简称"PENAVICO")和中国船务代理公司(China Marine Shipping Agency,简称"SINOAGENT")。这两个公司总部设在北京,在沿海和长江各开放港口设有分公司。然而,自2002年《中华人民共和国国际海运条例》实施,到2003年《中美海运协定》正式签署,以及2004年中国和欧盟新一轮海运协定签订,国际船舶代理的准入门槛逐年降低。目前交通运输部取消了中资企业国际船舶代理业务行政审批,改为备案制,因此目前在我国从事中外国际航行船舶代理业务的公司已经大大增加。截止到2015年1月14日,交通运输部水运局公布的已备案的国际船舶代理企业名单,共有1700多家;外商投资企业及台港澳投资企业已取得"国际船舶代理经营资格登记证"的有140余家。目前从事国际船舶代理业务的企业,是通过中国船舶代理及无船承运人协会向交通运输部进行备案或取得"国际船舶代理经营资格登记证"。为了规范国际船舶代理企业经营行为,维护委托人合法权益,促进国际海运业及其辅助服务业共同发展,中国船舶代理及无船承运人协会于2015年年中制定了《中国国际船舶代理行业自律公约》,以加强行业协会的管理和监督工作。

二、船舶代理的作用与业务范围

从事国际航行的船舶在外国港口,尤其是在船舶不经常挂靠,船公司没有设立分支机构或办事机构的港口,船公司不熟悉港口情况,因而难以对船舶直接予以照管。相反,设在港口的船舶代理公司或代理行,熟悉当地港口情况和所在国的法规与习惯,具有船舶代理业务的经验。因此船公司委托船舶挂靠港口所在的船舶代理公司代为办理船舶在港口期间的相关业务成为常事。船公司委托代理人代办船舶在港业务,能更有效、更经济地安排和处理船舶在港业务,从而降低运输成本,加速船舶周转。

各国的船舶代理机构一般都有代理章程,规定较广泛的业务范围,通常包括以下几个方面:

(一)船舶进出口手续与客货运输业务

包括船舶进出口的申请;申请引航;联系安排泊位;联系货物装卸、理货、监装、衡量和检验;接受订舱、揽载;办理货物联运中转;代为计算、收取运费、滞期费;洽办货损货差理赔;代售客票,办理旅客上下船手续等。

(二)船舶、船员供应及其他服务工作

包括洽购船舶燃料、淡水、物料;洽购船员伙食;办理船员登岸、出入境及遣返手续,转递船员邮件,安排船员看病就医、参观游览;联系安排船舶修理、检验、拷铲、油漆、扫舱、洗舱与熏舱等。

(三)其他工作

包括洽办海事处理、联系海上救助、代办租船和船舶买卖手续等。船舶代理机构根据船公司或其他有关方的委托,代为办理的业务越多,被代理人需支付的代理费也就越高。

三、船舶代理的种类

船舶代理属于委托代理,即船舶代理是根据船公司或其他有关方将代理权授予给船舶代理机构而成立的。

在船舶到达某一港口之前,船公司首先要在到达港为船舶选定代办船舶在港期间各项业务的代理人,并根据船舶到港的频繁程度确定代理关系的形式。根据代理期间的长短,船舶代理关系可划分为长期代理关系和航次代理关系。

(一)长期代理

船公司根据其船舶营运的需要,在经常有其船舶前往挂靠的港口,委托港口的船舶代理机构,在一定期限内,办理属于该公司的所有船舶的在港业务而建立的代理关系,称为长期代理(agency on long-term basis)。长期代理关系一经建立,在相应的期限内,船公司无须按每船逐航次进行委托。

建立长期代理关系可以简化委托和财务往来结算手续。就班轮运输而言,船舶经常往返于固定航线的固定挂靠港之间,因此建立长期代理关系更为合理。长期代理关系,既可以通过签订正式的专门委托代理合同而建立,也可采用由委托人以书面形式向代理机构提出委托,经代理机构确认接受的方式来建立,实践中后者较为常用。

(二)航次代理

对不经常来港的船舶,在每次来港前由船公司向代理人逐船逐航次办理委托,并由代理人逐船逐航次接受这种委托而建立的代理关系,称为航次代理(agency on trip basis)。需要按航次委托代理的船舶,一般有以下情况:(1)承运 FOB 出口货和 CIF 或 CFR 进口货的国外派船;(2)承运 FOB 进口货和 CIF 或 CFR 出口货的本国承租人租用外籍船舶的航次租船;(3)来港办理交接手续的买船或卖船;(4)办理交船或还船交接手续的定期租船;(5)专程来港修理、避难，船员就医，添加燃料、淡水、伙食等项事宜的船舶。

船公司按航次向代理人委托航次代理时，须在船舶抵港前，以书面形式向到达港代理人提出委托，并在船舶抵港前一定时间内将船舶规范、有关运输合同和货运单证寄交所委托的代理人。代理人收到书面委托，查明船舶国籍、来港目的，审核船舶规范等资料，明确费用负担与结算对象，经索汇备用金，航次代理关系即告成立。

四、备用金的索汇、使用和结算

委托人预付备用金是代理人履行代理协议的必要前提。

备用金是指委托方根据代理人的要求，在代理关系建立之后，预付给代理人用作支付船舶在港期间所发生的一切费用和船员借支或其他费用支出的预付款项。根据代理人不为委托人垫付任何款项的原则，代理关系建立后，委托人须及时将备用金汇给代理人，否则因此而造成的船舶延误及其他损失或费用，均由委托方负责。从这一意义上说，汇寄备用金是建立船舶代理关系的必要条件之一。

第二节　船舶进出港手续

在船舶代理关系中，船舶代理人为委托人代办船舶进出港手续是船舶代理人的主要代理事项之一，本节将对此内容做具体介绍。不论是航行于国际航线的中国籍船舶还是外籍船舶，进出港口都需要经过边防（移民机构）、检疫、海关、港口等部门的检查，向边防、检疫、海关和港口当局办理进出港的各项手续，并取得各种必要单证。因此，在船舶进出港口前，接受委托的船舶代理人，须事先联系边防、检疫、海关及有关港口当局办理必要的手续。国务院于1995年3月21日发布第175号令，颁布实施《国际航行船舶进出中华人民共和国口岸检查办法》，自实施之日起，1961年10月24日由交通部（现为交通运输部）、对外贸易部（现为商务部）、公安部、卫生部发布的《进出口船舶联合检查通则》同时废止。因此我国一改以往船舶需要在联检锚地等待相关主管部门联合检查的历史，顺应国际发展趋势，对口岸检查的相关手续进行了程序上的简化和便利。以下根据《国际航行船舶进出中华人民共和国口岸检查办法》（以下简称《口岸检查办法》）对船舶进出港手续予以介绍。根据《口岸检查办法》第3条的规定，在我国负责对船舶进出口岸实施检查的机关包括港务监督机构（现为各个港口所在地的港口管理部门）、海关、边防检查机关、卫生检疫机关和动植物检疫机关。[①] 港口主管部门负责召集有其他检查机关参加的船舶进出口岸检查联席会议，研究、解决船舶进出口岸检查的有关问题。而且除非是特殊情形，否则检查机关不登船检查，由船方或船舶代理人办理进出口岸手续，按规定填写相关报表，并如实提供有关证件、资料等。

① 根据1998年国务院机构改革方案，由原来的中国商品检验局（简称商检）、中华人民共和国卫生检疫局（简称卫检）、中国动植物检疫局（简称动植检）三个机构组建而成国家出入境检验检疫局。后来国家出入境检验检疫局又与国家质量技术监督局合并，总称“国家质量监督与检验检疫总局”，简称“质检总局”。

一、船舶进港手续

(一)填写进口岸申请书

船舶代理人应当在船舶抵达口岸7日前,如果航程不足7日的,在驶离上一口岸时,填写"国际航行船舶进口岸申请书",报请抵达口岸的港口管理部门审批。

拟进入长江水域的船舶,船舶代理人应当在船舶预计经上海港区7日前(航程不足7日的,在驶离上一口岸时),填写申请书,报请抵达口岸的港口管理部门审批。

(二)履行向检查机关报告的义务

船舶代理人应当在船舶预计抵达口岸24小时前(航程不足24小时的,在驶离上一口岸时),将抵达时间、停泊地点、靠泊移泊计划及船员、旅客的有关情况报告检查机关。

(三)办理进口岸手续

船舶代理人在船舶抵达口岸前未办妥进口岸手续的,须在船舶抵达口岸24小时内到检查机关办理进口岸手续。船舶在口岸停泊时间不足24小时的,经检查机关同意,船舶代理人在办理进口岸手续时,可以同时办理出口岸手续。

船舶代理人在船舶抵达口岸前已经办妥进口岸手续的,船舶抵达后即可上下人员、装卸货物和其他物品。在船舶抵达口岸前未办妥进口岸手续的,船舶抵达后,除检查机关办理进口岸检查手续的工作人员和引航员外,其他人员不得上下船舶、不得装卸货物和其他物品;船舶进出的上一口岸是中国口岸的,船舶抵达后即可上下人员、装卸货物和其他物品,但是应当立即办理进口岸手续。

(四)实施检疫

卫生检疫机关对船舶实施电讯检疫。持有卫生证书的船舶,其船方或其代理人可以向卫生检疫机关申请电讯检疫。

对来自疫区的船舶,载有检疫传染病染疫人、疑似检疫传染病染疫人、非意外伤害而死亡且死因不明尸体的船舶,未持有卫生证书或者证书过期或者卫生状况不符合要求的船舶,卫生检疫机关应当在锚地实施检疫。

动植物检疫机关对来自动植物疫区的船舶和船舶装载的动植物、动植物产品及其他检疫物,可以在锚地实施检疫。

(五)办理海关手续

(1)船舶进港时,按照海关规定须向海关登船人员填报、缴验和提交一系列单证,具体包括:

①须填报的单证:船长声明书;船用物料清单;武器弹药清单;船员自用烟草清单;船员私人物品清单。

②须缴验的单证:船籍证书;上一港签发的结关证书或其他代用单证。

③须提交的单证:入港申报书;进口货物舱单;过境货物舱单;旅客名单;船员名单。

(2)如果船舶进港后不进行货物装卸,并在24小时内出港,一般不需办理上述入港手续,只需在进港时向海关提出入港申报书即可。

(3)缴纳船舶吨税。根据各国有关法规规定,除因避难或检疫而临时入港时不缴纳船舶吨税外，凡对外贸易船舶进入对外开放港口，必须按船舶吨位按次或按期缴纳吨税。缴纳吨税时，须向海关提交吨税缴纳书，海关据以计算应交吨税后，将吨税的款单交船方或其代理人，然后凭单向指定银行缴纳。

（4）国际运输船舶进港后，须先向海关提交进口货物舱单办理船舶进口手续，才能开始装卸货物。如因特殊情况，需在提交进口货物舱单前开始装卸货，须向海关提出要求提前装卸的书面申请，经海关同意方可进行装卸。

（5）如果需要在海关办公时间以外的时间，如海关人员停止办公时间、星期日及节假日，进行货物装卸，须事先向海关提出书面申请，并按规定交付手续费，经海关同意，取得许可证。

就海关对进港船舶的要求而言，在办理上述五方面手续后，船舶即可开始装卸货。在船公司委托代理人代办进港手续的情况下，上述手续都是由代理人或在代理人协助下完成的。

二、船舶出港手续

船舶代理人应当在船舶驶离口岸前4小时内（船舶在口岸停泊时间不足4小时的，在抵达口岸时），到检查机关办理必要的出口岸手续。有关检查机关应当在“船舶出口岸手续联系单”上签注；船舶代理人持“船舶出口岸手续联系单”和港口主管部门要求的其他证件、资料，到港口主管部门申请领取出口岸许可证。

船舶领取出口岸许可证后，情况发生变化或者24小时内未能驶离口岸的，船舶代理人应当报告港口主管部门，由港口主管部门商其他检查机关决定是否重新办理出口岸手续。

定航线、定船员并在24小时内往返一个或者一个以上航次的船舶，船舶代理人可以向港口主管部门书面申请办理定期进出口岸手续。受理申请的港口主管部门商其他检查机关审查批准后，签发有效期不超过7天的定期出口岸许可证，在许可证有效期内对该船舶免办进口岸手续。

船舶出港手续较之船舶进港手续简便，除向海关、海上边防部门和港口主管当局提出出港申请，并向海关交验缴纳吨税的收据或免交吨税的证明外，货物装船完毕后，还需编制出口货物舱单，经船长签字后，据以向海关办理船舶出口报关，经海关同意后，即可起航出港。

近年来我国对于提高口岸通行效率，简化口岸相关手续方面一直在进行改革。例如2014年11月15日，交通运输部海事局发布了《中华人民共和国海事局关于印发取消船舶进出港签证及海事监管模式改革实施方案的通知》，明确规定在2015年内取消船舶进出港签证制度，取而代之全面实施船舶进出港报告制度。相信这些改革措施将大大便利船舶进出港口，加快周转效率，对推动航运发展有着重要的积极作用。

总之，船舶进出各国港口，常因各国具体情况和主管机关要求的不同，而使所需办理的手续和办理船舶进出港手续时所使用的各种单证有所不同。例如，有些国家规定船舶出港地的使领馆要对某些单证进行签证。而且根据各国的情况，对于所需办理手续的要求也有宽有严，有些国家甚至对于单证上的微小差错也课以巨额罚款。

因此，当船舶进出某国港口前，应广泛了解该国家或港口的各项有关规定，除广泛搜集曾到过该国家或港口的船舶的经验外，还应要求船公司在该港口的代理人或分支机构或代表处及时报送最新的手续资料和要求，并尽早向船舶提供所需单证，以避免因办手续不及时而发生船舶在港的待时或其他纠纷，甚至其他经济上的损失。

第七章 货运代理业务与无船承运业务

第一节 货运代理概述

一、货运代理的概念

从国际范围来看，尚没有一个各国都能认同的关于“货运代理”这一术语的定义。货运代理在不同的国家有着不同的称呼，如“海关代理”“清关代理”“海关佣金商”“运输和货运代理”等。不论用什么名称，他们开展活动的共同点是仅提供服务。

货运代理(freight forwarder)，简称“货代”，一般来说是指接受货主或承运人的委托，在授权范围内，代表货主办理进出口货物的报关、交接、仓储、调拨、检验、包装、租船订舱等项业务，或代表承运人承揽货载的服务，并在提供服务后收取佣金的机构或个人。

国际贸易需要通过不同的运输方式完成货物运输，在铁路运输、航空运输、公路运输、管道运输及水路运输中，通过海上运输完成国际贸易的占有绝对大的比重，因此海上货运代理是货运代理最为重要的组成部分。绝大多数的货运代理业者都以海上货运代理为主业，而以其他运输方式的货运代理为兼营业务。

海上货运代理是随着国际贸易所涉及的国家和地区的不断扩大，海上货物运输量的日益增加而产生和发展的。海上货物运输环节多、业务范围广，任何一个货主(托运人)或船公司(承运人)都很难亲自处理好每一环节的具体业务；而且限于人力、物力，也不可能在世界范围广设分支机构，承办揽货订舱、货物交接、中转换装和进出口货物报关等业务。在这种情况下，如果将有关业务委托代理人办理，对货主来说，有利于贸易合同的履行；对于承运人来说，则无疑扩大了揽货网络，增加了货源。为此货主或承运人虽然要支付一定数额的酬金或佣金，但他们都可以从货运代理提供的代理服务中得到补偿。

一般来说，从事海上货运代理业务的机构或个人，都应熟悉贸易和运输业务，了解各种运输程序、手续和规章制度，并能熟练地操作和运用。他们除与货主和船公司有密切的联系外，还应和其他交通运输部门，以及银行、海关、保险、商检等部门有着广泛的联系和密切的关系。凭着这些有利的条件，他们接受货主的委托，代办各种运输事项往往比货主亲自办理更为方便、有利。更何况货运代理人还可以以自己的名义承运货物，将货主托运的小批量货物集零为整，以大批量货载向船公司租船、订舱，争取优惠运价。这样，不但可使货主减少运费支出，也可使货运代理人得到差价的利益，而船公司从取得稳定的货载考虑也常愿给货运代理人以一定的优惠。当货运代理人以自己的名义接受货主的订舱并承诺承运货物的，实际上已经超出了传统的货运代理业务，从事的是无船承运业务（详见本章第四节的内容）。

海上货运代理发展至今，已成为渗透到运输各个角落的国际贸易运输中不可缺少的遍及世界范围的行业。对世界货运代理业务起着协调、改进和促进作用的是国际货运代理协会联合会（FIATA），是其法语名称 Federation Internationale des Associations de Transitaires et Assimilés 的缩写。该组织建立于1926年，是一个自愿参加的非政府组织，包括正式会员和联系会员。正式会员是各国货运代理协会，联系会员是单独的货运公司。其成员国已发展至140多个国家，拥有货运代理公司40 000多家。该组织在全球贸易和运输中所起的顾问作用，已被联合国的有关组织，如联合国经济社会理事会（United Nations Economic and Social Council：UNECOSOC）、联合国贸易和发展会议（United Nations Conference on Trade and Development：UNCTAD）、欧洲经济委员会（Economic Committee of Europe：ECE）及其他贸易和运输组织，如国际商会（International Commercial Chamber：ICC）、国际航空运输协会（International Aero Transport Association：IATA）等组织认可。

鉴于国际贸易竞争的日趋激烈，社会分工越来越细，货运代理要能够高效、优质、低运费地完成外贸运输任务，保证贸易合同顺利履行。为此，国际货运代理协会联合会将货运代理称为"运输的设计师"和"'门到门'运输的组织者和协调者"，并具体地把货运代理的作用归纳如下：

（1）货运代理具有许多专门知识，可以采用最安全、最迅速、最经济的办法组织货物；

（2）货运代理在世界各贸易中心建有客户网和自己的分支机构，能控制货物的全程运输；

（3）货运代理能就运费、包装、单证、结关、领事要求、金融等方面提供咨询，而成为工贸企业的顾问；

（4）货运代理能对国内和国外市场的销售可能性提出建议；

（5）货运代理能把小批量的货物集零为整，使货主能在节省运费方面受益；

（6）货运代理能通过组织和协调运输，创造新的运输方法，开辟新的运输路线和制定新的费率。

二、海上货物运输代理的业务范围

货运代理应在委托人的授权范围内从事相关的业务，根据授权范围不同，所从事的业务范围也各不一致，但总的来说表现在如下方面：

（一）代表发货人（或出口商）

（1）选择航线、运输方式及合适的承运人；

（2）向选定的承运人订舱；

（3）接收货物并签发相关的文件；

（4）审查信用证条款并研究进/出口国、过境国在货物运输方面所实行的政策及法规，准备必要的单据；

（5）对货物进行包装及称重，如有必要，还要安排仓储；

（6）当货物到港时，安排报关及办理相应手续并将货物交付给承运人；

（7）支付包括运费在内的各项费用，如经请求，代办货物保险；

（8）从承运人处索要已签发的提单并交给收货人，必要时安排转船；

(9)通过与承运人及其分支机构的联络,监管货物运输直至交给收货人;

(10)如发生货物灭失或损坏,应注明破损情况,并协助发货人向承运人提出索赔等。

(二)代表收货人(或进口商)

(1)收取并检查所有与货物运输相关的文件;

(2)从承运人处接收货物并在必要时支付运费;

(3)安排清关并向海关及其他主管当局支付关税和其他费用;

(4)必要时安排过境仓储;

(5)向收货人交付货物,必要时协助进行仓储和分拨货物的工作;

(6)如发生货物灭失或损坏,应协助收货人向承运人提出索赔等。

(三)其他服务

除上述两项服务以外,货运代理人可应委托人的要求,提供运输过程所需的其他服务和各种特殊服务;还可向委托人提供市场需求、竞争条件、适当的贸易条款等信息。

(四)特殊货物

通常货运代理人处理的是国际贸易流转中的一般货物。但货运代理人可经委托人的请求提供与特殊货物有关的其他服务,并且有时甚至在条款中详细规定并专门从事这些服务。例如对于机场建设、化工厂、水力发电厂、炼油厂等大型工程所用的重型机械设备的运输,货运代理人需周密计划以确保及时交付并联系重吊、大型卡车、特殊船舱等;对于服装,可以挂在特殊集装箱的衣架上运输,以确保在目的地服装可被直接运往商店展销;对于在海外展览的物品而言,货运代理人须遵照委托人的指示,保证展品按时抵达和交付,并且完好无损。

三、货运代理人的法律地位

根据我国民法的有关规定,代理行为是指代理人根据法律规定,或被代理人(委托人)的委托,在授权范围内以被代理人的名义与第三者订立合同或进行其他经济活动,而其法律后果则由被代理人承担和享有的行为。只有有效的代理行为才可以被法律所承认,因此代理行为须具备如下条件:(1)代理人必须取得代理权;(2)代理人必须在代理权限内,独立地"为"意思表示或"受"意思表示后,以自己的意思表示进行代理活动;(3)代理人的代理活动必须以被代理人的名义进行,并符合被代理人的利益,所产生的权利和义务由被代理人享有和承担。

因此海上货运代理人如果未经授权或超越授权范围及代理权终止后仍进行的代理,均属无权代理。对无权代理行为所产生的法律后果,除非被代理人事后追认,否则他不承担责任,而由进行无权代理行为的货运代理人负责赔偿。如果货运代理以行使代理权为名,实质上与第三方恶意串通以损害被代理人利益的代理行为以及代理人以被代理人的名义同自己或自己所代理的其他人之间进行具有法律意义的代理行为,都属于滥用代理权的行为。对此产生的法律后果,被代理人不需承担赔偿责任。

各国国内法通常都对代理行为做出规范性的规定,如果货运代理的行为被认为是代理行为,则货运代理与其委托人之间的权利义务应当根据有关代理的一般法律规定予以确定。然而实践中多数货运代理都会在订约自由的基础上,选择一些由商业组织或团体起草制定的有关货运代理的标准交易条件(standard trade conditions: STC),也有人称为"标准交易条款"。FIATA 多年来积极推荐其制定的国际货运代理示范法,力图使不同法律体系国家的货运代理的法律地位、责任、权利、义务等规定能够规范化、标准化、制度化。一些国家，例如英国、加拿大、挪威、丹麦、瑞典、德国、马来西亚、新加坡、中国等国家的货运代理协会，相继制定了本国的标准交易条件。其中有些国家就是参照 FIATA 示范法而制定的。常见的内容包括：授权范围、委托事项、货运代理人的权利与义务、货运代理人的赔偿责任、特殊货物的处理、争议解决方式等。这些标准交易条件一旦被选用，对货运代理及其委托人双方发生法律约束力，而且这些标准交易条件在某种意义上起到规范货运代理行为的积极作用。但是各国对于这些标准交易条件的效力认定方面是不一致的。大陆法系国家往往规定，只要不与强制适用的法律相违背，还是可以认可标准交易条件的效力；而普通法系国家更崇尚“订约自由”，一般不予以限制。但是近年来，为了防止合同一方滥用其强势交易地位造成合同另一方的损害，一些国家，例如英国、澳大利亚、德国等国已经通过立法加以限制。

以上仅就一般意义上的货运代理的法律地位进行说明。实践中，随着国际贸易和航运的不断发展，社会分工越来越细，加上集装箱多式联运业务的不断拓展，很多情况下，货运代理人不再以委托人的名义办理有关国际货物运输及相关业务，而是直接以自己的名义，为委托人办理有关国际货物运输及相关业务。除少量货运代理拥有船舶、飞机等运输工具外，甚至许多货运代理人以“无运输工具的承运人”或者“多式联运经营人”身份出现。他们一方面以“承运人”身份与货主签订多式联运合同，另一方面又以货主或托运人身份与每个区段的实际承运人分别订立运输合同，从而实现货物的多式联运。此时虽然还冠以“货运代理”的名称，但其业务性质及作用早已超出“代理”的含义。因此有学者提出应当将“freight forwarder”的英文翻译为“运输中介人”或者“货运服务经营者”以代替“货运代理”的称谓。①

依据航运习惯，本书仍使用了“货运代理”一词，但要注意与无船承运人、多式联运经营人之间的区别，详见本章第四节内容。

事实上货运代理人以自己的名义为委托人办理有关国际货物运输相关业务时，虽然不符合我国《民法通则》关于代理的法律规定，但是 1999 年 3 月 15 日第九届全国人民代表大会通过的《合同法》在第 21 章“委托合同”中的第 402 条、第 403 条涉及这种情况。对于货运代理人以无船承运人或多式联运经营人身份提供相关服务的，可以根据我国《海商法》《合同法》的相关规定确定其法律地位。

此外，根据《跟单信用证统一规则》（UCP 600）的规定，如果货运代理人承担承运人责任，其签发的运输单证可以被银行接受；如果其从事多式联运业务，则作为多式联运经营人签发的多式联运单证也可以被银行接受。这也从另一角度，体现了货运代理法律地位的转变。

随着国际货运代理业务的发展，货运代理人已经不再局限于传统的货运代理业务，例如代为进出口货物的报关、检疫检验、仓储、租船订舱托运等，而且越来越多的货运代理人涉猎无船承运业务以及多式联运业务等，也使得货运代理人“变色龙”的身份变得越发复杂。不仅给从事货运代理业务的从业人员以及航运实践带来困惑，也使得我国司法审判实践在处理有关货运代理纠纷的案件中判决结果不统一。为了正确审理海上货运代理纠纷案件，依法保护当事人合法权益，根据《民法通则》《合同法》《海商法》《民事诉讼法》和《海事诉讼特别程序法》等有关法律规定，结合审判实践，经 2012 年 1 月 9 日最高人民法院审判委员会第 1538 次会议通

① 参见郭萍著《国际货运代理法律制度研究》（法律出版社，2007 年，第 2 页）及郑丙贵、王学锋编著《无船承运人制度与业务》（大连海事大学出版社，2006 年，第 3 页）

过，最高人民法院以法释〔2012〕3号文发布了《关于审理海上货运代理纠纷案件若干问题的规定》（以下简称《货代司法解释》）。

根据《货代司法解释》第一条的规定，该司法解释涉及的有关海上货运代理纠纷的案件，仍然限于传统的货运代理业务，不包括货运代理人以无船承运业务经营者或者多式联运经营人的身份从事的货运业务，也不适用于与沿海、内河货物运输有关的货运代理纠纷案件。[①] 同时明确，根据委托人与货运代理人之间的代理、运输、仓储等不同的法律关系，应分别适用相关的法律规定。同时应当根据书面合同约定的权利义务的性质，并综合考虑货运代理企业取得报酬的名义和方式、开具发票的种类和收费项目、当事人之间的交易习惯以及合同实际履行的其他情况，认定海上货运代理合同关系是否成立。[②] 此外，《货代司法解释》还对货运代理人需尽合理谨慎义务完成委托事项的一般义务，不得擅自转委托的义务，向实际托运人交付其取得的提单、海运单或者其他运输单证的义务，取得相关费用和报酬的权利，附一定条件下拒绝交付运输单证的权利等做出明确规定。[③]

第二节　货运代理单证

货运代理单证不论是内容还是格式，目前国际上均无统一的标准。国际货运代理协会联合会结合各国货运代理公司的具体情况，为促进货运代理单证的统一，设计了几套单证，这些单证与联合国欧洲经济委员会设计的单证相一致。各国可根据本国法及本国的商业惯例决定是否使用和接受这些单证，或者为适应国内需要，修改这些单证。至于货运代理人在联系业务中经常使用的诸如订舱单、载货清单、装货单、提单等货运单证，不在本节讨论之列，可以参见本书相关内容。

FIATA 推荐采用的货运代理单证都是与货运代理业有直接联系的以及被货运代理人使用的单证，主要包括委托人交付的单证和签发给委托人的单证。

一、委托人（或客户）交付的单证

（一）货运代理指示

由委托人签发的表明其与承运人已建立运输合同的单证称之为货运代理指示（forwarding instructions：FIATA FFI），承运人根据这份合同负责将货物从一地运至另一地。

货运代理可以帮助委托人填写如下方面的内容：发货人的姓名及联系电话、收货人的姓名、目的地、货运代理的名称、通知方、原产地、待装货物的地点和日期、贸易术语、采用的运输方式、保险险别、标志和号码（包括包装的件数及种类）、货物的详细情况、商品代码、毛重及体积、必要的随附单证、交付条款、签发日期和地点、签字等。

---

① 参见《货代司法解释》第15条的规定。

② 参见《货代司法解释》第2条、第3条的规定。

③ 详见《货代司法解释》第4～10条的规定。

（二）托运人危险货物运输申报单

当涉及危险货物运输时，托运人必须填写托运人危险货物运输申报单（shipper's declaration for the transport of dangerous goods：FIATA SDT），经签字后交给承运人。此申报单应提供货物的详细情况，包括与运输此类货物有关的法规，关于危险货物分类的情况等。具体内容包括：托运人姓名和地址、货运代理的名称、标志及号码、毛重及净数量、分类及特性、批注、签发地点和日期、托运人签字盖章。

二、签发给委托人（或客户）的单证

（一）货运代理收货凭证

货运代理收货凭证（forwarder's certificate of receipt：FIATA FCR）是货运代理已收到货物的正式凭证。它是不可转让的单证，不能凭以提取货物。其反面印有签发国所适用的标准交易条款。货运代理签发该单证时，应保证如下事项：第一，货运代理或其代理人已收到此特别委托，并且有权处置货物；第二，货物外表状态良好；第三，单证记载的内容与其收到的指示完全一致；第四，货运代理在提单等货运单证下承担的义务与其在货运代理收货凭证下承担的义务不相抵触。

其内容包括：供应商或委托人名称、收货人名称和地址、标志和件数、货物名称、毛重、尺码以及签发地点和日期。

（二）货运代理运输单证

货运代理运输单证（forwarder's certificate of transport：FIAIA FCT）是由货运代理签发给发货人并保证按其规定，通过其在目的地所指定的代理将货物交付给收货人的单证。它是可以转让的单证，所以在目的地只能凭正本单证才能提货。其反面印有签发国所适用的标准交易条款。货运代理在签发该单证时，应保证：（1）货物外表状况良好；（2）单证记载货物的详情与其收到的指示完全一致；（3）在提单等货运单证下承担的义务与在本单证下承担的义务不相抵触；（4）已就货物的保险责任达成协议；（5）明确声明签发正本单证的份数。另外，货运代理在签发该单证时通常收取手续费。

内容包括：供应商或委托人名称、收货人名称、通知方地址、运输途径（从……或经由……）、目的地、标志及件数、包装种类及件数、货物说明、毛重、尺码、保险、预付的运费和费用、签发地点和日期。

（三）FIATA 多式联运提单

FIATA 多式联运提单（negotiable FIATA combined transport bill of lading：FBL）是国际货运代理作为联运或多式联运经营人所签发的一种单证。货运代理不仅承担履行运输合同的义务，在目的地交付货物，还需对其委托的区段承运人或其他任何第三方的作为或不作为负责。该单证是可以转让的，除非特别注明"不可转让"字样，而且可以被银行接受，还可以用作海运提单。

签发单证时，货运代理应保证：（1）已经收到特定的货物并且享有对货物的处置权；（2）货物的外表状况良好；（3）单证上记载的详情与其收到的指示完全一致；（4）已就货物保险的责任达成协议；（5）明确声明签发正本单证的份数。签发该单证后，货运代理最好参加责任保险。

主要内容包括:发货人名称、收货人名称、通知方、收货地点、船名、装货港、卸货港、交货地、标志及件数、包装种类及件数、货物名称、毛重、尺码、运费数额、运费支付地点、签发日期及地点、货物保险、正本份数等。

(四)仓库收据

仓库收据(FIATA warehouse receipt: FWR)是货运代理在仓库作业中作为仓库收据而采用的一种单证,它并入了一些详细条款,诸如单证背书后持有人的权利、所有权的转让以及出示仓库收据交付货物视为货物的完好交付等。它是不可转让的单证,除非标有"可以转让"字样。其主要内容包括:供应商品名称、贮存人名称、仓库保管人名称、仓库名称、运输方式、保险、标志及件数、包装种类及件数、货物名称、毛重、货物外表状态、接收人、签发的日期及地点等。

(五)FIATA 运单

FIATA 运单(FIATA waybill: FWB)是货运代理作为联运承运人或者多式联运经营人使用的一种不可转让的联运单证。与其他 FIATA 单证不同,其正面标注有"不可流通转让"的字样,主要应用于陆运、空运和海运等多式联运。其主要内容包括:收货人名称、通知方地址、装货港及卸货港、标志与件数、包装和内容、毛重、运费支付地点、控制权的转让与否、保险情况、签发地点与日期等。

(六)货运代理提单

除上述 FIATA 推荐的单证之外,货运代理人作为承运人在提供海上运输服务时,往往以自己公司格式签发给发货人或托运人一种单证,即是货运代理提单(house bill of lading: HB/L),实践中又将该单证称为"舱/舱提单""客户提单""货代提单""无船承运人提单""子提单"等。在我国不仅其名称没有统一,格式上也没有统一。因为遵循"契约自由"原则,所以实践中的做法也不完全一致。但通常订有如下条款:(1)货运代理不承担货物在实际承运人监管下发生的货物灭失或损坏而产生的责任。(2)货运代理只承担代理人所承担的责任,即使他们在实际上作为委托人并且签发自己的提单情况下也是如此;(3)当对货损负有责任的承运人赔偿给货运代理后,货运代理可就此范围承担收货人提出的赔偿请求。

虽然不同的货运代理签发该单证时,内容会不完全相同,但一般来说包括如下主要内容:托运人名称、通知方地址、装货港、起运日期、到达日期、卸货港、最后目的地、运费支付地点、正本份数、标志及件数、包装及内容、毛重、交付条件、货名及外表状况、签发地点及日期等。

第三节　有关货运代理的法律规定

为了维护国际货运代理市场秩序,加强对国际货运代理业的监督管理,促进我国国际货运代理业的健康发展,自 1990 年以来,我国外经贸主管部门先后发布了多个有关国际货运代理方面的法规、规章,有的因为后来的规定而被废止,有的继续有效。按照颁布的时间顺序,主要包括如下法规、规章：1990 年《对外经济贸易部关于国际货物运输代理行业管理的若干规定》[①]、1991 年《对外经济贸易部关于国际货物运输代理行业管理的若干规定》、1995 年《中华人民共和国国际货物运输代理业管理规定》、1995 年《外商投资国际货运代理企业审批办法》、1996 年《外商投资国际货物运输代理企业审批规定》、1998 年《中华人民共和国国际货物运输业管理规定实施细则（试行）》（2004 年经修订，已更名为《中华人民共和国国际货物运输代理业管理规定实施细则》）、2001 年《外商投资国际货物运输代理企业管理规定》、2002 年《外商投资国际货物运输代理企业管理办法》、2005 年《外商投资国际货物运输企业管理办法》等。从上述法律规定可以看出，我国关于国际货运代理行业的管理经历了严格审批阶段（1990—2004 年）和依法登记阶段（2004 年 5 月至今）。2004 年 5 月 19 日国务院以国发〔2004〕16 号文件发布了《国务院关于第三批取消和调整行政审批项目的决定》，据此，商务部和国家工商行政管理总局于 2005 年 2 月 1 日联合发布了《关于国际货物运输代理业登记和管理有关问题的通知》，要求所有申请国际货物运输代理业务的企业向所在地工商行政管理部门办理登记注册，商务主管部门不再对其进行资格审批。但是根据外商投资国际货运代理企业的有关规定，除国际快递业务仍由商务部负责审批、管理外，其他业务由各省、自治区、直辖市、计划单列市等省及商务主管部门负责审批管理，即仍然采用严格的审批制度。以下就一些法规的主要内容进行简要的介绍。

一、中华人民共和国国际货物代理业管理规定

该管理规定于 1995 年 6 月 6 日经国务院批准，由对外贸易经济合作部（现为商务部）于 1995 年 6 月 29 日公布执行。规定共分六章 28 条，内容包括：总则、设立条件、审批程序、业务、罚则和附则。

《国际货物代理业管理规定》（以下简称 1995 年《货代管理规定》）明确界定国际货物运输代理业是指接受进出口货物收货人、发货人的委托，以委托人的名义或者以自己的名义，为委托人办理国际货物运输及相关业务并收取服务报酬的行业。

国际货物运输代理企业必须依法取得中华人民共和国企业法人资格。国务院对外贸易经济合作主管部门负责对全国的国际货物运输代理业实施监督管理。省、自治区、直辖市和经济特区的人民政府对外经济贸易主管部门在授权范围内，负责本行政区域内国际货物运输代理业的监督管理。实施监督管理应遵循下列原则：（1）适应对外贸易发展的需要，促进国际货物运输代理业的合理布局；（2）保护公平竞争，促进国际货物运输代理业服务质量的提高。

国际货物运输代理企业的注册资本最低限额应符合本规定要求，从事海上、航空、陆路（或国际快递业务）国际货物运输代理业务的注册资本分别为 500 万人民币、300 万人民币和 200 万人民币。经营其中两项以上业务的，注册资本最低限额为其中最高一项的限额。

申报设立国际货物运输代理企业的，应向拟设立该企业所在地的地方对外贸易主管部门提出申请，转报国务院对外贸易经济合作主管部门审查批准。审查合格并获批准后，颁发标准证书。批准证书的有效期为 3 年。

---

① 我国对外经贸主管部门的名称先后发生过变化。根据商务部官方网站发布的信息，1952 年至 1982 年期间为对外贸易部，1982 年至 1993 年为对外经济贸易部，1993 年至 2003 年对外贸易经济合作部，2003 年经第 10 届全国人民代表大会决定，根据国务院机构改革方案，自 2003 年 3 月，更名为商务部。

国际货运代理企业接受委托可以办理下列部分或全部业务:(1)订舱、仓储;(2)货物的监装、监卸、集装箱拼装拆箱;(3)国际多式联运;(4)国际快递(私人信函除外);(5)报关、报检、报验、保险;(6)缮制有关单证,交付运费,结算、支付杂费;(7)其他国际货物运输代理业务。国际货代企业应在批准的业务经营范围内,从事经营活动;依照有关法律、行政法规的规定,需经有关机关注册的,还应当向有关主管机关注册。

二、中华人民共和国国际货物运输代理业管理规定实施细则

根据1995年《货代管理规定》,对外贸易经济合作部于1998年发布《中华人民共和国国际货物运输代理业管理规定实施细则(试行)》(以下简称《货代管理规定实施细则》)。2004年1月1日商务部对该试行的实施细则进行了修订。但是本次修改未涉及实质性变化,只是将原条文中"对外贸易经济合作部"和"外经贸部"修改为"商务部","对外经济贸易主管部门"修改为"商务主管部门"而已。细则共分为七章54条,内容包括:总则、设立条件、审批登记程序、年审和换证、业务管理、罚则和附则。

《货代管理规定实施细则》规定,国际货物运输代理企业可以作为进出口货物收货人、发货人的代理人,也可以作为独立经营人,从事国际货运代理业务。作为代理人从事国际货运代理业务,是指接受进出口货物收货人、发货人或其代理人的委托,以委托人名义或者以自己的名义办理有关业务,收取代理费或佣金的行为;作为独立经营人从事国际货运代理业务,是指接受进出口货物收货人、发货人或其代理人的委托,签发运输单证、履行运输合同并收取运费以及服务费的行为。

各省、自治区、直辖市、经济特区、计划单列市人民政府商务主管部门在商务部的授权下,负责对本行政区域内国际货运代理业实施监督管理。从事国际货运代理业务的人员须接受培训,经考试合格后,取得国际货物运输代理资格证书。

国际货运代理业务的申请人应当是与进出口贸易或国际货物运输有关的具有稳定货源的单位,应当依法取得中华人民共和国企业法人资格。承运人以及其他可能对国际货运代理行业构成不公平竞争的企业不得申请经营货代业务。

国际货运代理企业的经营范围包括:(1)揽货、订舱(含租船、包机、包舱)、托运、仓储、包装;(2)货物的监装、监卸、集装箱装拆箱、分拨、中转及相关的短途运输服务;(3)报关、报检、报验、保险;(4)缮制签发有关单证、交付运费、结算及交付杂费;(5)国际展品、私人物品及过境货物运输代理;(6)国际多式联运、集运(含集装箱拼箱);(7)国际快递(不含私人信函);(8)咨询及其他国际货运代理业务。

外经贸部根据行业发展情况,可委托行业协会参照国际惯例制定国际货运代理标准交易条款,国际货运代理企业无须外经贸部同意即可引用。国际货运代理企业使用的国际货运代理提单实行登记编号制度。国际货运代理提单实行责任保险制度。

对违反《货代管理规定》和本细则规定,擅自从事国际货运代理业务的单位,由行业主管部门取缔其非法经营活动,并由工商行政管理机关依照有关法规予以处罚,行业主管部门对此予以公告。该单位5年之内不得独立或者参与申请经营国际货运代理业务。

三、2005年外商投资国际货物运输代理企业管理办法

从1995年至2005年,外经贸部门先后颁布了多个有关外商投资国际货物运输代理企业

管理方面的规章。2005 年 10 月 19 日商务部再次修订了《外商投资国际货物运输代理企业管理办法》，并自 2005 年 12 月 11 日起施行。在此之前颁布的有关外商投资货代企业的管理办法等规章一并失效。该办法共 19 条。其主要内容包括：

（一）定义

外商投资国际货物运输代理企业是指外国投资者以中外合资、中外合作以及外商独资形式设立的接受进出口货物收货人、发货人的委托，以委托人的名义或者以自己的名义，为委托人办理国际货物运输及相关业务并收取服务报酬的外商投资企业。本管理办法取消了中外方出资比例，而且明确规定，自 2005 年 12 月 11 日起，允许外商独资国际货运代理企业的设立。同时允许外国投资者可以以收购股权的方式收购已经设立的国际货运代理企业，但股权比例及投资者资质须符合本管理办法要求，涉及国有资产的按其他法律法规的规定办理。外商投资国际货运代理企业的注册资本最低限额为 100 万美元。自 2005 年 12 月 11 日起，对上述注册资本的最低要求实行国民待遇。

（二）审批和管理机构

经营国际快递业务的外商投资国际货物运输代理企业，由商务部负责；设立经营其他业务的，由各省、自治区、直辖市、计划单列市、新疆建设兵团等省级商务主管部门负责。备案工作由商务部统一负责。从事信件或信件性质物品（不含私人信函和县级以上党政军机关公文的寄递业务）国际快递业务的企业，经商务主管部门批准后，还应向邮政部门办理邮政委托手续。

（三）申请条件及规定的文件

设立外商投资国际货运代理企业应按我国现行有关外商投资的法律法规所规定的程序，向省级商务主管部门呈报下列文件：（1）申请书；（2）项目可行性研究报告；（3）设立外商投资国际货运代理企业的合同、章程，外商独资设立的企业仅提供章程；（4）董事会成员名单及各方董事委派书；（5）工商部门出具的企业名称预核准通知书；（6）投资者所在国家或地区的注册登记证明文件及资信证明文件。

香港、澳门、台湾地区的公司、企业、其他经济组织和个人在大陆投资设立国际货运代理企业，参照本管理办法办理。

（四）经营范围

经批准，外商投资国际货运代理企业可经营下列全部或部分业务：（1）订舱（租船、包机、包舱）、托运、仓储、包装；（2）货物的监装、监卸、集装箱拼装拆箱、分拨、中转及相关的短途运输服务；（3）代理报关、报验、报检、保险；（4）缮制有关单证、交付运费、结算及交付杂费；（5）国际展品、私人物品及过境货物运输代理；（6）国际多式联运、集运（含集装箱拼箱）；（7）国际快递（不含私人信函和县级以上党政军机关公文的寄递业务）；（8）咨询及其他国际货运代理业务。

第四节 无船承运业务

随着国际贸易和多式联运的发展,尤其是集装箱在海上运输中的广泛应用,以传统的杂货班轮方式从事运输的船舶大量减少,而集装箱班轮公司出于经营上的考虑和方便操作等原因,对于不满一个集装箱的少量货物往往不太可能承运。为了适应这种市场的需要以及为了获取更大的利润,国际货运代理渐渐扩大服务范围,以自己的名义,而不是以代理人的身份,作为承运人与这些小批量货物的进出口商签订货物运输合同,再将这些小批量货物拼装到集装箱内,并作为托运人以整箱货的形式交给集装箱班轮公司运至目的港。在目的港,货运代理或其在当地委托的代理人再以整箱货的形式提取货物,拆箱后分别将货物交给各个收货人,从而解决进出口商在完成安排小批量成交货物运输方面存在的困难。国际上通常将从事此类服务的国际货运代理人称为"无船承运人"或者"无船公共承运人"。所以,"无船承运人"被认为是随着国际货运代理业发展而创造出的许多新的专业术语之一。

从世界范围看,无船承运业务被多数国家认可,但是在法律上并没有严格的界定,通常被认为是货运代理业务中的一部分,是现代货运代理发展的趋势。但是在美国、菲律宾等国家,都在法律上明确规定了无船承运人的含义,并界定了它与远洋货运代理人的区别。美国法律中最早出现无船承运人的概念,确切地讲应当是"无船公共承运人"(non-vessel operating common carrier: NVOCC)。美国《1984 年航运法》规定,NVOCC 是指不经营用以提供远洋运输服务的船舶的公共承运人,其与远洋公共承运人之间的关系属于托运人。在 1998 年修订的《1998 年航运改革法》中,将无船公共承运人与远洋货运代理人统称为"远洋运输中介人"。此外,菲律宾于 1984 年 8 月 23 日通过《关于无船公共承运人与海运货运代理人的规则》,也明确规定了无船公共承运人的含义。

从上述法律规定可以看出,无船公共承运人具有如下特征:第一,提供海上班轮运输服务;第二,不经营船舶;第三,签发自己的提单;第四,对外直接承担公共承运人的责任和义务;第五,与实际从事海上班轮运输的承运人之间的关系是托运人。我国有关书籍在介绍美国无船公共承运人称谓时,因中国不存在"公共承运人"的概念①,所以根据习惯,常常省去"公共"二字,翻译为"无船承运人"。

在我国首次规定了无船承运业务含义、市场准入条件和经营活动规范的是 2002 年 1 月 1 日起施行的《中华人民共和国国际海运条例》(以下简称《国际海运条例》)。随后于 2003 年 3 月 1 日起施行的《中华人民共和国国际海运条例实施细则》(以下简称《国际海运条例实施细则》)又再次细化了无船承运业务的内涵,并界定了无船承运业务经营者包括中国无船承运业务经营者和外国无船承运业务经营者。前者是指依照《国际海运条例》及其实施细则取得无

---

① 根据美国《航运改革法》第 1702 条有关定义的规定,公共承运人是指向公众提供在美国与某一外国之间的水上旅客或货物运输以取得报酬的人,并且(a)对由收货港或地点至目的地港口或地点的运输承担责任;(b)为该项运输的全部或部分,使用在一个美国港口和一外国港口间的公海或大湖区营运的船舶。

源自中国远洋运输集团总公司编译,《美国航运法规选编》,人民交通出版社,2001 年,第 300 ~ 301 页。

船承运业务经营资格的中国企业法人；后者是指依照外国法律设立并依照《国际海运条例》及其实施细则的相关规定取得经营进出口国港口货物无船承运业务资格的外国企业。根据《国际海运条例》第7条，无船承运业务是指无船承运业务经营者以承运人身份接受托运人的货载，签发自己的提单或者其他运输单证，向托运人收取运费，通过国际船舶运输经营者完成国际海上货物运输，承担承运人责任的国际海上运输经营活动。根据中华人民共和国交通运输部2013年第9号令，通过了关于修改《中华人民共和国国际海运条例实施细则》的决定，因此对2003年《国际海运条例实施细则》有关船舶代理业务、船舶管理业务、国际班轮运输经营者等个别条款方面进行了修订。本次修订没有涉及无船承运业务及其经营者方面。

尽管我国无船承运业务的有关规定借鉴了美国《1998年航运改革法》，但是无船承运业务经营者的规定，从语言表述上是不同于美国“无船公共承运人”的，二者之间的含义是否相同，学者们尚存在不同的观点。但是航运实践及司法实践中，常常将我国《国际海运条例》及其实施细则规定的“无船承运业务经营者”统称为“无船承运人”。

以下，根据《国际海运条例》及《国际海运条例实施细则》的有关规定，说明有关无船承运业务方面的主要内容。

一、无船承运业务市场准入条件

主要包括：(1)在中国境内依法设立或应当设立企业法人。(2)向交通主管部门办理提单登记和备案。申请提单登记的无船承运人，应当提交申请书、可行性分析报告、企业商业登记文件、提单格式样本、保证金已交存的银行凭证复印件。(3)向交通部门指定的银行缴纳保证金。保证金金额为80万元人民币，每设立一个分支机构，需增加保证金20万元人民币。对于在我国境内从事无船承运业务的外国经营者而言，如果已经依照其本国法律获得相应的经营资格并有合法的财务责任保证的，可以不向中国境内的银行交存保证金。保证金主要用于无船承运人清偿因其不履行承运人义务或者履行义务不当所产生的债务以及支付罚款。

为进一步完善无船承运管理制度，缓解无船承运业务经营者缴纳保证金的资金压力，保障有关各方合法权益，我国自2010年11月1日试行无船承运业务经营者保证金责任保险制度。2013年9月18日，交通运输部以第58号文件发布了《交通运输部关于完善无船承运管理制度有关问题的公告》，提出为了应对当前严峻的国际航运形势，交通运输部拟调整完善无船承运业务经营者保证金存储管理制度，完善无船承运业务经营者保证金责任保险制度并试行无船承运业务经营者保证金保函制度。据此，2013年10月12日，交通运输部又以交水发〔2013〕601号文件形式，发布《交通运输部关于试行无船承运业务经营者保证金保函制度操作办法的通知》，并决定自2013年10月1日起，试行无船承运业务经营者保证金保函制度。保证金责任保险制度经过一段时间的试点运行，交通运输部于2013年10月14日以交水发〔2013〕600号文件，发布《交通运输部关于无船承运业务经营者保证金责任保险制度操作办法的通知》。自此，无船承运业务经营者可以自行选择采取无船承运业务保证金方式、保证金责任保险方式或者保证金保函方式中的任何一种。承办无船承运业务经营者保证金责任保险或者保函的保险机构需要满足上述通知规定的各项条件，无船承运业务经营者保证金责任保险或者保证金保函仅用于无船承运人清偿因其不履行承运人义务或履行义务不当所产生的债务，不能用于支付罚款。遇有罚款情况，无船承运人应另行支付。2010年11月1日以后申请无船承运业务经营资格的申请人，如选择投保无船承运业务保证金责任保险或者保证金保函的,应依照《国际海运条例》和《国际海运条例实施细则》规定的程序,提交上述通知中明确规定的各项材料。2010 年 10 月 31 日前已取得经营资格的无船承运人,如选择以投保无船承运业务经营者保证金责任保险方式或者保证金保函的方式继续从事无船承运业务的,可申请退回已缴保证金或者保费,但应先行办理投保手续或者保函手续。申请保证金或者保费退款,并以投保方式或者保函方式继续保有无船承运业务经营资格的,应提交上述通知规定的各项材料。因此我国交通运输管理部门已经顺应航运实践发展的需要,在借鉴其他国家做法的前提下,对于从事无船承运业务经营者提交的保证金制度,采取了更为灵活的责任保险或保函等制度,供无船承运人自行选择。需要引起读者注意的是,我国采用的保证金责任保险制度或者保函制度,仍然仅限于保证金范畴及数额之内,并不是无船承运业务经营者全部责任保险。因此对于保证金覆盖范围之外应当承担的责任或者风险,无船承运人仍然需要通过其他商业保险方式分散风险。

二、提单登记

无船承运人申请提单登记时,提单台头名称应当与申请人名称相一致。使用两种或两种以上提单的,每种提单均应登记。申请办理无船承运业务经营者提单登记的,应当将申请材料报送给企业所在地或者外国无船承运业务经营者指定的联络机构所在地的省、自治区、直辖市人民政府交通运输主管部门,经初审批复后,再报送给交通运输部进行提单登记申请审核。无船承运人缴纳保证金并办理提单登记,依法取得无船承运业务经营资格后,交通运输部在其政府网站公布其名称及提单格式样本。

三、无船承运业务市场秩序的监管

无船承运市场秩序监管包括一般共性监管和个性监管两种情况。所谓共性监管,是指无船承运人不得(1)以低于正常、合理水平的运价提供服务,妨碍公平竞争;(2)在合理账簿之外暗中给予托运人回扣,承揽货物;(3)滥用优势地位,以歧视性价格或者其他限制条件给交易对方造成损害;(4)其他损害交易对方或者国际海上运输市场秩序的行为。所谓个性监管主要表现在对无船承运业务运价的管理方面。无船承运人应当向交通运输部报备运价,包括公布运价和协议运价。公布运价是针对运价本上载明的运价而言的;协议运价是无船承运人与国际船舶运输经营者之间约定的运价。协议运价的,应当采用书面形式,并在提单或相应单证上显示协议运价号。无船承运业务经营者根据企业状况和经营范围,自行确定运价幅度,并应按照上海航运交易所经交通运输部备案同意的格式报备。交通运输部指定上海航运交易所为运价备案受理机构。

由于《国际海运条例》没有规定外商投资企业申请无船承运业务的内容,为了规范外商在我国境内设立外商投资企业从事国际海上运输及与国际海上运输相关的辅助性经营业务的管理,根据《国际海运条例》和外商投资的有关法律法规,交通部和商务部联合在 2004 年 4 月 28 日出台了《外商投资国际海运业管理规定》,自 2004 年 6 月 1 日起实施。2014 年,交通运输部、商务部联合以第 8 号文件发布《关于修改〈外商投资国际海运业管理规定〉的决定》,对《外商投资国际海运业管理规定》部分条文和用语进行修订,经修订的文本自 2014 年 4 月 23 日起施行。该规定适用于外商在中国境内投资经营国际海上运输业务以及与国际海上运输相关的辅助性经营业务。

交通运输部和商务部及其授权的部门负责外商在我国境内投资设立经营国际海运业的外商投资企业的审批和管理工作。该规定对于外商投资不同类型的国际海运业务，分别提出具体不同条件和要求。香港特别行政区、澳门特别行政区和台湾地区的投资者在我国其他省、自治区和直辖市投资设立国际海运及其国际海运辅助企业，参照该规定办理。但是如果经国务院批准的《内地与香港关于建立更紧密经贸关系的安排》《内地与澳门关于建立更紧密经贸关系的安排》及其补充协议，以及《海峡两岸海运协议》《海峡两岸经济合作框架协议》《海峡两岸服务贸易协议》及相关补充协议另有规定的，依据这些规定办理。①

为促进无船承运市场持续健康发展，以及进一步简政放权，推动政府职能转变，交通运输部对无船承运业务管理权限也准备予以调整，并率先在上海市进行试点。根据 2014 年 5 月 2 日发布的《交通运输部关于在上海市试点下放无船承运业务管理权限有关事项的公告》，自 2014 年 5 月 15 日起，公司（含分支机构）或境外公司指定联络机构注册在上海市的无船承运业务经营资格审批由上海市交通运输主管部门负责。可以预测，将来有关无船承运业务的管理权限将全部下放至省、直辖市交通运输管理部门负责。

我国《海商法》第 42 条规定了"承运人"和"实际承运人"的概念。承运人是指本人或者委托他人以本人的名义与托运人订立国际海上货物运输合同的人，并没有限定承运人一定要拥有船舶或经营船舶，所以无船承运业务经营者只要以承运人身份接受托运人货载，签发自己的提单或者其他运输单证，其与托运人之间就存在海上货物运输合同关系，因此应当根据我国《海商法》，承担承运人的责任和义务。至于无船承运业务经营者与国际船舶运输经营者之间的关系，则依据其订立的协议加以确认，可能是海上货物运输合同关系，也可能是其他合同关系，依据《海商法》或者《合同法》的相关规定确定其权利义务。因此从我国法律层面上看，没有无船承运人的规定，也没有必要在法律中规定无船承运人的法律地位。至于《国际海运条例》对无船承运业务经营者的规定，主要是从行政法角度规制其经营资格及市场准入条件，并对其业务范围等予以监管；若涉及民事法律责任问题，应当根据具体的合同关系，分别由《海商法》和《合同法》予以调整。

---

① 参见《外商投资国际海运业管理规定》第 16 条、17 条的规定。

第八章 港口使费

第一节 港口使费的概念及计收办法

一、港口使费的概念

港口使费(port disbursements),又称港口费用,是指因船舶使用港口及其设施用以停靠船舶和进行货物装卸作业,以及因港口向船舶提供各种服务,而向有关部门缴纳和支付的各种费用。

二、港口使费的主要项目及计收办法

在不同的国家,甚至在同一国家的不同港口,港口使费的项目、费率和计收方法各有不同。但通常情况下,港口使费可分为船舶费用、货物费用和使用服务费三类。

目前,我国针对国内航行船舶和内贸货物与集装箱的港口收费标准依据的是我国交通部2005年第8号令公布的《中华人民共和国港口收费规则(内贸部分)》(于2005年7月14日公布,自2005年8月1日起施行);国际航行船舶和外贸进出口货物的港口收费标准依据的是我国交通部于1997年4月29日发布的《中华人民共和国交通部港口收费规则(外贸部分)》,该规则于2001年由交通部(2001年第11号令)修改,修改后的规则自2002年1月1日起施行。另外,交通部2000年2月18日发布了《交通部、国家发展计划委员会关于对外贸船舶及货物港口收费实行优惠的通知》(交水发〔2000〕84号),决定参照国际惯例并结合我国港口当前的实际情况,对国际运输船舶和货物在我国港口的一些收费项目实行优惠。

财政部、国家发展改革委2015年8月17日发布的《关于取消有关水运涉企行政事业性收费项目的通知》规定,自2015年10月1日起,取消船舶港务费。交通运输部、国家发展改革委员会2014年11月22日发布的《关于放开港口竞争性服务收费有关问题的通知》规定,港口经营人不得在港口作业包干费、堆存保管费以外,对任何集装箱、散杂货港口作业单独设项、另行收费。同时规定,集装箱、外贸散杂货装卸作业,国际客运码头作业等劳务性收费,以及船舶垃圾处理、供水等服务收费,由现行的分别实行政府指导价、政府定价,统一改为市场调节,由港口经营人、船舶供应服务企业根据市场供求和竞争状况、生产经营成本,自主制定收费标准,堆存保管费继续实行市场调节价。

(一)船舶费用

船舶费用即向船方征收的费用,主要包括以下几项。

1. 船舶吨税

船舶吨税(tonnage dues)是指船舶出入国境以吨位作为计费单位的税费。船舶进出一国港口均需按规定缴纳吨税,由海关征收。征收方式各国不尽相同,有的国家以1个月或3个月为计征期,有的国家以1年为计征期。在一个计征期内,同一船舶不论进出港次数多少只收一次吨税。吨税费率根据计征期的不同而不同。很多国家对有贸易条约和协定的国家的船舶给予优惠待遇,按优惠税率计征。有的国家,在船舶每次进港时征收吨税。有的港口收锚泊税、入境税,实质为船舶吨税。船舶吨税的计费方法通常按船舶净吨位计算。我国港口征收吨税办法:以30天为一期缴纳,也可以90天为一期缴纳,以船舶净吨位计收,而且90天为一期的税率仅为30天为一期的税率的两倍;在一期内,无论船舶来港次数多少,吨税只收一次,并实行优惠吨税制。

2. 船舶港务费

船舶港务费是指船舶进出港口和在港停泊期间,因使用港口的水域、航道和停泊地点,按规定向港口管理部门交付的费用。船舶港务费属于港口财政收入,用于维持港口航道畅通,以及船舶安全进出港口和停泊所需设备的有效状态。

在我国,2015年10月1日以前,船舶港务费由港口管理部门对船舶进港和出港各征收一次,按船舶净吨计收。对于遇难船舶、非载运旅客或货物的船舶,免征此项费用。此外,进港船舶没有卸货或下客时,免征进口港务费;出港船舶没有装货或上客时,免征出口港务费。但对进出港口的旅游船舶,仍征收港务费。

但是,根据《关于取消有关水运涉企行政事业性收费项目的通知》,自2015年10月1日起,船舶港务费已被取消。

3. 引航费

因引航员引领船舶进出港口以及在港内移泊,而由引航机关向被引船舶征收的费用,称为引航费(pilotage)。在我国,引航费或移泊费按船舶净吨,一般以次数计收。在国外,有的按船舶吨位加吃水计收,少数按船舶长度或吃水计收,也有的按引航里程计收,并对进港、出港和港内移泊分别规定不同费率,夜间、星期日和节假日需计收附加费。

4. 停泊费

因船舶停泊港口码头或浮筒,而由港口管理部门征收的费用叫停泊费。在国外,此项费用又称为码头费、浮筒费。在我国,下列情况下按船舶净吨,以日征收停泊费:(1)装卸完毕4小时后,船舶因船方原因仍然留泊;(2)船舶等修或检修;(3)船舶因避难来港,在危险解除4小时后仍然留泊;(4)免征船舶港务费的船舶,但政府公务船除外。

在国外,有的按船舶长度和等泊时间计收此项费用。

5. 系解缆费

系解缆费是指系解缆工人在船舶靠离码头、浮筒或移泊时,系缆或解缆的劳务报酬。一般按船舶吨位或长度,以次数计收。夜间、星期日和节假日计收附加费。

6. 开关舱费

开关舱费是作为港口工人开关船舶舱口的劳务报酬。一般不分船舶大小和开关次数,分别在卸货或装货时,按舱口计收开、关舱费各一次。

7. 拖轮费

因船舶靠离码头、移泊或其他操作时使用拖轮而支付的费用称之为拖轮费。一般按拖轮吨位或马力、艘数、使用时间计收。夜间、星期日和节假日计收附加费。

8. 船舶代理费

船舶代理费是指船公司委托代理公司为其办理船舶进出港申请手续、联系泊位和装卸作业、安排加燃物料、淡水、船员伙食以及为船舶提供各项服务,而向代理公司支付的劳务费。通常,此项费用按船舶吨位和代理公司为船公司代办的项目计收。

9. 其他费用

其他费用包括检疫费、灯标费、结关费等。这些费用由相关行政管理部门予以规定并向船方核收。

船舶通过运河,需按运河当局规定支付运河费或者运河通行费,通常按船舶吨位(通常是根据《1969 年船舶吨位丈量公约》的规定计算)计收,或者按照运河主管部门规定的船舶吨位予以计收。

(二)货物费用

货物费用即货物在港口发生的费用。通常,货物费用的计收与货物的品种和数量有关,主要包括以下几项:

1. 货物港务费

由港口管理部门对货物征收,属于港口财政收入,用于维持港口航道畅通,以及船舶安全进出港口和停泊所需设备的有效状态的费用称之为货物港务费。

通常,邮件、船用燃物料、军用物资、使馆用品、过境货物、因意外事故临时卸在港内但仍须运往原目的港的货物等,免交货物港口费。

2. 货物装卸费、搬运费、平舱费

货物装卸费(loading/discharging charges)、搬运费(handling charges)和平舱费(trimming charges)是指码头装卸工人对货物进行装卸、搬运、平舱等工作的劳务报酬,由装卸公司计收。笨重货物、超长货物,以及作业难度较大、使用装卸机械的货物等,一般征收附加费。

3. 理货费

理货费(tallying charges)是指理货员进行理货的劳务报酬,由理货公司计收。在我国港口,对从事国际航行的中外籍船舶,由中国外轮理货公司、中联理货有限公司等办理理货业务,并收取理货费。《港口法》自 2004 年 1 月 1 日实施之后,港口理货业务实行经营许可制度,不再是中国外轮理货公司一家独大的局面;而且为了公正、公平起见,港口理货业务经营者不得兼营港口装卸和仓储业务。理货费中包括分票费、重理费、翻舱理货费、理货人员待时费、单证费等项目。

4. 货物保管费

货物保管费是指对堆存在港口仓库、堆场的货物征收的费用。一般按实际使用面积和保管时间计收,仓库和堆场实行不同费率。在我国,国内外进口货物自进入库场第 5 天起,国内外出口货物自进入库场当天起,货方须支付此项费用。

(三)使用服务费

使用服务费是指因船方或货方租用船舶、机械、设备,或申请港方提供其他作业而支付的费用，主要包括：

（1）租用船舶（如浮吊、起重船）、机械（如吸扬机）、设备（如装卸用防雨设备）的费用；

（2）供应燃料、淡水的服务费；

（3）其他作业劳务费，如扫舱费、洗舱费、拆包费、灌包费、缝包费等。

第二节　节省港口使费的主要途径

据统计，港口使费在从事国际航线的船舶的营运成本中，约占1/3。港口使费的支出，已成为影响船舶经营效益的重要因素。节省港口使费，可以降低船舶营运成本，从而提高船舶经营效益。为此，船方必须了解和掌握相关港口的各项费用的收费规则及其费率调整情况；同时，应十分注意合理安排船舶在港的各项作业，并做好相应记录。节省港口使费，主要有以下几种途径。

一、适当安排船舶挂靠港口，节省船舶吨税

大多数国家对船舶吨税按航次或按一定期间（如1个月、3个月或半年）征收。在此期间内，不论船舶进出港口次数多少，船舶吨税只征收一次。因此，在此期间内，应尽可能安排同一船舶多次挂靠同一港口。这样，支付的船舶吨税可比按航次交纳的吨税少。

二、适当掌握船舶进出港口时间

各国港口通常规定，引航费、拖轮费、系解缆费等，在夜间、星期日和节假日需征收附加费，其费率可比基本费率高出50%以上。例如，在日本，拖轮费在17:00—23:00之间增加60%，在23:00—06:00之间增加100%。因此，应尽量安排船舶白天进出港口，避免在夜间、星期日或节假日进出港口。

三、调整船舶进出港口吃水

有些国家的港口规定，引航费根据船舶净吨和吃水计收。其中，吃水取船舶吃水中较大者。因此，在船舶进出港口时，应尽量减少船舶吃水差，调平吃水。

四、正确运用船舶的开闭式吨位

船舶吨税、船舶服务费、引航费等费用，均按船舶总吨或净吨计收。一些旧船没有吨位标志线，且有两组吨位，一些国家港口规定，当船舶吃水不超过吨位标志线时，可使用一组小吨位，从而节省上述费用的支出。当舱内货载不足或货物积载因数过大时，应尽可能将船舶吃水控制在吨位标志线以下，并申报一组小吨位。

五、适当积载货物

对货物进行适当积载，从而加速货物装卸，缩短船舶在港停靠时间，可节省有关费用的支出。为此，在编制配载图时，应尽可能使船舶在同一港口多舱作业，保持各舱装卸速度平衡，以

缩短装卸时间，避免出现卸货难的情况。如系散装货，应尽可能装于抓斗能直接抓取的部位，不宜装于艏艉舱。装船时应妥善隔票，防止因混票而发生分票、重理货物等作业而增加费用支出。

六、尽量减少船舶待时

尽量做到及时、正确地预报船期，保证船舶装卸设备正常运转，尽量使加油、加水和船舶临时检修与装卸货物同时进行，事先配备充足的垫隔舱材料，准确申报各种作业起始和所需时间，以尽可能缩短船舶停港时间，避免支付各种船舶待时费用。

七、正确处理加班

当加班所增加的加班费等开支，比不加班所需支出的营运费用少时，应选择加班，以减少船舶停港时间，加速船舶周转。

八、鼓励船员承担货物作业

船员自行扫舱、捆绑货物或承担其他作业，船公司为此支付给船员的报酬，比委托港口有关部门提供的服务要节省。船员自行承担货物作业，还能更好地保证货运质量，有利于航行安全。

九、适当选择加油港

应当选择在燃油价格和港口费用较低的港口添加燃油，并且尽量安排在船舶挂靠进行货物装卸的港口添加燃油，以节省专门为添加燃油而挂靠港口的港口费用。

十、认真审核和签署各种港口使费单据

对各种港口使费单据，船长、船员应认真仔细予以审核，谨慎签认，以避免发生不应有的损失。

第二编 海商法

第九章 绪 论

第一节 海商法的概念

一、海商法的概念

在不同的国家，海商法（maritime law; law of admiralty）的概念不同。即使同一国家，不同的学者对其含义也有不同的理解。

英国《不列颠百科全书》第 11 卷认为，“海商法是调整船舶和航运通常使用的术语”；波兰《海商法》第 1 条规定，“海商法是调整有关海上运输法律关系的法律”；司玉琢教授在他主编的《海商法》一书中主张，海商法是“调整特定的海上运输关系和船舶关系的法律规范的总称”；法国学者认为，“海商法调整商业性航海活动”；我国台湾海商法学者郑玉波认为，“海商法是调整以海上商事为规范对象的商事法”。上述各种海商法的概念反映了英美法系国家和大陆法系国家对海上运输性质的不同理解。英美法系国家认为，海上运输只改变商品的空间位置，是生产行为，不包含有“商”的意思。大陆法系国家则认为，海上运输实现商品与货币的转换，是商业行为，包含有“商”的意思。大陆法系国家的观点主要源于中世纪商航合一的时代，在现代社会，各国创立了独立的海上运输企业，“航海贸易”或“海商”一词已不能确切地反映海商法这一法律部门所调整的内容。

在我国，海商法学者大多认为，海商法有广义和狭义之分。广义的海商法是调整特定的海上运输关系、船舶关系的法律规范的总称。它构成我国社会主义法律体系中的一个独立的法律部门。狭义的海商法仅指 1993 年 7 月 1 日起施行的《中华人民共和国海商法》（以下简称《海商法》或者本法），它是我国广义海商法的最重要的组成部分。①

二、海商法的调整对象

调整对象是指某一法律部门所调整的特定的社会关系。它是划分不同的法律部门的基本依据和出发点。例如，民法的调整对象是平等的公民之间、法人之间、公民和法人之间的财产关系和人身关系；民事诉讼法的调整对象是人民法院和一切诉讼参与人在诉讼活动中产生的各种诉讼关系。

① 本书泛指海商法的，均指广义海商法；特指《海商法》的，则指狭义海商法。

至于海商法的调整对象，从其定义中可以看出，是特定的海上运输关系和船舶关系。我国《海商法》第1条规定："为了调整海上运输关系、船舶关系、维护当事人各方的合法权益，促进海上运输和经济贸易的发展，制定本法。"本条关于本法立法宗旨的规定也集中反映了其调整对象包括海上运输关系和船舶关系两大方面。

海上运输关系是指海上运输中发生的特定的社会关系。主要包括三个方面：(1)有关海上运输的合同关系。主要指围绕提单(bill of lading: B/L)、租船合同(charter party: C/P)、海上拖带合同(contract of towage by sea)、海上旅客运输合同(contract of carriage of passengers by sea)等所发生的合同当事人之间的民事权利义务关系。(2)海上侵权关系。主要指因船舶碰撞、船舶污染海洋环境等行为引起的加害方与受害方之间的民事权利义务关系。(3)海上特殊风险产生的社会关系。主要指围绕海难救助(salvage at sea)、共同海损(general average: G.A.)、海事赔偿责任限制(limitation of liability: LOL)和海上保险合同(marine insurance contract)等产生的民事权利义务关系。这些特定的社会关系属于平等民事主体之间的横向财产、经济关系，是海商法调整的主要内容。

船舶关系是指除海上运输关系以外的其他与船舶有关的特定的社会关系。主要涉及以下几个方面：(1)船舶法律地位。包括围绕船舶国籍、船舶航行权、沿海运输权等方面发生的船舶所有人与船旗国或沿海国有关当局之间的法律关系。(2)船舶物权。包括因船舶所有权(ownership of ships)、船舶抵押权(mortgage of ships)和船舶优先权(maritime liens)等所产生的船舶所有人与各债权人，或者与法院或仲裁机构之间的关系。(3)船舶管理。主要指在航运管理、航运政策、船舶登记等方面发生的船旗国与船舶所有人、船舶经营人等之间的关系。(4)船舶安全。包括在船舶检验、船舶引航、船长与船员的配备等方面发生的船舶所有人与港口当局、船长、船员之间的关系。这些特定的社会关系，有的属于平等民事主体之间的横向的财产、经济关系，有的属于国家或有关部门与船舶所有人或其他关系人之间的纵向的行政法律关系及其他社会关系。

对上述海商法的调整对象，我国《海商法》并未做出全面规定。不属于本法调整范围的(即本法未加以规定的)海上运输关系和船舶关系，应由其他法律予以调整。本法与其他法规有抵触时，应以本法的规定为准。例如，有关船员的任用和劳动方面的权利义务的内容，应适用《中华人民共和国船员条例》等劳动法规的有关规定；有关海上交通安全、船舶登记和船舶检验等内容，适用《中华人民共和国海上交通安全法》《中华人民共和国船舶登记条例》等有关法律、行政法规；涉及海事诉讼、海事仲裁、船舶扣押、强制出售等程序性问题，适用《海事诉讼特别程序法》《民事诉讼法》和其他程序性法规的有关规定，等等。

三、海商法的性质

海商法的性质，是指它的法律属性。具体地说，即海商法应属于哪一个法律部门。对此，国内外颇有争论。

对于广义海商法的性质，国内有的学者将其归属于经济法或国际经济法的范畴。如《中国大百科全书·法学》认为，海商法"是国内经济法兼有国际经济法性质的法律"。

我国教育部在学科分类中，将海商法作为国际法学(二级学科)下的国际经济法(三级学科)的一个分支。笔者认为，在国际上，海商法作为一个独立的法律部门而存在至少已有近百年的历史；在国内，也不应把海商法作为国际经济法的分支，因为二者在法律关系的主体、调整对象、法律的表现形式等方面有明显不同。相反,随着我国航运事业的迅速发展和航运立法的不断完善,特别是《海商法》等海事法律法规相继颁布实施,标志着我国海商法已形成自己的法律体系,作为一个独立法律部门的条件已经成熟。因此,不少国内海商法学者主张海商法应作为一个独立的法律部门。①

对于狭义海商法的性质,海商法学者认识比较统一。在"民商分立"的国家,海商法被认为是民法或商法的特别法;在"民商合一"的国家,则被认为是民法的特别法。因为我国没有单独的商法典,所以,《海商法》被认为是民法的特别法。两者的规定相冲突时,《海商法》优先于民法而适用;《海商法》没有规定,而民法有规定的,以民法为准。

四、海商法的特点

现代海商法作为一个独立的法律部门,与其他法律部门相比较,有其鲜明的特点,主要表现在以下几个方面。

(一)涉外性强

《海商法》是一部国内法,却具有较强的涉外性。首先,海商法的调整对象大多数是具有涉外因素的海上运输关系和船舶关系(以下简称涉外海商关系),表现为该海商关系的主体一方或双方为外国人,和(或)其客体是位于外国的物、财产或需要在外国实施或完成的行为,和(或)其内容即权利义务据以产生的法律事实发生于外国。② 其次,海商法的表现形式③除国内法外,还包括有关国际条约和国际航运惯例。再有,海商法的效力范围,可及于本国海域的外国船舶,外国海域的本国船舶,甚至外国海域的外国船舶;而且,我国《海商法》第四章"海上货物运输合同"仅适用于国际海上货物运输,第五章"海上旅客运输合同"中承运人的单位责任限额也只适用于国际海上旅客运输。

(二)技术性强

这一特点是由海商法的调整对象决定的。在海上运输方面,必然涉及航海、货运管理等专业知识和技术。例如,在航海方面包括船舶驾驶、航线制订、雷达观测、气象报告、海上避碰和轮机管理等。在货运方面,包括货物的特性、配载,货物的装卸、保管和照料等。在船舶方面,必然涉及船舶的结构、性能,船舶的设备和安全条件,船员的资格、培训、值班和发证等。可以说,海商法是法律理论与航海技术、航运业务紧密联系的法律部门。

(三)风险特殊,法律制度特殊

海上运输及其他海上业务活动有陆上运输所无法比拟的特殊风险,如海上恶劣气候、海盗、海上恐怖活动等;而且,从事海上运输需要投入巨额资金,因海事的发生可能会承担巨大的经济损失或赔偿责任。为鼓励航运业的发展,针对这些特殊风险,在海商法领域形成了一些其他法律部门所不存在的特殊的法律制度,如船舶优先权制度、海难救助制度、共同海损制度、海事赔偿责任限制制度、海上保险制度及海事请求保全制度等。

---

① 参见司玉琢主编,《海商法》,法律出版社,2012 年第三版,第 6 页。

② 参见本书第二十三章第四节。

③ 参见本章第二节。

第二节 海商法的形式

在法理上，法的形式主要是指不同国家机关依法制定的各种具有不同效力的规范性文件。海商法作为一种法律，也需要具体的形式，因为有了具体的形式，它才具有法的效力。

在我国，海商法的形式主要有国内立法、国际海事条约和国际航运惯例。

一、国内立法

国内立法是我国海商法的主要表现形式。具体地说，国内立法包括两大部分：第一部分为全国人民代表大会及其常务委员会按照立法程序制定和颁布的关于海事方面的法律。例如《中华人民共和国海商法》《中华人民共和国海事诉讼特别程序法》《中华人民共和国海上交通安全法》《中华人民共和国海洋环境保护法》《中华人民共和国海域使用管理法》《中华人民共和国港口法》和《中华人民共和国航道法》等等。这些法律在国内立法中具有重要的地位。第二部分为不同国家行政机关制定的有关海事的行政法规和部门规章，包括命令、条例、规定、办法、决议和指示等。例如《中华人民共和国防治船舶污染海洋环境管理条例》《中华人民共和国船员条例》《中华人民共和国船舶登记条例》《中华人民共和国国际海运条例》《中华人民共和国港口货物作业规则》等。新中国成立以来，国务院和有关主管部门制定的有关航运管理、船员管理、船舶管理、海上航行安全和海损事故处理等方面的行政法规较多，这些规范性文件，都是海商法的重要形式。

二、国际海事条约

这里的“条约”既包括多边条约，也包括双边条约。目前，属于海商法方面或与海商法内容有关的国际条约（以下简称为国际海事条约）很多，但是，并非一切此种条约都无条件地在任何一个国家内生效。根据国际法和国家主权原则，只有经过一国政府正式签署、批准或加入的国际海事条约，才对该国具有法律拘束力，并成为该国海商法的形式。条约缔约国在保证条约实施方面做法不尽相同。有些国家接受条约后，直接将条约转化为国内法而适用，这在国际法上被称为“直接适用法”或“一元论”（monism），如韩国等。有些国家接受条约后，须经过二次立法，即根据条约内容制定相应国内法来实施条约，这在国际法上被称为“间接适用法”或“二元论”（dualism），如日本、英国、美国、澳大利亚等。我国的做法既不同于一元论，也不同于二元论，而是采用国际条约优先于国内法适用的办法，即当国际条约与国内法规定不一致时，适用该公约。对此，《海商法》第268条有明确规定：“中华人民共和国缔结或参加的国际条约同本法有不同规定的，适用国际条约的规定；但是，中华人民共和国声明保留的条款除外。”

三、国际航运惯例

国际航运惯例，是指在长期反复的国际航运实践中逐渐形成的，为大多数航运国家所接受的，不成文而具有法律拘束力的行为规则。国际航运惯例可分为强制性惯例和任意性惯例。强制性惯例无须当事人协议采用即对其具有法律拘束力，此种惯例在实践中存在较少。对任意性惯例,只有当事人在合同明确约定采用该惯例时,才对当事人产生法律效力。例如,《约克—安特卫普规则》虽然只是民间规则,却成为合同当事人广泛采用的用以进行共同海损理算的典型的国际航运惯例。

国际航运惯例是我国海商法的形式之一,我国《海商法》第 268 条第 2 款对其的适用做了明确规定:“中华人民共和国法律和中华人民共和国缔结或者参加的国际条约没有规定的,可以适用国际惯例。”对适用条件,《海商法》第 276 条明确指出:“依照本章①规定适用外国法律或者国际惯例,不得违背中华人民共和国的社会公共利益。”

四、海商法的其他形式

(一)判例

判例,是指法院先前对某个具体案件所做的判决。在普通法系的英美等国,根据“遵循先例”原则,上级法院的判决作为先例(precedent),在下级法院审理同类案例或者类似案例时,具有法律拘束力。即判例在这些国家起着法律的作用,并成为英美等国海商法的重要形式。

我国不承认判例是法的表现形式,在我国,某案的判决只对该案发生法律效力,对其他案件没有拘束力。但是,不可否认,判例对人民法院审理同类或者类似案件具有借鉴作用。为了贯彻落实中央关于建立案例指导制度的司法改革举措,最高人民法院于 2010 年 11 月 26 日印发了《关于案例指导工作的规定》,并于 2011 年 12 月发布了第一批指导性案例,截至 2015 年 11 月已发布十一批指导性案例。最高人民法院指导性案例对下级法院审理同类或类似案件具有参考作用,这对于统一裁判尺度和法律适用标准,保障公正司法,增强司法透明度,提升司法公信力,加强法制宣传都具有重要意义。在处理涉及英美等国的涉外海事案件时,应注意研究其有关判例,并可以直接引用其判例作为向国外当事方索赔的法律依据。

(二)海商法学说

学说,是指通过著作表现出来的法学家的个人主张。在大陆法系国家,学说不是法的表现形式。但是,在英美国家的法院判决中,常援用学者的学说作为论证或推翻某一成文法或判例法所确定的法律原则,学者也常引述国家的司法实践来论证或推翻某一理论。笔者认为,在我国也应重视权威学者的学说对立法的影响和对审判实践的指导作用。

第三节 海商法的发展概况

一、海商法的历史发展

从历史上看,海商法的形成与发展经历了几个不同的阶段。

(一)海商法萌芽阶段

早在公元前 9 世纪,罗得人(Rhodians)和腓尼基人(Phoenicians)即开始在欧、亚、非三洲

① 指《海商法》第十四章。

从事海上贸易。当时的罗得岛是一个强大的独立王国，是地中海航海贸易的中心，许多海事案件都在此地解决。人们经过对这些案件的汇集、整理，逐渐形成一部习惯法，称《罗得法》（Len Rhodia）。《罗得法》中包含有关共同海损分摊和海上保险的规定，这标志着古代海商法的萌芽。

（二）海上贸易惯例阶段

中世纪是海商法显著发展的时代。当时由于受航海技术的限制，航海贸易只限于在大西洋沿岸、地中海、北海、波罗的海沿岸等几个地区内进行，每一个从事航海贸易的商人面临着基本相同的危险，并开始编纂这些地区形成的海事惯例和习惯。虽然这些惯例和习惯都是私人编纂成集的，却有着与制定法相同的效力，在上述几个地区广为流行，并得到普遍的尊重。其中，对近现代海商法影响较大的有：

1.《奥列隆惯例集》（Lex Oleron）

它收集了12世纪法国西海岸奥列隆市国际海事法庭的判决书和所适用的习惯法，在西北欧地区的海上贸易中通行。

2.《海事裁判例》

《海事裁判例》也称《康索拉度法》（Lex Consolato），它是在14世纪于西班牙的巴塞罗那编纂的第一部详细而又系统的海事法典，全集共252条，其中大部分内容是根据当时航运界所流行的惯例制定的，在地中海地区影响很大。

3.《维斯比法》（Law of Visby）

它是在15世纪于瑞典的维斯比城编纂的，广泛流行于北海和波罗的海沿岸。

4.《海上指南》（Guideline of the Sea）

它是法国商人于16世纪编纂的。

5.《英国海事黑皮书》（Black Book of the Admiralty）

它汇集了英国法院的判例和所适用的习惯，对欧洲各国有一定的影响。

（三）国家制定海商法阶段

17世纪，随着许多国家纷纷争取民族独立，城市经济开始向国家经济转化。这种转化也影响到海商法，各国都从自己的利益出发先后制定了本国海商法（national maritime law）。最有代表性的是1681年法国路易十四国王制定的《海事条例》（Ordonnance de la Marine），它后来成为《1807年法国商法典》中海商篇的基本内容，并对他国海商法的制定有着重大影响。另外，美国在1893年制定了《哈特法》（Harter Act）；英国于1894年制定了《商船航运法》（Merchant Shipping Act），1906年制定了《海上保险法》（Marine Insurance Act），等等。随着机动船的普遍使用，航海贸易冲破了国家和地区的限制，使之越来越国际化，而随着各国航运制度的建立与完善，海事立法却越来越国内化，从而导致了各国海商法在形式和内容上的不统一，并形成了不同的海商法体系，如法国法系、德国法系、英美法系和新法系。这种不统一局面给国际航运带来诸多不便，因此，从19世纪末20世纪初以来，国际社会开始采取措施减少并最终消除各国海商法的差异。

（四）海商法的国际统一阶段

自20世纪以来，在国际海事委员会（Comité Maritime International：CMI）、国际海事组织（International Maritime Organization：IMO）和其他有关国际组织的努力下，国际上已制定的国

际海事公约、修正案、议定书上百个。其中不仅包括《1972 年国际海上避碰规则公约》《1966 年国际载重线公约》《1969 年国际船舶吨位丈量公约》《1974 年国际海上人命安全公约》(SOLAS)、《1978 年海员培训、发证和值班标准国际公约》(STCW)等技术性较强的公约,也包括有关客货运输中承托双方权利义务、船舶登记等法律性较强的公约。技术性公约被各国承认和接受的很多,统一实体法公约也被较多的航运国家参加、接受或被参照立法。从内容上说,公约涉及海商法的各个领域,大多数公约规范又都是强制性法律规范,这在一定范围内消除、避免了各国海商法之间的冲突,使海商法出现了进一步国际统一的趋势。当然,由于各国经济、政治条件的不统一,实现各国海商法的完全统一还需要很长一段时间。

二、当代海商法的发展趋势

随着科学技术的进步,国际贸易和国际航运有了迅速的发展,与此相适应,当代海商法出现了新的发展趋势。

(一)海事法律冲突的范围逐渐缩小,海商法出现进一步国际统一的趋势

这一趋势在前文已叙述,可参见本节一(四)项。

(二)船舶所有人责任加重的趋势,使海商法朝着公平、合理的方向发展

第二次世界大战以前,不仅国际航运业被少数航运发达国家所垄断,有关国际海事立法也明显偏袒航运发达国家,即维护船方利益,而损害货方利益。第二次世界大战以后,发展中国家为维护自己的合法权益,纷纷踏上国际海事立法舞台,使海商法的规定更加公平、合理。其中一个突出表现为船舶所有人的责任在加重。以国际海上货物运输为例,《1924 年海牙规则》规定的承运人对货物灭失或损坏的单位责任限额为不超过 100 英镑,且包含有“驾驶船舶、管理船舶过失”及“火灾过失”免责等不合理的免责事项;《1968 年维斯比规则》对承运人的责任限额已提高到每件或每单位 10 000 金法郎,或者毛重每公斤 30 金法郎;《1978 年汉堡规则》将承运人责任限额提高到每件或每单位 835 特别提款权(special drawing right: SDR),或者毛重每公斤 2.5 特别提款权,且废除了《1924 年海牙规则》不合理的过失免责,使船货双方的权利义务趋于新的平衡。《2008 年鹿特丹规则》(尚未生效)进一步将承运人的责任限额提高到每件或每单位 875 特别提款权,或者毛重每公斤 3 特别提款权,以两者中较高者为准;且不仅废除了航海过失免责,还把承运人使船舶适航的时间从开航前和开航当时延长到整个航行期间,责任期间也扩展到门到门。

(三)海事立法由以货物为中心向以船舶为中心转化

船舶越来越现代化、大型化,不仅技术密集,而且资金密集,再加上自 20 世纪 60 年代以来发生的几起严重的海上污染事故(如 1967 年的“M/V Torrey Canyon”案、1976 年的“M/V Argo Merchant”案和 1978 年“M/V Amoco Cadiz”案等),引起国际社会对船舶立法的关注,使海事立法呈现增多的趋势。比如,国际海事组织近二三十年制定的近百个国际海事公约、修正案及议定书中,大约有 4/5 是属于对船舶的立法。

(四)船员立法由福利型向知识复合型转变

传统航海技术比较落后,船员主要靠技能和经验就能够胜任航海工作。与之相适应的船员立法是从保护船员的最低权益出发制定法律或国际公约,属于福利型的立法,其目的是鼓励船员从事海上事业。从 20 世纪 20 年代开始,国际劳工组织先后制定了 40 多个与船员权益有

关的国际公约，如《1920 年确定准许儿童在海上工作的最低年龄公约》《1926 年海员协议条款公约》《1921 年确定准许使用未成年人扒炭工或司炉工最低年龄公约》《1926 年船员遣返公约》《2006 年海事劳工公约》(MLC 2006)[①]等等。这些立法更多的是对船员权益的保护，对船员的技术要求不是那么强烈。随着航海技术的发展，船舶向着智能化、集装化、自动化和大型化的方向发展，航运企业管理向着科学化的方向发展，单凭船员的技能和经验已不能适应这种变化，要求船员任职资格必须改变，即由单纯的技术型向着技术、管理、经营、法律融为一体的知识复合型转变。这一转变要通过提高船员的综合素质来实现。国际海事组织现在亦强调应该将力量集中到船员及岸上有关人员的培训和操作实践以及管理机制方面，而不仅限于改善船舶结构和机械设备标准。为此，IMO 制定了有关文件，对 SOLAS 公约和 STCW 公约做了修改，以提高船员技术标准，同时，IMO 专门制定了《国际安全管理规则》(International Safety Management Code：ISM Code)，以加强船旗国政府对其船舶的管理和港口国监督(port state control：PSC)，减少人为因素对海上安全造成的影响。目前，ISM Code 作为 SOLAS 公约第Ⅸ章内容已于 1998 年 7 月 1 日生效，与其他有关文件和公约一起为提高船员任职资格提供了法律依据。

我国不仅是航运大国，也是船员劳动力资源丰富的国家，每年外派船员数量较大，因此，加强我国船员综合素质教育已是当务之急，这不仅是我国作为 SOLAS 公约和 STCW 公约等缔约国应尽之义务，也是为减少人为因素造成的各类海上事故，维护我国在国际上的良好声誉之必需。

(五)当代海商法出现向海法发展的趋势

陆上资源、空间已被各国开发、利用得所剩无几，世界各国开始把注意力转向对海洋的勘探、开发，占地球表面 70% 多的海洋将成为各国争夺的焦点，以调整海上运输和与船舶有关的法律关系为主的传统海商法，将向围绕海洋的开采、利用立法为主的海法方向发展。

---

① MLC 2006 是国际劳工组织在综合和修订了其先前通过的与海员有关的 37 个公约和 31 个议定书的基础上制定的，是用以保护海员权益的综合性权利法案。它与 MARPOL 公约、SOLAS 公约、STCW 公约一起被称为航运业的四大支柱。

第十章 船 舶

第一节 船舶概述

一、船舶的定义

船舶,作为运输工具,从事海上客货运输等活动,围绕船舶产生的特定的法律关系成为海商法调整对象的一部分。因此,船舶在海商法中占有重要地位。

船舶有广义和狭义之分。广义上的船舶是指水上移动式装置。“水上”是指水体的表面或水中,海上、河流、湖泊都属于“水上”范围。因此,水翼船是船舶,而水上飞机在水面滑行时是船舶,但当其在空中飞行时则不能被认为是船舶。“移动”是指自身具有航行能力。因此,浮船坞、浮吊、可移动式钻井平台等都可视为船舶,但处于某一固定地点的灯船、浮船坞、已就位的钻井平台则不能视为船舶。不具有自航能力的驳船、挖泥船也不属于船舶,但当驳船被拖轮拖带航行时,则和拖轮一起视为船舶。“装置”是指一定的构造物。因此,竹筏、木排、水上滑行器不能视为船舶。

狭义上的船舶是指各国海商法中所规定的船舶。在各国海商法中,船舶的定义有一定差异。如苏联《海商法》规定:“船舶是指除军舰以外的机动或非机动的浮动装置。”希腊《海商法》则规定:“本法所称船舶,是指大于10净登记吨的,以其自身的动力航行于海上的各种船舶。”

我国《海商法》第3条规定:“本法所称船舶,是指海船和其他海上移动式装置,但是用于军事的、政府公务的船舶和20总吨以下的小型船艇除外。前款所称船舶,包括船舶属具。”“船舶属具”是指附属于船舶的器具或物品,包括锚、锚链、救生艇、索具、驾驶台设备、医疗器具、厨房用具等。

从各国海商法对船舶的规定来看,狭义上的船舶仅仅是日常生活中广义上的船舶的一部分。有的国家排除了“用于军事的”和(或者)“用于政府公务的”船舶;有的国家排除了航行于江、河、湖泊上的内河船,而仅限于在海上或与海相通可航水域航行的海船或其他海上移动式装置;有的国家则排除了小于一定吨位的船舶。值得注意的是,我国《海商法》第3条所规定的“船舶”的范围是原则性的,在其他章节中如另有规定,其适用的“船舶”范围可能有所不同。[①]

二、船舶的种类

从不同的角度出发，船舶可划分为以下几类：

（一）以船舶的动力装置划分

以船舶的动力装置划分，船舶可分为机动船（motor vessel）和非机动船。前者主要包括自身有动力的蒸汽机船、内燃机船以及核动力装置船舶；后者指无动力装置的帆船及摇橹船等。

（二）以船舶的航行能力划分

以船舶的航行能力划分，船舶可划分为海船和非海船。前者是指能够在海上航行并以海船名义进行船舶登记的船舶。不具有海上航行能力或虽具有一定的海上航行能力，但只作为内河船登记的船舶是非海船。非海船主要航行于江、河、湖泊等水域。

（三）以船舶的使用目的划分

以船舶的使用目的划分，船舶可分为用于“商业目的”和“非商业目的”的船舶。据此，不论是否系军队所拥有的拖轮或政府机关所拥有的船舶，只要其以营利为目的从事商业性活动，如海上拖带或救助等，它就属于用于商业目的的船舶，即商船。同样，如果商船本航次为军队所用，从事军事性活动，如在战时作为运输兵力或军队给养船，则该船在本航次属于用于非商业目的（即用于军事目的）的船舶。

此外，按船舶登记国划分，船舶可分为国轮（在本国登记）和外轮（在外国登记）；按船舶所有人划分，船舶又可分为国有船（国家为其所有人）和非国有船（法人或自然人为其所有人），等等。

三、船舶的法律性质

对于船舶的法律性质，无论在理论上还是在法律、实践中，都有不同的观点。但大多数国内海商法学者认为，船舶主要有以下三个性质：

（一）船舶是物，但有时做拟人化处理

船舶作为运输工具，是占据一定空间的物，是法律关系的客体。但在法律上常常把它人格化，如每艘船都有船名、国籍、船龄及登记港等，使其具有“人”的某些特征。英美法系国家根据船舶拟人化理论，将船舶规定为法律关系的主体，在诉讼法中，原告可以将船舶作为诉讼主体，提起“对物诉讼”（action in rem）。但是，我国《民事诉讼法》明确规定，诉讼当事人只能是自然人和法人，因此，我国不承认以船舶作为当事一方的对物诉讼，只能通过海事请求保全或诉讼保全措施对船舶进行扣押或强制执行。

（二）船舶是动产，但是一种特殊的动产

船舶是动产，作为运输工具在世界各港间不断航行、移动。船舶所有人从事航运经营，有时需要大量资金，为取得银行贷款，往往以船舶做抵押。根据民法理论，质押适用于动产，动产质押需转移占有；抵押适用于不动产，不动产抵押不需转移占有，只需登记。

---

① 见《海商法》第165条、第172条、第210条的规定。

我国自1995年10月1日起实施的《担保法》中,抵押财产已包括动产,完善了我国抵押法律制度。2007年《物权法》第2条规定:“本法所称物,包括不动产和动产。”不动产是指土地以及房屋、林木等定着物;动产则指不动产以外的物。根据这一规定,可以得出结论,船舶就是动产。所以,其物权变动,应当适用《物权法》第23条“动产物权的设立和转让,自交付时发生效力,但法律另有规定的除外”。同时,《物权法》第24条又规定:“船舶、航空器和机动车等物权的设立、变更、转让和消灭,未经登记,不得对抗善意第三人。”因此,船舶是一种特殊的动产,在一定程度上按照不动产处理了。这样,在海商法中,以船舶做抵押时,就把船舶作为特殊动产,只需登记不需转移占有。从船舶本身而言,其价值较大,并且主要不是作为交易的对象,也具有将其按特殊动产处理的条件。除船舶抵押外,海商法中的船舶所有权登记、船舶光船租赁登记等都是将船舶作为特殊动产处理的。

(三)船舶是不可分物,但有例外情况

一方面,从船舶结构上说,船舶由船体、船机、甲板、船舱等部分构成,每一部分在法律上都不能脱离整体单独存在;另一方面,为船舶航行而必需的锚、锚链、罗经、海图、测深仪、消防救生设备等船舶属具(apparels),也是船舶的一部分,在实际业务中,当船舶被抵押、转让时,船舶属具跟随船舶同时被处理。但基于各部分又具有相对独立的使用功能及自身价值,在海上保险中又可以将船体、船机、属具分开进行保险。

第二节 船舶航行权

船舶航行权,是指船舶在海洋上航行的权利。在不同的海域,其航行权不同。而海洋又可分为内水、领海、毗连区和专属经济区、公海几个海域。

一、船舶在内水的航行权

内水(inland waters),是指领海基线向海岸一侧的水域,包括一国领空之内的江、河、湖泊、邻接领陆的界河、界湖以及内海。沿海国对内水享有绝对的完全排他性的主权,有权禁止一切外国船舶进入其内水。外国船舶被获准在一国内水航行或在港口停留期间,必须遵守沿海国的有关法律、规定,且只能停靠在对外开放的港口。未经沿海国许可,任何外国船舶不得在其内水航行。因此,外国船舶在他国内水享有“特许航行权”。

另外,各沿海国为了船舶、货物、船员的安全以及港内水域不受污染,根据其参加的有关国际公约(如SOLAS公约、MARPOL公约、ISM Code等)及区域性协议(如Paris MOU,Tokyo MOU等)的规定,有权对停靠在其港口内的任何外国船舶进行港口国监督(port state control:PSC),对有严重缺陷的船舶有权予以滞留(to detain the ship),直到其恢复适航性。同时,沿海国对港内发生的民事、刑事案件也具有管辖权。

二、船舶在领海的航行权

领海(territorial waters),指沿海国根据主权划定的领海基线向外延伸的一定范围的海域,包括该领域的上空、海床和底土。根据我国1958年发表的《关于领海的声明》,我国领海宽度为12海里。领海是国家领土的一部分,沿海国对其领海享有主权,并可以垄断沿海运输权(right of cabotage)。例如,我国《海商法》第4条明确规定,非经交通主管部门批准,外国籍船舶不得经营中国港口之间的海上运输和拖航。根据海洋法规定,外国船舶一旦进入他国领海,必须遵守沿海国的有关法律法规,在此前提下,享有"无害通过权"(innocent passage)。所谓"无害通过权",指外国船舶在不损害沿海国和平、安全及良好秩序的条件下,无须事先通知沿海国或取得其同意而通过其领海的权利。这一权利不适用于外国的军用船舶。

三、船舶在国家管辖水域中的航行权

"国家管辖水域"主要指内海及领海以外的、处在沿海国一定管辖下的水域,如毗连区(我国毗连区宽度为24海里)、专属经济区(宽度为200海里)等,均从领海基线向外量起。这类水域的法律地位既不同于领海,也不同于公海,沿海国对其只享有主权权利,因而船舶在这类水域的航行权,比"无害通过权"更自由一些,但较之公海上的"自由航行权",又受到沿海国在这一水域的专门规定的限制。因此,船舶在这类水域的航行权是一种"自由无害通过权"或"有限自由航行权"。

四、船舶在公海的航行权

公海(the high seas),指各国领海以外的不包括毗连区及专属经济区在内的海域。公海不属于任何国家管辖,为各国共同平等使用,这就决定了船舶在公海上享有"自由航行权"。航行自由是公海自由原则的重要组成部分。只要船舶在一国登记,取得该国国籍,悬挂该国国旗,就可在公海上自由航行。当然,这种自由也不是绝对的。为保证公海的良好秩序,商船在公海航行时仍需服从国际法及船旗国法律。即使一国的军舰和用于非商业目的的国家所有或经营的船舶享有豁免权,也须服从其本国法。

根据国际法和有关国内法规定,公海上的自由航行权主要有以下几种例外情况。

(一)登临权

登临权(right of approach)也称临检权,是指各国军舰或经政府授权并带有明显标志的国有船舶或飞机,在公海上享有靠近和登上有违反国际法行为嫌疑的商船进行检查的权力。[①]行使登临权的船舶必须有充分、合理的根据怀疑某商船有从事海盗、贩卖奴隶、非法贩运毒品、非法广播等行为,或者船舶无国籍等违反国际法的行为。行使此权力时,既可以登船进行检查或搜查,也可以仅靠近涉嫌船,检查船舶文件。但是,如经证明临检是无根据的,行使临检权的船舶应对被检查船舶造成的相应损失给予赔偿。

(二)紧追权

紧追权(right of hot pursuit),是指沿海国有根据认为外国商船违反了本国的法律、规章时,对其进行追逐直至公海,并加以拿捕,带回本国港口审讯的权力。紧追权也是国际法所确认的行使公海管辖权的一种方式。

该项权力必须由沿海国的军舰或经政府授权并带有明显外部标志的船舶或飞机行使。紧追权的起点必须在沿海国的内水、领海、毗连区或专属经济区内;同时,只有在外国船舶视听所

① 司玉琢等,《海商法详论》,大连海事大学出版社,1995年,第54页。

及距离内发出视觉或听觉停驶信号后,追逐才能开始。追逐应连续不断地进行,当被追逐船舶到其本国或第三国领海时即终止。如沿海国滥用紧追权,对由此产生的损害应负赔偿责任。

(三)油污干预权

油污干预权(right of intervening in oil pollution),是指沿海国对在公海发生的油污事件,如有根据预计到会造成严重影响,有权采取必要的措施,以防止、减轻或消除对本国海域或有关利益产生严重和紧急的油污危险或威胁的权力。1967年"托利·勘庸"(Torry Canyon)号油污事件引起国际社会及各沿海国对油污问题的重视,因此,1969年产生的《国际干预公海油污事件公约》赋予了沿海国此项权力。

第三节 船舶所有权

一、船舶所有权的概念

我国《海商法》第7条规定:"船舶所有权,是指船舶所有人依法对其船舶享有占有、使用、收益和处分的权利。"船舶所有权作为财产所有权的一种,除优先受海商法调整外,也受民法等法律的调整。

在理论上,船舶所有人指登记注册为所有人的法人或自然人。船舶没有登记时,一般指实际控制船舶或拥有船舶的人。但在以生产资料公有制为主体的社会主义国家,对企业经营管理的国家所有的船舶,所有权归属问题存在着不同观点,有"法人所有权"说、"经营权"说、"相对所有权"说和"占有权"说等。在我国,《海商法》第8条明确规定:"国家所有的船舶由国家授予具有法人资格的全民所有制企业经营管理的,本法有关船舶所有人的规定适用于该法人。"根据本条规定,我国将经营管理国有船舶的全民所有制企业法人(如中远集团公司)视为这些船舶的所有人,该企业法人对其经营管理的船舶享有完全的占有、使用、收益和处分的权利。对不具有法人资格的经营管理国有船舶的企业,就只能在一般法律规定的范围内,对船舶享有经营权。在我国航运实践中,将经营国有船舶的航运企业法人直接注册为船舶所有人。

二、船舶所有权的特点

船舶作为一种特殊的物——运输工具,决定了以其为客体的所有权具有不同于一般财产所有权的特征,主要表现为:

(一)以船舶为唯一的客体

即船舶所有权主体的权利、义务共同指向的对象是船舶,具有单一性。

(二)权利主体——船舶所有人负有特殊的法定义务

例如,在国际海上货物运输中,为保证货物安全,船舶所有人作为承运人时,其法定义务是在开航前和开航当时谨慎处理使船舶处于适航状态;负有妥善地、谨慎地管货义务;不得有不合理绕航义务,等等。

（三）船舶的占有权、使用权常与船舶所有权相分离

在班轮运输、航次租船和定期租船情况下，船舶所有人通过其雇用或委派的船长和船员仍占有船舶，但在光船租赁情况下，船舶占有权已转移至光船承租人手中。而且，在租船运输的场合，船舶使用权已归于承租人。在航运市场上，船舶出租是很常见的。

（四）收益权是船舶所有权的核心内容

船舶所有人占有船舶并不是其根本目的，其拥有船舶的意图在于运用其船舶进行经营活动，取得经济收入，实现经济效益。因此，船舶所有人经常放弃对船舶的使用权以赚取运费（freight）或租金（hire）。至于处分船舶，也并非其谋利的手段。总之，权利主体对船舶的经营管理是以经济效益为核心的。

三、船舶所有权的取得、转让与消灭

船舶所有权关系作为一种民事法律关系，会因一定的法律事实的发生而发生、变更和消灭。

（一）船舶所有权的取得

对船舶所有权的取得，《海商法》没有做特别规定。《民法通则》第 72 条规定："所有权的取得，不得违反法律规定。"《物权法》第 7 条也强调："物权的取得和行使，应当遵守法律，尊重社会公德，不得损害公共利益和他人合法权益。"据此，只要取得船舶所有权的行为方式合法，就会得到法律的保护。

根据民法物权的取得方式，船舶所有权取得方式可分为原始取得与继受取得（又称传来取得）两种。前者主要包括建造、购买（新船）、没收、征用、征购、收归国有和捕获等；后者主要包括购买（旧船）、继承、赠予和保险委付等。

（二）船舶所有权的转让

船舶所有权的转让主要涉及两个问题。首先，转让所有权的行为是否需满足一定的形式要件。对此，《海商法》第 9 条第 2 款规定："船舶所有权的转让，应当签订书面合同。"书面形式包括电报、电传和传真。[①] 可见，船舶所有权不能通过口头协议转让，否则，转让行为无法律效力。其次，船舶所有权从何时起转让，"即从何时起原所有人丧失其所有权，而新所有人享有所有权"[②]。《海商法》对此无规定。根据《民法通则》第 72 条，"财产所有权从财产交付时转移，法律另有规定或者当事人另有约定的除外"。《物权法》第 23 条规定："动产物权的设立和转让，自交付时发生效力，但法律另有规定的除外。"据此，对于一般财产（动产），除当事人或法律另有约定外，应在实际交付时财产所有权从卖方转移至买方。在船舶买卖实践中，基于船舶的特殊性，其所有权一般在卖方向买方提交卖据（bill of sale）时才由卖方转移至买方，船舶的风险随所有权的转移而转移，除非双方另有约定。

（三）船舶所有权的消灭

船舶所有权的消灭，亦称为船舶所有权的终止，是指因一定的法律事实而使船舶所有人丧

① 见我国《海商法》第 43 条。

② 王利明、郭明瑞等，《民法新论》，中国政法大学出版社 1995 年，第 77 页。

失其所有权,或使所有权与所有人相分离。引起船舶所有权消灭的原因主要有以下几种:

1. 因船舶所有权转让而消灭

这是船舶所有人依法转让(主要通过买卖合同)其船舶所有权,亦即行使处分权的结果。在法学上,因所有权转让而使原所有人失去所有权、由他人取得所有权的现象被称为所有权的相对消灭。

2. 因船舶灭失或失踪而消灭

船舶灭失包括船舶被拆解和船舶沉没。在海上保险中,船舶失踪一段时间视为实际全损。《2009年中国人民财产保险股份有限公司船舶保险条款》第10条规定,从船舶预计到达目的港之日起超过两个月尚未得到消息视为实际全损。英国《1906年海上保险法》第58条也规定:"船舶失踪后经过相当时间,仍收不到消息,可认为是实际全损。"

3. 因保险委付(abandonment)而消灭

在船舶保险中,当被保险船舶发生推定全损(constructive total loss)[①]时,船舶所有人(被保险人)可以选择按全损索赔,而将其船舶委付给保险人,放弃他对船舶的所有权。但保险人拒绝接受委付时除外。

4. 因船舶被征用、征购、没收或捕获而消灭

征用或征购是指船旗国政府因战争或某种特殊原因的需要,而强制剥夺所有人的所有权,前者是无偿的,后者一般是有偿的;没收可能是依刑法没收(如用船舶作为犯罪工具),或依船舶法没收(如假冒国籍、非法悬挂他国国旗),也可能是依海关法没收(如用船舶走私或船舶所有人拖欠税款等);捕获则主要指战时被敌对国强制剥夺所有权。这些都属于国家的"公法"行为。

5. 因法院拍卖而消灭

当船舶被作为清偿船舶所有人的海事债务的担保物,而被法院扣押并拍卖时,船舶所有权亦丧失。

此外,权利主体消灭等情况,也可导致船舶所有权的消灭。

根据《海商法》第9条规定,不论船舶所有权的取得、转让还是消灭,均应当向船籍港所在地的船舶登记机关登记;未经登记的,不得对抗第三人。我国1995年1月1日起施行的《船舶登记条例》第5条做了与《海商法》第9条相同的规定。本条体现的是登记对抗(公示)效力,而不是登记生效效力。《物权法》第24条对特殊动产——船舶、航空器、机动车等物权的登记也采用了登记对抗效力的规定。所谓登记对抗效力,是指经过登记,当事人之间的法律关系当然有效,而且能抗辩当事人以外的第三人的请求;若未经登记,当事人之间的法律关系自然有效,但不能对抗第三人的请求,即在法律上,第三人不受其法律关系的约束。例如,甲将其船舶先出卖给乙,但未依法办理登记手续;后甲又将该船出卖给丙,并依法办理了船舶所有权转让登记手续。乙、丙就该船所有权归属问题发生争议。依照本条规定,甲、乙之间转让船舶的行为不得对抗第三人丙;相反,甲、丙之间转让该船的行为却能对抗第三人乙(相对而言)。所以,丙应取得该船的所有权。如果乙已向甲支付了买船价款,甲应当退还。至于登记生效效力,指登记是法律关系生效的要件,未经登记,法律关系不生效,也不具有对抗第三人的效力。另外,不论登记是对抗效力还是生效能力,这里所指的第三人应为善意第三人。所谓"善意"

---

① 有关内容详见本书第二十二章"海上保险"。

是指第三人不知道或不应当知道船舶所有权已发生变动的事实。

第四节 船舶登记与船舶国籍

如前所述，船舶在不同的海域享有不同的航行权。不论哪种情况，其前提条件是船舶必须悬挂某国国旗，而船舶要悬挂一国国旗，必须到该国进行船舶登记并取得该国国籍。为此，各国就船舶登记制度制定了相应的法律规定，这些规定成为海商法表现形式的一部分。

一、船舶登记与船舶国籍的概念

船舶登记（vessel registration），是指对船舶享有某种权利的人，向船舶登记机关提出申请并提交相应的文件，船舶登记机关经审查，对符合法定条件的船舶予以注册并以国家的名义签发相应证书的法律事实。

船舶登记机关必须经国家授权，否则，其签发的证书不具有法律效力。根据《船舶登记条例》第 8 条的规定，中华人民共和国港务监督部门（1998 年已改名为中华人民共和国海事局）是国家授权的船舶登记主管机关，交通部授权的各港的港务监督机构（现为海事局在各地的分支机构）是具体办理船舶登记的机关（即本书所称的船舶登记机关）。[①] 船舶登记港为船籍港。船舶登记港由船舶所有人依据其住所或主要营业所所在地就近选择，但是不得选择两个或两个以上船舶登记港。

船舶国籍，是船舶隶属于登记国的一种法律资格，表明船舶与国家之间存在一种固定的法律关系。船舶经船舶所有人向某一国家申请，经过船舶登记，即取得该国签发的国籍证书。船舶国籍证书是船舶国籍法律上的证明；船舶悬挂的国旗是该船国籍的外部象征或标志。每艘船舶须在船尾的旗杆上悬挂它所属国家的国旗，日出升，日落降。另外，在船体的显著部位如烟囱两侧、船体两舷应绘制船籍国的国旗标志或其他特定的图案以便识别。

二、船舶登记与船舶国籍的意义

船舶登记的目的是取得登记国国籍并悬挂该国国旗。无论从国际法还是从国内法而言，船舶登记都具有一定的意义。

从国际法看，船舶只有经过登记悬挂登记国国旗才能在海上航行，并受船旗国法律保护。假冒他国国籍非法悬挂他国国旗在海上航行，一经查出，会受到罚款、没收船舶等处罚。在有些国家，船舶所有人及船长甚至可能被追究刑事责任。一船若无国旗在海上航行，在公海上则不受任何法律保护，并会被当作海盗船受到登临检查，任何沿海国都可以禁止其进入本国港口。

---

① 农业部主管全国渔业船舶登记工作。中华人民共和国渔政局具体负责全国渔业船舶登记及其监督管理工作。县级以上地方人民政府渔业行政主管部门主管本行政区域内的渔业船舶登记工作。县级以上地方人民政府渔业行政主管部门所属的渔港监督机关（以下简称登记机关）依照规定权限负责本行政区域内的渔业船舶登记及其监督管理工作。有关立法是农业部修订的 2013 年 1 月 1 日实施的《渔业船舶登记办法》。

从国内法看,第一,便于国家对船舶的监督管理以保障海上安全。因为船舶到一国登记,必须达到该国对船舶的构造、设备、适航等技术上、法律上的要求。第二,享受登记国提供的各种优惠和国家间的互惠待遇。一方面,沿海国为保护本国航运业,对本国的沿海运输权做了一定限制,原则上只允许本国船从事本国沿海运输;另一方面,登记国可能与其他海运国家订有双边或多边通商航海条约,登记为该国的船舶也可以享受条约中规定的互惠待遇。第三,决定某些法律关系的准据法,保护当事人的合法权益。在海事国际私法中,有关涉外船舶所有权、船舶抵押权、海事索赔责任限制等法律关系,许多国家都以船旗国法为准据法(applicable law)。对没有影响、危害到沿海国,只发生在船舶内部的刑事、民事案件,大都适用船旗国法解决。另外,船舶所有权、船舶抵押权等通过登记才可取得对抗第三人的效力,使当事人的合法权益得到进一步保护。

三、船舶登记的种类

从不同的角度划分,船舶登记主要有以下几种:

(一)以登记条件的宽严可分为开放登记和严格登记

开放登记(open registries)指登记国对赋予船舶国籍有很少要求(few requirements)的登记。很多船舶所有人为了方便和经济利益在开放登记国家登记其船舶。在这类国家登记取得的国旗习惯上称为"方便旗"(flags of convenience)。根据联合国贸易和发展会议官方网站上发布的《2014 年海洋运输回顾》(Review of Maritime Transport 2014)资料,截止到2014 年1 月1 日,目前在开放登记国家(或地区)登记的船舶总吨位,已经占到世界船队总吨位的73%。

开放登记国(或地区)主要包括巴拿马、利比里亚、巴哈马、塞浦路斯、百慕大、马耳他、圣文森特、新加坡、菲律宾、中国香港等。其中巴拿马、利比里亚、马绍尔群岛、中国香港和新加坡名列前五位,仅在上述五个国家或地区进行开放登记的船舶总吨位就已经达到世界船队总吨位的57%。[①]

严格登记(closed registries)是指登记国对赋予船舶国籍有一定限制条件的登记。此种船舶登记又称为正常登记。随登记种类的不同,限制条件也不同。

(二)以登记的船舶权利可分为船舶所有权登记、船舶抵押权登记及光船租赁登记

船舶所有权登记是指为取得、转让及消灭船舶所有权而进行的登记[②];船舶抵押权登记是指为设定、转移和消灭船舶抵押权而进行的登记[③];船舶光船租赁权登记则是为改变光船租赁期间船舶的国籍,确认承租人的使用经营权等事宜进行的登记[④]。

(三)以登记的目的可分为取得登记、变更登记和注销登记

取得登记包括为取得船舶国籍、船舶所有权、船舶抵押权等权利而进行的登记;变更登记指为变更原登记内容而进行的登记;注销登记指为消灭已取得的船舶所有权、船舶抵押权等权利而进行的登记。需说明的是,在许多国家,船舶所有权与船舶国籍是同时取得的,即船舶所

---

① 参见 UNCTAD 的 Review of Maritime Transport 2014,第43 ~45 页,资料源自 UNCTAD 官网。

② 《海商法》第9、10 条;《船舶登记条例》第5 条。

③ 《海商法》第13 条;《船舶登记条例》第6 条。

④ 《船舶登记条例》第6 条。

有权证书同时就是船舶国籍证书，有时也通称为船舶登记证书。但在我国，船舶所有权登记证书与船舶国籍证书并不相同，两者分别登记。

（四）以登记的有效期限可分为通常登记和临时登记

通常登记是指在通常情况下进行的登记，经此种登记取得的证书有效期较长，如我国《船舶登记条例》规定的船舶国籍证书有效期为5年。临时登记是指在一些特殊情况下进行的登记，主要适用于船舶所有权或船舶国籍登记，经此种登记取得的证书有效期较短，如《船舶登记条例》规定，“临时船舶国籍证书的有效期一般不超过1年”。当在国外购船或造船时，因为船舶不能无国籍、不悬挂国旗在海上航行，所以，其所有人应向我国驻该国使领馆申请“中华人民共和国临时船舶国籍证书”，待船舶到达我国港口后，船舶所有人在有效期内应尽快选定船籍港办理正式登记手续，以临时国籍证书换取船舶国籍证书。《船舶登记条例》规定，向境外出售新船、境内异地建造船舶、以光船条件从境外租进船舶、在境外发现船舶国籍证书遗失或者污损的情况下，船舶所有人（或光船承租人）均应办理临时船舶国籍证书。该条例第19条明确规定：“临时船舶国籍证书与船舶国籍证书具有同等法律效力。”

四、船舶登记条件及登记内容

船舶登记条件是指到一国登记的船舶必须满足的法定条件。由于各国政治、经济、历史、航运政策等因素的不同，其相应的登记条件自然也就不同。即使对同一种船舶，因登记的种类不同，其登记条件也有所差异。

（一）船舶国籍登记

在船舶国籍登记条件方面，各国的差异主要表现在以下几方面的限制：第一，船舶所有人的国籍或本国资本所占的比例；第二，使用船员的国籍；第三，船舶所需提交的船舶技术证书。如前所述，开放登记国（open registry countries）对船舶取得其国籍的限制条件很少，即使有限制，也是形式上的要求。例如利比里亚和巴拿马允许几乎所有的外国公民拥有的船舶到其本国登记，并取得本国国籍。利比里亚主要的限制是超过1600吨的船舶只能由利比里亚公民进行登记，但是，根据利比里亚法律，公司或合伙视为利比里亚公民。[①] 而且，如果船舶所有人指定一个当地代理，建立一个海事信托（a maritime trust），并说明规避商业实体要求的需要，根据利比里亚法典宽松的规定，这一要求可以被放弃。[②] 而严格登记国家（closed registry countries）对上述几方面都有一定的限制条件。在任何海运国家中，美国具有最严格的登记条件。在美国，船舶登记受《1980年船舶证书法》（The Vessel Documentation Act of 1980）规定的限制。根据该法，船舶所有人可以申请五种证书中的一种：娱乐、沿海、大湖贸易、国内捕鱼或对外贸易。申请登记的船舶至少5吨，并由：（1）美国公民个人所有；（2）合伙、信托、联营或其他实体所有，但其所有成员须为美国公民，并根据美国或某一州法律能拥有船舶的物权；（3）合股关系的主要合股人为美国公民，且合股关系中的控制利益（controlling interest）为美国公民所有；（4）根据美国或某一州法律成立的公司，其董事长或其他主要行政负责人和董事会主席为美国公民，非美国公民所任董事不能超过法定人数的大多数；（5）美国政府所有，或州政府所有。

① Liberian Code of Laws §51(a)(1981).

② Liberian Code of Laws §52(f)(1981).

除对船舶所有权有严格要求外,美国也对船员有严格的要求。在美国登记的船舶,只有25%的无证船员(unlicensed crew)可以由非美国公民担任,只有美国公民可以担任船长、轮机长、报务员、驾驶员和轮机员。

我国属于严格登记国家。根据《船舶登记条例》第2条的规定,只有在中国境内有住所或者主要营业所的中国公民或中国企业法人的船舶(如系中外合资中国企业法人,中方投资人的出资额不得低于50%)、中国政府公务船和事业法人的船舶,以及港务监督机构认为应当登记的其他船舶,才能根据该条例规定进行登记并取得中国国籍。而且,该条例第7条规定,中国籍船舶上的船员均须由中国公民担任。此外,《船舶登记条例》规定,申请船舶国籍时,船舶所有人应交验船舶所有权登记证书,注销原国籍证书。对航行国际航线的船舶,还应交验国际吨位丈量证书、国际船舶载重线证书、货船构造安全证书、货船设备安全证书、乘客定额证书、客船安全证书、货船无线电报安全证书、国际防止油污证书、船舶航行安全证书等。

(二)船舶所有权登记

各国对船舶所有权登记条件的规定有一定差异,主要表现在所需提交的文件上。我国《船舶登记条例》规定,申请船舶所有权登记时申请人应提交以下几方面的文件:一是申请人的合法身份证明,如公司的注册文件等;二是船舶的技术资料;三是申请人取得船舶所有权文件的正本、副本,如购船发票、买卖合同和交接文件、造船合同,或继承、赠予、法院拍卖等证明文件;四是原登记机关出具的注销原船舶所有权登记的证明书;五是未进行船舶抵押或船舶抵押权人同意被抵押船舶转让他人的文件。

船舶登记机关签发的船舶所有权证书及国籍证书应包括下列主要内容:

(1)船名,船舶登记机关需对船名进行审定,以避免与已登记的船舶重名或重音。

(2)船舶呼号(ships number),由国家主管机关根据国际电信联盟的有关规定,指定给该船的一组通信字母和数字,用以表示该船国籍和名称,便于通信使用。船舶呼号一般由4个字母或数字组成,第一或第一、第二个字母或数字代表船舶国籍。根据1985年国际呼号分配序列表,我国船舶呼号为“BAAA ~ BZZZ”或“3HAA ~ 3UZZ”。①

(3)船籍港(port of registry)。

(4)船舶种类,即注明杂货船、油船或集装箱船等。

(5)船体材料,一般注明钢质、木质等。

(6)建造地点,即建造该船的造船厂所在的国家或地区。

(7)造船厂名,写明建造该船的造船厂的具体名称。

(8)建成日期,即船舶建造工程完毕下水的日期。

(9)船舶尺度,即船舶的长、宽、深。

(10)主机类型,一般须注明柴油机、蒸汽机等,同时注明主机数及功率。

(11)船舶所有人名称及地址。

(12)登记机关,即办理船舶登记并签发证书的机关。

(13)其他事项,如登记时间、所有权取得时间等。

(三)船舶抵押权登记

对船舶抵押权登记的条件,各国也有相应规定,主要表现在以下几个方面:

---

① 参见司玉琢主编《海商法大辞典》,人民交通出版社,1998年,第796页。

1. 抵押船舶的国籍

对此，国际上各国做法比较一致，即只允许以本国船舶为标的的船舶抵押权进行登记，且只能在船舶登记国（船舶国籍所属国）的登记机关登记。

2. 抵押船舶的种类

由于各国海商法中规定的船舶概念并不一致，致使可作为船舶抵押权标的的船舶有很大差异：有的国家仅限于“商业目的”的船舶；有的则要求是已进行了船舶所有权登记的船舶。[①]

3. 抵押人（mortgagor）的国籍

由于各国对船舶所有权及船舶国籍登记的条件规定不同，因而对抵押人（债务人本人或第三人）的国籍的限制也就有所差异。有的国家仅限于本国人，有的则包括外国人。但对抵押人对抵押船舶须具有所有权或经营管理权的规定是一致的[②]。

4. 船舶抵押权登记所需提交的文件

各国一般规定需提交当事人的申请书、船舶抵押合同及抵押权所担保的借贷合同等。如我国《船舶登记条例》第 20 条规定，对 20 总吨以上的船舶设定抵押权时，须提交抵押权人（mortgagee）和抵押人签字的书面申请书、船舶所有权登记证书或者船舶建造合同、船舶抵押合同。如该船已设定有其他抵押权，还应提供有关证明文件；对于共有的船舶，应提供拥有三分之二以上份额或者约定份额的共有人的同意证明文件。

船舶抵押权登记应包括下列主要内容：

（1）抵押权人和抵押人的姓名或者名称、地址；

（2）抵押船舶的价值、名称、国籍，船舶所有权登记证书的颁发机关和号码；

（3）所担保的债务数额、利息及受偿期限。

（四）光船租赁权登记

有些国家法律允许船舶在光船租赁期间悬挂承租人本国国旗从事运输，以保障承租人对船舶的使用经营权。同时，法律要求出租人应当到船籍港船舶登记机关办理光船租赁登记；承租人应提交已中止或注销原船舶国籍的证明及光船租赁合同，到其本国船舶登记机关办理临时登记或通常登记。如前所述，我国按临时登记处理。

光船租赁登记一般记载下列事项：

（1）承租人名称及地址、国籍等；

（2）租赁合同编号；

（3）租期、租金及起租日期和终止日期；

（4）原登记证书的签发及注销机关等。

---

① 如瑞典《商法》第 261 条；英国《1894 年商船法》第 31 节等。

② 如苏联《民法典》第 193 条；希腊《民法典》第 1265 条；我国《海商法》第 12 条等。

第十一章 船舶担保物权

在民法中，担保物权（security rights）是指为了担保债务的履行，在债务人或第三人特定之物或权利上所设定的物权。船舶担保物权作为担保物权的一种，具体是指海事债权人根据法律或协议而取得的，以与债的发生有关的船舶为主要标的的物权，因而是一种为担保主债权的实现而设定的从物权和他物权。从目前各国的海商法及有关国际公约的规定来看，船舶担保物权主要包括船舶优先权（maritime liens）、船舶抵押权（mortgage on vessel; ship's mortgage）、船舶留置权（possessory lien on vessel）等。这些担保物权在航运实践中为保护海事债权人的利益起到了重要作用，因此也成为海商法的重要法律制度。就法律适用方面而言，《海商法》对船舶担保物权有规定的，应首先适用《海商法》；《海商法》无规定的，应适用我国《民法通则》《担保法》和《物权法》。《担保法》对保证、抵押、质押、留置和定金做了详细规定，《物权法》对抵押权、留置权、质权、占有等有新规定。《物权法》有新规定的以《物权法》为准，《担保法》与《物权法》不相冲突的规定仍然适用。所以这些基本法为船舶担保物权提供了法律依据。

就内容、性质而言，船舶优先权、船舶抵押权和船舶留置权这三种船舶担保物权有相同之处，但彼此之间又有很大差异。因此，本章将对三者分别加以讨论。

第一节 船舶优先权

船舶优先权是我国《海商法》对"maritime liens"（英语）或"privilege maritime"（法语）的译名。而在《海商法》实施前，我国学者对它的译名有多种，曾译作优先请求权、优先受偿权、海上留置权、海事留置权，甚至译为船舶留置权。由于译名不一，仅从名称上看，常使人们把此种担保物权和其他担保物权（如船舶留置权）相混淆。《海商法》目前的命名避免了这一点。

一、船舶优先权的概念及特点

（一）船舶优先权的概念

船舶优先权，同海事赔偿责任限制、共同海损及海难救助等一样，是海商法所特有的法律制度。海商法之所以规定这一制度，是因为船舶在营运过程中可能产生多种债务，而基于社会、经济及人道的理由，对其中一些特殊的债权，如船员工资、救助报酬及船舶营运中发生的人身伤亡等应给予特殊的保护，船舶优先权即被规定用来担保这些特殊债权的实现。它是海事债权人根据法律规定，在法定期限内通过司法程序扣押和拍卖与债权产生有关的当事船舶，并对拍卖价款享有优先于船舶抵押权及其他债权而受偿的权利。

（二）船舶优先权的特点

船舶优先权作为海商法一项特有的法律制度，其特点主要表现在以下方面：

1. 法定性

首先，并非所有海事债权都能产生船舶优先权，只有在法律规定范围内的债权才能受船舶优先权的担保。因此，从性质上说，船舶优先权是一种法定担保物权。其次，受船舶优先权担保的债权的权利主体和义务主体相对确定。即只有法律规定的特定债权的债权人才可享有船舶优先权。我国《海商法》第 22 条规定了五种债权享有船舶优先权。① 这些债权人只能向法律规定的义务主体提出请求。如我国《海商法》第 21 条规定的义务人有船舶所有人、光船承租人和船舶经营人。

2. 秘密性及依附性

船舶优先权是从属性的权利，随其担保的主债权的产生而自动产生，不需要登记，也不需要占有当事船舶，而且，此权利一经产生，就秘密地依附于船舶之上，不随船舶所有权依合同的转让而消灭，即受船舶优先权担保的债权人仍可对该船舶主张权利。有人称此为优先权的追及性。为了保护旧船购买人的利益，一些国家的海商法和《1993 年船舶优先权和抵押权国际公约》（以下简称《1993 年公约》）规定了船舶转让后船舶优先权的时效。如我国《海商法》第 26 条规定，"船舶转让时，船舶优先权自法院应受让人申请予以公告之日起满六十日不行使的除外。"这一规定与《1993 年公约》第 6 条（b）相同；日本《商法 · 海商编》第 846 条规定，这一期间不能少于一个月；而希腊《海事私法典》第 207 条规定的期间为转让合同在船舶登记簿中登记后三个月。其间届满不行使的，船舶优先权消灭。

3. 优先性

这是船舶优先权最基本的特点，也是设立此权利目的的体现。从本质上说，优先性是指受船舶优先权担保的债权人与其他债权人相比具有优先受偿的权利。当然，这种优先性只有在船舶价值或拍卖船舶所得价款不足以清偿全部债权人的债权请求时才体现出来。

4. 必须通过司法程序行使

即只要债务人不清偿债务，债权人就可通过司法程序申请法院扣押直至拍卖所扣押的当事船舶，并从拍卖价款中优先受偿。在英美法系国家，受船舶优先权担保的债权人可以通过"对物诉讼"来行使其优先权；在大陆法系国家，可通过海事请求保全程序行使。在我国，《海商法》第 28 条明确规定，船舶优先权应通过法院行使，具体地说，将根据 2000 年 7 月 1 日生效的《海事诉讼特别程序法》和 1997 年 1 月 1 日起施行的《拍卖法》进行。

二、船舶优先权的标的

船舶优先权的标的，是船舶优先权的权利主体根据法律规定可以扣押并拍卖的财产。对此，各国规定的标的范围宽窄不一。有些国家仅规定了当事船舶；有的国家还规定了船舶属具、运费及"附属利益"（accessories）。运费仅限于产生船舶优先权的航次所应赚得的运费；"附属利益"主要指第三方对船舶优先权的标的——船舶的损害赔偿，对该船所承运货物应支付运费的损失赔偿，在产生船舶优先权的航次船方应取得的共同海损分摊款项以及对第三方

① 详见本节"三、船舶优先权担保的债权项目"下的相关内容。

进行救助应得的救助报酬。但是，船舶优先权标的不包括船舶保险赔款及国家补贴等。根据《海商法》第 21 条的规定，在我国，船舶优先权的标的仅限于当事船舶，当然亦包括船舶属具。

三、船舶优先权担保的债权项目

由于各海运国家的政治、经济、文化背景及航运政策不同，各国海商法规定的由船舶优先权担保的债权项目也各不相同。如英国作为代表船东利益的国家，规定的债权项目很少，原则上把根据合同而产生的债权除外，主要包括四类：海难救助，船舶碰撞损害，船长、船员工资以及船长垫支费用；而美国作为代表货主利益的国家，规定的债权项目非常广泛，“至少在理论上是不封口的(open ended)”。根据美国海事法院判例及《统一法典：航运卷》的规定，船舶优先权担保的债权有船员工资、海难救助和共同海损、侵权行为的请求以及契约。另外，根据美国 1910 年颁布、经 1920 年修改的《联邦船舶优先权法》(The Federal Maritime Lien Act)的规定，“任何根据船舶所有人或其授权人的指示，对船舶提供了修理、供应品、拖带、干船坞或修船滑道或其他必要服务的人，都对该船享有船舶优先权。”一些参加了关于船舶优先权和抵押权的国际公约(有关公约主要内容见本章第四节)的大陆法系国家(如法国等)规定的债权以公约为准。

我国《海商法》第 22 条规定，下列海事请求享有船舶优先权：(1)船长、船员和在船上工作的其他在编人员根据劳动法律、行政法规或者劳动合同所产生的工资、其他劳动报酬、船员遣返费用和社会保险费用的给付请求；(2)在船舶营运中发生的人身伤亡的赔偿请求；(3)船舶吨税、引航费、港务费和其他港口规费的缴付请求；(4)海难救助的救助款项的给付请求[①]；(5)船舶在营运中因侵权行为产生的财产赔偿请求。另外，本条第 2 款把持有有效的油污损害民事责任保险证书或相应财务保证书的，载运 2000 吨以上散装货油的船舶造成的油污损害(oil pollution damage)的赔偿请求，排除在本条第五项债权范围之外。因为根据《1992 年油污损害民事责任公约》(我国是该公约缔约国)的规定，在此情况下，油污损害受害人可以直接向该责任保险人或提供其他财务的保证人提起索赔诉讼，故没必要再赋予受害人船舶优先权。

四、船舶优先权担保的债权的受偿顺序

受偿顺序是指两个以上的债权在受清偿时的先后顺序。由于各海运国家法律规定船舶优先权债权项目都不止一项，尽管这些债权与船舶抵押权等相比享有较高的优先受偿的位次，但在这些债权项目相互之间以及同一种债权项目相互之间仍存在受偿顺序问题。

在此问题上，世界各国大致有两种做法：一种是列明式，即在法律中明确列出船舶优先权担保的各债权之间的受偿顺序，大陆法系国家采用此做法；另一种是只规定一些原则，由法官根据这些原则，确定各船舶优先权债权之间的受偿顺序，英美法系国家采用此做法。这些原则主要包括以下几项：

(1)保护船员利益原则。即因船员雇佣合同产生的债权，一般排在较前面。

(2)债权性质原则。一般来说，人身伤亡的债权优先于财产损害的债权；因侵权产生的债

① 《1993 年船舶优先权和抵押权国际公约》第 4 条第 1 款(c)项仅指救助报酬；而根据我国《海商法》第九章“海难救助”第 172 条第(三)项的规定，救助款项包括被救助方应当向救助方支付的任何救助报酬、酬金或者补偿。

权优先于因合同产生的债权。

(3)发生债权的时间倒序原则。这一原则仅适用于海难救助和共同海损两项债权，即对于后发生的海难救助或共同海损请求，在受偿时应排在已发生的其他船舶优先权担保的债权之前，因为这两类债权对已存在的债权的受偿起到了保护作用。这一时间倒序原则(inverse priority rule)，又称为“时间在先，权利在后”(first in time, last in right)原则。例如，1998 年 5 月 20 日，救助人曾对某轮进行了救助，在上一个航次，该轮曾产生人身伤亡之债，并且船员三月份工资未付。当对该轮行使船舶优先权时，5 月 20 日产生的救助报酬应排在船员工资及人身伤亡之债之前受偿。

值得说明的是，即使是采用列明式的国家，在规定船舶优先权受偿顺序时也考虑了上述原则。

我国《海商法》第 23 条对船舶优先权担保的债权受偿顺序做了详细规定，结合《海商法》第 24 条，各债权受偿顺序如下：

第一，因行使船舶优先权产生的诉讼费用，保存、拍卖船舶和分配价款产生的费用等先行从船舶价款中扣除(第 24 条)。

第二，在扣除诉讼费用等后，一般顺序是第 22 条第 1 款所列的顺序，简单地说，第一位是船长、船员的工资请求；第二位是人身伤亡请求；第三位是港口规费请求；第四位是救助款项请求；第五位是侵权造成的财产赔偿请求。第(1)、(2)、(3)、(5)项中有两个以上海事请求的，不分先后，同时受偿；不足受偿的，按照比例受偿。

第三，例外情况。即当上述第(4)项救助款项请求后于第(1)、(2)、(3)发生的，应当先于第(1)、(2)、(3)项受偿。而且，第(4)项中有两个以上海事请求的，亦是后发生的先受偿。

五、船舶优先权的取得、转让与消灭

(一)船舶优先权的取得

船舶优先权作为一种担保物权，一种从物权，随其所担保的海事债权同时产生，即只要法律规定的海事债权一经产生，该债权人就同时取得了担保该债权的船舶优先权，无须与任何人协议，也不需登记或占有船舶。各海运国家的立法及有关国际公约对此规定比较一致。

(二)船舶优先权的转让

至于船舶优先权能否随其所担保的债权的转让而转让，各国法律规定不一。有些国家禁止其转让；有些国家规定船舶优先权在一定条件下可以转让；而有些国家则规定，船舶优先权与其担保的债权同时转让。我国《海商法》第 27 条明文规定，“本法第 22 条规定的海事请求权转移的，其船舶优先权随之转移。”如在定期租船情况下，承租人为船舶所有人垫付已拖欠的船员工资，则本由船员享有的船舶优先权应转移至承租人，不需要履行任何手续。[①]《1967 年关于统一船舶优先权及船舶抵押权若干法律规定的国际公约》及《1993 年公约》均允许船舶优先权转让或代位。

---

① 当然，在我国海商法理论界，也有观点认为船员工资和人身伤亡两种债权具有人身专属性，故其上附有的船舶优先权不能转让。作者不完全同意此观点，具体分析可见韩立新、宋海华：《人身专属性视域下的船舶优先权的转让与代位》，《中国海商法研究》2013 年第 1 期，第 3 ~ 10 页。

(三)船舶优先权的消灭

权利因一定的法律事实出现而消灭。船舶优先权作为一种优先受偿的权利,也随一定原因的出现而丧失。这些原因主要有:

1. 因船舶灭失而消灭

船舶优先权的标的是船舶,船舶灭失,意味着此种法律关系的客体不复存在,相应的权利即随之消灭。当船舶实际全损或沉入深海不可能打捞时当然属于船舶灭失;但当船舶已拆成钢板时,是否属于船舶灭失,国际上看法不一。美国认为,即使船舶已拆成钢板,权利主体仍可对钢板行使船舶优先权。我国海商法学者认为,当船舶已拆成钢板,这些钢板已不能再构成海商法意义上的船舶,因此,这些钢板已不能再当作船舶优先权的标的。

2. 因时效届满而消灭

为督促债权人行使其优先权,也为了保护第三人(尤其是买船人)的利益,各国法律均给船舶优先权规定了一定的时效,一般为一年,而且,这一年时效不得中止或者中断①。有的国家或地区对担保个别权的船舶优先权规定了6个月的时效②。在规定时效内债权人不行使其权利的,船舶优先权消灭。另外,船舶转让后船舶优先权的时效届满而未行使该权利的,优先权亦消灭(详细内容见本节标题一下相关内容)。在英美法系国家,除为某些债权的船舶优先权规定了固定的时效外,一般实行“懈怠原则”(doctrine of laches),即要求权利人在“合理的期限”内行使其权利,否则,认定其权利已被消灭。当然什么是“合理期限”,是一个事实问题(matter of fact),需法官根据具体情况确定。

3. 因法院拍卖而消灭

因船舶拍卖(auction)而消灭即船舶被法院强制出售(forced sale)。这一点与船舶所有人商业买卖或“私下出售”(private sale)船舶相对应。当法院应海事债权人的申请,对引起船舶优先权的船舶实施了扣押(arrest),而债务人拒不或无法提供担保时,法院就会强制拍卖该船,将所得价款作为日后执行判决的基金。纵观各海运国家立法及有关国际公约,基本上都把法院拍卖作为船舶优先权消灭的事由之一。

4. 因担保的债权消灭而消灭

船舶优先权是为担保主债权的实现而设定的,因此,若其主债权消灭,船舶优先权自然没有存在的必要。

此外,当债务人已向海事债权人提供了充分、可靠的担保时,债权人再无必要行使其船舶优先权。当船舶被国家没收、征用或征购,成为国有财产而享有豁免权时,尽管船舶仍存在,对该船享有船舶优先权的人亦无法行使其权利。

最后应说明的是,船舶优先权因某种原因而消灭,并不意味着其担保的债权随之同时消灭。如我国《海商法》规定有关船舶碰撞的请求权,时效期间为两年,而担保它的船舶优先权时效为一年。一年期限一过,船舶优先权消灭,但其担保的债权因两年的时效尚未届满仍未消灭,债权人仍可要求债务人履行其债务。

---

① 如中国《海商法》第29条。

② 如苏联《海商法》第285条,我国台湾地区“海商法”第30条等。

第二节　船舶抵押权

抵押权(mortgage)是民法学中一个基本的法律概念。遗憾的是,不论是我国的《民法通则》,还是《担保法》,只规定了"抵押"[①],而无明确的"抵押权"的定义,两者不应混淆。

前者是提供财产以担保债务履行的行为;后者是因抵押而享有的权利。2007 年《物权法》第十六章专门规定了"抵押权",但也没有明确给出"抵押权"的定义。根据该法第 179 条"为担保债务的履行,债务人或者第三人不转移财产的占有,将该财产抵押给债权人的,债务人不履行到期债务或者发生当事人约定的实现抵押权的情形,债权人有权就该财产优先受偿"之规定,抵押权具体指债权人在债务人不履行债务时,以抵押物折价或者以变卖抵押物的价款优先受偿的权利。船舶抵押权作为抵押权的一种,具有抵押权的一般特征,如从属性、抵押物的特定性、物上代位性、顺序性等。同时,船舶抵押权作为海商法中一项法律制度,又有其自身的特点,这与船舶本身的性质有关。

一、船舶抵押权的概念

海上运输离不开船舶,船舶所有人通过经营船舶赚取利润。但是,为了在激烈的航运竞争中处于优势,船舶所有人需要不断扩大船队、更新老旧船、维修和保养船舶等,这些均需要巨额资金的支撑,因而,如何筹措资金是困扰船舶所有人的一大现实问题。在航海贸易发展的早期,因海上运输被视为一种海上冒险活动(adventure),只能采用代价昂贵的"冒险押船贷款"(bottomry)的筹款方式。在现代,一方面,海上运输不再被认为是冒险活动,而是生产性活动;另一方面,随着银行信贷制度的产生和完善,金融机构也在探求如何为手中的巨额资金寻找既安全可靠又有利可图的投资市场。这样就逐渐出现了新型的船舶抵押融资方式。在航运实践中,这种融资方式被越来越广泛地采用或接受。从商业角度来讲,这也是一种较为理想的融资方式。

《海商法》第 11 条规定:"船舶抵押权,是指抵押权人对于抵押人提供的作为债务担保的船舶,在抵押人不履行债务时,可以依法拍卖,从卖得的价款中优先受偿的权利。"这里,抵押权人(mortgagee)为债权人,抵押人(mortgagor)为提供船舶担保的债务人或者第三人。根据《海商法》第 12 条第 1 款的规定,只有船舶所有人或其授权的人才可以设定船舶抵押权。另据该法第 16 条规定,对共有船舶设置抵押权时,应取得持三分之二以上份额的船舶共有人的同意,共有人另有约定的除外。

二、船舶抵押权的取得及效力

船舶抵押权是为担保债权人与债务人之间的借贷之债而设定的。《担保法》第 38 条、《物权法》第 185 条和《海商法》第 12 条第 2 款均要求抵押人和抵押权人应以书面合同设立船舶

① 《民法通则》第 89 条第 2 款,《担保法》第 33 条。

抵押权。而这种书面合同既可以是单独订立的，也可以是主合同中的担保条款[①]。据此，双方当事人单独订立船舶抵押合同的，自抵押合同生效时起取得船舶抵押权；双方当事人在主合同中设立担保条款而未单独订立船舶抵押合同的，应在主合同生效时即取得船舶抵押权。不论哪种形式，船舶抵押权是基于合同设置的，在性质上是一种约定担保物权。

各国立法除要求船舶抵押合同应按法定格式书面订立外，还规定必须经过登记才具有对抗第三人的效力。但是，当抵押权未经登记时，对船舶抵押合同本身的效力问题，各国存在不同看法。有的国家规定，未经登记的船舶抵押权不仅不具有对抗第三人的效力，而且该船舶抵押合同也无法律效力；有的国家则规定，未经登记的船舶抵押权不得对抗第三人，但船舶抵押合同本身仍有效，只要船舶未转让给第三人，不涉及对抗第三人问题，抵押权人仍可根据其已签订的船舶抵押合同的规定行使其权利。我国《海商法》第 13 条、《物权法》第 24 条采用的是后者（登记对抗效力）。

三、船舶抵押权的标的及所担保债权的范围

船舶抵押权的标的，即抵押权人所享有的权利及所承担的义务所指向的对象。一般来说，其标的主要有船舶、运费或租金、“附属利益”及船舶保险赔款等，取决于当事人在船舶抵押合同中对抵押权标的范围的约定，但各国法律规定不尽相同。

我国《海商法》规定的船舶抵押权标的原则上仅为船舶，但航运实践中除了利用船舶作为融资的保障外，还会遇到建造中的船舶（vessel under construction）融资担保问题。从严格意义上讲，建造中的船舶并非海商法意义上的船舶，但基于航运业的需要，越来越多的国家设立了建造中船舶的登记制度，并相应健全了建造中船舶抵押权制度。以建造中船舶为标的设定抵押权从而获得造船所需资金的贷款，已是当今国际上非常盛行的做法。我国《海商法》第 14 条亦规定：“建造中的船舶可以设定船舶抵押权。”因此，在我国，作为抵押权标的的船舶包括建造中的船舶。不同的是，建造中的船舶设定抵押权要明确其担保价值，一般应包括已建成船舶部分和已确定将用于建造该船舶的材料、设备及船舶配件等。

另外，对于船舶保险赔款能否作为船舶抵押权标的问题，各国有一定争议。有些国家认为，抵押的船舶灭失后，其标的不复存在，船舶抵押权应随之消灭。此时抵押人所得的保险赔款只能是抵押人财产的一部分，由船舶抵押权人与其他可能存在的债权人（不包括船舶优先权担保的海事债权人）一起分配。这显然不符合船舶抵押权制度的立法宗旨。而有些国家为了加强船舶抵押权的效力，保障抵押权人的利益，明确规定，因船舶灭失所得的保险赔款应视为被抵押船舶的代替物，船舶抵押权人有权就该代替物优先于其他债权人受偿。这是船舶抵押权物上代位性的反映。我国《海商法》第 15 条对抵押船舶的财产保险做了强制性规定，并在第 20 条订明，船舶保险赔款应作为船舶灭失时的代替物。换言之，我国法律承认船舶保险赔款的标的性，船舶抵押权人有权就保险赔款优先受偿。

船舶抵押权担保的主债为借贷之债。当抵押人到期不能清偿贷款时，抵押权人有权请求法院拍卖船舶，从卖船价款中优先受偿。但《海商法》对抵押权人有权从价款中受偿的债权范围未做明确规定，对此，可依据《物权法》第 173 条确定。该法第 173 条规定：“担保物权的担保范围包括主债权及其利息、违约金、损害赔偿金、保管担保财产和实现担保物权的费用。当

---

① 《担保法》第 93 条。

事人另有约定的，按照约定。”

四、船舶抵押权的受偿顺序

《担保法》第 35 条第 2 款规定：“财产抵押后，该财产的价值大于所担保债权的金额部分，可以再次抵押，但不得超出其余额部分。”据此，船舶所有人可以就其同一艘船设置数个船舶抵押权，只要担保的债权总额不超过抵押船舶的价值。实际上，《海商法》第 19 条也说明一船之上可以存在数个抵押权。

对以同一船舶为标的设置的数个船舶抵押权相互之间的受偿顺序，国际上的做法比较统一，即以船舶抵押权登记的先后顺序作为受偿顺序。我国《海商法》第 19 条做了类似规定。对于同日登记的抵押权，按照同一顺序受偿；不足受偿的，按照比例受偿。而且，船舶抵押权的受偿顺序不受其担保的贷款清偿期长短的影响，只以登记的时间为准。和我国《海商法》相比较，我国《物权法》对船舶抵押权的受偿顺序能够提供更多法律救济，因为后者也明确规定了已登记抵押权和未登记抵押权之间以及均未登记的抵押权之间的受偿顺序。依据《物权法》第 199 条规定，抵押权已登记的先于未登记的受偿；抵押权均未登记的，则按照债权比例清偿。

当同一船舶之上既有船舶优先权，又有船舶抵押权时，国际上多数国家的做法是，将船舶优先权担保的债权排在船舶抵押权担保的债权及其他债权之前，从而使船舶抵押权担保的债权的受偿常常受到影响。因此，国际上普遍认为应尽量减少船舶优先权担保的债权项目，以保护船舶抵押权人的利益。

五、船舶抵押权的转让与消灭

民法中的借贷之债可以转让，随之产生的问题是，担保借贷之债的船舶抵押权能否一同转让。对此，我国《海商法》第 18 条的规定与其他各国规定相同，即允许抵押权随担保之债的全部或部分转让而转让。在实践中，抵押权人转让其抵押权后，应立即通知抵押人，同时，须遵守《海商法》及《船舶登记条例》的规定，签订书面抵押权转让合同，并办理抵押权转移登记。与抵押权人转让抵押权相对应，抵押人在船舶抵押期间也可以转让其船舶所有权，但需经抵押权人事先同意（《海商法》第 17 条）。

船舶抵押权产生后，因下列法律事实而消灭：

（1）船舶抵押权所担保的债权消灭，如贷款已被清偿等。

（2）因抵押船舶灭失而消灭。但存在船舶保险赔款的抵押权人的权利客体可指向该保险赔款（《海商法》第 20 条）。

（3）因抵押船舶被法院拍卖而消灭。

（4）因善意第三人取得抵押船舶所有权而消灭。已登记的船舶抵押权具有追及性，不因船舶所有权的转移而受影响。但是，如果是未经登记的船舶抵押权，抵押船舶为善意第三人受让的，该第三人取得船舶所有权，抵押权人对该善意第三人无对抗效力。抵押权人因此而受到损害的，只能向有过错的抵押人要求赔偿。

（5）因抵押期限届满而消灭。如果当事人在船舶抵押合同中约定了抵押期限，且该期限已进行登记的，则抵押期限届满时，船舶抵押权消灭。抵押期限自债务履行期届满之次日起算。

（6）因抵押权行使期限已过而消灭。我国《物权法》第 202 条规定：“抵押权人应当在主债权诉讼时效期间行使抵押权；未行使的，人民法院不予保护。”

此外，抵押船舶被征用、征购、没收、捕获等，均可导致船舶抵押权消灭。船舶抵押权消灭应进行登记。需注意的是，船舶抵押权消灭，其担保的借贷之债并非一定消灭。

六、船舶抵押合同的内容

船舶抵押权基于书面订立的船舶抵押合同而产生。对于此种合同应采用的格式及包括的内容，各国规定不一。在我国，根据《海商法》第13条和《物权法》第185条的规定，船舶抵押合同应具备以下内容：

(1)船舶抵押权人和抵押人的姓名或名称、地址；

(2)被抵押船舶的名称、国籍、船舶所有权证书的颁发机关和证书号码，以及船舶的技术参数；

(3)所担保的债权数额、利息率、受偿期限；

(4)船舶抵押担保的范围；

(5)当事人双方权利、义务；

(6)当事人认为需要约定的其他事项；

(7)公证人的名称、通信地址、签字盖章；

(8)签订日期及当事人签字、盖章等。

第三节　船舶留置权

与船舶优先权、船舶抵押权相比较，《海商法》中关于船舶留置权的规定较少。而船舶留置权作为一种债权的担保方式，在航运实践中被广泛采用，由此也产生了许多需要明确的法律问题。

一、船舶留置权的概念

船舶留置权，也称“船舶占有留置权”(possessory lien on vessel)，表明它是一种以“占有”为前提而产生和存在的权利，并与我国民法中留置权的发生以占有为要件的要求相同。

关于一般留置权的概念，根据我国《担保法》规定，是指在保管合同、运输合同和加工承揽合同中，债权人因合同关系占有债务人的动产，债务人不按照合同约定的期限履行债务的，债权人有权依照法律的规定留置该财产，以留置的财产折价或者依法拍卖、变卖该留置物，以所得价款优先受偿的权利。《物权法》第230条规定：“债务人不履行到期债务，债权人可以留置已经合法占有的债务人的动产，并有权就该动产优先受偿。前款规定的债权人为留置权人，占有的动产为留置财产。”不难发现，《物权法》对留置权的规定更加宽松：一是没有特别强调保管合同、运输合同和加工承揽合同三种合同的限制；二是没有限于因合同关系占有债务人的动产。根据以上法律的规定，留置权的构成应具有以下条件：(1)须债权人依法占有债务人的动产。对债务人动产的占有是留置权成立的基本要件。这一要件可以从两方面分析：第一，留置权的主体为债权人。但债权人不是依法占有债务人的财产，不得行使留置权；当然，也不是一切合法占有他人财产都可以成立留置权，如无因管理人占有他人财产，虽属于合法占有，但不得成立留置权。这同时说明留置权是一种法定担保物权。第二，留置的财产必须是债务人的动产。(2)须债权的发生与该动产有牵连关系。所谓牵连关系，是指债权人对动产的留置权与债务的产生是基于同一法律关系发生的。如修船合同，修船厂为船舶所有人修理 A 船，因船舶所有人不支付修船费，修船厂有权留置该 A 船，而不能留置该船舶所有人的 B 船。如果动产与债权无关，则不能成立留置权。也就是说留置权人不得利用本合同的权利对其他无牵连的债的标的行使留置权的担保。但是，《物权法》第 231 条也规定了例外，即"企业之间留置的除外"。(3)债务必须已届清偿期。留置权的成立须以债权已届清偿期，债务人未清偿债务为要件，如果债权尚未到清偿期，债务人则处于自觉履行合同的状态中，债务人是否自觉按期清偿债务尚不得而知，此时若对债务人的财产行使留置权，有悖于民事活动所遵循的公平原则，所以这时留置权还不能成立。

在海商法中，船舶留置权是以船舶为标的的留置权，《海商法》第 25 条将其界定为"造船人、修船人在合同另一方未履行合同时，可以留置所占有的船舶，以保证造船费用或者修船费用得以偿还的权利"。但要注意的是，该法第 25 条的这一规定不能作为船舶留置权的定义来看待，因为它没有完整反映一个定义应具有的内涵和外延。实际上，在我国《海商法》中，除造船人、修船人享有船舶留置权外，海上承拖方(《海商法》第 161 条)、救助人(《海商法》第 188 条)均享有船舶留置权。有学者倾向于把这些人享有的船舶留置权称为广义上的船舶留置权。[①] 与广义上的船舶留置权相对应的，《海商法》第 25 条规定的船舶留置权，也被称为狭义的船舶留置权。

二、船舶留置权的标的

我国《民法通则》第 89 条、《担保法》第 82 条和《物权法》第 230 条规定，债权人对其占有的"对方的财产"或者"债务人的动产"可以成立留置权。在我国民法理论与实务中，一般将此解释为留置权得以成立的标的物应为债务人所有。而上述《海商法》第 25 条仅规定"可以留置所占有的船舶"，没有强调被留置船舶是否必须属于债务人所有。在目前的航运实践中，一般认为，债权人对债务人"所有"和"经营"的船舶均享有留置权，即债务人可以是船舶所有人，也可以是船舶经营人。而且，有学者认为，《海商法》之所以没有强调被留置的船舶必须属债务人所有，是因为其设立船舶留置权的本意是对"物"不对"人"[②]，因此，债权人对非属于债务人所有的船舶，如定期承租人或光船承租人所租用的船舶，也享有船舶留置权。笔者赞成此观点。这种情况属于债权人善意占有非债务人所有的财产的留置权。对此，瑞士《民法典》第 895 条第 3 款明确规定："债权人对善意取得之不属于债务人所有的物，有留置权。"[③]在我国，根据《民法通则》规定的"诚实信用原则"和"公平原则"，亦承认此种船舶留置权，尤其应承认

① 司玉琢，《海商法》，法律出版社，2012 年第三版，第 71 页。

② 徐孝先，《也谈船舶留置权的特征》，《海事审判》，1998 年第 2 期。

③ 邹海林、常敏著，《债权担保的方式和应用》，法律出版社，1998 年，第 325 页。

债权人对光船承租人所租用船舶的留置权，因为在航运实践中，光船承租人被视为准船舶所有人[①]。

当被留置的船舶灭失，在第三人有过错或船舶有保险时，船舶留置权的标的能否指向第三人的损害赔偿金或保险赔款，《担保法》及《海商法》均无规定。我国学者对此问题尚有争议，存在肯定说与否定说两种观点。否定说认为，留置权的成立与存续以占有留置物为要件，既然被留置船舶灭失，其占有条件必然丧失，因而留置权已不复存在，不得以代位物求偿，留置权不具有物上代位性。肯定说认为，留置权是为了担保债权的清偿而存在的物权，注重的是标的物的特定的价值，不必拘泥于物的实体，可由代替物上实现价值追求。这里的"代替物"并非一般的实体物，而是因标的物的买卖、租赁或毁损、灭失等而转换来的金钱货币，因而，留置权具有物上代位性。我国《物权法》采纳了肯定说，该法第 174 条规定："担保期间，担保财产毁损、灭失或者被征收等，担保物权人可以就获得的保险金、赔偿金或者补偿金等优先受偿。被担保债权的履行期未届满的，也可以提存该保险金、赔偿金或者补偿金等。"

三、船舶留置权担保的债权项目

根据《海商法》第 25 条的规定，船舶留置权所担保的债权仅限于两项：造船人的造船费用和修船人的修船费用。即当船舶所有人或经营人等合法使用人不支付到期的造船费用或修船费用时，造船人或修船人可以留置船舶以迫使船舶所有人或经营人等支付造船费用或修船费用。

在我国海商法界学者中，有人认为救助人、沉船打捞人亦享有船舶留置权[②]。笔者对此持赞成观点。因为救助人、打捞人对其控制、占有之下的船舶只享有占有权，符合船舶留置权的构成要件。

四、船舶留置权的受偿顺序

船舶留置权以占有为前提，故一船之上不可能同时存在两个或两个以上的船舶留置权。而一船之上并存有船舶优先权、抵押权和留置权的现象并非罕见。本问题所讨论的正是三种船舶担保物权之间的受偿位次。

一般来说，船舶优先权排在第一位，船舶抵押权排在第二位，船舶留置权排在三位，其他海事债权及一般债权排在最后。但有的国家及有关国际公约[③]规定，建造人和修船人的船舶留置权可以排在船舶抵押权之前。我国《海商法》第 25 条第 1 款亦规定："船舶优先权先于船舶留置权受偿，船舶抵押权后于船舶留置权受偿。"有关立法之所以将排在船舶抵押权前的船舶留置权仅限定于造船人、修船人的留置权，是为了提高船舶抵押权的受偿位次，保障船舶抵押

---

① 原来在我国的海事司法实践中，通过扣押光租船来行使船舶留置权只能起到督促债务人履行债务的作用，不能通过卖船程序实现船舶留置权，因为我国《海事诉讼特别程序法》有关规定，对所扣押的光租船是否可以被拍卖存在较大争议，因此，《海商法》承认可以留置第三人的船舶，现实意义不大。为统一司法实践的认识，2015 年 3 月 1 日起实施的《最高人民法院关于扣押与拍卖船舶适用法律若干问题的规定》第 3 条已明确规定："船舶因光船承租人对海事请求负有责任而被扣押的，海事请求人依据海事诉讼特别程序法第二十九条的规定，申请拍卖船舶用于清偿光船承租人经营该船舶产生的相关债务的，海事法院应予准许。"

② 沈木珠，《海商法比较研究》，中国政法大学出版社，1998 年，第 65 页。

③ 详见本章第四节内容。

权人的利益，以利于船舶融资。

五、船舶留置权的取得、转移和消灭

根据船舶留置权的概念，当海事债权人基于合同或法律规定占有债务人的船舶，因该船舶产生的债权已至清偿期而未受清偿时，债权人即取得了船舶留置权。至于船舶留置权能否转移，我国现有法律均无明确规定。但《民法通则》第44条规定："企业法人的分立、合并，它的权利和义务由变更后的法人享有和承担。"据此，船舶留置权随其担保的债权自应一同移转于承受人。此外，在海事债权人存在同时转让其债权及其对船舶的占有的意思表示，并获得债务人同意的基础上，船舶留置权亦可随担保的债权的转让而转让。

船舶留置权因一定的法律事实的出现而消灭。主要原因如下：

(1)被留置的船舶灭失。因为《海商法》规定的船舶留置权的标的仅限于船舶。当然，如前文所述，承认船舶留置权的物上代位性时应除外。

(2)丧失对船舶的占有。船舶留置权作为占有留置权，以债权人对船舶的占有为成立及存续要件，一旦丧失对船舶的占有，就等于留置权人放弃了留置权，留置权即消灭(《海商法》第25条，《物权法》第177条第(3)项)。但下列情况应例外：当同一艘船舶之上的受船舶优先权或船舶抵押权担保的债权人在留置权人留置船舶期间向法院申请扣押该船时，从一些国家立法和国际公约的规定看，留置权人须放弃其对船舶的占有。我国最高人民法院于2015年1月30日发布的《最高人民法院关于适用〈中华人民共和国民事诉讼法〉的解释》[①]第157条亦规定："人民法院对抵押物、质押物、留置物可以采取财产保全措施，但不影响抵押权人、质权人、留置权人的优先受偿权。"此时，留置权人虽放弃了对船舶的占有，但他仍享有对船舶价款优先受偿的权利。

(3)债务人另行提供担保并被债权人接受的(《担保法》第88条第2项)。

(4)被担保的债权消灭(《担保法》第88条第1项，《物权法》第177条第(1)项)。

(5)船舶留置权实现(《物权法》第177条第(2)项)。

此外，船舶被征用、征购、没收等原因亦可使船舶留置权消灭。

六、船舶留置权的行使

对船舶优先权及抵押权来说，债权人必须通过司法程序行使。而对船舶留置权来说，从《民法通则》及《担保法》《物权法》有关规定看，只要债务人在约定期限内未履行债务，债权人就可以自行实施对所占有的船舶的留置，不必通过法院进行。债权人留置船舶后，应催告债务人在合理期限(《担保法》第87条、《物权法》第236条规定，此期限不应少于两个月)内履行债务。在债务人经催告仍不履行债务后，债权人是自行折价拍卖船舶，还是须通过法院拍卖船舶，关于这一点在我国至今仍不很明确。笔者认为，债权人应通过司法程序拍卖船舶，因为自行拍卖船舶，一方面，船价不好确定，另一方面，不能使该船上所产生的船舶优先权、船舶抵押权消灭，这会影响留置权人(债权人)的受偿顺序。从我国海事司法实践看，造船人、修船人一般都是通过法院对船舶进行留置，这是明智之举。

---

① 该司法解释自2015年2月4日起施行。实施后，最高人民法院于1992年7月14日发布的《关于适用〈中华人民共和国民事诉讼法〉若干问题的意见》同时废止。

第四节 有关的国际公约

目前,国际上已产生了一些与船舶优先权、船舶抵押权及船舶留置权有关的国际公约,其中较为重要的有《1926 年关于统一船舶优先权及船舶抵押权若干法律规定的公约》(以下简称《1926 年公约》)、《1967 年关于统一船舶优先权及船舶抵押权若干法律规定的国际公约》(以下简称《1967 年公约》)和《1993 年公约》。我国在起草《海商法》有关船舶优先权、船舶抵押权、船舶留置权的条文规定时,借鉴和参考了《1993 年公约》。

《1926 年公约》是 1926 年在比利时首都布鲁塞尔举行的第 4 届海洋法外交大会上通过的。该公约由国际海事委员会(CMI)起草,自 1931 年 6 月 2 日生效,但并未建立一个较为合理的制度。根据国际海事委员会(CMI)2014 年年报提供的数据①,目前共有 28 个公约成员国,英、美、德、日、俄罗斯等海运大国均未参加。因此,该公约并不很成功。在内容上,该公约主要规定了船舶抵押权的相互承认,船舶优先权的标的及担保的债权、受偿顺序、船舶优先权时效等问题。因该公约未起到应有作用,本书对此内容不做详细介绍。此处主要介绍后两个公约的主要内容。

一、1967 年关于统一船舶优先权及船舶抵押权若干规定的国际公约

《1967 年公约》于 1967 年在布鲁塞尔召开的第 12 届海洋法外交大会上通过,截至 2014 年 12 月,缔约国仍只有 6 个②,所有海运大国均未参加该公约。该公约至今仍未生效。但该公约相对《1926 年公约》还是前进了一步,主要对以下几方面的问题做了规定:

(一)船舶抵押权的相互承认及有关事宜

(1)公约规定,凡已登记及其他必要的文件已留在登记处以供公开查询,且有关登记文件或其他文件已生效或已签发给持有人的船舶抵押权,可在缔约国行使。

(2)船舶抵押权相互之间的受偿顺序及对抗第三人的效力依登记国法。但有关行使程序的事宜则适用行使地法。

(3)除法院拍卖外,未经全部已登记的船舶抵押权人的书面同意,缔约国应禁止注销船舶登记。

(二)船舶优先权担保的债权共分 5 类

(1)船长、船员工资及其他根据雇佣合同产生的债权;

(2)港口、运河及其他航道税和引航费;

(3)发生在陆上或水上,与船舶营运直接有关的,向船舶所有人提起的有关人身伤亡的索赔;

---

① 参见 CMI 官网上发布的 2014 年年报(CMI YEARBOOK 2014),第 476 页。

② 参见 CMI 官网上发布的 2014 年年报(CMI YEARBOOK 2014),第 502 页。6 个缔约国分别是丹麦、摩洛哥、挪威、瑞典、叙利亚、瓦努阿图(南太平洋岛国)。

(4)发生在陆上或水上，与船舶营运直接有关的，向船舶所有人提起的因侵权行为造成的财产损害灭失的索赔；

(5)因救助、残骸清除及共同海损分摊产生的债权。

根据公约规定，上述“船舶所有人”应包括光船承租人或其他承租人、管理人、经营人；上述第4、5类的损害不包括因放射性物质或放射性物质的混合物造成的损害。

(三)船舶优先权的标的仅为船舶

(四)船舶优先权的受偿顺序

(1)船舶优先权优先于船舶抵押权；

(2)不同类船舶优先权按所列顺序受偿，但第5类优先于在其前产生的船舶优先权受偿；

(3)同类船舶优先权按同一顺序受偿，不足的，按比例受偿，但第5类按“倒序原则”受偿。

此外，公约规定，因扣押、拍卖船舶、分配价款等产生的诉讼费用应从卖船价款中首先清偿。

(五)船舶优先权的时效和转让

(1)除因法院扣押并拍卖外，船舶优先权的时效为1年。除权利人因被法律禁止扣押船舶外，1年的时效不得中止或中断。

(2)船舶优先权与其担保的债权同时转让或“代位”(subrogation)。

(六)除法院拍卖外，船舶优先权不因船舶所有权登记的变更而消灭

(七)船舶留置权

(1)缔约国可另行规定留置权或滞留权(right of detention)，以担保不受本公约规定的船舶优先权担保的债权，但此留置权须排在船舶优先权及抵押权之后受偿，并且滞留权不得影响船舶优先权及抵押权的行使。

(2)造船人及修船人因占有船舶而取得的船舶留置权，可排在船舶抵押权之前、船舶优先权之后受偿，并随船舶占有的丧失而消灭。

此处需对上述“滞留权”加以说明。“所谓滞留权是指权利人享有的滞留(不返还)已处在其占有(或控制)之下的财产(船舶)的权利。”①有些国家规定，权利人只有权滞留，但无权处分船舶，并且只要债务人未履行债务，权利人可一直滞留下去；即使法院要扣船，也可拒不放弃占有，从而迫使债务人不得不履行债务。另一些国家则规定，权利人既有权滞留，也有权处分船舶(当然，船舶优先权及抵押权不随之消灭)；法院要扣船时，可拒不放弃占有，但如果将占有转移给法院，其债权可首先受偿，从而被称作“最高优先请求权”(claims of paramount priority)。因此，为保证船舶优先权及抵押权的实现，公约规定这种滞留权不得影响船舶优先权及抵押权的行使，并须排在后两种权利之后受偿。在我国，实际上也存在滞留船舶的情况，如海事局根据《海上交通安全法》第10条的规定，对未交付应承担的费用，也未提供适当担保的船舶禁止其离港；又如海关依照《海关法》有关规定对违法船舶的扣留。在此情况下，如何行使船舶优先权及船舶抵押权，亟待我国法律做出规定。

---

① 司玉琢等编著，《海商法详论》，大连海事大学出版社，1995年，第91页。

二、1993 年船舶优先权和抵押权国际公约

尽管已有《1926 年公约》和《1967 年公约》,但两公约的参加国都很有限,特别是大多数海运大国都未参加,船舶担保物权的法律冲突问题仍未得到令人满意的解决。为改善船舶融资条件,鼓励各国发展自己的商船队,实现有关船舶优先权和抵押权方面的立法统一,联合国贸发会和国际海事组织(IMO)自 1986 年成立了有关船舶优先权和抵押权问题的政府顾问专家组,并先后召开了 6 次会议,在《1926 年公约》和《1967 年公约》的基础上拟订了一个新的公约草案。该草案在 1993 年 4 月 19 日至 5 月 6 日召开的联合国贸发会和国际海事组织有关船舶优先权和抵押权问题的外交会议上获得通过。该公约已经于 2004 年 9 月 5 日生效。截止到 2014 年 12 月底,该公约现有 17 个成员国。[①]《1993 年公约》共 22 条。该公约主要对以下问题做了规定:

(一)船舶抵押权

在此方面,《1993 年公约》与《1967 年公约》做了基本相同的规定。

(二)船舶优先权

(1)船舶优先权的标的仅为船舶。

(2)对船舶所有人,光船承租人、船舶管理人或经营人的索赔均可产生船舶优先权。

(3)船舶优先权担保的债权包括:

①就船长、高级船员和其他船上在编人员由于船上任职而应得到的工资和其他款项的索赔,包括遣返费用和应为他们支付的社会保险费;

②就直接与船舶营运有关的,无论是在陆地或水上发生的人身伤亡提出的索赔;

③就船舶的救助报酬提出的索赔;

④就港口、运河和其他水路规费和引航费提出的索赔;

⑤根据侵权行为提出的索赔,该索赔是由于船舶营运直接造成的有形灭失或损坏所引起的,但不包括船舶所载运的货物、集装箱和旅客物品的灭失或损坏。

此外公约还在第 12 条规定:“由于扣留或扣押和随后船舶出售引起的费用和开支应在出售所得款项中首先支付。这些费用和开支应包括特别是船舶被扣留或扣押之时起所引起的船舶维修保养费用和船员生活费用以及第 4 条第 1 款(a)项所指工资、其他款项和费用。”[②]

另外公约规定:“缔约国可在本国法律中规定,在公共当局为航行安全或保护海洋环境而清除的搁浅或沉没船舶被强制出售的情况下,在由该船舶的船舶优先权担保的所有其他索赔得到满足之前,应首先从出售所得中支付此种清除费用。”

但因运输石油、危险品、有毒物品所造成的损害及核损害等所引起的上述第(2)、(3)项索赔不受船舶优先权担保。

(4)船舶优先权不因船舶所有权或登记或船旗的变更而消灭。

---

① 参见 CMI 官网上发布的 2014 年年报(CMI YEARBOOK 2014),第 581 页。成员国包括:阿尔巴尼亚、贝宁、厄瓜多尔、爱沙尼亚、立陶宛、摩纳哥、尼日利亚、秘鲁、俄罗斯、圣基茨和尼维斯(位于加勒比海岛国)、圣文森特和格林纳丁斯、塞尔维亚、西班牙、叙利亚、突尼斯、乌克兰、瓦努阿图。

② 即上述第 3 点第(1)项所指工资等。

(5)船舶优先权时效为1年,除非在这一期限终止之前,船舶已被扣留或扣押而且导致该船舶的强制出售;上述第(1)项所列船舶优先权,自索赔人从船上离职之时起算;对第(2)至(5)项所列船舶优先权,自所担保的索赔产生之时起算,而且这一期限不得中止或中断。

(6)船舶优先权所担保的索赔发生转让或代位的,船舶优先权随其同时发生转让或代位。但船舶保险赔款不可作为船舶优先权的标的,只可作为船舶抵押权的标的。

(三)船舶留置权

造船厂、修船厂为担保与造船、修船有关的索赔而对其所占有的船舶享有留置权;在船舶不再为造船厂、修船厂所占有时,其船舶留置权应予消灭,但由于船舶被扣留或扣押的原因除外。

(四)受偿顺序

上述船舶担保物权中,船舶优先权排在第一位,船舶留置权排在第二位,船舶抵押权排在第三位。

但在强制出售船舶的价款中,应首先支付由于扣留或扣押和随后出售船舶引起的费用和开支。这些费用和开支应包括特别是船舶被扣留或扣押之时起所引起的船舶维修保养费用和船员生活费用,以及上述船舶优先权第(1)项所指工资、其他款项和费用。而且,公约允许缔约国在本国法律中规定,在公共当局为航行安全或保护海洋环境而清除的搁浅船或沉船被强制出售的情况下,由此产生的清除费用亦应首先从出售船舶的价款中拨付。由此可见,《1993年公约》规定的应从出售船舶的价款中先行拨付的款项明显比我国《海商法》规定的先行支付的款项多。

(五)公约的冲突

公约第15条规定,本公约的任何规定不得影响规定责任限制的任何国际公约或其生效的国内法律的适用。

(六)船旗的暂行变换

如果在一国登记的海船被准予临时改挂另一国旗时,则本公约中提及的“船舶登记国”或“登记国”是指在船舶更换船旗前的船舶登记国,提到的“负责登记的当局”是指在该国负责登记的当局。

(七)适用范围

除另有规定外,本公约的规定适用于所有在缔约国或非缔约国登记的海船,但后者的船舶必须是受缔约国管辖的。

此外,公约还对强制出售的通知,缔约国间的联系,公约的加入、生效等问题做了详细规定。

第十二章 船 员

船员(seafarer; seaman; crew),是海运企业所需的从事海上运输的服务人员。船员是一种特殊的职业,有陆上工作不可比拟的特点,因此,各国海商法都有专门规定,以明确船员的法律地位、职责、资格和任免等事项。立法完善的国家(如美国、韩国等)还专门制定了船员法(seaman's act)。有关的国际组织,如国际劳工组织(ILO)、国际海事组织(IMO)等从 20 世纪 20 年代开始也先后制定了 40 多个与船员权益和任职资格有关的国际公约,如《1926 年海员协议条款公约》《1974 年国际海上人命安全公约》(SOLAS 公约,已经多次修正)、《1978 年海员培训、发证和值班标准国际公约》(STCW 公约,经多次修正)、《2006 年海事劳工公约》(MLC 2006)等。

我国目前尚未制定船员法,只在《海商法》第三章中,对船员问题做了几条原则性的规定。此外,国务院和交通运输部制定了一系列专门性法规和规章,如《船员条例》《海船船员适任考试和发证规则》等,为保护船员利益、完善船员法律制度奠定了基础。笔者建议,在现有法律、法规基础上,我国应制定一部专门的船员法,以适应国际航运竞争和我国市场经济体制的要求,使海商法体系更加完善。

第一节 船 员

一、船员的概念

在各国立法中,船员的含义有广义和狭义之分。广义上的船员是指受船舶所有人聘用或雇用的,包括船长在内的一切任职职员。如日本《船员法》第 1 条规定,船员指在船上服务的船长(captain; master)、海员(seaman)及其他预备船员。德国《商法》第 481 条规定,“船员是指船长、船舶职员、船舶属员及所有在船上的其他成员。”我国立法采用广义上船员的概念,如我国《海商法》第 31 条规定,“船员,是指包括船长在内的船上一切任职人员。”我国 2007 年《船员条例》第 4 条规定,“本条例所称船员,是指依照本条例的规定经船员注册取得船员服务簿的人员,包括船长、高级船员、普通船员。”狭义的船员则是指受船舶所有人聘用或雇用,受船长指挥且服务于船上的人员。可以看出,狭义上的船员不包括船长在内。以英美为代表的国家采取此做法,即把船长、船员分章规定。

不论是广义的船员,还是狭义的船员,构成法律意义上的船员均应满足下列条件:

第一,受船舶所有人聘用或雇用。在世界范围内,由于社会制度的不同,各国对船员的使用有聘用或雇用两种形式。无论采取何种形式，船员必须属于船舶所有人的职员或雇员。因此，那些虽具有船员证书，但未被船舶所有人聘用或雇用的人员，不是海商法意义上的船员。

第二，服务于船上。即船员必须是在船上工作的人员。旅客虽然在船上，但不工作，因而不是船员。

第三，除广义上船员中的船长外，其他船员还需满足受船长指挥的条件。从这个角度讲，那些具有船员证书，但只在船公司从事经营管理或其他工作的人也不能属于船员。

只有符合上述条件的船员，才能享受海商法中规定的船员权利，并承担相应的义务和职责。

二、船员的种类和职责

（一）船员的种类

船员一般可分为高级船员（officer）和一般船员（crew）。在我国航运实践中，中国籍船舶上前者包括船长、政委、大副、二副、三副、驾助、轮机长、大管轮、二管轮、三管轮、轮助、电机员、报务员和船医；后者是指除上述人员以外的其他在船上服务的人员，如水手、机工等。①

我国船员按照职务根据服务部门可分为②：

（1）船长；

（2）甲板部船员：大副、二副、三副、高级值班水手、值班水手，其中大副、二副、三副统称为驾驶员；

（3）轮机部船员：轮机长、大管轮、二管轮、三管轮、电子电气员、高级值班机工、值班机工、电子技工，其中大管轮、二管轮、三管轮统称为轮机员；

（4）无线电操作人员：一级无线电电子员、二级无线电电子员、通用操作员、限用操作员。

需要说明的是，根据STCW公约1995年修正案的规定，电机员可以由二管轮兼任，这也是机电一体化的体现，所以有些船上没有单独的电机员。如果二副、三副具有报务员适证证书，则船舶上也不需单独的报务员。STCW公约2010年马尼拉修正案还增加了“电子员”“电子技工”“高级值班水手”“高级值班机工”四个新的船员岗位。

（二）船员的职责

船长是全船的最高负责人，对船舶的驾驶和管理工作全面负责。

政委是全体船员的政治领导者，负责执行党的政策和船员的思想政治工作。目前，只有大型国有航运企业的船舶上配备政委，同时政委要兼任管事职务。

大副（the chief officer; first mate），是船长的第一代表人，甲板部的负责人，主持甲板部的日常工作；除航行值班并协助船长搞好安全航行外，主管货物配载、装卸、交换、运输和甲板部的维修保养等工作。

轮机长（the chief engineer）是轮机部负责人，负责全船机械、动力、电气（无线电通信导航

① 我国《船员条例》第4条规定的高级船员，是指依照本条例的规定取得相应任职资格的大副、二副、三副、轮机长、大管轮、二管轮、三管轮、通信人员以及其他在船舶上任职的高级技术或者管理人员。本条例所称普通船员，是指除船长、高级船员外的其他船员。

② 2011年《中华人民共和国海船船员适任考试和发证规则》第8条。

和由甲板部使用的电子仪器除外)设备的技术和管理工作。

《船员条例》从七个方面规定了船员的职责和要求:①携带本条例规定的有效证件;②掌握船舶的适航状况和航线的通航保障情况,以及有关航区气象、海况等必要信息;③遵守船舶的管理制度和值班规定,按照水上交通安全和防治船舶污染的操作规则操纵、控制和管理船舶,如实填写有关船舶的法定文书;④参加船舶应急训练、演习,按照船舶应急部署的要求,落实各项应急预防措施;⑤遵守船舶报告制度,发现或者发生险情、事故或者保安事件以及影响航行安全的情况,应当及时报告;⑥在不严重危及自身安全的情况下,尽力救助遇险人员;⑦不得利用船舶私载旅客、货物,不得携带违禁物品。

三、船员资格的取得

为保证船舶航行安全,各国除对船舶的技术条件有严格要求和管理外,对船员的资格也有严格限定和管理,主要办法是实行船员考试、培训制度。经考试、培训合格者,发给相应的职务证书,可以在船上担任相应的职务或低于这一级别的职务。

我国《船员条例》第 5 条规定了船员资格取得的基本条件,申请船员注册,应当具备下列条件:(一)年满 18 周岁(在船实习、见习人员年满 16 周岁)但不超过 60 周岁;(二)符合船员健康要求;(三)经过船员基本安全培训,并经海事管理机构考试合格。申请注册国际航行船舶船员的,还应当通过船员专业外语考试。

关于船员的考试培训,我国作为 1978 年 STCW 公约的缔约国,根据该公约的原则,结合我国具体情况,于 1979 年 6 月 12 日颁布了《中华人民共和国轮船船员考试发证办法》,该办法实施后我国全面恢复了船员考试发证工作。1987 年 2 月 12 日,又颁布了《中华人民共和国海船船员考试发证规则》(以下简称为《发证规则》)。《发证规则》对不同岗位、不同航区、不同等级船舶的船员规定了不同的考试科目,并对证书的印制、颁发、签证和换证、船员的专业训练与特殊培训等做了详尽的规定。

1995 年 STCW 公约已于 1997 年 2 月 1 日生效。为了与 1995 年 STCW 公约保持一致,交通部于 1997 年分别以 13 号令和 14 号令的形式,发布了《中华人民共和国海船船员考试、评估和发证规则》(以下简称为《1997 年发证规则》),自 1998 年 8 月 1 日起施行。

2004 年 8 月 1 日起,我国又实施了新的《中华人民共和国海船船员适任考试、评估和发证规则》,也称 2004 年"6 号令",以下简称为《2004 年发证规则》。为适应航运产业和航海技术的不断发展,以及履行 STCW 公约 2010 年马尼拉修正案[①]的需要,在修订《2004 年发证规则》的基础上,交通运输部于 2011 年 12 月 27 日颁布了新的《中华人民共和国海船船员适任考试和发证规则》(以下简称为《2011 年发证规则》),自 2012 年 3 月 1 日起施行,《2004 年发证规则》同时废止。2011 年新规则名称取消了原来的"评估"两字,这是因为《船员条例》第 10 条明确了适任考试是取得适任证书的条件,适任考试包括理论考试和评估两部分。《2011 年发证规则》中提及的海船,是指航行于海上以及江海直达的各类船舶,但不包括军事船舶、渔业船舶、体育运动船舶和非营业性游艇。[②] 根据《2011 年发证规则》第 11 条规定,船员要取得适任证书,应当具备下列条件:(一)持有有效的船员服务簿;(二)符合国家海事管理机构规定的

---

① STCW 公约 2010 年马尼拉修正案于 2012 年 1 月 1 日生效,我国默认接受。

② 2011 年《中华人民共和国海船船员适任考试和发证规则》第 59 条第(1)项。

海船船员任职岗位健康标准；（三）完成本规则附件规定的适任培训；（四）具备本规则附件规定的海上任职资历，并且任职表现和安全记录良好；（五）通过相应的适任考试。拟在油船、化学品船、液化气船、客船、高速船等特殊类型船舶上任职的船员，还应当具备本章第三节规定的培训、资历等特殊要求。

《2004年发证规则》船员适任的航区设置了无限、近洋、沿海、近岸四个航区和甲、乙、丙、丁四类证书，这是历史沿革所形成的。结合当前船员队伍结构情况和优化船员职业发展途径，《2011年发证规则》将原无限航区和近洋航区合并为无限航区，沿海航区和近岸航区合并为沿海航区。因此，《2011年发证规则》第6条规定，持证人适任的航区分为无限航区和沿海航区①，但无线电操作人员适任的航区分为A1、A2、A3和A4海区。

《2011年发证规则》第7条规定的适任证书等级分为：

（一）船长、驾驶员、轮机长和轮机员适任证书等级分为：

1. 无限航区适任证书分为两个等级：

（1）一等适任证书：适用于3000总吨及以上或者主推进动力装置3000千瓦及以上的船舶；

（2）二等适任证书：适用于500总吨及以上至3000总吨或者主推进动力装置750千瓦及以上至3000千瓦的船舶。

2. 沿海航区适任证书分为三个等级：

（1）一等适任证书：适用于3000总吨及以上或者主推进动力装置3000千瓦及以上的船舶；

（2）二等适任证书：适用于500总吨及以上至3000总吨或者主推进动力装置750千瓦及以上至3000千瓦的船舶；

（3）三等适任证书：适用于未满500总吨或者主推进动力装置未满750千瓦的船舶。

（二）高级值班水手、高级值班机工适任证书适用于500总吨及以上或者主推进动力装置750千瓦及以上的船舶。

（三）值班水手、值班机工适任证书等级分为：

1. 无限航区适任证书适用于500总吨及以上或者主推进动力装置750千瓦及以上的船舶；

2. 沿海航区适任证书分为两个等级：

（1）一等适任证书：适用于500总吨及以上或者主推进动力装置750千瓦及以上的船舶；

（2）二等适任证书：适用于未满500总吨或者主推进动力装置未满750千瓦的船舶。

（四）电子电气员和电子技工适任证书适用于主推进动力装置750千瓦及以上的船舶。

在拖轮上任职的船长和甲板部船员所持适任证书等级与该拖轮的主推进动力装置功率的等级相对应。

《2011年发证规则》第24条规定，海船船员的适任考试包括理论考试和评估。理论考试以理论知识为主要考试内容，重点对海船船员专业知识的掌握和理解程度进行测试。评估通过对相应船舶、模拟器或者其他设备的操作，国际通用语言听力测验与口试等方式，重点对海

---

① 无限航区，是指海上任何通航水域，包括世界各国的开放港口和国际通航运河及河流；沿海航区，是指我国沿海的港口、内水和领海以及国家管辖的一切其他通航海域。

船船员专业知识综合运用、操作及应急等能力进行技能测评。该规则第25条规定,适任考试科目、大纲由国家海事管理机构统一制定并公布。相关海事管理机构应当在职责范围内制定并公布适任考试具体计划,明确适任考试的时间、地点、申请程序等相关信息。

因《2011年发证规则》对海船船员的适任证书、适任条件、培训考试等多方面要求都做了政策性调整,对于那些正准备新加入到海员队伍中的人来说,操作起来相对简单,而对那些已经持证的海员而言,则要面临过渡问题。为了使《2011年发证规则》能够更加顺利地实施,交通运输部海事局也做了明确规定:自2017年1月1日起,海船船员上船任职,必须持有符合《2011年发证规则》要求的适任证书和新版培训合格证。就适任证书而言,从2012年7月1日起开始按照2011年《发证规则》进行海船船员适任证书发证、签证和换证工作,但原持乙类船长和高级船员适任证书者的换证工作自2013年7月1日起开始;2016年7月1日起停止按照《2004年发证规则》进行海船船员适任证书发证、签证和换证工作,按照《2004年发证规则》签发的适任证书有效期不得超过2016年12月31日。旧版培训合格证在有效期内,可继续使用至2016年12月31日;2016年7月1日起停止合格证换发,逾期不换发的,需重新参加培训。

《2011年发证规则》还取消普通适任证书5年有效期的限制,做出了"我国缔结或者加入的国际公约对普通船员适任证书有效期有特别规定的,按照其规定执行"的规定。根据2010年STCW公约马尼拉修正案的规定,值班水手、高级值班水手,值班机工、高级值班机工、电子技工可以持有培训合格证,且证书可以长期有效。

船员考试是针对高级船员而言的,对于一般船员无须进行考试,只需进行一些必要的专业培训即可。《海商法》第32条规定:"船长、驾驶员、轮机长、轮机员、电机员、报务员,必须由持有相应适任证书的人担任。"这些船员被称作持证船员。《海商法》第33条进一步明确:"从事国际航行的船舶的中国籍船员,必须持有中华人民共和国港务监督机关颁发的海员证和有关证书。"船员适任证书必须由持证人本人使用。海事局对伪造、变造或买卖适任证书的船员,由海事管理机构收缴有关证书,处2万元以上10万元以下罚款,有违法所得的,还应当没收违法所得。[①]

四、船员的配备

船员的配备(manning of crew)是指为保证船舶安全航行,为船舶安排一定数额的合格船员。通常来说,船员定额标准包含两个方面的内容:一是船舶应配备的总的船员定额;二是船舶必须保证持有有效职务证书的船员的数额。

由于各国经济、政治状况不同,船舶类型各异,技术标准不一,国际上很难统一全球船员配备标准。目前,各国通常根据船舶的种类、尺寸、技术设备、构造、主机功率、航区等的要求确定船舶定员。船舶具体编制人数,由船舶所有人安排。在我国,《海上交通安全法》第6条规定:"船舶应当按照标准定额配备足以保证船舶安全的合格船员。"根据该法,交通部制定并于1998年5月1日起施行的《中华人民共和国船舶最低安全配员规则》,为海船、客船、拖轮、内河船的甲板部、轮机部、客运部、服务人员、报务员的最低配员做了详细规定。

为配合《2004年发证规则》的实施,依据《中华人民共和国海上交通安全法》《中华人民共

---

① 2011年《中华人民共和国海船船员适任考试和发证规则》第53条。

和国内河交通安全管理条例》和中华人民共和国缔结或参加的有关国际条约，2004 年 8 月 1 日交通部实施了新的《中华人民共和国船舶最低安全配员规则》，又称 2004 年“7 号令”。2014 年 9 月 5 日交通运输部发布《关于修改〈中华人民共和国船舶最低安全配员规则〉的决定》，增加一条作为第 10 条：“中国籍船舶配备外国籍船员应当符合以下规定：（一）在中国籍船舶上工作的外国籍船员，应当依照法律、行政法规和国家其他有关规定取得就业许可；（二）外国籍船员持有合格的船员证书，且所持船员证书的签发国与我国签订了船员证书认可协议；（三）雇佣外国籍船员的航运公司已承诺承担船员权益维护的责任。”

确定船舶最低安全配员标准应综合考虑船舶的种类、吨位、技术状况、主推进动力装置功率、航区、航程、航行时间、通航环境和船员值班、休息制度等因素。

船舶所有人（或者其船舶经营人、船舶管理人）应当按照本规则的要求，为所属船舶配备合格的船员，但是并不免除船舶所有人为保证船舶安全航行和作业增加必要船员的责任。

船舶在航行期间，应配备不低于按本规则附录一（见表 12-1）、附录二（见表 12-2）、附录三（见表 12-3）所确定的船员构成及数量。高速客船的船员最低安全配备应符合交通部颁布的《高速客船安全管理规则》（交通部令 1996 年第 13 号）的要求。

表 12-1 海船、轮机部和客运部最低安全配员表

甲板部				
船舶种类、航区、吨位或功率			一般规定	附加规定
一般船舶		3000 GT 及以上	船长、大副、二副、三副各 1 人， 值班水手 3 人	航程不超过 300 海里或连续航行时间不超过 36 小时，可减免三副和值班水手各 1 人
		500 GT 及以上至未满 3000 GT	船长、大副、二副各 1 人， 值班水手 3 人	连续航行时间不超过 36 小时，可减免值班水手 1 人；连续航行时间不超过 8 小时，可再减免二副 1 人
		100 GT 及以上至未满 500 GT	船长、三副各 1 人， 值班水手 2 人	连续航行时间超过 36 小时，须增加驾驶员 1 人
		未满 100 GT	驾驶员（国际航行船舶为船长）1 人， 值班水手 1 人	限白天航行且连续航行时间不超过 8 小时；夜间航行或连续航行时间超过 8 小时，须增加驾驶员 1 人
客船		500 GT 及以上	（1）船长、大副、二副、三副各1 人，值班水手 3 人 （2）配有与救生艇数量相等的持有救生艇员证书的人员（不包括船长和大副）	连续航行时间不超过 8 小时，可减免三副和值班水手各 1 人
		100 GT 及以上至未满 500 GT	（1）船长、三副 1 人，值班水手 2 人 （2）同上	连续航行时间超过 8 小时，须增加二副1 人
		未满 100 GT	（1）船长 1 人，值班水手 1 人 （2）同上	限白天航行且连续航行时间不超过 2 小时；连续航行时间超过 2 小时，须增加二副 1 人
拖轮	海上	3000 kW 及以上	船长、大副、二副、三副各 1 人， 值班水手 3 人	连续航行时间不超过 36 小时，可减免二副、值班水手各 1 人；连续航行时间不超过 8 小时，可再减免三副 1 人
		3000 kW 以下	船长、三副各 1 人，值班水手 2 人	连续航行时间超过 8 小时，须增加二副 1 人
	港内	750 kW 及以上	船长、驾驶员各 1 人，值班水手 2 人	
		未满 750 kW	驾驶员 1 人，值班水手 1 人	

续表 12-1

<table>
<tr><td colspan="5">轮 机 部</td></tr>
<tr><td rowspan="7">所有船舶</td><td colspan="2">航区和功率</td><td>一般规定</td><td>附加规定</td></tr>
<tr><td rowspan="4">海上</td><td>3000 kW 及以上</td><td>轮机长、大管轮、二管轮、三管轮各1人,值班机工3人</td><td>(1)连续航行时间不超过36小时,可减免三管轮和值班机工各1人
(2)AUT-0 自动化机舱可减免二管轮、三管轮和值班机工2人
(3)AUT-1 自动化机舱可减免三管轮和值班机工2人
(4) BRC 半自动化机舱可减免值班机工2人</td></tr>
<tr><td>750 kW 及以上至未满3000 kW</td><td>轮机长、大管轮各1人、值班机工2人</td><td>连续航行时间超过16小时,须增加轮机员1人和值班机工1人(自动化机舱及 BRC 半自动化机舱除外)</td></tr>
<tr><td>220 kW 及以上至未满 750 kW</td><td>轮机长、轮机员各1人,值班机工2人</td><td>连续航行时间超过36小时,须增加二管轮1人(自动化机舱及 BRC 半自动化机舱除外)</td></tr>
<tr><td>未满 220 kW</td><td>轮机长、值班机工各1人(机驾合一的免)</td><td>连续航行时间超过4小时,须增加轮机员1人(机驾合一的免)</td></tr>
<tr><td colspan="2">港 内</td><td>三管轮1人,值班机工1人</td><td></td></tr>
<tr><td colspan="5">客 运 部</td></tr>
<tr><td colspan="2">客 船</td><td colspan="3">按船舶载客定额,每50名乘客配客运部人员1名;航程不超过40海里或航行时间不超过4小时的,可按每100名乘客配客运部人员1名;航程不超过10海里或航行时间不超过1小时的,可按每150名乘客配客运部人员1名;航程不超过5海里或航行时间不超过0.5小时的,可按每200名乘客配客运部人员1名</td></tr>
</table>

注:1. 值班水手、值班机工均为持有值班水手、值班机工适任证书者。
2. 客运部人员包括乘警、船医、厨工及旅客服务员。
3. 国际航行船舶的机舱自动化程度按其轮机入级证书载明情况为准;国内航行船舶的机舱自动化程度按照船舶检验证书簿载明情况为准,主推进装置驾驶室遥控的可按半自动化机舱进行减免。
4. 轮机部可按航行时间减免,或按机舱自动化程度减免,但不应按航行时间和机舱自动化程度同时减免。
5. 核定乘客人数12人及以上的特种用途船舶,按客船要求核定配员。
6. 废钢船需航行时按其检验时的船舶种类及相关参数核定配员,不适用减免规定。
7. 船舶在中途港或海上作业点停留时间不超过4小时的,计入连续航行时间。

表 12-2 海船无线电人员最低安全配员表

<table>
<tr><td>海区</td><td colspan="2">GMDSS 设备</td></tr>
<tr><td>A1</td><td colspan="2">兼职 GMDSS 限用操作员 1 人</td></tr>
<tr><td>A2</td><td colspan="2">专职 GMDSS 通用操作员 1 人或兼职 GMDSS 通用操作员 2 人</td></tr>
<tr><td rowspan="2">A3 和 A4</td><td>双套</td><td>专职 GMDSS 通用操作员 1 人或兼职 GMDSS 通用操作员 2 人</td></tr>
<tr><td>单套</td><td>专职 GMDSS 无线电电子员 1 人</td></tr>
</table>

注:1. A1、A2、A3 和 A4 海区是指《1974 年国际海上人命安全公约》1988 年修正案所界定的区域。
2. 经船检部门批准暂未配备 GMDSS 设备的,可暂不配备 GMDSS 操作员。
3. 船舶在未设有 GMDSS 岸上设施的水域航行,经该水域辖区的海事管理机构报主管机关批准后,可暂免予配备 GMDSS 操作员。
4. 500 GT 以下船舶(仅航行在 A2 海区)可配兼职 GMDSS 通用操作员 1 人;300 GT 及以下船舶免配 GMDSS 操作员。

表 12-3　内河船舶甲板部、轮机部和客运部最低安全配员表

船舶等级		1600 总吨及以上或 1500 kW 及以上	600 总吨及以上至未满 1600 总吨或 441 kW及以上至未满 1500 kW	200 总吨及以上至未满 600 总吨或 147 kW 及以上至未满 441 kW	200 总吨或 147 kW 以下
甲板部					
一般船舶	一般规定	船长 1 人 大副、二副、三副各1 人 水手 3 人	船长、大副、二副各 1 人 水手 2 人	船长 1 人 驾驶员 1 人 水手 1 人	驾驶员 1 人（机驾合一的，为驾机员 1 人）
	附加规定	(1) 连续航行时间不超过 16 小时的可减免驾驶员和水手各 1 人 (2) 连续航行时间不超过 8 小时，可再减免驾驶员 1 人	连续航行时间不超过 16 小时的可减免驾驶员 1 人	连续航行时间不超过 6 小时的，可减免驾驶员 1 人	连续航行时间超过 6 小时的，须增加驾驶员 1 人（机驾合一的，为驾机员 1 人）
客船	一般规定	船长、大副各 1 人、二副 2 人(JJ 航段配船长 1 人、大副 3 人) 水手 3 人	船长、大副、二副各 1 人(JJ 航段配船长 1 人、大副 2 人) 水手 2 人	船长 1 人、驾驶员 2 人 水手 1 人	驾驶员 1 人（机驾合一的，为驾机员 1 人），水手 1 人
	附加规定	(1) 连续航行时间不超过 8 小时的可减免驾驶员和水手各 1 人 (2) 连续航行时间不超过 4 小时，可再减免驾驶员 1 人	连续航行时间不超过 8 小时的可减免驾驶员 1 人	同左	连续航行时间超过 4 小时的，须增加驾驶员 1 人（机驾合一的，为驾机员 1 人）
轮机部					
所有船舶	一般规定	轮机长、大管轮、二管轮、三管轮各 1 人 机工 3 人	轮机长 1 人 轮机员 2 人 机工 2 人	轮机长 1 人 轮机员 1 人 机工 1 人	轮机员 1 人（机驾合一的，为机工 1 人）
	附加规定	(1) 连续航行时间不超过 16 小时的可减免轮机员和机工各 1 人 (2) 连续航行时间不超过 8 小时可再减免轮机员 1 人 (3) 自动化机舱可减免轮机员 2 人、机工 3 人	(1) 连续航行时间不超过 16 小时的可减免轮机员和机工各 1 人 (2) 自动化机舱可减免轮机员 1 人、机工 2 人	(1) 连续航行时间不超过 8 小时的可减免机工 1 人 (2) 驾机合一的可减免轮机员 1 人	连续航行时间超过 4 小时的，须增加轮机员 1 人（驾机合一的免）
客运部					
客船		按船舶载客定额，每 50 名乘客配客运部人员 1 名；航程不超过 80 公里或航行时间不超过 4 小时的，可按每 100 名乘客配客运部人员 1 名；航程不超过 20 公里或航行时间不超过 1 小时的，可按每 150 名乘客配客运部人员 1 名；航程不超过 10 公里或航行时间不超过 0.5 小时的，可按每 200 名乘客配客运部人员 1 名			

注：1. 驾驶员可由船长、大副、二副、三副担任。

2. 轮机员可由轮机长、大管轮、二管轮、三管轮担任。

3. 200 总吨及以上至未满 600 总吨或 147 kW 及以上至未满 441 kW 的港内作业船舶或航行时间不超过 30 分钟的，对江渡船可配备驾驶员、轮机员各 1 人、水手 2 人、机工 1 人。

4. 轮机部可按航行时间减免，或按机舱自动化程度减免，但不应按航行时间和机舱自动化程度同时减免。

5. 没有核定总吨的船舶参照载重吨与总吨的比例掌握。拖轮按主推进动力装置功率确定等级。

6. 核定乘客人数 12 人及以上的特种用途船舶，按客船要求核定配员。

7. 废钢船航行时按其检验时的船舶种类及相关参数核定配员，不适用减免规定。

8. 船舶在中途港或海上作业点停留时间不超过 2 小时的，计入连续航行时间。

五、船员任用和劳动方面应适用的法律

对于船员的任用和劳动,我国《海商法》只做了几条原则性规定。该法第 34 条规定,海商法没有规定的,适用有关法律、行政法规的规定。这些法律、法规包括《劳动法》《劳动合同法》《社会保险法》《工伤保险条例》《船员条例》等。此外,我国参加和缔结的有关公约,如《1926 年海员协议条款公约》《1926 年海员遣返公约》、SOLAS 1974、STCW 1978 等等,对我国均有法律约束力。2015 年 8 月 29 日,经十二届全国人大常委会第十六次会议审议通过,我国正式批准加入《2006 年海事劳工公约》。《2006 年海事劳工公约》将于 2016 年 11 月 12 日对我国正式生效,成为我国船员任用和船员权益保护法律方面的重要组成部分。

第二节 船 长

船长,是受船舶所有人、经营人或光船承租人聘用委派或雇用,在船上任职服务并主管船上一切事务的人。[①] 船长是一种特殊职务,其法律地位既不同于一般船员,也不同于一般船舶管理人员,因此,各国法律均赋予船长一定的权力和职能。我国《海商法》第三章第二节对船长的职能(functions)做了专门规定。结合 2007 年《船员条例》第三章对船长权力职责的规定,船长主要职能概括起来有以下几种:

一、管理和驾驶船舶的职能

管理和驾驶船舶的职能(function of management and navigation of the ship)是船长作为船上最高行政管理人员所享有的管辖、统领和指导船上行政事务和航行事务的权力,也是各国海商法普遍确立的权力。船长作为船舶的指挥者,负责船舶的驾驶和管理事务。船长在其职权范围内发布的命令,船员、旅客和其他在船人员都必须执行。船长对于船舶和在船人员、文件、邮件、货物以及其他财产,应当采取必要的措施,使之防止遭受任何损害或侵害。

为保障人员、财产和海洋环境安全,船长的这一职能是绝对的,他有权决定船舶的航次计划,对不具备船舶安全航行条件的,可以拒绝开航或者续航;对船员用人单位或者船舶所有人下达的违法指令,或者可能危及有关人员、财产和船舶安全或者可能造成水域环境污染的指令,可以拒绝执行[②]。即使在引航(不论强制与否)的情况下,船长驾驶船舶和管理船舶的职责也不因引航员引领船舶而解除[③]。引航员在引领船舶方面所做的正确命令、指示应得到船长、船员的密切配合与协作。但发现引航员的操纵指令可能对船舶航行安全构成威胁或者可能造成水域环境污染时,应当及时纠正、制止,必要时可以要求更换引航员[④]。法律做出此种规定

① 我国《船员条例》第 4 条规定,本条例所称船长,是指依照本条例的规定取得船长任职资格,负责管理和指挥船舶的人员。

② 参见《船员条例》第 24 条。

③ 参见《海商法》第 39 条。

④ 参见《船员条例》第 24 条。

的目的是,一旦船舶因引航员引领船舶的过失造成损害,其经济赔偿责任应由被引船舶的所有人承担[①]。在我国,根据《海港引航工作条例》第8条的规定[②],船舶在被引过程中,由于引航员的过失所发生的海损事故,引航员当受应得的处分,但不负经济赔偿责任。即引航员虽然无须承担经济赔偿责任,但仍须负行政责任。交通部于2001年11月30日以交通部令2001年第10号文发布《船舶引航管理规定》,该规定第23条也明确"船舶接受引航服务,不解除被引船舶的船长驾驶和管理船舶的责任"。该内容与我国《海商法》的规定并无不同,但是没有明确规定因为引航员过失导致被引领船舶损失的,是否应当承担民事赔偿责任或者承担行政责任问题。

二、警察职能

警察职能(function of police)本来是公安部门具有的打击犯罪、改造犯罪、保护人民、维护社会治安的职能,但由于船舶上的船员及其他在船人员是一个特殊的群体,也是社会的一个缩影,船舶又常在海上或外国港口间航行,为维持船上治安、惩治犯罪,保证海上人命、船舶和其他财产的安全,法律特赋予船长这一特殊职能。

我国《海商法》第36条第1款规定:"为保障在船人员和船舶的安全,船长有权对在船上进行违法犯罪活动的人采取禁闭或其他必要措施,并阻止其隐匿、毁灭、伪造证据。"该条款规定即是船长行使的警察职权的一种具体体现。该条第2款还规定:"船长采取前款措施,应当制作案情报告书(a report of the case),由船长和两名以上在船人员签字,连同人犯送交有关当局处理。"这里的"有关当局"一般理解为船舶最初到达港口的中华人民共和国公安机关;如果船舶在国外,则送交我国驻当地的使领馆;如果在海上,也可以送交给我国的军舰。船长的警察职能是一种受限制的权力,他无权对案件进行实质性的处理。

三、公证职能

公证(notarization)本是国家公证机关按照公民、机关、团体、企业及事业单位的申请,对某种法律行为或者具有法律意义的文书、事实,证明其真实性与合法性的一种活动,它是国家司法制度的组成部分。但由于船舶在航行期间,也会发生自然人的出生或死亡事件,此类事件将产生一定的法律后果,如国籍的取得、财产继承等,为满足不同法律的要求和保证事件的真实性,法律赋予了船长公证权。

我国《海商法》第37条规定:"船长应当将船上发生的出生或者死亡事件记入航海日志,并在两名证人的参加下制作证明书。死亡证明书应当附有死者遗物清单。死者有遗嘱的,船长应当予以证明。死亡证明书和遗嘱由船长负责保管,并送交家属或者有关方面。"另根据航运习惯,船长可根据具体情况对船上尸体进行海葬。

四、应变职能

应变职能(function of meeting emergency)是指船长在紧急情况下,为了船舶、船上人员和

---

① 少数国家(如苏联、波兰)规定由引航当局承担责任,同时有责任限制;比利时和巴拿马运河当局规定,由该当局承担全部责任;也有的国家规定由引航员负责。

② 《海港引航工作条例》已经于2003年12月2日被废止。

财产的安全而采取非常措施以应付突然事变的权利。

我国《海商法》第 38 条就是对船长应变职能的规定。当船舶发生事故,危及在船人员和财产安全时,船长应当组织船员和其他在船人员尽力施救。在船舶的沉没、毁灭不可避免的情况下,船长可以做出弃船决定;但是,除紧急情况外,应当报经船舶所有人同意。弃船时,船长必须采取一切措施,首先组织旅客安全离船,然后安排船员离船,船长应当最后离船。在离船前,船长应当指挥船员尽力抢救航海日志、机舱日志、油类记录簿、无线电台日志、本航次使用过的海图和文件,以及贵重物品、邮件和现金等。

此外,船长的应变职能还应包括以下权利:

(1)对人处分权。即任何在船人员的行为对船上其他人员和财产安全构成严重威胁,且不听制止时,船长可以将其拘禁,暂时限制其人身自由。对不称职的船员,可以责令其离岗。

(2)对物处分权。对船上人员持有的凶器、易燃易爆、有毒物品等,船长有权强制保管和将其丢弃。当船上所载危险品对于船舶、人员或者其他货物构成实际危险时,船长可将货物卸下、销毁、投弃入海或使之不能为害的其他措施,而不负赔偿责任(《海商法》第 68 条)。

(3)对事处分权。船舶发生海事或污染事故时,船长应采取一切可能的措施,防止损害扩大,并制作海损事故报告书,附上事故发生时两名以上在船船员或知情旅客的书面证明,送交有关当局。

五、代理职能

船长的代理职能(function of agent)是指船长在法律规定的范围内以船舶所有人的名义同第三人为意思表示,并将产生的法律后果直接归于船舶所有人承受的一种权能。

在通信技术不发达年代,船长的这一职能范围很广泛。他可以代表船舶所有人或者货主签订必要的救助、引航、拖带、临时修理等合同;代表船舶所有人签发提单;为了紧急修船、补充船舶用品和船员给养,而又来不及与船舶所有人联系时,还有权贷款、卖掉船上除特殊设备以外的多余船用物品。但随着通信技术的发展,船舶代理人制度的逐步完善,船长的代理权限在不断缩小。在现代海商法中,船长的代理权一般仅限于签发提单和签订救助合同。

如我国《海商法》第 72 条规定:“提单由载货船舶的船长签发的,视为代表承运人签发。”实际上,船长签订救助合同的代理权在《1989 年救助公约》中才第一次被明确肯定,我国《海商法》第 175 条第 2 款亦承认:“遇险船舶的船长有权代表船舶所有人订立救助合同。遇险船舶的船长或者船舶所有人有权代表船上财产所有人订立救助合同。”当然,在时间允许的情况下,船长在行使这一权利时应征求船舶所有人的意见。

由于船长处于十分重要的法律地位,船上不能无人行使船长职务,故我国《海商法》第 40 条对船长职务的暂行代理做了专门规定:“当船长在航行中死亡或者因故不能执行职务时,应当由船上驾驶员中职务最高的人代理船长职务;在下一个港口开航前,船舶所有人应当指派新船长接任。”此时,船上驾驶员中职务最高的人(即大副),即使没有船长适任证书或特免证书,亦可代理船长职务,行使船长职权,并承担相应的义务和责任。

第三节　船员劳动合同

一、船员劳动合同的概念和特征

船员劳动合同是船员与船舶所有人、船舶经营人为建立劳动关系而达成的书面协议。与其他民事合同相比较,船员劳动合同的内容较多地体现了强制性,即当事人的权利、义务大多是由各种法律强制规定的,如劳动法、劳动合同法、社会保险法、企业法等。此种合同的签订方式体现了从属性。一般民事合同由双方当事人在意思表示一致的基础上直接签订,而有的国家(包括我国),除船公司自有船员外,一般不是船员个人直接与船舶所有人或经营人签订合同,而是由船员向劳动服务机构提出申请,然后由船员服务机构与船舶所有人或经营人直接签订合同。这种做法不利于保障船员的合法权益。例如,实践中经常发生外派船员工资被拖欠或人身伤亡争议,而船员很难依据船员劳动合同直接向国外船舶所有人或经营人索赔,因为他不是合同一方当事人。此外,船员劳动合同中的船员权利具有专属性,双方当事人都不得任意将自己的权利转让他人。

二、关于船员劳动合同的国际立法

为调整因船员劳动合同而发生的法律关系,保障船员合同权益,以保障海上人命及财产安全,自1920年以来,国际劳工组织制定了很多有关船员雇佣或劳动合同方面的国际公约,主要包括:《1920年船舶失踪或沉没解雇赔偿公约》《1920年受雇海员便利处所公约》《1920年确定准许儿童在海上工作的最低年龄公约》*[①]《1921年确定准许雇佣未成年人充任扒炭工或司炉工最低年龄公约》*《1921年海上雇佣儿童及未成年人的强制体格检查公约》《1926年海员协议条款公约》*《1926年海员遣返公约》*《1946年船上厨师证书公约》《1936年船长及高级船员技能最低要求公约》*《1936年船舶工作时间及配员公约》《1936年船舶所有人对海员疾病、伤害或死亡应负责任公约》《1936年海员疾病保险公约》《1946年海员退休金公约》《1946年船上船员伙食公约》《1949年海员休假公约》《1949年船舶船员起居处所公约》《1958年海员证公约》和《1964年海员体格检查公约》等。截止到2013年2月底,国际劳工组织颁布了190余项国际公约,其中核心公约8个,优先适用的公约4项,技术类公约177项。而中国[②]批准了其中的25项公约,包括4项核心公约[③]、2个优先适用公约和19项技术类公约,其中与海事有关的公约4项,例如《1926年海员协议条款公约》(第22号公约),《1926年海员遣返公

① 带"*"号者是我国已参加或批准的公约。

② 不包括香港及澳门特别行政区。

③ 4项核心公约分别是:《1951年公平待遇公约》(第100号公约)、《1958(雇佣和职业)歧视公约》(第111号公约)、《1973年最低年龄公约》(第138号公约)、《1999年童工最恶劣形式公约》(第182号公约)。参见ILO官方网站,2014年1月13日访问。

约》(第 23 号公约)等。[1]

2006 年 2 月 7 日至 23 日,国际劳工组织第 94 届大会暨第 10 届海事大会在日内瓦召开,出席会议的 106 个成员国的政府、船东、船员三方代表,以 314 票赞成,零票反对,4 票弃权通过了新的《海事劳工公约》(Maritime Labour Convention:MLC)。该公约在内容上规定了海员体面工作条件的很宽领域的权利,具体事项涉及海员上船工作的最低要求、就业条件、起居舱室、娱乐设施、食品和膳食、健康保护、医疗、福利和社会保障等影响海员生活的重要方面;明确了海员的权利和成员国的义务。该公约综合和更新了过去近 90 年来国际劳工组织通过的 68 个国际海事劳工公约及建议书,被称为全球海员的"权利法案"。《2006 年海事劳工公约》已于 2013 年 8 月 20 日生效。2015 年 8 月 29 日,经第十二届全国人大常委会第十六次会议审议通过,我国正式批准加入《2006 年海事劳工公约》。公约批准书递交国际劳工局登记之日起一年后,公约将于 2016 年 11 月 12 日对我国正式生效。据海事局统计,我国海员总人数在 62 万左右, 海员劳务输出全球第四。我国批准加入该公约,无疑对保护我国海员权益有重大意义。

三、船员劳动合同的主要内容

船员劳动合同是确定双方当事人权利、义务的依据,也是解决因该合同引起的纠纷的重要依据。因此,制定一个全面、完善的船员劳动或雇用合同是至关重要的。在我国,船员的任用虽以聘任制为主,但在近几年,随着经济体制改革的进行,对部分船员也采用了合同制,尤其对船员劳务派遣行业来说,签订劳务派遣合同更日见盛行。在我国尚无单行的船员法可适用的情况下,有效签订的船员劳动合同是处理当事双方争议的重要依据,故不可忽略合同的内容。现对我国参加的《1926 年海员协议条款公约》[2](Seamen's Articles of Agreement Convention, 1926;以下简称《1926 年公约》)的主要内容以及《2006 年海事劳工公约》有关内容做以介绍,供有关部门、人员签订合同时参考。

(一)1926 年海员协议条款公约

1. 公约适用对象

《1926 年公约》适用于已在批准该公约的任何成员国登记的一切航海船舶及此等船舶的所有人、船长及船员。公约不适用于军舰、非从事贸易的政府船舶、从事沿海贸易的船舶、游乐艇、帆船和渔船;也不适用于登记总吨位不满 100 总吨或不足 300 立方米的船舶,以及从事国内运输的船舶或吨位低于在该公约通过时国家法律为特别管理此项贸易所规定吨位限制的船舶。《1926 年公约》中"海员"一词,包括以任何资格受雇用或在任何船上从事工作并参与海员协议条款的任何人员,但不包括船长、引航员、实习生、学徒、海军人员等。

2. 协议条款的签订

海员协议条款,应由船舶所有人或其代表与海员双方签订。在签字之前,应给予海员及其顾问以审查协议条款的便利条件;海员应依照国家法律所规定的条件签订协议。

此外,在国内立法和要求方面还规定,国家法律应规定关于完成订立协议的其他必要手续

---

① 郭萍,《国际海事劳工公约带来的影响与应对》,《世界海运》2014 年第 3 期,第 37 卷,第 20 ~ 35 页。

② 《1926 年海员协议条款公约》已经于 1928 年 4 月 4 日生效。该公约于 1936 年 12 月 2 日由当时的中华民国政府批准,1984 年我国政府予以承认。参见张铎校译《2006 年海事劳工公约》(中英对照),大连海事大学出版社,2013 年 7 月,第 26 页。

与保证，以保护船舶所有人与海员的利益。协议中不得载有违背国家法律或该公约的规定。

3. 关于协议管辖的效力

签订协议的船舶所有人或其代表与海员，应依照国家法律采取适当措施，以保证协议中不含有双方预先约定的关于违反此项协议的司法管辖的条款。但这一规定不得解释为禁止交付仲裁。

4. 协议内容

协议可以是定期的，也可以是订明一个航次，如为国家法律所许可，亦可订立无定期的协议。

成员国应通过法律和条例，具体规定受其国家法律约束的所有海员就业协议需要包括的事项。在所有情况下，协议中除应明确载明双方的权利与义务外，还须载明下列各项：

(1)海员姓名、出生日期或年龄及出生地；

(2)船东的名称和地址；

(3)订立协议的地点及日期；

(4)海员从事服务的船舶的名称；

(5)如为国家法律所规定时，还应注明船员人数；

(6)如能在订约时决定，应载明承担的航程；

(7)海员所任职务；

(8)如有可能，海员须报告上船服务的地点及日期；

(9)如国家法律无另外规定时，应载明海员给养的标准；

(10)工资数额；

(11)协议的终止及其条件；

(12)带薪休假。

5. 关于终止协议的预告

无定期的协议，可由任何一方当事人在船舶的任何一个装卸港口声明终止，但事先必须发出协议上所规定的预告。此项预告期不得少于 24 小时。预告应采用书面形式。国家法律也可规定虽经预告手续而仍不能终止协议的例外情况。

6. 协议的自然终止

无论是航次或有定期或无定期的协议，如遇下列情况，应属自然终止：双方同意；海员死亡；船舶灭失，或完全不适合于航海；国家法律或该公约所规定的其他原因。

7. 解雇海员和海员要求辞职

国家法律应规定船舶所有人或船长可以立即解雇海员和海员可以要求立即辞职的各种情况。

8. 协议终止后的处理

不论是何种原因导致协议的终止或解除，均应在有关文件及船员名单上登记，注明该海员已被解雇（或已辞职），经一方请求，此种登记应由主管机关核准。此外，海员有权随时向船长要求另发一份关于其工作效能的证明书。

除上述主要内容外，公约还规定了雇用文件、对协议条件的了解等问题。

(二)2006 年海事劳工公约

作为全球海员“权利法案”的《2006 年海事劳工公约》，与《1978 年海员培训、发证与值班标准国际公约》(STCW 公约)、《防止船舶污染海洋公约》(MARPOL 公约)、《海上人命安全公约》(SOLAS 公约)被国际航运界称为国际海事公约四大支柱[①]。《2006 年海事劳工公约》在内容及结构体例方面兼具强制性条款和非强制性条款。在内容和体例架构方面,《2006 年海事劳工公约》包括序言、正文以及附录三个部分,而正文则由 3 个层次构成。第 1 层为公约 16 个条款(articles);第 2 层为规则(regulations),编排在公约正文条款之后;第 3 层为守则(codes),由 A 部分(强制性标准:standards)和 B 部分(非强制性导则:guidelines)组成。规则和守则对海员上船工作的最低要求,就业条件,起居舱室、娱乐设施、食品和膳食服务,健康保护、医疗、福利和社会保障,遵守与执行等五个方面分别做了具体规定。公约 4 个附录,分别涉及发证检查事项、证书式样、港口国检查事项等。

以下本书重点对公约适用对象及有关船员就业协议方面予以介绍。

1. 公约适用对象

《2006 年海事劳工公约》适用的海员为在本公约所适用的船舶上以任何职务受雇(employed)或从业(engaged)或工作(worked)的任何人员[②]。如果就某类人员是否应被视为本公约所指的海员存在疑问,应由各成员国的主管当局与此问题所涉及的船东和海员组织进行协商后做出决定。公约下的"船东"一词系指船舶所有人或从船舶所有人那里承担了船舶经营责任并在承担这种责任时已同意接受船东根据本公约所承担的职责和责任的另一组织或个人,如船舶管理人、船舶代理人或光船承租人,无论是否有任何其他组织或个人代表船东履行了某些职责或责任。

本公约适用的船舶为从事国际航线、沿海航线的商船,不论是公有或私有。该公约不适用于:(1) 在内河或在遮蔽水域之内或其紧邻水域或适用港口规定的区域航行的船舶;(2)从事捕鱼或类似捕捞的船舶;(3)用传统方法制造的船舶,例如独桅三角帆船和舢板;(4)军舰和军事辅助船;(5)如果就本公约是否适用于某一船舶或特定类别船舶存在疑问,该问题应由各成员国的主管当局与有关船东和海员组织进行协商后做出决定。

根据《2006 年海事劳工公约》A5. 1. 3 标准的规定,500 总吨以上从事国际航行的船舶,应当随船携带"海事劳工证书"和"海事劳工符合声明"。

2. 船员就业协议的签订

《2006 年海事劳工公约》下的海员就业协议(seafarers' employment agreement)包括就业合同(a contract of employment)和协议条款(articles of agreement)。

根据公约第 4 条第 2 款规定,每一海员均有权获得公平的就业条件。海员的就业协议应在确保海员有机会对协议中的条款和条件进行审阅和征求意见并在签字前自由接受的前提下,取得海员的同意(公约规则 2. 1. 2)。在与成员国国家法律和惯例相符合的范围内,海员的就业协议应被理解为包括了任何适用的集体谈判协议(公约规则 2. 1. 3)。

公约标准 A2. 1. 1 进一步规定,各成员国应通过法律或条例,要求悬挂其旗帜的船舶符合下述要求:

(1)(a)在悬挂其旗帜的船舶上工作的海员应持有一份由海员和船东或船东的代表双方

---

① 2006 年 2 月召开的国际劳工大会第 94 届会议上,国际海事组织秘书长 Mitropoulos 先生发表讲话时提出上述观点。

② 参见《2006 年海事劳工公约》第 2 (1)条 (f)项的规定。

签署的海员就业协议（或者，如果他们不是雇员，契约性或类似协议的证明）为其提供本公约所要求的体面的船上工作和生活条件。

（b）签署海员就业协议的海员在签字前应有机会对协议进行审查和征询意见，还要为海员提供其他必要的便利确保其在充分理解了其权利和义务后自由达成协议。

（c）有关船东和海员应各持有一份经签字的海员就业协议原件。

（d）应采取措施确保包括船长在内的海员在船上可以容易地获得关于其就业条件的明确信息，并且这些信息，包括一份海员就业协议的副本，还应能够供主管当局的官员，包括船舶所挂靠港口的官员查验；以及

（e）应发给海员一份载有其船上就业记录的文件。

（2）标准 A2.1.2 规定，如果集体谈判协议构成海员就业协议的全部或一部分，该协议的一份副本应保留在船上。如果海员就业协议和任何适用的集体谈判协议的语言不是英语，以下内容还应用英语提供（仅从事国内航行的船舶除外）：（a）一份协议的标准格式；和（b）根据规则 5.2，集体谈判协议中要受港口国检查的部分。

因此，根据《2006 年海事劳工公约》的要求，船员应和船东或船东代表双方直接签署就业协议。在我国，为参加该公约做履约准备，早在 2007 年就颁布实施了《船员条例》。该条例第 27 条规定："船员用人单位应当依照有关劳动合同的法律、法规和中华人民共和国缔结或者加入的有关船员劳动与社会保障国际条约的规定，与船员订立劳动合同。船员用人单位不得招用未取得本条例规定证件的人员上船工作。"船员用人单位可能是船东，也可能是船员服务机构或船员派遣单位，实践中在船员派遣尤其是外派的情况下，往往是船员和船员服务机构签订船员劳动合同或者船员服务合同或者船员聘用合同，船员服务机构再与船东签订船员派遣合同或船舶配员合同等，但船员并没有直接和船东签订就业协议。这种情况并不符合《2006 年海事劳工公约》的规定。为满足公约要求，目前实践中出现了在船员外派的情况下，船员与船东签订上船合同的做法。

3. 船员就业协议的内容

《2006 年海事劳工公约》标准 A2.1.4 规定，成员国应通过法律和条例，具体规定受其国家法律约束的所有海员就业协议需要包括的事项。在所有情况下海员就业协议均应包括以下细节：

（1）海员的全名、出生日期或年龄及出生地。

（2）船东的名称和地址。

（3）订立海员就业协议的地点及日期。

（4）海员将担任的职务。

（5）海员的工资数额，或者如果适用，用于计算工资的公式。

（6）带薪年假的天数，或者如果适用，用于计算天数的公式。

（7）协议的终止及其终止条件，包括：

（a）如果协议没有确定期限，各方有权终止协议的条件，以及所要求的预先通知期，船东的预先通知期不得短于海员的预先通知期；

（b）如果协议有确定期限，其确定的期满日期；和

（c）如果协议是为一次航程而订，其航行之目的港，以及到达目的港后海员应被解雇前所须经历的时间。

(8)将由船东提供给海员的健康津贴和社会保障保护津贴。

(9)海员获得遣返的权利。

(10)提及集体谈判协议,如适用;以及

(11)国家法律所要求的其他细节。

4. 船员就业协议的终止

在航运实践中,船员就业协议通常可分为三种类型:无固定期限的就业协议、有固定期限的就业协议和某一航程的就业协议。

正常情况下,对于无固定期限的就业协议,船员和船东双方有权协商终止协议的条件,以及所要求的预先通知期,船东的预先通知期不得短于海员的预先通知期;对于有固定期限的就业协议,通常为确定的期限届满,协议终止;对于某一航程的就业协议,船舶航行到航程的目的港后一段时间(应由双方约定)终止。

在特殊情况下,船东和船员也可能提前终止就业协议。例如,船员因患病或受伤或其他健康问题不能继续履行合同;船舶失事;由于破产、变卖船舶、改变船舶登记或任何其他类似原因船东不能继续履行其作为海员雇用者的法律或契约义务;在船舶驶往国家法律或条例或船员就业协议所界定的战乱区域而船员不同意前往的情况,等等。提前终止协议需提前发出通知。《2006 年海事劳工公约》标准 A2.1.5 规定,各成员国应通过法律和条例确定海员和船东提前终止海员就业协议发出预先通知的最短期限。最短期限的长度应在与有关船东和海员组织协商后确定,但不得短于七天。

标准 A2.1.6 规定,在国家法律或条例或适用的集体谈判协议承认为合理的更短时间预先通知或不经通知结束就业协议的情形下,预先通知期可以比最短期限更短。在确定这些情形时,各成员国应保证考虑到海员出于值得同情的原因或其他紧急原因提前较短时间通知或不通知就终止就业协议的需要。

5. 船员就业协议终止的处理

(1)船员遣返

当然,无论船员就业协议正常终止还是提前终止,都涉及船员的遣返问题。在公约所规定的情形和条件下,海员有权利得到遣返而不向他们收取费用。各成员国应要求悬挂其旗帜的船舶提供财政担保以确保海员根据守则得以合理遣返,以避免船员被遗弃。成员国应禁止船东要求海员在开始受雇时预付遣返费用,禁止船东从海员的工资或其他收益中扣回遣返费用,除非根据国家法律或条例或其他措施或适用的集体谈判协议,海员出现严重失职而被遣返。

(2) 船舶灭失或沉没时对海员的赔偿

《2006 年海事劳工公约》规定海员有权就由于船舶灭失或沉没所造成的伤害、损失或失业得到充分的赔偿。各成员国应制定规章,确保在任何船舶灭失或沉没的各种情况下,船东就这种灭失或沉没所造成的失业向船上每位海员支付赔偿。这些规章应不妨碍海员根据有关成员国关于船舶灭失或沉没而造成损失或伤害国家法律可能享有的其他权利。对因船舶灭失或沉没而造成的失业所给予的赔偿,在海员实属失业期间,应相等于就业协议中可支付工资的比率,但向任何一位海员支付的赔偿总额可仅限于两个月的工资。而且,成员国应确保海员享有索取此种赔偿的法律救济,与其索取其服务期间的拖欠工资所享受的法律救济相同。

第十三章　海上货物运输合同

第一节　海上货物运输合同概述

一、海上货物运输合同的概念及特性

我国《海商法》第41条规定："海上货物运输合同，是指承运人收取运费，负责将托运人托运的货物经海路由一港运至另一港的合同。"

合同内容是双方当事人权利、义务的体现。从上述规定可以看出，海上货物运输合同的双方当事人为承运人和托运人。承运人包括航次租船合同的出租人，通常称为船方，既可能是船舶所有人，也可能是船舶经营人或船舶承租人。承租人作为承运人的，又称作二船东（disponent owner）。我国《海商法》第42条，将承运人定义为"本人或者委托他人以本人名义与托运人订立海上货物运输合同的人"。事实上，承运人在与托运人订立海上运输合同之后，既可以自行完成货物运输工作，也可以将货物运输的全部或部分环节交给其他经营者进行。因此根据我国《海商法》第42条第2项的规定，"'实际承运人'是指接受承运人委托，从事货物运输或者部分运输的人，包括接受转委托从事此项运输的其他人。"与之对应的，我国《海商法》第42条第3项将托运人定义为"1. 本人或者委托他人以本人名义或者委托他人为本人与承运人订立海上货物运输合同的人；2. 本人或者委托他人以本人名义或者委托他人为本人将货物交给与海上货物运输合同有关的承运人的人。"从上述规定可以看出，托运人包括两种人：第一，是指与承运人订立海上货物运输合同的人，即托运人本来的含义。托运人与承运人订立海上货物运输合同，可以是本人亲自与承运人订立，也可以委托他人作为自己的代理人，如货运代理人（forwarding agent），以托运人的名义或为了托运人，与承运人订立海上货物运输合同。第二，是指将货物交给承运人的人，即并未与承运人订立海上货物运输合同，而只是将货物交给承运人，如发货人（consignor）。航运实践中，我们通常把前者称为"契约托运人"或者"缔约托运人"，后者称为"实际托运人"或者"交货托运人"。我国《海商法》将托运人规定为两种，主要是考虑到FOB价格术语存在的需要，以及为了满足国际贸易的需求。该制度是在借鉴《1978年联合国海上货物运输公约》（也称《汉堡规则》）的基础上确立的。我国出口货物的80%以上都是采用FOB形式，把发货人或者将货物交给承运人的人（即FOB卖方）也作为托运人，有利于保护我国贸易出口商的利益。《汉堡规则》在界定托运人概念时，条文结构安排上采用的是"或者"（or）一词，即托运人或者是契约托运人或者是实际托运人，但是我国《海商

法》没有做具体明确区分,也未明确两种托运人的权利、义务和责任有何不同。但是最高人民法院于2012年2月颁布的《关于审理海上货运代理纠纷案件若干问题的规定》的第8条,明确使用“契约托运人”“实际托运人”的称谓。这也是我国司法机关首次在司法解释中将上述两种不同称谓的托运人在法律文件中予以体现。

船舶是履行海上货物运输合同的工具,海上货物运输是该合同的标的。

海上货物运输合同具备如下特性:①双务合同。海上货物运输合同双方当事人均负有义务,享有权利。例如承运人负有安全运送货物的义务,享有收取运费的权利;托运人或收货人负有支付运费的义务,享有在卸货港完好收取货物的权利。任何一方违反合同义务,都应赔偿因此给对方造成的损失。②有偿合同。承运人要想取得运费,应将货物安全地从一港运至另一港;收货人欲在目的港收取货物,也需以支付运费为对价。③要式合同。海上货物运输合同一般采用书面形式,有的海上货物运输合同必须采用书面形式。《海商法》第43条规定:“承运人或者托运人可以要求书面确认海上货物运输合同的成立。但是,航次租船合同应当书面订立。电报、电传和传真具有书面效力。”尽管我国法律对于航次租船合同以外的其他类型的海上货物运输合同没有强调必须采用书面形式,但由于在航运实践中,特别是在班轮运输情况下,海上货物运输合同下通常都会应托运人要求而签发一份纸质的运输单证——提单,因此大部分情况下的货物运输合同都是通过书面形式订立的。④具有约束第三人的性质。收货人很多情况下不是托运人,故收货人并未与承运人直接签订运输合同;但收货人可以因为提单的背书转让,而直接获得运输合同中规定的托运人可以享有的某些利益,并在一定程度上受合同的约束,因此海上货物运输合同的“涉他性”非常明显。也正因为如此,为了保护承运人、托运人以外的善意第三人,包括收货人的合法权益不会因为未参与订立海上货物运输合同而受到任何损害,以及保障国际贸易的顺利开展,一些调整海上货物运输合同的国际公约或国内法,均对海上货物运输合同的内容予以规制,明确规定一些强制性的内容。

二、海上货物运输合同的种类

(一)从运输的区域上划分

从运输的区域上划分,海上货物运输合同包括水路货物运输合同和国际海上货物运输合同。水路货物运输合同,包括内河、内湖货物运输合同和沿海货物运输合同,是指承运人收取运费,负责将托运人托运的货物经水路由国内一港(站、点)运至国内另一港(站、点)的合同。很多航运国家都规定,将沿海运输权赋予悬挂本国国旗的船舶享有,从而保护本国的航运业。我国《海商法》第4条规定:“中华人民共和国港口之间的海上运输和拖航,由悬挂中华人民共和国国旗的船舶经营。但是,法律、行政法规另有规定的除外。非经国务院交通主管部门批准,外国籍船舶不得经营中华人民共和国港口之间的海上运输和拖航。”

在我国,水路货物运输合同主要适用《合同法》以及交通部于2000年发布的《国内水路货物运输规则》和1986年国务院批准、交通部发布的《水路货物运输合同实施细则》。[①] 根据2000年《国内水路货物运输规则》第96条的规定,交通部于1995年发布的《水路货物运输规

---

① 1986年《水路货物运输合同实施细则》根据2011年1月8日《国务院关于废止和修改部分行政法规的决定》进行过修订,删除了第3条有关指令性计划产品运输的规定。

则》《水路货物运输管理规则》,1996 年发布的《国内水路集装箱货物运输规则》,1997 年发布的《水路货物滚装运输规则》,1988 年发布的《船舶无法交付货物处理试行办法》,1982 年发布的《关于沿海航线蜜蜂运输的几项规定》同时废止。因 1986 年《水路货物运输合同实施细则》未在被废止的名单之内,所以仍然有效,但不能与 2000 年《国内水路货物运输规则》发生冲突,冲突部分无效。《国内水路货物运输规则》自 2001 年 1 月 1 日起施行,共分为 9 章 96 条,各章名称分别为总则,运输合同的订立,运输合同当事人的权利、义务,运输单证,货物的接收与交付,航次租船运输的特别规定,集装箱运输的特别规定,单元滚装运输的特别规定,附则。国内水路货物运输合同不适用我国《海商法》第四章关于海上货物运输合同的规定。根据上述法律规定,沿海货物运输的承运人实行完全过错责任,而国际海上货物运输承运人实行不完全的过错责任。

国际海上货物运输合同,是指承运人收取运费,负责将托运人托运的货物经海路由一国的某一港口运至另一国的某一港口的合同,适用我国《海商法》第四章的规定。1997 年 7 月 1 日及 1999 年 12 月 20 日香港及澳门回归祖国以后,内地至港澳的航线,属于特殊管理的国内航线。所谓特殊管理,是指在操作和处理上仍视为"国际航线"处理,但性质上是国内运输。现阶段,内地至台湾的航线,也视为"国际航线"处理。

(二)从运输合同的表现形式上划分

从运输合同的表现形式上划分,海上货物运输合同包括件杂货运输合同和航次租船合同。件杂货运输合同,又称零担运输合同,是承运人负责将件杂货由一港运至另一港,而由托运人(收货人)支付运费的合同。通常是班轮运输(liner shipping)所采用,即承运人接受众多托运人的货载,将属于不同托运人的多批货物装在同一船舶,按既定的船期表,在固定的航线上,以规定的挂靠顺序运输货物。国际件杂货运输合同的主要内容多在提单上表现出来。随着目前集装箱运输的广泛采用,件杂货班轮运输基本上都采用集装箱运输方式,因此件杂货运输合同也被称为"集装箱货物运输合同"。此外,在集装箱货物运输中,除了使用传统的海运提单之外,也有以海运单(sea way bill)或者其他运输单证作为国际件杂货运输合同的表现形式。

航次租船合同(voyage charter party:VOY C/P)又称航程租船合同或程租合同,适用于不定期船运输(tramp shipping)。具体又分为单航次租船合同(single trip C/P)、往返航次租船合同(return trip C/P)、连续单航次租船合同(continuous single trip C/P)及连续往返航次租船合同(consecutive return trip C/P)等多种形式。通常用于大宗散货运输,往往是船方提供整个一艘船或者船舶的部分舱位,供货方使用。

(三)从运输的方式上划分

从运输的方式上划分,海上货物运输合同包括海上货物联运合同与货物多式联运合同。海上货物联运合同,指承运人负责将货物从一港经两段或两段以上的海路运至另一港,由托运人(或收货人)支付运费的合同。一般来说,在这种合同之下,货物是由不属于同一船舶所有人的两艘或两艘以上的船舶,从起运港运至目的港。货物需要从合同双方约定的某个中途港口进行换船转运。此种货物的转运是合同双方当事人在订立海上货物联运合同时已经预知的,并且通常就转运港口期间发生的费用和风险予以约定。有时船舶因为在海上发生意外事故或遭遇其他海难事故造成船舶无法完成续航,需要临时在某个中途港口或者避难港口进行修理,也会涉及将部分亟须交付的货物,通过转船续运至目的地。显然后一情况下的转船运输是不可预知的，临时发生的，不同于海上货物联运合同下的转运。在海上货物联运合同下参加货物运输的，除了作为合同当事一方的承运人，还有与承运人具有一定合同关系的其他海上承运人，即实际承运人或区段承运人。尽管根据合同，货物运输是经过两段或两段以上的海上航程完成的，但是通常情况下，仍然由订立国际海上货物联运合同的承运人签发海—海联运提单(ocean through B/L)，并根据约定将其中的海上航程运输交由其他实际承运人完成。

属于我国《海商法》调整范围的货物多式联运合同，是承运人(又称多式联运经营人)负责将货物以包括海上运输在内的两种或多种运输方式，从一地运至另一地，由托运人(收货人)支付运费的合同，一般以多式联运单证为表现形式。需要读者注意的是，我国《海商法》调整的货物多式联运合同，实际上属于国际货物多式联运合同，不包括国内货物多式联运合同。因为根据《海商法》第 102 条的规定，该货物多式联运合同调整的是"海上运输 + 其他运输方式"下的货物运输，而且我国《海商法》明确规定第四章调整的海上运输限于国际海上货物运输。因此"国内沿海货物运输 + 其他运输方式"的货物运输，或者除了水上运输以外的其他不同运输方式之间的多式运输，例如公路—铁路、公路—航空、铁路—航空等运输方式，均不在《海商法》调整范围之内，而是适用我国《合同法》第十四章有关货物多式联运合同的规定。

三、国际海上货物运输合同的订立

国际海上货物运输合同的船、货双方，当其意思表示一致时，合同关系就成立。就订立合同的过程而言，与一般的民事合同并无区别，一般要经过要约和承诺两个阶段。但就具体的订立方式和程序而言，班轮件杂货运输合同与航次租船合同有很大的差别。各班轮公司为了揽取货载，提高竞争能力，通常就自己经营的班轮航线及船舶到离港的时间，以船期表的形式向外宣传或发出告示。托运人或其货运代理人向班轮公司或其代理机构申请货物托运，填写订舱单(booking note)，载明将要托运货物的名称、数量、装运期限、卸货港、标志等内容。承运人根据订舱单(又称托运单)的内容，结合船舶的航线、挂靠港、船期及舱位等情况，决定是否接受托运。如接受，即在订舱单上指定船名并签字，此时双方的意思表示一致，运输合同即告成立。因此班轮件杂货运输合同一般通过订舱的方式成立。实践中，这种订舱方式可以采用电话、信函、传真，以及包括网上聊天工具在内的其他电子形式。

航次租船合同除由船舶所有人(即出租人)和承租人直接洽谈达成外，还经常通过中间人，即租船经纪人(chartering broker)而达成。租船经纪人受出租人和(或)承租人的委托，代表出租人或承租人磋商租船业务。由于租船经纪人一般信息灵通，掌握了约定的航运信息或者货物信息，具有较丰富的航运经验及法律知识，通常能够及时地，并以较为合理的条件洽谈租船业务，所以航次租船合同通过租船经纪人进行，已成为一种航运习惯。为了简化签订租船合同的手续，加快谈判进程并节省时间，更好地维护自己的利益，一些航运组织、船公司、大货主，事先根据不同航线和货种的需要，拟订一些租船合同格式(forms)，又称租船合同范本，用租约代号(code name)表示。绝大多数租船合同，都是双方当事人在协议选用某一标准格式的基础上，对格式中所列条款进行修改、删减和补充而成的，有的还附有附加条款(rider clause)。租船实践中，出租人或者承租人通过租船经纪人就某一项租船合同主要内容或交易的主要内容基本达成一致意见后，往往会签署订租确认书(fixture note)。该订租确认书只是双方当事人经过协商约定的一些合同主要内容和条款，并约定"其他一切条件、条款，依据 XXX 合同范本"(all other terms, conditions, clauses according to XXX)。只要租船合同双方当事人对该订租确认书予以签署和/或盖章，出租人和承租人之间的租船合同关系就成立。并且一般情况下，合同成立之时即刻产生合同效力，除非合同双方在订租确认书中附有生效条件的一些条款，例如常见的“subject to XXX”条款。在附有生效条件的订租确认书中，虽然航次租船合同关系成立，但是只有生效条件成就时，租船合同才发生效力。至于经合同双方签署和/或盖章订租确认书之后，一些合同当事方仍然会根据约定的某一个合同格式范本再正式制定一份租船合同并签字、盖章，但这些程序不过是合同成立之后为了规范化以及合同备案需要所为，并不影响订租确认书的合同效力。一般而言，附加条款的效力要高于合同中的印刷条款。

无论是班轮件杂货运输合同，还是航次租船合同，一般都以书面形式订立，以便事后一旦双方产生争议时，举证方便，容易分清责任。对此，我国《海商法》第43条规定：“承运人或者托运人可以要求书面确认海上货物运输合同的成立。但是，航次租船合同应当书面订立。电报、电传和传真具有书面效力。”

四、国际海上货物运输合同当事人的主要权利和义务

我国《海商法》中有关国际海上货物运输合同当事人的主要权利和义务的规定，参考了《海牙规则》《海牙—维斯比规则》的内容，适当吸收了《汉堡规则》中的合理规定。

（一）承运人的主要义务

1. 谨慎处理使船舶适航的义务

承运人在船舶开航前和开航当时，应当谨慎处理，使船舶处于适航（seaworthy）状态，妥善配备船员、装备船舶和配备供应品，并使货舱、冷藏舱、冷气舱和其他载货处所适于并能安全收受、载运和保管货物。[①] 这里“船舶处于适航状态”是针对狭义适航而言，即船舶的船体、船机、设备在设计、结构、性能和状态方面能够抵御合同约定的航次中通常出现的或者合理预见的风险。广义上的船舶适航，除了包括狭义船舶适航外，还应当满足如下两个方面的要求：第一，妥善配备船员、装备船舶和配备供应品。妥善配备船员是指在数量上，能够满足船舶正常航行值班或者作业的需要；在质量上，所配备的船员应该满足《海员培训、发证和值班标准国际公约》（STCW公约）及其修正案的要求。妥善装备船舶，是指船舶在各方面得到完善的装备，例如配有雷达、罗经等助航仪器，锚、缆绳等系泊设备，海图、航路指南等航行资料以及根据一些国际公约规定必须配备的证书和文件等。[②] 妥善配备供应品，包括船舶带有充足的燃油、润滑油、物料、淡水、食品等供给。第二，使货舱、冷藏舱、冷气舱和其他载货处所适于并能安全收受、载运和保管货物。即通常所说的船舶适货（cargo worthy）或者货舱适货，是指货舱及其设备完善，满足所运货物的要求。例如货舱清洁、干燥、无味，污水沟和通风筒畅通，舱盖水密，船舶装卸机械和设备齐全并处于有效状态（针对一些大型船舶，不配备装卸机械或设备的除外）。同样，针对不同货物的性质、状态及包装形式，船舶适货的要求也不完全一致。

2. 妥善和谨慎地管理货物的义务

承运人或其受雇人员、代理人应当妥善地、谨慎地装载、搬移、积载、运输、保管、照料和卸

---

① 参见我国《海商法》第47条规定以及《海牙规则》第3条第1款。

② 例如根据《1974年海上人命安全公约》（SOLAS 1974）、《防止船舶污染海洋公约》（MARPOL）、《2006年海事劳工公约》（MLC 2006）等国际公约，要求符合公约规定条件的船舶必须携有“货船构造安全证书”“货船设备安全证书”“安全管理证书”“国际船舶保安证书”“海事劳工证书”等等。

载所运货物。[①] 由于上述环节涵盖了货物从装运至卸载的7个环节，习惯上也通常称为承运人管货“七环节”。装载和卸载是完全相反的两个环节。这里提及的“运输”环节是狭义的，主要是指船舶在海上航行时，装载在货舱中的货物随着发生的位移，因此不同于货物运输合同中“运输”的广义含义。而“搬移”“积载”“保管”或者“照料”的几个环节之间并没有界限非常严明的区分，主要针对不同类型的货物，为了安全运输的需要，所必须采取的一些措施或做法。

3. 船舶不进行不合理绕航(deviation)的义务

本项义务又称为“船舶合理速遣(reasonable despatch)的义务”。承运人应当按照约定的或者习惯的或者地理上的航线将货物运往卸货港。如果承运人与托运人事先对航线有约定，船舶应走约定的航线；没有此种约定时，船舶应走装卸两港之间的习惯航线。如果既无此种约定，又无习惯航线，船舶应走地理上的航线，即在保证船舶及货物运输安全前提下，装卸两港之间最近的航线。但是，如果为了救助或企图救助海上人命或者财产，或者有其他合理需要，船舶可以驶离原定航线。这种情况下，不构成不合理绕航。[②]

4. 在约定时间内在卸货港交付货物的义务

货物装船后，船舶应及时开航。船舶在运输货物过程中，应尽快完成航次，在约定时间内，将货物运至目的港交给收货人，不应有任何不合理延误。根据我国《海商法》第50条的规定，如果承运人未能在其与托运人明确约定的时间内，在约定的卸货港交付货物，则构成迟延交付。承运人应对迟延交付而造成的货物灭失或损害及经济损失承担赔偿责任。事实上，该迟延交付的规定主要是借鉴了《汉堡规则》第5条第2款的规定。《汉堡规则》规定，如果货物未在明确约定的时间内，或者在没有此种约定时，未在按照具体情况对一个勤勉的承运人所能合理要求的时间内，在海上运输合同规定的卸货港交付，则构成迟延交付。所以当合同中未约定交付货物时间，承运人也未能在合理时间内交付货物的，根据我国《海商法》的规定，尚不构成迟延交付。需要指出的是，我国《合同法》第290条涉及迟延交付的规定，与《汉堡规则》第5条第2款的规定几乎一致。但是根据《合同法》第123条的规定——“其他法律对合同另有规定的，依照其规定”，因此就国际海上货物运输合同而言，迟延交付问题依据我国《海商法》的规定确定，而国内沿海货物运输合同和江、河、湖泊的水上货物运输合同下的迟延交付问题，依据《合同法》。

5. 损害赔偿的义务

承运人负有安全运输货物的义务，如果因承运人本人、受雇人员或代理人违反法律或合同的规定，造成货物灭失或损害，或使收货人遭受其他经济损失，除非承运人依法律或合同的规定可以免责，否则应承担相应的赔偿责任。

(二)承运人的基本权利

1. 损害赔偿责任的免除或赔偿责任限制的权利

承运人对于货物在责任期间内发生的灭失、损害或迟延交付，或因其违约使托运人(或收货人)遭受的其他损害，依照法律或合同的规定，在一定情况下，可免除赔偿责任或享受赔偿责任限制的权利。

---

① 参见我国《海商法》第48条规定以及《海牙规则》第3条第2款。

② 参见我国《海商法》第49条规定以及《海牙规则》第4条第4款。

根据我国《海商法》第46条的规定，承运人的责任期间，区分集装箱货物和非集装箱货物，该规定主要是参考和借鉴了《海牙规则》和《汉堡规则》的相关规定。即承运人对集装箱装运的货物的责任期间，是指从装货港接收货物时起至卸货港交付货物时止，货物处于承运人掌管之下的全部期间。由于该责任期间的起止时间更加强调装货港接收货物和卸货港交付货物，实践中也常称为"港—港"(port to port)期间。承运人对非集装箱装运的货物的责任期间，是指从货物装上船时起至卸下船时止，货物处于承运人掌管之下的全部期间。并且该规定不影响承运人就非集装箱装运的货物，在装船前和卸船后所承担的责任，达成任何协议。在承运人的责任期间，货物发生灭失或者损坏，除《海商法》另有规定外，[①]承运人应当负赔偿责任。由于对非集装箱货物的责任期间更加强调装上船舶至卸离船舶，根据使用船舶装卸机械或者岸上装卸机械的不同，实践中又称为"钩至钩"期间(tackle to tackle)和"舷至舷"期间(rail to rail)。

根据我国《海商法》第51条的规定，在责任期间货物发生的灭失或者损坏是由于下列原因之一造成的，承运人不负赔偿责任：(1)船长、船员、引航员或者承运人的其他受雇人在驾驶船舶或者管理船舶中的过失；(2)火灾，但是由于承运人本人的过失所造成的除外；(3)天灾，海上或者其他可航水域的危险或者意外事故；(4)战争或者武装冲突；(5)政府或者主管部门的行为、检疫限制或者司法扣押；(6)罢工、停工或者劳动受到限制；(7)在海上救助或者企图救助人命或者财产；(8)托运人、货物所有人或者他们的代理人的行为；(9)货物的自然特性或者固有缺陷；(10)货物包装不良或者标志欠缺、不清；(11)经谨慎处理仍未发现的船舶潜在缺陷；(12)非由于承运人或者承运人的受雇人、代理人的过失造成的其他原因。除第(2)项规定的原因外，承运人欲免除赔偿责任应当负举证责任。

显然在上述12项免责事项中，第一项免责事项又被称为"航海过失免责"，与第2项"火灾免责"，因为都暗含着承运人的受雇人、代理人即使在驾驶船舶、管理船舶以及火灾方面存在过失，承运人依然可以对因此造成的货物灭失或损坏免除赔偿责任，而其余10项免责事项几乎都与承运人或其受雇人、代理人的过失无关，因此承运人在国际海上货物运输合同之下承担的是"不完全过失责任"，即过失责任中的一种特殊情形。

承运人对货物灭失、损坏承担赔偿责任的，仍可在法律规定范围内享受责任限制。根据《海商法》第56条的规定，承运人单位赔偿责任限额为每件或每个其他货运单位666.67特别提款权；或者按照货物毛重每公斤2个特别提款权计算，以较高的为准。但是托运人在货物装运前已经申报货物性质和价值，并在提单中载明的，或者承托双方另行约定高于上述赔偿限额的不在此限。而承运人对货物因迟延交付造成经济损失的赔偿责任限额，为所迟延交付货物的运费数额。如果货物的灭失、损坏和迟延交付同时发生，则承运人的赔偿责任限额以每件或每单位666.67特别提款权或按毛重每公斤2个特别提款权中的较高者为限。[②]

承运人单位赔偿责任限制的规定，主要是借鉴了《海牙—维斯比规则》1979年议定书的内容。其中，特别提款权是指国际货币基金组织于1969年创设的货币计算单位，具有价值相对稳定的特点。我国《海商法》第277条规定，特别提款权对人民币的数额，按照法院判决之日、仲裁机构裁决之日或当事人协议之日，国家外汇主管机关规定的特别提款权对人民币的换算

① 主要是指《海商法》第51条规定的免责事项。

② 参见《海商法》第57条的规定。

办法进行计算。目前这种换算是通过美元进行的,即根据国际货币基金组织公布的特别提款权对应的美元数额以及国家外汇主管机关同日公布的美元与人民币的兑换率,将特别提款权换算成人民币,反之亦然。①

2. 运费、亏舱费、滞期费等的请求权

承运人或出租人因提供全部船舶或部分舱室,完成货物运输,有请求运费的权利,即运费请求权。运费可分为预付运费(prepaid freight or freight in advance)和到付运费(freight to collect)两种。对于预付运费,通常合同中都订明其具体支付时间。如"货物装船后,签发提单之前支付运费"或"运费应在提单签发后××个银行工作日内支付"。国际上通行的做法是在提单或者运输合同中,增加一个条款,即货物灭失有否条款(lost or not lost clause),其大致内容是:即使货物在运送过程中灭失或损坏,不论造成这种灭失或损坏的原因是什么,预付运费都不退还。目前各国对该条款的效力认定不统一。一般情况下,该条款如果订立在航次租船合同中,往往被认为有效。我国《海商法》并未对该条款的效力做出规定。但是根据我国《合同法》第314条的规定,货物在运输过程中因为不可抗力灭失,未收取运费的,承运人不得要求支付运费;已收取运费的,托运人可以要求返还。所以根据《合同法》,如果货物因为不可抗力灭失的,即使合同中订有此种条款,恐怕托运人或者收货人也可以依据法律规定,不予支付或者请求返还。如系到付运费,只有在货物安全运抵目的港卸下交付时,承运人才有权按照货物数量收取运费。所以通常情况下,到付运费的风险由承运人承担。亏舱费(dead freight),又称空舱费,指托运人或航次租船的承租人对未能按约定数量提供货物,致使船舶舱位发生剩余,给承运人带来的运费损失所给予的赔偿。亏舱费中应扣除因亏舱使承运人节省的费用,以及另外装货所赚取的运费。

滞期费(demurrage),通常是指航次租船情况下,承租人因未能在合同规定的装卸时间内完成货物装卸,而按照双方约定的费率向出租人支付的一种约定赔偿金。因此在发生装卸作业迟延的情况下,出租人无须举证因迟延遭受的实际损失,也无须考虑该实际损失是否高于或低于根据约定的滞期费率计算出来的滞期费,出租人均有权向承租人主张滞期费。因此该损失不同于合同法中规定的一般违约金。

3. 货物留置权

根据我国《海商法》第87条的规定,当托运人或收货人不支付运费、亏舱费、滞期费、共同海损分摊费用和其他应付的费用,又没有提供适当担保的,承运人有权依照法律的规定或合同的约定,对处于其占有之下并属于应付上述费用的托运人或收货人的货物,在合理的限度内进行留置,以担保其请求权的实现。需要注意的是,《海商法》规定的货物留置权(lien)属于占有留置,而且强调被留置的货物应当属于应支付上述费用的托运人或者收货人。而我国《合同法》第315条规定,托运人或者收货人不支付运费、保管费以及其他运输费用的,承运人对"相应的运输货物"享有留置权,但当事人另有约定的除外。可见,《合同法》下的货物留置权并未强调被留置的货物必须属于应支付费用的托运人或者收货人,从条文规定看,只要被留置的货物系与欠付的相关费用有关联的当航次运输的货物即可。因此国际海上货物运输合同下的留

① 国际货币基金组织在1980年将SDR简化为美元、联邦德国马克、日元、法国法郎和英镑五种货币。随着欧元的产生,1999年国际货币基金组织将SDR加权货币调整为美元、欧元、日元和英镑。自2016年10月1日起,人民币将成为SDR加权货币之一,因此将直接实现特别提款权与人民币的直接换算。

置权仍然按照我国《海商法》的相关规定实施,条件比较严格;而国内水路货物运输合同之下的留置权,依据《合同法》的规定实施。①

(三)托运人的基本义务

1. 提供约定货物的义务

除非合同另有规定或事先征得承运人或出租人同意,托运人不得擅自更换约定的货物,因未提供约定的货物致使承运人或出租人遭受损失的,托运人应负赔偿责任。

2. 负有对货物妥善包装、正确申报的义务

托运人对于交运的货物应按运输要求妥善包装,并向承运人保证所提供的货物品名、标志、包数或件数、重量或体积的正确性。由于包装不良或上述资料不正确,对承运人造成损失时,托运人应当负赔偿责任。但是承运人享有的这一受偿权利,不影响其根据货物运输合同对托运人以外的人所承担的责任。②

3. 及时办理货物运输手续的义务

托运人应当及时向港口、海关、检疫、检验和其他主管机关办理货物运输所需的各项手续,并将已办理各项手续的单证送交承运人。因办理各项手续的有关单证送交不及时、不完备或者不正确,使承运人的利益受到损害时,托运人应当负赔偿责任。③

4. 妥善托运危险货物的义务

托运人装运危险货物,必须事先同承运人达成协议,并保证在交运危险货物时,依据有关海上危险货物运输的规定,妥善包装,做出危险品标志或标签,并将其正式名称和性质以及应当采取的预防措施,书面通知承运人。托运人未通知或通知有误的,承运人可以在任何时间、任何地点根据情况需要将货物卸下、销毁或使之无害,而不负赔偿责任。托运人对承运人因运输此类货物所受到的损害负赔偿责任。如果承运人知道危险货物的性质并同意装运的,仍然可以在该货物对于船舶、人员或其他货物构成实际危险时,将货物卸下、销毁或使之无害,而不负赔偿责任,但不影响共同海损的分摊。④

5. 支付运费和其他费用的义务

托运人应当按照约定向承运人支付运费、亏舱费、滞期费、共同海损分摊费用、承运人为货物垫付的必要费用和其他应由其支付的费用。但如果托运人与承运人约定由收货人支付运费并在运输单证中载明此种约定的,托运人可以不承担支付运费的义务。⑤

6. 及时收受货物的义务

本项义务实际上针对收货人而言的。货物运抵目的港后,收货人应及时在船边或承运人指定的码头仓库提取货物。如果收货人在卸货港不提取货物或者拒绝提取货物的,或者迟延

---

① 事实上,关于留置权的限定条件,我国2007年10月1日施行的《物权法》再次做出较为宽松的规定,第231条规定"债权人留置的财产,应当与债权属于同一法律关系,但企业之间留置的除外"。由于《物权法》第8条明确规定,其他相关法律对物权另有特别规定的,依照其规定,因此就《海商法》和《合同法》下对应的运输合同而言的留置权,并不受《物权法》第231条规定的约束。

② 参见《海商法》第66条的规定。

③ 参见《海商法》第67条的规定。

④ 参见《海商法》第68条的规定。

⑤ 参见《海商法》第69条的规定。

提取货物,船长可以将货物卸在仓库或其他适当场所,由此产生的风险和费用由收货人承担。实际上,我国《海商法》并未明确规定货方的这一义务,仅仅在第 86 条从承运人的角度规定了一定条件下船长对货物的处置权利,即“在卸货港无人提取货物或者收货人迟延、拒绝提取货物的,船长可以将货物卸在仓库或者其他适当场所,由此产生的费用和风险由收货人承担”。但是,我国《合同法》第 309 条规定,货物运输到达后,承运人知道收货人的,应当及时通知收货人,收货人应当及时提货。收货人逾期提货的,应当向承运人支付保管费等费用。即根据《合同法》的规定,明确了在收到通知之后,收货人有及时提货的义务。

五、海上货物运输合同的解除

大多数海上货物运输合同,因双方当事人履行而终止,但实践中,由于种种原因,一部分合同的效力提前终止,使当事人之间的权利、义务归于消灭。合同解除的原因不同,其法律后果也不一样。通常的解除合同有下列几种形式。

(一)任意解除

国际海上货物运输合同当事一方,基于某种原因,在合同仍可履行的情况下,主动提出解除合同。由于合同的任意解除,是一种违约行为,所以,一些国家的海商法都对做出任意解除的一方应承担的赔偿责任做出特别规定。

1. 船舶开航前任意解除

船舶在装货港开航前,托运人可以要求解除合同,但是根据各国法律规定,托运人应当向承运人支付一定数额的运费。我国《海商法》第 89 条规定,除合同另有约定外,托运人应当向承运人支付约定运费的一半。如果货物已经装船的,还应负担装货费、卸货费和其他与此相关的费用。

2. 船舶开航后任意解除

许多国家的法律规定,船舶开航后,托运人或承租人须支付全部运费及其他费用,并负担共同海损、海上救助费用以及应由其负责的损害,或已提供足够的担保时,才可解除合同。我国《海商法》对此未做规定,可以依据我国《合同法》的有关规定,追究违约方的责任。

(二)因当事一方违约而解除

合同当事一方不履行合同规定的义务,另一方依合同或法律的规定解除合同。

1. 依合同规定解除合同

在航次租船合同情况下,通常会约定解约日(cancelling date),即出租人未能使船舶在合同规定的解约日之前到达装货港口或泊位并做好装货准备,承租人有权按合同规定的解约条款解除合同。航次租船合同有关解约日的规定,仅仅赋予了承租人可以解除合同的权利,但是并未限定承租人应当在何时发出解除合同的通知或决定,因而出租人只能被动地等待被解除合同或者继续履行合同。为了改变这种被动的局面,航次租船合同中通常会补充规定,如果出租人预计到船舶将无法在解约日之前抵达装货港做好装货准备,则应当向承租人发出书面通知,要求承租人在收到该书面通知之日起的规定时间内(例如 48 连续小时或者 24 连续小时)以书面形式做出是否解除合同的决定或者同意约定一个新的解约日。如果承租人在收到上述书面通知之日起的规定时间内予以书面答复解除合同,则双方的航次租船合同关系终止;如果未在规定的时间内答复是否解除合同,则视为承租人放弃解除合同的权利或者默认接受出租人在该书面通知中约定的船舶预计抵达到装货港后的某一天（例如第七天）视为新的解约日的内容。这种条款规定，通常被称为“质询条款”（interpellation clause）[①]。

2. 依法律规定解除合同

合同一方当事人违约，使合同不能履行，或使合同的履行或继续履行失去意义，另一方当事人所期望的利益不能实现，则另一方当事人可以解除合同，并请求损害赔偿。根据我国《合同法》第94条的规定，因一方当事人违约，另一方当事人可以解除合同的情形包括：(1)在履行期限届满之前，当事人一方明确表示或者以自己的行为表明不履行主要债务的；(2)当事人一方迟延履行主要债务，经催告后在合理期限内仍未履行的；(3)当事人一方迟延履行债务或者有其他违约行为致使不能实现合同目的的。例如承运人迟延甚至拒绝提供船舶，或者货主明确表示不提供合同约定的货物的，或者承运人提供的船舶无法满足货物运输的需要，例如承运人未能按照约定提供具有冷藏设施的船舶以运输对温度有特别要求的货物等等，均可属于上述能够解除合同的情形。

（三）因非双方当事人应负责的原因而解除

许多国家法律规定，因不可抗力或其他不能归责于合同当事双方的原因，致使合同不能履行或者实现合同目的时，双方均可解除合同，并互相不负赔偿责任。在此种情形下，如果货物已装船，装卸费用应由托运人承担；如承运人已签发提单，托运人应当退还。除合同另有约定外，承运人应退还托运人已付的运费。

第二节　提　单

一、提单的概念与作用

我国《海商法》第71条规定：“提单，是指用以证明海上货物运输合同和货物已经由承运人接管或者装船，以及承运人保证据以交付货物的单证。”提单既是重要的贸易单证，又是重要的航运单证。将货物交给承运人接管或由承运人装至船上后，应托运人要求，由承运人、船长或者承运人授权的代理人签发。

提单具有如下几方面的作用：

（一）提单是承运人与托运人之间达成的海上货物运输合同的证明

提单不仅是承运人与托运人之间存在运输合同关系的证明，而且是承运人与托运人订立运输合同内容的证明。提单是国际海上货物运输合同成立的证明，而不是合同本身，是因为在提单签发之前，托运人向承运人或者其授权的船舶代理人提出订舱要求后，一经承运人接受，双方即达成了海上货物运输的意思表示的一致，海上货物运输合同即告成立。签发提单只是承运人履行国际海上货物运输合同的一个环节。即合同存在在先，而提单签发在后。因此，提

① 例如标准航次租船合同范本——“金康”合同（GENCON）1994版本第9条的规定，就是非常典型的质询条款。

单不论在托运人手中,还是转移给提单的受让人,它只能是运输合同成立的证明,而不能被认为是国际海上货物运输合同本身。此外,提单不仅证明承运人与托运人之间存在着国际海上货物运输合同,它还是海上货物运输合同条款和内容的具体体现,表现为提单正面记载的事项和背面印就的条款,除非承运人与托运人另有相反约定。由于提单通常都是从事国际海上货物运输的船公司或者承运人公司事先印刷并且对外公开,作为托运人应该知道或可以知道提单条款的内容,如果在订立合同时,托运人对此未提出异议或相反约定,应视为托运人已同意接受其全部条款。当提单从托运人转移至收货人或提单持有人或其他提单受让人时,承运人与收货人、提单持有人之间的权利义务依提单的规定确定①。而承托双方在提单内容之外达成的协议,不因提单的转移或转让而转移。提单发生转移后,托运人根据提单或与承运人另达成的协议而承担的责任,并不因此被解除。

需要引起注意的是,尽管提单是承运人与托运人之间国际海上货物运输合同内容的体现,但是提单中印就的条款并非对托运人或者收货人、提单持有人具有绝对的约束力。根据我国《合同法》第 39 条的规定,格式条款是当事人为了重复使用而预先拟定,并在订立合同时未与对方协商的条款。提单正面或者背面印就的条款也满足这一特点,因此也属于格式条款。因此承运人需要在提单中以合理的方式提请货方注意那些免除或者限制其责任的条款,并按照货方的要求,对该条款予以说明。根据《合同法》第 40 条的规定,如果格式条款具有法律规定使合同无效的条款,或者因故意或重大过失造成对方财产损失免责的条款,或者承运人免除其责任、加重货方责任、排除货方主要权利的条款,均为无效条款。

(二)提单是承运人接管货物或将货物装船的证明

提单自产生之日起,便具有了承运人接管货物或者将货物装船的收据作用,也是提单最为原始的作用。因此当承运人、船长或承运人授权的代理人向托运人签发提单,就表明承运人已接管提单上所记载的货物或者货物已经装船,并占有该货物。但是提单这个货物收据的作用,在不同货方手中,其证明力并不完全相同。《海商法》第 77 条规定,当提单在托运人手中,它是承运人已经按照提单所载状况收到货物或者货物已经装船的初步证据(prima facie evidence)。若提单转移至善意的第三方收货人或提单的受让人,承运人不得提出相反的证据表明其实际收到的货物与提单上记载的内容不符。此时提单成为承运人按单证所记载的状况收到货物的绝对证据(conclusive evidence)。即使提单记载的内容与事实不符,系托运人申报错误所致,除非提单上载有有效的不知条款(unknown clause),否则承运人不得以此对抗善意的第三人或提单受让人,而只能就货物的灭失或损害,向收货人或提单持有人做出赔偿后,再向托运人追偿。例如,托运人将货物交给承运人后,承运人发现其中一件货物的外包装有些破损,因此承运人应当就货物的实际状况在提单中予以载明。由于出口货运任务紧张,而且时间上也不容许托运人再回工厂换包装等诸多因素,应托运人要求,并出具保函的前提下,实践中,承运人仍然可能签发清洁的已装船提单。即在签发的提单中,表明全部货物的外表状况良好。由于提单在托运人手中具有初步证据的作用,因此尽管提单中并未提及一件货物的外包装不良,但是不影响承运人通过大副收据或者场站收据、理货单等其他货运单证举证证明,并抗辩称货物在收到或者装船时,外包装已经出现破损。但是如果这份提单已经转移至善意的第三

① 参见《海商法》第 78 条的规定。

方收货人、提单持有人手中，视为承运人收到提单中载明状况的货物的绝对证据，即承运人有向该收货人交付外表状况良好的全部货物。如果因为其中一件货物外包装破损导致货物遭受损坏，承运人应当向收货人承担赔偿责任，而不能以该包装破损系在收到货物或者货物装船时已经存在为由进行抗辩或解释。当然，承运人在赔付了收货人之后，可以依据保函或其他规定，向托运人追偿或者自行承担全部赔偿责任。具体详见下文有关不清洁提单之下签发保函的内容。

货物不知条款是表明承运人对于收到的货物的数量或者重量等不知的条款或标注。例如，“据称”(said to be)，或者“托运人负责点件、装载等，承运人对此不负责”(shipper's count, load etc, carrier is not responsible for...)等等。根据《海商法》第75条的规定，如果承运人或者代其签发提单的人，知道或者有合理的根据怀疑提单记载的货物的品名、标志、包数或者件数、重量或者体积与实际接收的货物不符，在签发已装船提单的情况下怀疑与已装船的货物不符，或者没有适当的方法核对提单记载的，可以在提单上批注，说明不符之处、怀疑的根据或者说明无法核对。因此在存在上述有效的不知条款的情况下，即使提单转移至善意的第三方——收货人或者提单持有人手中，在承运人不知条款保留的范围之内，提单也不再具有绝对证据的效力。这里所谓的善意第三方，是指第三方收货人或者提单持有人不知晓提单中记载上述内容与事实不符的情形。

（三）提单是承运人保证据以交付货物的凭证

承运人在卸货港应当将货物交付给凭正本提单请求提货的人。根据我国《海商法》第71条的规定，如果是记名提单，承运人应向记名的收货人交付货物；如果是指示提单，承运人应按指示人的指示交付货物；如果是不记名提单，承运人应当将货物交给提单持有人。如果承运人未凭正本提单交付货物，即实践通常所说的无单放货，则应对根据提单有权提货的人因此造成的损失负赔偿责任。为此，作为收货人也应凭正本提单提取货物。最高人民法院于2009年2月26日发布的《最高人民法院关于审理无正本提单交付货物案件适用法律若干问题的规定》(以下简称《无单放货的司法解释》)，明确规定不论是记名提单、指示提单还是不记名提单，均需要凭正本提单交付货物。《无单放货的司法解释》第3条还明确规定，承运人因无正本提单交付货物造成正本提单持有人损失的，正本提单持有人可以要求承运人承担违约责任，或者承担侵权责任。正本提单持有人要求承运人承担无正本提单交付货物民事责任的，适用《海商法》规定；《海商法》没有规定的，适用其他法律规定。如果承运人因无正本提单交付货物承担民事责任的，不适用《海商法》第56条关于限制赔偿责任的规定。①

由于提单是承运人单方印刷并签发的，因此承运人在交付货物时有义务甄别提单的真伪。如果提货人凭伪造的提单向承运人提取了货物，持有正本提单的收货人仍然可以要求承运人承担无单交付货物的责任。如果依照提单载明的卸货港所在地的法律规定，必须将承运到港的货物交付给当地海关或者港口当局的，则承运人不承担无单交付货物的责任。此外，《无单放货的司法解释》还明确规定，承运人因无单交付货物造成正本提单持有人损失的赔偿额，按照货物装船时的价值加运费和保险费计算。正本提单持有人以承运人无单交付货物为由提起的诉讼，时效期间为一年，自承运人应当交付货物之日起计算。如果正本提单持有人提起侵权

① 参见《无单放货的司法解释》第4条的规定。

之诉,仍然适用一年的时效期间。[①]

(四)提单是一种权利凭证

有人称提单是货物的物权凭证,英文名称是“document of title”。提单既具有物权的效力,又具有债权的特点。拥有提单,在法律上如同拥有其上记载的货物,而且提单的这一作用使其可用以结汇、流通和抵押等。但是在海上货物运输领域,提单的物权性并没有显露出来,更多体现的是以提货权为标志的债权特性,所以我国《海商法》尚未明确规定提单的物权作用,而且提单的物权作用也不适合在海上货物运输合同的相关立法中予以规定。但是我国 1995 年颁布实施的《担保法》第 75 条明确规定,将提单与汇票、支票、本票、仓单等一起规定了权利质押。《物权法》第 223 条则明确提出“权利质权”的表述,对可以出质的权利范围较之《担保法》做了一些扩大,其中再次明确包括了提单。因此依据上述法律规定,提单是具有明显的物权特性的。

此外对“document of title”一词的中文翻译,国内许多学者持不同观点。有的理解为“物权凭证”,有的认为是“所有权凭证”,有的认为是“权利凭证”。笔者支持“权利凭证”的提法,因为提单于运输、贸易、结算、质押等环节方面表现出的特点和作用是各不相同的,不论具有物权性还是债权性,都是一种权利而已。

二、提单的种类

(一)按提单上收货人一栏的记载划分

1. 记名提单

记名提单(straight B/L),是指在提单正面“收货人”一栏内填写收货人的名称,从而明确只有该列明收货人才能提货的提单。除了可以从托运人转移至记名的收货人之外,记名提单属非流通证券,不能通过背书转让,因此提单正面常常标注“不可流通转让”(non-negotiable)的字样。实践中,一般只是在运送贵重物品、个人赠送物品、展览品等货物时才采用。现代航运实践中,随着集装箱无船承运业务的出现,从事实际承运货物的集装箱班轮运输公司签发给无船承运经营者的提单中多为记名提单。在一些近洋航线,时间上不太容许提单进行流通转让的国际贸易中,也开始出现使用记名提单的趋势。

2. 指示提单

指示提单(order B/L),即提单正面“收货人”一栏内载明“由某人指示”(order of ××)或“凭指示”(to order)字样的提单。实践中一般有“托运人指示”“银行指示”和“收货人指示”等几种形式。指示提单可以通过背书(endorsement,indorsement)的方式流通转让,提单正面上常常标注“可流通转让”(negotiable)的字样。背书分为记名背书和空白背书。经空白背书后的指示提单的效力等同于不记名提单。如果指示人不做任何背书,则意味着指示人保留对货物的所有权,有权提货的仍是指示人本人。实践中大量存在的海运提单都是指示提单。

3. 不记名提单

不记名提单(bearer B/L)又称“空白提单”(blank B/L, open B/L),指提单正面收货人一栏内,不记载具体的收货人或由某人指示,通常只注明“持有人”(bearer)或“交与持有人”(to

---

① 详见《无单放货的司法解释》第 5 ~ 7 条,以及第 14 条、第 15 条的相关规定。

bearer)字样的提单。这种提单无须背书,只需要单证交付即可实现流通转让。虽然这种提单具有很强的流通性,但容易因遗失或被盗而给买卖双方带来很大的风险,所以实践中很少采用。

(二)按货物是否已装船划分

1. 已装船提单

已装船提单(shipped B/L, on board B/L),指在货物装船后签发的提单。这种提单注有船名,还要注明装船日期,表明货物已在该日期装于该船舶。由于这种已装船提单对收货人按时收到货物比较有保障,因此国际贸易合同中通常都约定这种提单,并且只有已装船的提单,可以进行信用证结汇。

2. 收货待运提单

收货待运提单(received for shipment B/L)又称"收讫待运提单",指承运人、船长或承运人的代理人在接受托运的货物之后、将货物装船之前,应托运人要求而签发的提单,表明货物已由承运人占有,但尚未装至船舶。这种提单,没有船名和装船日期的记载。国际贸易合同中,买方一般不接受这种提单,而且收货待运提单也无法根据信用证予以结汇。但在集装箱货物运输中,尤其是承运人在内陆站(inland depot: ID)接受货物时,普遍采用这种提单。当货物实际装船后,托运人凭这种提单向承运人换取已装船提单。实践中通常的做法是,承运人直接在收货待运提单上加注船名和装船日期,使之成为已装船提单。

(三)按提单上有无批注划分

1. 清洁提单

清洁提单(clean B/L),指没有任何有关货物外表状态不良批注的提单,意味着承运人在接受货物时,货物的外表状态良好(in apparent good order and condition)。外表状态是指承运人凭目力所能观察到的货物的外观状态。外表状态良好,并不排除货物内容存在缺陷。根据国际商会制定的《跟单信用证统一惯例》的规定,凡是未附有明示的货物或包装有缺陷的附加条款或批注的提单,均属于清洁提单。因此,尽管承运人在提单上载有得以减轻或免除运输责任的条款或批注,只要不涉及货物或包装的外表状况,仍然不改变提单的清洁性质。当提单载有下列批注时,该提单仍被认为是清洁提单:(1)不明显地指出货品或包装不能令人满意,例如"旧箱""旧桶"等。(2)强调对于货物性质或包装引起的风险,承运人不予承担,例如"承运人对易腐烂货物的腐烂不负责任""不负破碎责任"等。(3)否认承运人对货物内容、数量、尺码、质量或技术规格的确知,即"不知条款",如"托运人提供的重量和尺码,承运人不负责减重和丈量""重量、内容不详""据称"等。

国际贸易合同和信用证一般都规定,卖方必须凭清洁提单向银行结汇。

2. 不清洁提单

不清洁提单(unclean B/L,foul B/L),指载有关于货物或包装外表状况不良批注的提单。例如"箱子破损""内装货物外露""锈蚀"等。银行在办理结汇时,原则上不接受不清洁提单。习惯上托运人为了取得清洁提单结汇,往往向承运人或其代理人出具保函,要求签发清洁提单。保函(letter of indemnity: L/I 或者 letter of guarantee: L/G)中表明,因未将大副收据或场站收据上的批注转移至提单,承运人可能承担对收货人的赔偿责任,对承运人因此遭受的损失,由托运人赔偿。根据前文所述,提单在善意的第三方收货人或提单持有人手中,提单上有关货物情况记载的内容，视为承运人收到该货物的绝对证据，因此承运人是无法以保函或者货物在装船时外表状况就不良等理由来对抗善意的第三方。显然承运人接受保函，签发清洁提单，很可能损害第三方收货人的利益，甚至构成与托运人串通，欺诈善意的收货人。因此，承运人在赔偿了收货人后，再根据保函向托运人追偿时，往往很难得到法律的保护。但是实践中，有些货物外表状态不良仅仅表现为包装有轻微缺陷，不影响货物的品质，并且托运人不能迅速更换或修复包装时，承运人接受保函并签发清洁提单，对于买卖合同的履行及避免船期损失，都有积极作用，同时又不会损害或严重损害收货人的利益。因此，关于保函的效力，国际上趋向于承运人接受保函并签发清洁提单，只要不是对收货人进行欺诈，则保函在承运人、托运人之间有效，但对第三方收货人不发生效力，即承运人不能以保函对抗第三方收货人；如构成欺诈的，则保函在承运人、托运人之间也是无效的，承运人对收货人承担无限额的赔偿责任。我国海事司法实践亦采用这一原则。

（四）按运输方式划分

1. 直达提单

直达提单（direct B/L），指规定货物从装货港装船后，中途不经换船，直接运至目的港卸船交于收货人的提单。但是这种提单不排除船舶中途挂靠一个或多个港口。

2. 海上联运提单

海上联运提单（ocean through B/L），指规定货物从装货港装船后，在中途卸船，交给其他承运人用另一艘船接运至目的港的提单。签发此种全程提单的承运人，称为联运承运人；接运货物的承运人称为接运承运人（on-carrier）或实际承运人（actual carrier）。而转运的港口，在货物运输合同订立之初就已经明确并约定下来。如果托运人指定的装货港或者卸货港并非从事干线集装箱班轮运输的船公司的船舶挂靠的基本港口，则会涉及通过支线 + 干线运输的方式，完成约定的海上货物运输活动，通常签发全程运输的承运人就会采用此种提单。在海上联运中涉及的转运不同于转船（reshipment，transhipment）。海上联运是根据与托运人事先达成的协议，由两个或两个以上海运承运人，将货物从装港运至目的港的运输。转船通常是指由于船舶中途遭遇风险或其他意外情况，例如船舶在正常航行中因碰撞、触礁等意外事故，无法继续完成原约定的运输航次，不得不终止原来的海上货物运输，而临时将货物交由其他承运人续运至目的地的情况。因此转船的中途转运港口都是不可预知的。因此为了便于承运人应对此种意外事件，在海运提单中通常都载有转船条款，以便赋予承运人在发生了需要临时转船的情况下，如何安排续运航次和船舶，因此产生的费用、损失、风险等如何分担等内容。航运实践中，对于转运、转船的表述并非严格，二者有互换使用的现象。

3. 多式联运提单

多式联运提单（combined transport B/L，multimodel transport B/L，intermodel transport B/L），指承运人将货物以包括海上运输在内的两种或两种以上运输方式，从一地运至另一地而签发的提单。这种提单多用于集装箱运输。

（五）其他特殊提单

1. 倒签提单

倒签提单（anti-dated B/L），指承运人或其代理人在货物装船后签发的，以早于货物实际装船日期为签发日期的提单。信用证一般规定货物装船日期，当货物实际装船日期晚于信用证规定的装船期限时，托运人就可能要求签发此种提单，使其顺利结汇。

2. 预借提单

预借提单（advanced B/L），指在货物尚未全部装船，或货物虽由承运人接管，但尚未开始装船的情况下签发的已装船提单。此种提单通常都是信用证规定的装船期限和交单结汇期限行将届满时，应托运人的要求而签发的。

不论是预借提单还是倒签提单，都是没有如实反映货物真实装船的日期，因而使提单实际签发的日期与提单中记载的装船日期不符，因此承运人也是要承担一定的风险。当托运人要求签发这两种提单时，承运人常常要求其出具担保函。由于提单上记载的日期与事实相反，所以承运人签发此类提单，构成承运人与托运人合谋欺诈善意的第三方收货人。为保护善意的第三方收货人和保证提单的商业流通，承运人对因签发此种提单而产生的损害承担无限赔偿责任。而且上述担保函不受法律保护，因此承运人签发此类提单要承担很大的风险。需要读者引起注意的是，虽然在倒签、预借提单的情况下，也会涉及保函的签发和使用，但是该保函不同于前文论及的在不清洁提单下使用的保函。尽管从名称上看，都使用“保函”一词。

此外，航运实践中还出现了“顺签提单”（post-dated B/L）的做法。所谓顺签提单，是指货物全部装船之后，承运人签发提单时，应托运人的要求，以晚于实际装船日期为签发提单日期的提单。相比较而言，预借提单对承运人风险最大，因为预借提单签发时，货物尚没有装船或者装船完毕，可能把装船前不该由承运人承担的一些风险，也因为预借提单的签发而予以承担。而顺签提单的风险似乎最小，但是不论是倒签提单、顺签提单还是预借提单，承运人都是向善意的第三人隐瞒了货物实际装船的日期，因此都要承担相应的法律风险。

3. 舱面货提单

舱面货提单（on deck B/L），又称甲板货提单，指对合法装于舱面的货物签发的，并注明“舱面上”（on deck）或“装于舱面上”（stowed on deck）字样的提单。

4. 包裹提单

包裹提单（parcel B/L），指对承运的礼品、样品、行李等货物签发的提单。

5. 交换提单

交换提单（switch B/L），指在装货港签发的，注明承运人在中途港收回，另换发以该中途港为装货港提单的提单。此种提单常常是托运人因不能在国际货物买卖合同和信用证中规定的装货港提供货物装船而要求签发的。

6. 最低运费提单

最低运费提单（minimum freight B/L），指对按照费率本中规定的最低运费额收取运费的货物签发的提单。如货物按重量或体积计算的运费达不到费率本中规定的最低限额，即签发此种提单。最低运费提单多用于集装箱货物运输。

7. 合并提单

合并提单（omnibus B/L），指对装货港、卸货港和收货人相同的两票或多票货物合并签发的提单，主要是为了满足托运人节省运费的需要，尤其是当某一票货物的运费低于费率本规定的最低限额时。

8. 并装提单

并装提单（combined B/L），指对品质、装货港、卸货港相同，并且装在同一舱内的两票或多票液体货物中的每一票货物签发的提单。

9. 分提单

分提单(separate B/L)是根据托运人的要求,对同一票货物分签的两套或多套提单。

三、提单的内容

目前从事国际货物运输的各航运公司,几乎都有自己的提单,但在格式和内容上大同小异,基本包括正面记载事项和背面条款两个部分。

(一)提单正面记载事项

为保证提单的作用,保障收货人或提单受让人的利益,有关的国际公约和各国海商法都对提单记载的事项做出规定。根据《海牙规则》的规定,提单上的记载事项包括:货物的主要标志;货物的包数或件数,或重量或数量;货物的表面状况。我国《海商法》第73条规定为11项,即(1)货物的品名、标志、包数或者件数、重量或者体积,以及运输危险货物时对危险性质的说明;(2)承运人的名称和主要营业所;(3)船舶名称;(4)托运人名称;(5)收货人名称;(6)装货港和在装货港接受货物的日期;(7)卸货港;(8)多式联运提单增列接受货物地点和交付货物地点;(9)提单的签发日期、地点和份数;(10)运费的支付;(11)承运人或者其代表的签字。《汉堡规则》规定为15项,详见本章第三节。我国《海商法》规定提单缺少上述规定的一项或几项,不影响提单的性质,但是应符合法律关于提单定义的规定。

提单正面一般记载如下事项:

1. 船名

船名(name of vessel),即船舶的名称,船名使船舶特定化。除承运人与托运人事先约定可用其他船舶替代外,承运人应提供约定的船舶。海事请求权人可以通过诉讼保全的方式扣押船舶,船名使这种措施有确定的对象。在英美法中,还可以实施对物诉讼,使具有特定船名的船舶为明确的被告。

2. 承运人

承运人(carrier),是提单所证明的海上货物运输合同的一方当事人。提单上记载承运人的名称,使第三方收货人或提单受让人明确向谁主张权利,对谁履行义务。如果承运人一栏中未记载具体的名称,则需要通过提单签发人、提单格式、提单抬头等其他相关因素判断谁是承运人。

3. 托运人

托运人(shipper),是提单所证明的海上货物运输合同的另一方当事人。提单上记载托运人的名称,使承运人、船长或承运人的代理人明确承运人与谁有着权利义务关系。由于我国《海商法》关于托运人的界定包括两种人,没有做具体区分,理论上讲,两种托运人的名称都可以记载在提单"托运人"一栏。但是一般认为在FOB价格术语下,应当是在装货港将货物交给承运人的托运人有权要求将其名称记载在提单上。

4. 收货人

收货人(consignee),指根据提单有权在目的港收取货物的人,实践中也多是如此称谓。笔者认为叫"受货人"更为合适,因为受货人(consignee)不同于收货人(rcceiver),后者是指在目的港从船边或码头仓库实际提取货物的人。收货人可能是受货人本人,也可能是受货人委托的代理人。

为顺应航运实践的需要,我国《海商法》规定,根据提单有权在目的港收取货物的人为收货人。为符合法律及航运习惯，本书仍称之为“收货人”，但请读者注意区分其不同。

严格意义上讲，收货人不是海上货物运输合同的当事人，但当提单转移或转让至他人手中，提单所证明的债权债务关系发生转移，收货人依据提单享有权利并承担义务。有的提单把托运人、受货人、发货人、收货人、提单持有人和货主，统称为货方（merchant）。

5. 通知方

货物运抵目的港之前，承运人或其代理人向提单中这一栏记载的人发出船舶到港日期的通知，被通知的对象即通知方（notify party）。提单中注明通知方，只是便于承运人或其代理人及时与收货人联系，做好交接货物的准备。通知方不是海上货物运输合同的当事人，不享有合同规定的权利和义务。除非提单中另有约定，否则承运人没有通知的义务。我国《海商法》也未规定承运人有通知收货人的义务，但是我国《合同法》第309条规定，货物运输到达后，承运人知道收货人的，应当及时通知收货人。所以如果通知方与收货人名称一致时，承运人有通知的义务。

但实践中各航运公司为提供优良的服务，树立良好的公司形象，多半都会发出通知。这种通知往往以电话、传真、信件及电子邮件方式进行。在我国，通知方一般是收货人或者收货人指定的货运代理人。

6. 装货港和卸货港

装货港（port of loading）是承运人接管货物并将货物装船起运的港口，卸货港（port of discharging）是承运人将货物卸船并交于收货人的港口。如系选港货，托运人或收货人应在船舶抵达第一选港之前的若干时间内，及时宣港，将其选定的卸货港通知承运人。如系海上联运提单，通常还注明转运港（port of transhipment），最终卸货港通常称为目的港（port of destination）。上述港口都是合同的履行地，可能会影响对合同争议有管辖权的法院及争议适用法律的确定。

7. 货物名称、标志，包件的数量与种类，重量或体积

货物的名称（description）表明货物的内容；标志（marks）是货物的代号，影响到货物的积载及卸货港正确、迅速地交付货物，标志不清或不当易发生货物混票。包件的种类（kind of package）表明货物包装的类型。重量或体积（weight or measurement of goods）同包件数量（number of package）一样，是计算运费的依据。上述内容通常由托运人填写或提供，很多提单注有“由托运人提供”（particular furnished by shipper）的字样。托运人应保证上述内容与其所提供的货物相符。承运人签发载有上述事项的提单，视为收到这样货物的初步证据（prima facie evidence）或表面证据；当提单已经转让给善意的第三方时，则提单上记载内容具有绝对证据的效力（conclusive evidence），即承运人应对提单上所记载的有关货物的事项负责，与此相反的证据或理由不能对抗第三方，除非存在有效的不知条款。

8. 运费及其他费用

提单除注明运费（freight）数额，还注明运费支付地点及支付方式。其他费用（charges）是指在装货港发生的，应由托运人承担的滞期费、亏舱费、过驳费等。如果提单上注明上述费用由收货人、提单持有人承担，当收货人、提单持有人拒付费用，又不提供适当担保的，承运人对货物享有留置权。

9. 提单的签发

提单的签发（issue of B/L）包括提单的签发人、签发的时间、地点及份数。

提单的签发人是载货船船长、承运人或其授权的代理人。除承运人另有声明外，载货船船

长签发的提单具有约束承运人的法律效力。很多情况下,提单是由承运人在装货港的代理人签发的。代理人必须有承运人的委托授权,且须以承运人的名义签发,例如“for and on behalf of the carrier”或“as agent only”。

提单的签发地点通常是装货港,有时是船公司所在地。

提单的签发日期是货物由承运人接管或装船日期的证明。货物由承运人接管或装船后,如经托运人要求,承运人、船长或承运人的代理人有义务及时签发提单。如托运人交运多票货物,承运人有义务在每票货物装船后,及时为该票货物签发已装船提单,而不能推迟至全部货物装船后签发。

提单的签发份数按托运人要求而定,通常为一套正本提单(original B/L),一式三份,每一份具有同等的法律效力。第二份正本提单是 duplicate B/L,第三份正本提单是 triplicate B/L。托运人按信用证要求,用一份正本提单结汇,留下一份作为承运人的货物收据,另一份备用,防止结汇后提单在传递过程中被盗、遗失而使收货人无法在卸货港凭提单提货。提单上通常注明全套正本提单的份数,并注明“承运人或其代理人已签发内容和日期相同的各份提单,其中经一份完成提货手续后,其余各份便失效”,意味着收货人或提单持有人凭一份正本提单提货后,承运人的交付货物的责任即告终止。如果有两个或两个以上提单持有人同时要求提取同一票货物,承运人应将货物交给有权提货的人。根据最高人民法院关于《无单放货司法解释》第 10 条的规定,承运人签发一式数份正本提单的,应当向最先提交正本提单的人交付货物,其他持有相同正本提单的人再要求承运人承担无正本提单交付货物民事责任的,人民法院不予支持。

副本提单上一般注有“副本”(copy)、“不可流通”(non-negotiable)的字样,而且一般无背面条款。根据船公司营运统计、安排泊位、计收运费等需要,由承运人根据自身需要,签发若干份副本提单。

10. 其他一般记载事项

有些提单还以印刷条款的形式,将承运人免责和托运人做出的承诺为内容的条款,列记于提单的正面,常见的内容包括:

“上列外表状况良好的货物(除另有说明者外)已装在上列船上并应在上列卸货港或该船能安全到达并永远保持浮泊的附近地点卸货。”当承运人接管货物或将货物装船时,如果发现货物外表状况不良,应加以批注。如提单上无这种批注,表明货物外表状况良好。

“重量、尺码、标志、号数、品质、内容和价值是托运人所提供的,承运人在装船时并未核对”即通常所称的“不知条款”。

“托运人、收货人和本提单的持有人兹明白表示接受并同意本提单和它背面所载的一切印刷、书写或打印的规定、免责事项和条件。”

有的海运提单还将与提单有关的或者因提单引起的争议提交诉讼或者仲裁解决以及适用法律的内容放在提单正面加以记载。

(二)提单的背面条款

提单的背面印有各种条款,只要不违背适用于提单的国际公约或国内法的强制性规定,并与承运人和托运人事先达成的协议不相抵触,便是承运人、托运人之间海上货物运输合同内容的证明。虽然各种条款内容不尽相同,多少不一,但通常订有如下条款:

1. 首要条款

首要条款(paramount clause),提单中指明本提单受某一国际公约或国内法制约的条款。通常规定受《海牙规则》、《海牙—维斯比规则》,或者采纳上述规则的某一个国内法,如英国《1971 年海上货物运输法》(COGSA)、美国《1936 年海上货物运输法》(COGSA)的制约。从某种意义上说,该条款是扩大了国际公约或国内法的适用范围。

2. 管辖权条款

管辖权条款(jurisdiction clause),指明因提单产生的争议应在什么地方解决的条款。一般规定在承运人所在地法院通过诉讼方式解决争议。有的条款还同时规定法院解决争议应适用的法律。也有的提单中规定仲裁条款(arbitration clause),即明确将因为提单产生的争议提交某个仲裁机构或者某个仲裁地解决的条款。诉讼管辖的条款在提单背面中较为常见,提单仲裁条款并非普遍。如果提单正面记载事项约定了通过诉讼或者仲裁解决争议的内容,则背面无须重复再订立管辖权条款。

3. 承运人责任条款

一些提单订有承运人责任条款(carrier' s responsibility clause),规定承运人对货物运输应承担的责任及免责事项。如提单中已订有首要条款,则无须另订本条款。

4. 责任期间条款

根据适用于提单的不同国际公约和国内法的规定,承运人的责任期间(period of responsibility clause)是不同的。实际上《海牙规则》和《海牙—维斯比规则》没有明确规定承运人责任期间,只是规定海上货物运输期间为自承运人将货物装船时起,至货物卸离船舶时为止。《汉堡规则》则明确规定了承运人的责任期间自承运人在装货港接受货物时起至货物在卸货港交付给收货人为止。我国《海商法》第 46 条在借鉴上述国际公约的基础上,将货物分为集装箱货物和非集装箱货物,并分别规定其承运人责任期间。承运人对集装箱货物的责任期间,指从装货港接受货物时起至卸货港交付货物时止,货物处于承运人掌管之下的全部期间。对于非集装箱货物的责任期间,从货物装上船时起至卸下船时止,货物处于承运人掌管之下的全部期间;但是不影响承运人和托运人就装船前和卸船后达成任何协议,扩大承担责任的情形。

5. 留置权条款

留置权条款(lien clause),规定承运人可因托运人、收货人未付运费、亏舱费、滞期费及其他应付款项,以及应分摊的共同海损,对货物及其有关单证行使留置权,并有权出卖或以其他方式处置货物。如出卖货物所得价款不足抵偿应收款项及出卖费用,承运人有权向托运人、收货人索赔差额。我国《海商法》第 87 条也明确规定了应当向承运人支付的运费、共同海损分摊、滞期费和承运人为货物垫付的必要费用以及应当向承运人支付的其他费用没有付清,又没有提供适当担保的,承运人可以在合理的限度内留置货物。

6. 货物灭失或损坏的通知、时效

如果提单中未订有首要条款,或首要条款所指的国际公约或国内法对没有规定,通常订有货物灭失或损坏的通知、时效条款(notice of loss or damage,time bar clause)。一般规定,根据提单有权提取货物的人,除非在卸货港将货物灭失或损坏的一般情况,在货物移交其保管之前或当时,书面通知承运人或其代理人,否则这种移交应作为承运人已按提单交付货物的初步证据。如果灭失或损坏不明显,则应在交货后若干天之内提交此种通知。如果交付时承运人和收货人已对货物的状态做联合检验或检查,则收货人无须提交书面通知。对于货物的灭失或损害,除非自交付货物或本应交付货物之日起1年内(《汉堡规则》规定为2年)提起诉讼,否则承运人和船舶均被免除其对货物的灭失或损坏的一切赔偿责任。我国《海商法》第81条对此也有明确规定,承运人向收货人交付货物时,收货人未将货物灭失、损坏的情况书面通知承运人的,该交付视为承运人已经按照运输单证的记载交付以及货物外表状况良好的初步证据。如果货物灭失或者损坏的情况并非显而易见,在货物交付的次日起连续7日内,集装箱货物交付的次日起连续15日内,收货人未提交书面通知的,该交付也视为承运人已经按照运输单证的记载交付以及货物外表状况良好的初步证据。但是如果收货人未在上述期限内提交书面通知的,并不影响其在规定的诉讼时效期间内行使其索赔的权利。但是根据《海商法》第82条的规定,承运人自向收货人交付货物的次日起连续60日内,未收到收货人就货物因迟延交付造成经济损失而提交的书面通知的,不负赔偿责任。因此根据我国《海商法》,就货物的灭失、损坏以及迟延交付引起的经济损失,收货人是否在规定时间内提交有关货损的书面通知,其结果存在明显不同。

7. 赔偿限额条款

在未订明首要条款的提单中,通常订有赔偿限额条款(amount of compensation clause)。即规定承运人对货物灭失或损坏负有赔偿责任时,承运人对每件或每一其他货运单位的货物的赔偿,不超过一定的限额。提单上规定的这一限额,不得低于强制适用于提单的国际公约或国内法规定的限额,否则便属无效条款。通常还规定,如果托运人在货物装船前,已书面申报了高于规定限额的货物价值,并已在提单上注明,或与承运人另外约定了高于规定赔偿责任限额的数额,则当货物遭受灭失或损坏时,承运人应按货物的实际价值或另外约定的赔偿责任限额进行赔偿。我国《海商法》参照《海牙—维斯比规则》的1979年议定书以及《汉堡规则》的规定,也分别就承运人对于货物灭失、损坏以及迟延交付造成经济损失的单位赔偿责任限制予以规定,详见本章前述内容。因此如果在适用我国《海商法》的前提下,提单中有关承运人赔偿责任限额的规定,不得低于我国《海商法》第56条有关货物灭失、损害的赔偿责任限额以及第57条有关迟延交付货物造成经济损失的赔偿责任限额的相关规定。

8. 关于特定货物的条款

在海上运输中,除了运输一般的货物外,也常运输一些具有特殊性质或对运输和保管有特殊要求的货物,如舱面货、活动物、危险货和违禁品、冷藏货、木材、钢材、散装货和重大件货物等。在不违反有关法律的前提下,允许承运人对于任何特定货物(special cargo clause)应负的责任和义务,自由订立任何协议,而且这种协议具有完全的法律效力。

例如许多船公司的提单中规定,承运人在舱面装载货物时,应当同托运人达成协议,或者符合航运惯例,或者符合有关法律、行政法规的规定。如果承运人依照上述规定将货物装载在舱面上,对由此产生的特殊风险造成的货物灭失或损坏,承运人不负赔偿责任,反之则应当负赔偿责任。又如规定托运人托运危险货物,应当依照有关海上危险货物运输的规定,妥善包装,做出危险品标志和标签,并将其正式名称和性质以及应当采取的预防危害措施书面通知承运人;托运人未通知或通知有误的,承运人可以在任何时间、任何地点根据情况需要将货物卸下、销毁或者使之不能为害,而不负赔偿责任。托运人对承运人因运输此类货物所受到的损害,应当负赔偿责任。还规定,承运人知道危险货物的性质并已同意装运的,仍然可以在该项货物对于船舶、人员或者其他货物构成实际危险时,将货物卸下、销毁或者使之不能为害而不负赔偿责任。我国《海商法》分别在第52条、第53条、第68条规定了活动物、舱面货和危险货运输,因此在适用我国《海商法》的前提下,提单中此种关于特定货物的规定不能与我国法律规定相冲突。

9. 共同海损条款

共同海损条款(general average clause)通常规定共同海损的理算地点及理算所依据的规则。多数提单规定,共同海损依据《约克—安特卫普规则》进行理算。该规则有不同年份制定和修改的版本,最新修订的是《2004 年约克—安特卫普规则》。有的提单只规定共同海损理算应依据的规则,而不规定理算的地点,具体内容详见本书第十九章。

10. 新杰森条款

新杰森条款(New Jason clause),又称修改后的杰森条款(Amended Jason clause),其内容详见本书第十九章。有的提单将这一条款与共同海损条款合在一起。

11. 双方互有责任碰撞条款

双方互有责任碰撞条款(both-to-blame collision clause),又称美国碰撞条款(United States collision clause),其内容详见本书第十七章。

12. 地区条款

地区条款(local clause)主要是针对进出美国港口的国际海上货物运输而言的,即明确规定有关运往美国或从美国运出的货物,本提单应受美国《1936 年海上货物运输法》的约束。因为美国《1936 年海上货物运输法》明确规定在其适用范围内的提单,应记载受该法强制调整的规定或条款。其中承运人和船舶对货物的灭失或损坏承担的赔偿责任限额为每件货物或每一习惯运费单位 500 美元,但托运人在货物装船前已申报货物的性质和价值,并在提单上注明的除外。如果船舶并不进出美国港口从事货物运输,则该条款没有任何适用的空间。

第三节　有关海上货物运输的国际公约

提单由各船公司自行制定,但涉及包括承运人、托运人、收货人、受货人、提单持有人和货物所有人在内的各方面关系人的利益。由于提单的利害关系人常常分属于不同的国籍,提单的签发地和起运港及目的港又常分处于不同的国家,因此提单的格式、内容、词语并不完全相同,一旦发生争议,就会涉及提单的法律效力和适用法律的问题。因此各国一直致力于统一提单法律的工作。在国际组织的努力下,目前已生效,并在统一各国有关提单的法律方面起着积极作用的有关国际公约包括:(1)《1924 年统一提单若干法律规定的国际公约》(International Convention for the Unification of Certain Rules of Law Relating to Bill of Lading,1924)(以下简称《海牙规则》);(2)《1968 年关于修订统一提单若干法律规定的国际公约的议定书》(Protocol to Amend the International Convention for the Unification of Certain Rules of Law Relating to Bill of Lading,1968)(以下简称《海牙—维斯比规则》或者《维斯比规则》);(3)《1978 年联合国海上货物运输公约》(United Nations Convention of the Carriage of Goods by Sea,1978)(以下简称《汉堡规则》)。伴随着《汉堡规则》的生效,国际社会面临上述三个国际公约都发生效力,并且每个国际公约都有数量不同的成员国,而且还有一些国家没有批准加入上述任何一个生效的国际公约,而是以国内法对有关提单或国际海上货物运输合同予以调整的情况。为了解决可能存在的法律冲突，国际社会及一些国际组织经过努力，在2008年年底通过了《联合国全程或者部分海上国际货物运输合同公约》(United Nations Convention on Contracts for the International Carriage of Goods Wholly or Partly by Sea)(简称《鹿特丹规则》)，以下分别予以介绍。

一、海牙规则

(一)《海牙规则》产生的背景

最初提单只是表明货物已经装船的收据，既没有关于提单应记载的事项及其法律效力的规定，也没有有关承运人责任的条款。19世纪英国商船队在世界航运舞台上起着举足轻重的作用。英国普通法(common law)一般把从事海上件杂货运输的船舶所有人视为"公共承运人"(common carrier)，而把从事租船运输的船舶所有人视为"私人承运人"(private carrier)。根据英国普通法，公共承运人对所运货物的灭失或损坏，除因天灾、公敌行为、货物的潜在缺陷、托运人过错行为造成外，不论承运人、船长、船员或其他受雇人、代理人有无过错，均应负赔偿责任。"私人承运人"对所运货物仅负有合理谨慎的义务。与此同时，遵循"合同自由"原则，允许承运人在提单上列入对货物灭失或损坏免责的条款。这种免责条款从18世纪开始出现，到了19世纪中期，已经发展到了不可收拾的地步。有的提单上的免责条款多达六七十项，这不但引起货主的强烈不满，而且妨碍了提单的流通作用，银行不肯汇兑，保险公司不敢承保货物运输风险。

针对这种承运人滥用"合同自由"原则的现象，首先通过国内立法进行限制的是代表货主利益的美国。美国国会于1893年通过《哈特法》(Hater Act)，即《关于船舶航行、提单，以及与财产运输有关的某些义务、职责和权利的法案》(An Act Relating to Navigation of Vessels, Bills of Lading, and to Certain Obligations, Duties, and Rights in Connection with the Carriage of Property)。它规定了从事美国港口之间以及美国与外国港口之间货物运输的承运人最低限度的义务，明确了承运人最大限度的免责。《哈特法》的产生，对以后的国际航运立法产生了巨大影响。澳大利亚于1904年制定《海上运输法》；新西兰于1908年制定《航运及海员法》；加拿大于1910年制定《水上货物运输法》。这些立法都采纳了《哈特法》的基本原则。由于这些英联邦成员国相继立法，迫使英国采取妥协态度，主张制定国际公约，以保持其航运大国的地位。为此国际法协会下设的海洋法委员会，于1921年5月在荷兰首都海牙召开会议，制定了一个提单规则。几经修改，终于在1924年8月25日在比利时首都布鲁塞尔召开的外交会议上通过。该规则于1931年6月2日生效。根据CMI发布的2014年年报的统计数据，《海牙规则》现有89个缔约国及地区，包括中国香港、澳门特别行政区。但是澳大利亚、丹麦、芬兰、意大利、日本、黎巴嫩、荷兰、挪威、罗马尼亚、瑞典、英国、直布罗陀、百慕大等国家和地区又在该公约生效后纷纷退出本公约。英国①、加拿大②等国将其转为国内法，我国未加入该公约，但我国《海商法》第四章关于承运人责任和免责的规定，基本上采纳了该规则的规定。

(二)《海牙规则》的主要内容

《海牙规则》全文共有16条，其主要内容包括：

---

① 后退出《海牙规则》，加入《维斯比规则》。

② 后又加入《维斯比规则》。

1. 承运人的责任和义务

（1）谨慎处理使船舶适航。《海牙规则》第 3 条第 1 款规定："承运人必须在开航前和开航当时，谨慎处理：①使船舶适航；②妥善地配备船员、装备船舶和配备供应品；③使货舱、冷藏舱、冷气舱和该船其他载货处所适于并能安全地收受、载运和保管货物。"船舶适航（seaworthy）有狭义和广义之分。狭义的船舶适航，是指船舶的船体、船机在设计、结构、性能和状态等方面能够抵御航次中通常出现的或能够合理预见的风险。它不要求船舶具有抵御航次中出现的任何风险的能力，所以适航的含义是具体的、相对的。常见的狭义不适航的情况，是指船体强度不够、设计存在缺陷等。广义的适航是指《海牙规则》规定的三个方面，即除了船舶本身适航外，还应妥善地配备船员、装备船舶和配备供应品以及使船舶适货（cargo worthy）。船员是否妥善配备，要从船员数量、质量两方面要求。数量上应满足船舶正常航行和值班作业的需要；质量上应能具有通常要求的知识与技能，可以胜任工作[①]。妥善装备船舶，是指船舶在各方面得到完善的装备，要求雷达、罗经等助航仪器，锚、缆绳等系泊设备及海图、航路指南等航行资料，均应齐全，并具可靠性。随着科学技术的发展，判断船舶装备是否妥善的标准是不同的。例如美国于 2001 年发生"9·11"恐怖袭击事件后，SOLAS 公约随后进行修订，要求船舶须配备保安设备，否则构成不适航。妥善配备供应品，包括船舶带有充足的燃料、物料、淡水和食品，考虑到上述物品的质量、航程长短和途中风浪外，还需确定一个安全系数，能满足在下一港添加之前使用。船舶适货，是指货舱、冷藏舱、冷气舱和其他载货处所适于并能安全收受、载运和保管货物，包括货舱清洁、干燥、无味，污水沟和通风筒畅通，舱盖水密，吊杆或吊车、起货机械等设备齐全，并处于有效状态。如装运特殊货物，例如冷藏货物，则应通过检验，并取得相应证书。

船舶适航的标准要求承运人作为一名具有通常要求的技能，并谨慎行事的船舶所有人，采取各种为特定情况所合理要求的措施。

（2）妥善和谨慎地管理货物。《海牙规则》第 3 条第 2 款规定：除第 4 条另有规定外，承运人应当妥善地、谨慎地装载、搬移、积载、运输、保管、照料和卸载所运货物。货物的装载、搬移、积载、保管、照料、运输和卸载这七个管理货物的环节，包括货物从装船至卸船的整个过程。所谓妥善，通常是指技术上的要求，即在上述七个环节中，应发挥通常要求的或为所运货物特殊要求的知识与技能。所谓谨慎，通常从责任心方面予以要求。指承运人及其受雇人、代理人在管货的各个环节上，发挥作为一名能胜任此工作的人员可预期表现出来的合理谨慎程度。

2. 承运人的责任期间

《海牙规则》并未直接规定承运人的责任期间。其第 1 条规定"货物运输包括自货物装上船舶开始至卸离船舶为止的一段时间"。据此许多人误认为这是《海牙规则》关于承运人责任期间的解释，并总结出"钩至钩"原则，即承运人对货物灭失或损坏赔偿责任的期间为，自货物在装货港挂上船舶吊杆或吊车的吊钩时起，至货物在卸货港脱离吊钩时止；当使用岸上吊货索具时，概括为"舷至舷"原则，即自货物在装货港越过船舷时起，至卸货港越过船舷时止。实际上，该规则第七条规定："本规则中的任何规定，都不妨碍承运人或托运人，就承运人或船舶对进行海上货物运输的船舶所载货物，在装船前和卸船后遭受灭失或损害所应承担的义务与责任，或有关货物的保管、照料和搬移，订立任何协议、规定、条件、保留或免责条款。"即《海牙规

① 经 1994 年修正的《国际海上人命安全公约》（SOLAS）对船员提出更高、更为严格的标准和要求。

则》允许承运人与托运人对货物在装船前和卸货后的责任问题,自由达成协议。

如果达成此种协议的,则承运人的责任期间要宽于装上船舶至卸离船舶;如果没有此种协议,则承运人责任期间与运输期间相同,即为装上船舶至卸离船舶。

3. 承运人的免责

《海牙规则》第4条第2款规定,对由于下列原因引起或造成的货物灭失或损坏,承运人和船舶概不负责:(1)船长、船员、引航员或承运人的受雇人在驾驶船舶或管理船舶中的行为、疏忽或不履行职责;(2)火灾,但由于承运人实际过失或私谋所造成的除外;(3)海上或其他可航水域的风险、危险和意外事故;(4)天灾;(5)战争行为;(6)公敌行为;(7)君主、统治者或人民的扣押、拘禁或依法扣押;(8)检疫限制;(9)货物托运人或货主、其代理人或代表的行为或不行为;(10)无论由于何种原因引起的局部或全面的罢工、关闭、停工或劳动力受限制;(11)暴乱和民变;(12)救助或企图救助海上人命或财产;(13)由于货物的固有瑕疵、性质和缺陷所造成的容积或重量的损失,或任何其他灭失或损坏;(14)包装不当;(15)标志不当或不清;(16)谨慎处理不能发现的潜在缺陷;(17)非由于承运人的实际过失或私谋,或是承运人的代理人或受雇人的过失或疏忽所引起的任何其他原因,但请求该项免责利益的人应当负举证责任,表明灭失或损坏既非由于承运人的实际过失或私谋,又非由于承运人的代理人或受雇人的过失或疏忽所造成。① 而对于前述16项免责事项的举证问题,《海牙规则》并未做出明确规定,依据各国国内法处理。

4. 承运人赔偿责任限制

《海牙规则》第4条第5款规定:不论是承运人或船舶,对货物或与货物有关的灭失或损坏,在任何情况下,当每件或每单位超过100英镑或与其等值的其他货币时,概不负责;但托运人在货物装运前已将其性质和价值加以申报并在提单上注明的,不在此限。

5. 关于诉讼时效和索赔通知

规定如果收货人在卸货港发现货物灭失或损坏,应在收取货物之前或当时,将货物灭失或损坏的一般情况,用书面形式通知承运人或其代理人;如果损坏不明显,则应在3天之内提交此种通知。如果交付货物时,双方已就货物情况进行联合检查或检验,收货人无须提交此种通知。诉讼时效为一年,自货物交付之日或应交付之日起算。

6. 关于公约的适用范围

第10条规定:适用于在任何缔约国所签发的一切提单。第5条又规定:本规则中的各项规定不适用于租船合同,但如果在租船合同下或者依据租船合同签发上述任何提单或者任何类似的权利凭证,则自此种提单或类似的凭证从调整承运人与单证持有人之间的关系之时起,受本公约规定的限制。

7. 关于公约适用的强制性

第3条规定:运输合同中的任何条款、约定或协议,凡是解除承运人或船舶对由于疏忽、过失或未履行本条规定的责任与义务而引起货物的或与货物有关的灭失或损坏的赔偿责任,或以本规则规定以外的方式减轻这种责任的,均应作废并无效。而且有利于承运人保险利益的条款或者类似的条款,应视为免除承运人责任的条款,因此也是无效的。

---

① 我国《海商法》第51条关于承运人免责的规定,基本上参考了《海牙规则》的此项规定,只不过我国《海商法》对上述17项免责事项进行了一些归类和合并,并调整个别词语,从而规定了12项免责事项。

二、维斯比规则

(一)《维斯比规则》产生的背景

《海牙规则》生效实施后,随着缔约国的不断增多,对于统一国际海上货物运输法律起到了积极的作用,船货双方的利益基本达到了平衡。但是,到了20世纪50年代末期,随着国际经济、政治形势的变化,以及航海、造船技术的进步,这种平衡受到破坏。特别是以发展中国家为代表的第三世界国家在国际经济、政治社会中发挥了越来越重要的作用之后,人们发现《海牙规则》存在许多问题,需要修订。这些问题归纳起来为:(1)较多地维护了承运人的利益,实质上也就是维护了以航运业为主的发达国家的利益;(2)在风险分担上很不均衡,承运人实行的是"不完全过失责任制",还可以享受诸多免责事项,这也是代表货主利益的国家最不满意的地方;(3)由于通货膨胀因素的存在,承运人责任限额过低;(4)不适应集装箱货物运输的发展;(5)承运人的代理人、受雇人员的法律地位不够明确等。针对上述情况,国际海事委员会着手对《海牙规则》进行修改。最后在1968年2月23日在比利时的布鲁塞尔召开的外交会议上通过了关于《海牙规则》修订的议定书。在这次会议期间,与会代表前往参观了著名的维斯比城,所以该议定书又被称为《维斯比规则》。由于该议定书没有对《海牙规则》进行根本性的修改,只是对《海牙规则》中明显不合理或不明确的条款做了修订和补充,仍保持原有《海牙规则》的责任制度,因此又称为《海牙—维斯比规则》。《维斯比规则》已于1977年6月生效,根据CMI官方发布的2014年年报的统计数据,《海牙—维斯比规则》现有30个缔约国和地区,其中包括中国香港特别行政区。比利时、丹麦、法国、德国、意大利、希腊、挪威、新加坡、瑞典、英国等均为该规则成员国。英国以该规则的内容制定了本国的《1971年海上货物运输法》,并已生效。我国未参加《海牙—维斯比规则》,但是关于承运人责任限额的规定,参照了该规则的1979年议定书。

(二)《维斯比规则》对《海牙规则》修改的主要内容

1. 关于承运人责任限制

《维斯比规则》将《海牙规则》规定承运人对货物灭失或损坏的赔偿限额,从按每件或每计算单位100英镑,提高为每件或每计算单位10 000金法郎,并采用双轨制,还可以按灭失或受损货物毛重计算,为每公斤30金法郎,二者以较高者为准。一个金法郎指含有纯度为千分之九百的65.5毫克的黄金单位。

为解除集装箱运输出现后的损害赔偿问题,《维斯比规则》补充规定了当货物以集装箱、货盘或类似工具集装时,如提单中载明装在这种运输工具中的货物件数或单位数,则承运人责任限额按此件数或单位数予以确定,否则这种运输工具视为一件或一个单位,而不论其内部实际载货的数量。如果集装箱非由于承运人拥有或提供的,则当货物发生灭失、损坏时,一个集装箱视为一件货物的计算责任限制。

《维斯比规则》还规定,如经证明,损坏是由于承运人的故意或明知可能造成损失而轻率地作为或不作为造成时,则承运人丧失享受赔偿责任限制的权利。

2. 关于提单的证据效力

《海牙规则》规定承运人收到货物以后,应托运人的要求签发给托运人的提单,是承运人依照提单所载内容,收到货物的表面证据(prima facie evidence,或称初步证据)。《维斯比规则》做了补充，规定当该提单已被转至善意的第三方时，提单便成为承运人收到其上所载货物的绝对证据（conclusive evidence）。

3. 非合同之诉讼

《维斯比规则》规定，《海牙规则》规定的抗辩和责任限制，应适用于就运输合同所载货物的灭失或损坏对承运人提起的任何诉讼，而不论是以合同为依据，还是以侵权行为为依据。

4. 承运人的受雇人、代理人的法律地位

承运人的受雇人、代理人不是运输合同的当事方，由于其过失造成货物的灭失或损坏，不能援引运输合同或相关法律关于承运人免责或责任限制的规定。1953 年英国出现了著名的 Alder 诉 Dickson 一案，英国东方及半岛公司（P & O）的“喜马拉雅”（Himalaya）号客船在一次挂港时，由于舷梯未放好，致使一名叫 Alder 的女乘客摔伤。因承运人依据客票印有免责条款，免除赔偿责任，该乘客便以侵权行为控告负责安放舷梯的该轮水手长 Dickson 先生。因为船上安放舷梯通常是水手长的职责，法院最终判决认定水手长作为承运人的受雇人，无权援引上述承运人的有关免责规定。此案一出，航运界一片哗然，此后承运人纷纷在提单上订有“喜马拉雅”条款，即明确规定使承运人的受雇人或代理人可以援引承运人在货物运输合同之下可以援引的种种抗辩、免责和责任限制。《维斯比规则》将上述条款的内容以公约条文的方式法律化，从而可以避免货主或受害方绕过货物运输合同不去起诉承运人，而是以侵权为由起诉承运人的受雇人、代理人的可能性。

5. 诉讼时效

《维斯比规则》仍保留了《海牙规则》中规定一年的诉讼时效，并做了补充规定，即在诉讼事由发生之后，经当事方同意，可将这一期限加以延长。而且规定即使在一年期间届满后，只要在受诉法院所在地法律允许之内，承运人可向第三方提起追偿之诉讼，但是允许的时间自提起此种诉讼的人已解决索赔案件，或向其本人送达起诉状之日起算，不得少于 3 个月。

6. 规则的适用范围

《维斯比规则》在《海牙规则》规定的基础上，将适用范围扩至：(1) 货物从一个缔约国港口起运的提单；(2) 被提单所包含或所证明的合同受本规则各项规定或给予这些规定以法律效力的任一国家立法的约束之下的提单。

（三）1979 年修订《维斯比规则》的议定书

由于黄金本身的价格随市场供求关系的影响而经常波动，使承运人按金法郎承担的赔偿数额不能保持稳定，特别是在 20 世纪 70 年代中期爆发了全球性的经济危机之后，根据黄金价格确定的承运人赔偿责任限额计算单位——金法郎出现了较为明显的贬值。因此 1979 年 12 月 31 日在比利时布鲁塞尔召开的外交会议上，通过了修订《维斯比规则》的议定书。根据 CMI 官方发布的 2014 年年报的统计数据，该修订议定书现有 25 个国家和地区批准或加入，包括中国香港特别行政区。像《维斯比规则》的大部分成员国，例如澳大利亚、比利时、丹麦、芬兰、法国、希腊、意大利、日本、荷兰、新西兰、挪威、英国等都是该议定书的缔约国。[①] 该议定书将承运人单位赔偿责任限制的计算单位，从金法郎改为特别提款权（special drawing right:

① 目前该议定书的成员国和地区包括：澳大利亚、比利时、中国香港特别行政区、克罗地亚、丹麦、芬兰、法国、格鲁吉亚、希腊、意大利、日本、拉脱维亚、立陶宛、卢森堡、墨西哥、荷兰、新西兰、挪威、波兰、俄罗斯、西班牙、瑞典、瑞士、英国和百慕大。

SDR)，按15金法郎等于1特别提款权计算，则承运人赔偿责任限制为每件或每单位666.67特别提款权，或按货物毛重每公斤2特别提款权计算，二者之中以较高者为准。特别提款权是国际货币基金组织(IMF)在20世纪70年代推出的货币计算单位，系多个国家货币加权计算出来的，所以相对比较稳定。

三、汉堡规则

(一)《汉堡规则》产生的背景

《维斯比规则》虽然对《海牙规则》做了一定的修改，但没有触及《海牙规则》的核心——承运人的责任基础，因而许多第三世界国家及代表货主利益的一些国家，要求彻底修改《海牙规则》的呼声日益高涨。有鉴于此，联合国贸易和发展会议(UNCTAD)于1969年4月成立了国际航运立法工作组，研究提单的法律问题。此后该工作组在1971年第二届会议上做出两项决议：(1)应对《海牙规则》和《维斯比规则》进行修改，必要时可以制定一项新的国际公约；(2)在审议修改上述规则时，应消除其含糊不明之处，同时应建立船货双方均衡地分担货运风险的货运责任制度。按照分工，上述工作移交给联合国贸易法律委员会(UNCITRAL)。经过多年的艰苦工作，于1976年5月草拟了《联合国海上货物运输公约草案》。该草案于1978年3月6日至31日在汉堡召开的外交会议上审议并通过，正式定名为《1978年联合国海上货物运输公约》。由于此次会议在汉堡召开，因而得名《汉堡规则》，该规则已于1992年11月1日生效。根据CMI官方发布的2014年年报的统计数据，《汉堡规则》现有34个成员国，大部分为航运不发达的第三世界国家。①

(二)《汉堡规则》的主要内容

《汉堡规则》共7章34条，与《海牙规则》相比，做了根本性的修改，明显扩大了承运人的责任。主要内容包括：

1.关于承运人的责任期间

《汉堡规则》第4条规定，承运人对货物的责任期间包括在装货港、在运输途中以及在卸货港，货物在承运人掌管之下的全部期间，即从承运人在装货港接管货物时起到卸货港交付货物时止的全部期间。该责任期间也被简称为“港—港”(port to port)。

2.承运人的责任基础

《汉堡规则》第5条规定了承运人的责任基础，并且以“完全过失责任制”来规定承运人的责任，从根本上对《海牙规则》的“不完全过失责任制”进行修改。根据《汉堡规则》，当货物灭失、损坏或迟延交付所造成的损失发生在承运人的责任期间，首先推定为承运人有过失而承担赔偿责任。如果承运人要免除赔偿责任，应承担举证责任，证明其本人、受雇人员或代理人没有过失，而且为避免事故的发生及其后果采取了一切所能合理采取的措施。显然，仅从条文规定看，似乎《汉堡规则》完全删除了《海牙规则》以及《维斯比规则》规定的17项免责事项，特别

---

① 《汉堡规则》的成员国包括：阿尔巴尼亚、奥地利、巴巴多斯、博茨瓦纳、布基纳法索、布隆迪、喀麦隆、智利、捷克共和国、多米尼亚共和国、埃及、冈比亚、格鲁吉亚、几内亚、匈牙利、约旦、哈萨克斯坦、肯尼亚、黎巴嫩、莱索托、利比里亚、马拉维、摩洛哥、尼日利亚、巴拉圭、罗马尼亚、圣文森特、塞内加尔、塞拉利昂、叙利亚、坦桑尼亚、突尼斯、乌干达、津巴布韦。

是删除了船长、船员、引航员或承运人的受雇人员在驾驶和管理船舶中的过失免责条款。另外《汉堡规则》对火灾的举证责任做了妥协。承运人应对由于其本人、受雇人或代理人的过失引起的火灾所造成的货物灭失、损坏或迟延交付负赔偿责任,但承运人、其受雇人和代理人有过失的举证责任,应由索赔人(货方)承担。事实上货方往往因很难举证,使承运人可以间接享受此免责事项。而《海牙规则》或《维斯比规则》列明的17项免责事项中,除了航海过失免责和火灾免责外,其余15项的内容基本上也是规定承运人或其受雇人、代理人没有过失,因此实际上《汉堡规则》并没有全部删除《海牙规则》的免责事项。只要承运人能够举证,证明其本人或者其受雇人、代理人对货物的灭失、损坏、迟延交付没有过失的话,仍然可以提出不负赔偿责任的抗辩。

3. 迟延交付货物的责任

《汉堡规则》第5条第2款首次对此做出明确规定,即如果货物未能在明确约定的时间内,或虽无此项约定,但未能在考虑到实际情况,对一个勤勉的承运人所能合理要求的时间内,在海上运输合同所规定的卸货港交付货物,即为迟延交付。根据该规则第6条第1款的规定,承运人对因迟延交付货物所造成的损失应承担赔偿责任,对迟延交付货物产生的经济损失的赔偿责任以相当于迟延交付货物应支付运费的2.5倍为限,但不得超过海上货物运输合同规定的应付运费总额。此外还规定,如果货物在规定的交货时间届满后连续60天内仍未能交付,有权对货物的灭失提出索赔的人可以认为货物已经灭失。[①]

4. 关于承运人赔偿责任限额

《汉堡规则》仍沿用双轨制,但赔偿责任限额较之《维斯比规则》的规定提高了25%,第6条第1款a项明确规定,承运人对货物灭失或损坏造成的损失所负的赔偿责任,为每件或每货运单位835特别提款权或毛重每公斤2.5特别提款权,二者之中以较高的为准。但是如果由于承运人负责的原因,既造成货物灭失、损坏,也导致货物迟延交付的经济损失,则承运人对上述损失的总的赔偿责任限制,在任何情况下,均不超过承运人根据第6条第1款a项计算的赔偿责任限额。

5. 活动物与舱面货

《海牙规则》明确规定将活动物和舱面货排除在公约适用范围之外,可以由托运人和承运人另行约定运输上述特殊货物的风险、权利与义务、责任等。并且《海牙规则》第1条规定,舱面货是指在运输合同中载明将货物装载在舱面并且实际上也装载在舱面的货物。但是《汉堡规则》不再将这两种货物排除在公约的适用范围之外。对于活动物而言,如果货物的灭失或损坏是由于货物的特殊风险造成的,则承运人及其受雇人、代理人不承担赔偿责任,除非证明他有过失。[②] 根据《汉堡规则》第9条第1款的规定,承运人只有在依据和托运人达成的协议或该特定的贸易习惯,或为法律、法规所要求时,才有权在舱面上载运货物。此外,如果承运人和托运人已经约定,应当或者可以在舱面载运货物,承运人应当在提单或其他作为海上货物运输合同证明的单证上加以说明。对于舱面货而言,如果承运人擅自将货物装于舱面,对因此产

① 详见《汉堡规则》第5条第3款的规定。

② 《汉堡规则》第1条第5款有关"货物"的界定中,明确包括活动物。同时规定如果货物是用集装箱、货盘或类似的装运工具集装,或者货物带有包装,而此种装运工具或包装系由托运人提供,则"货物"一词的表述包括此种装运工具或包装。

生的货物灭失、损坏或迟延交付承担赔偿责任，甚至承运人不得援引单位赔偿责任限制。

6. 关于保函的效力

对于因货物外表状况不良，而托运人又请求承运人出具清洁提单，此时承运人往往会要求托运人出具保函。《海牙规则》和《维斯比规则》都没有关于此种保函的规定。而《汉堡规则》第17条第2款、第3款、第4款对保函的法律效力做出了明确规定。第2款规定："托运人为就承运人或代其行事的人，未对由托运人提供以载入提单的事项或外表状况做出保留而签发提单所引起的损失，而据以给予承运人赔偿的任何保函或协议，对包括受染提单的收货人在内的第三方，一概无效。"根据第3款："除非承运人或代其行事的人意图对包括信赖提单中所载货物情况的收货人在内的第三方进行欺诈，而不将本条第2款所述保留载入，此种保函或协议对托运人有效。"第4款规定："在本条第3款所述意图欺诈的情况下，承运人应对包括信赖其所发提单中所载货物情况的收货人在内的第三方所受任何损失，负赔偿责任，而不能享受本公约规定的责任限制的利益。"因此，如果托运人出具的保证向承运人赔偿的保函，只对托运人有效，而对收货人或提单受让人均属无效。但是如果承运人有意欺诈，则对托运人也属无效，而且承运人不再享受责任限制的权利。

7. 关于诉讼时效

《汉堡规则》第20条规定：有关货物运输的任何诉讼，如果在两年内没有提出司法或仲裁程序，即失去时效。时效期间自承运人交付货物或者交付部分货物之日，或者，在未交付货物时，则自应当交付货物的最后一日起算。时效期限起算的当日，不包括在期限之内。同时，被要求赔偿的人，可以在时效期限之内的任何时间向索赔人提出书面声明，延长时效期限，该期限可以通过再次声明而进一步延长。需要引起注意的是，《汉堡规则》的诉讼时效期间，与《海牙规则》《维斯比规则》的规定相比较，不仅从1年延长至2年，而且该时效期间还适用于仲裁。有关诉讼和仲裁的区别和联系，详见本书第二十三章的内容。

四、鹿特丹规则

（一）《鹿特丹规则》产生的背景

由于调整提单或者海上货物运输合同的国际公约《海牙规则》《海牙—维斯比规则》《汉堡规则》先后生效，这种法律制度不统一的现实，给国际贸易和国际航运带来诸多不便，不但影响货物自由转让，增加交易成本，也导致海运承运人权利、义务与责任的不确定性。早在1996年联合国国际贸易法律委员会（UNCITRAL）召开有关电子交易示范法的第29届会议上，就曾考虑这一问题。考虑到各方意见分歧较大，而国际海事委员会（CMI）又愿意做前期工作，因此在1999年召开的第32届大会上，UNCITRAL决定将前期准备工作交由CMI进行。CMI为此专门成立一个国际小组委员会，为明确未来运输法文本的范围及探讨可能解决问题的办法，先后召开会议讨论，在2001年年底，CMI国际小组委员会完成运输法框架最终文本草案，并将有关制定工作转交给UNCITRAL继续进行。UNCITRAL针对这一议题专门成立了第三工作组负责公约草案的草拟工作。自2002年始，第三工作组每年召开两次国际会议讨论运输法草案有关问题。2008年6月16日—7月3日在纽约召开的UNCITRAL第41届大会上，公约文本被通过，公约全称为《联合国有关全程或部分国际海上货物运输合同公约》。同年12月11日联合国大会通过决议批准该公约，决定于2009年9月23日在荷兰鹿特丹港举行签字仪式，开放供各成员国签署，并建议为《鹿特丹规则》。[①] 根据 UNCITRAL 官方网站的统计数据，截止到 2015 年 10 月，共有 25 个国家签署了《鹿特丹规则》[②]，其中西班牙、多哥、刚果民主共和国分别于 2011 年、2012 年、2014 年批准该公约。由于根据《鹿特丹规则》第 94 条的规定，要求有 20 个国家批准、加入公约才可以生效，因此该公约尚未生效。

（二）《鹿特丹规则》的主要内容

《鹿特丹规则》制定的目的就是能够取代现行生效的三个国际海运公约，并且能够在上述三个公约以及船货利益平衡方面找到一个落脚点。因此公约共有 18 章，96 个条款，较之以往的国际公约，在条文数目上做了很大调整，不拘泥于调整运输单证，而是围绕国际海上货物运输合同公约方面的一个完整的国际公约。[③]

与以往公约相比较，《鹿特丹规则》在内容方面的重大变革主要体现在：(1)公约的适用范围得以扩大，例如地域范围由单纯的“海运”变成“海运 + 其他”，运输单证范围扩大，不局限于提单，包括一切可转让运输单证和不可转让运输单证；(2)涉及运输合同的类型增加，包括了批量合同等；(3)承运人责任相对加重，例如承运人责任期间扩大，承运人使船舶适航义务的时间和内容发生变化，承运人管理货物的义务发生变化，承运人责任基础发生变化，举证责任分配更加明确，承运人免责事项的部分内容发生变化，增加了“履约方”“海运履约方”的概念及责任，承运人单位赔偿责任限制数额提高；(4)进一步明确货方的定义及权利，例如增加了单证托运人、控制权等概念；(5)明确诉讼管辖、仲裁等事项，等等。

1. 定义条款

公约在第一章总则部分的第一条，对于公约一些重要的概念和术语进行界定。主要界定的内容如下：

(1)运输合同：是指承运人收取运费，承诺将货物从一地运至另一地的合同，此种合同应对海上运输做出规定，且可以对海上运输之外的其他运输方式做出规定。因此《鹿特丹规则》不仅适用于国际海上货物运输合同，还适用于包括海上运输在内的国际多式联运合同。

(2)批量合同：是指在约定期间内分批装运特定数量货物的运输合同。货物数量可以是最低数量、最高数量或一定范围的数量。

(3)承运人：是指与托运人订立运输合同的人。

(4)履约方是指承运人以外的，履行或承诺履行承运人在运输合同下有关货物接收、装载、操作、积载、运输、照料、卸载或交付的任何义务的人，以该人直接或间接在承运人的要求、监督或控制下行事为限。但是不包括不由承运人而由托运人、单证托运人、控制方或收货人直接或间接委托的任何人。

(5)海运履约方是指凡在货物到达船舶装货港至货物离开船舶卸货港期间履行或承诺履行承运人任何义务的履约方。内陆承运人仅在履行或承诺履行其完全在港区范围内的服务时方为海运履约方。

---

① 参见郭萍、张文广，《〈鹿特丹规则〉述评》，《环球法律评论》2009 年第 3 期，第 133 – 144 页。

② 签署《鹿特丹规则》的国家包括：亚美尼亚、喀麦隆、刚果、刚果民主共和国、丹麦、法国、加蓬、加纳、希腊、几内亚、几内亚比绍、卢森堡、马达加斯加、马里、荷兰、尼日尔、尼日利亚、挪威、波兰、塞内加尔、西班牙、瑞典、瑞士、多哥、美国。

③ 《海牙规则》共有 16 条，《维斯比规则》为 17 条，《汉堡规则》则有 34 条。

(6)托运人是指与承运人订立运输合同的人。

(7)单证托运人"是指托运人以外的,同意在运输单证或电子运输记录中记名为"托运人"的人。

(8)货物"控制权"是指根据第十章按运输合同向承运人发出有关货物的指示的权利。

2. 适用范围

公约第2章是适用范围的规定,其中第5条规定,除了根据公约排除适用的情形外,公约适用于收货地和交货地位于不同国家并且海上运输装货港和同一海上运输卸货港位于不同国家的运输合同,条件是运输合同约定的以下地点之一位于缔约国:收货地、装货港、交货地或卸货港。公约适用无须考虑船舶、承运人、履约方、托运人、收货人或其他任何有关方的国籍。第6条规定了不适用的合同类型,即不适用于班轮运输中的租船合同和使用船舶或其中任何舱位的其他合同。同时公约也不适用于非班轮运输中的运输合同,但是如果在当事人之间不存在使用船舶或者其中任何舱位的租船合同或其他合同,并且运输单证或电子运输记录已经签发的,公约依然适用于该单证或电子运输记录。

3. 承运人义务、责任期间、免责及赔偿责任限制

(1)承运人的义务。公约分别规定了承运人货物运输与交付的义务、管货的义务和使船舶适航的特定义务。第11条规定,承运人应当根据公约,按照运输合同的条款将货物运至目的地并交给收货人。第13条规定,承运人应妥善而谨慎地接收、装载、操作、积载、运输、保管、照料、卸载并交付货物。但是在不影响根据公约第四章至第七章有关承运人义务、赔偿责任、托运人责任等规定的前提下,承运人可以与托运人约定由托运人、单证托运人或收货人装载、操作、积载或卸载货物。此种约定应在合同事项中载明。第14条规定,承运人应当在开航前、开航当时和海上航程中谨慎处理使船舶处于且保持适航状态;妥善配备船员、装备船舶和补给供应品,且在整个航程中保持此种配备、装备和补给;并且使货舱、船舶所有其他载货处所和由承运人提供的载货集装箱适于且能安全接收、运输和保管货物,且保持此种状态。

(2)承运人责任期间。第12条规定,承运人根据本公约对货物的责任期间,自承运人或履约方为运输而接收货物时开始,至货物交付时终止。但是收货地的法律或条例要求将货物交给某当局或其他第三方,承运人可以从该当局或该其他第三方提取货物的,承运人的责任期自承运人从该当局或从该其他第三方提取货物时开始。交货地的法律或条例要求将货物交给某当局或其他第三方,收货人可以从该当局或该其他第三方提取货物的,承运人的责任期间至承运人将货物交给该当局或该其他第三方时终止。显然,根据《鹿特丹规则》,承运人责任期间为接收货物至交付货物,而不论接收或交付货物的地点是否是港口,因此也可以简称为"接收—交付"。

(3)承运人赔偿责任基础及免责规定。公约第17条规定,如索赔人举证,货物灭失、损坏或迟延交付,或造成、促成了灭失、损坏或迟延交付的事件或情形是在第四章规定的承运人责任期内发生的,承运人应对货物灭失、损坏和迟延交付负赔偿责任。显然,根据《鹿特丹规则》,承运人责任基础与《汉堡规则》一样,都是完全的过失责任。如果承运人举证证明,其本人或者承运人受雇人、代理人等对货物灭失、损坏、迟延交付没有过失,无须承担赔偿责任。或者承运人能够举证证明货物灭失、损坏、迟延交付是由于下列15种事件或情形造成的,也可免除赔偿责任:天灾;海上或其他通航水域的风险、危险和事故;战争、敌对行动、武装冲突、海盗、恐怖活动、暴乱和内乱;检疫限制;政府、公共当局、统治者或民众的干涉或造成的障碍,包括非

由承运人或第十八条述及的任何人所造成的滞留、扣留或扣押①;罢工、关厂、停工或劳动受限;船上发生火灾;虽谨慎处理仍无法发现的船舶潜在缺陷;根据约定,由托运人负责的货物装载、操作、积载或卸载;由于货物固有缺陷、品质或瑕疵而造成的数量或重量损耗或其他任何灭失或损坏;非由承运人或代其行事的人所做的包装不良或标志欠缺、不清;海上救助或试图救助人命;海上救助或试图救助财产的合理措施;避免或试图避免对环境造成危害的合理措施;或承运人根据第十五条和第十六条所赋权利的作为。②

显然,与《海牙规则》的17项免责事项相比较,《鹿特丹规则》发生了一些变化,例如删除了航海过失免责条款,火灾限于船上发生的,增加了对环境救助的免责规定,对海上财产的救助或企图救助措施限定在合理范围内等等。

(4)承运人单位赔偿责任限制。根据公约第59条的规定,承运人对于违反本公约对其规定的义务所负赔偿责任的限额,按照索赔或争议所涉货物的件数或其他货运单位计算,每件或每个其他货运单位875个特别提款权,或按照索赔或争议所涉货物的毛重计算,每公斤3个特别提款权,以两者中较高限额为准,但货物价值已由托运人申报且在合同事项中载明的,或承运人与托运人已另行约定高于本条所规定的赔偿责任限额的,不在此列。根据第60条的规定,承运人对迟延造成经济损失的赔偿责任限额,是相当于迟交货物应付运费两倍半的数额。这一点与《汉堡规则》的规定非常类似。

4. 托运人的义务和责任

(1)交付备妥代运货物的义务。公约第27条规定,托运人交付的货物应处于能够承受住预定运输的状态,包括货物的装载、操作、积载、绑扎、加固和卸载,且不会对人身或财产造成损害。集装箱或车辆由托运人装载的,托运人应妥善而谨慎地积载、绑扎和加固集装箱内或车辆内的货物,使之不会对人身或财产造成损害。

(2)提供信息、指示和文件的义务。根据公约第28条的规定,托运人应及时向承运人提供承运人无法以其他合理方式获取,且是为下述目的而合理需要的有关货物的信息、指示和文件:为了正确操作和运输货物,包括由承运人或履约方采取预防措施;并且为了使承运人遵守公共当局有关预定运输的法律、条例或其他要求,但承运人须及时将其需要信息、指示和文件事宜通知托运人。本条规定概不影响根据公共当局有关预定运输的法律、条例或其他要求,提供有关货物的某些信息、指示和文件的任何特定义务。

(3)托运人提供拟定合同事项所需要的信息。公约第31条规定,托运人应及时向承运人提供拟定合同事项以及签发运输单证或电子运输记录所需要的准确信息,包括第36条第1款所述及的合同事项;合同事项中拟载明为托运人的当事人名称;有收货人的,收货人名称;须凭指示签发运输单证或电子运输记录的,指示人名称。

(4)托运危险货物时的义务。当货物因本身性质或特性已对人身、财产或环境形成危险,

① 公约第18条主要是明确了承运人对履约方、船长或船员、承运人的受雇人或履约方的受雇人,以及履行或承诺履行运输合同规定的承运人义务的其他任何人的赔偿责任问题。

② 《鹿特丹规则》第15条规定,"虽有第11条和第13条规定,如果在承运人责任期内货物可能或有理由认为似乎可能对人身、财产或环境形成实际危险,承运人或履约方可以拒绝接收或装载货物,且可以采取包括将货物卸下、销毁或使之不能致害等其他合理措施。"第16条规定,"虽有第11条、第13条和第14条的规定,承运人或履约方仍可以在海上牺牲货物,但应是为了共同安全,或是为了保全同一航程中人命或其他财产,使之免遭危险而合理做出此种牺牲。"

或适度显现有可能形成此种危险时：第一，托运人应在货物交付给承运人或履约方之前，及时将货物的危险性质或特性通知承运人。托运人未履行此项义务，且承运人或履约方无法以其他方式知道货物危险性质或特性的，托运人应就未发通知所导致的灭失或损坏向承运人负赔偿责任；第二，托运人应根据货物预定运输任何阶段所适用的公共当局的法律、条例或其他要求，对危险货物加标志或标签。托运人未履行此项义务的，托运人应就由此导致的灭失或损坏向承运人负赔偿责任。①

（5）托运人承担的损害赔偿责任。除前述托运人不履行提供拟定合同事项所需要的信息的义务或托运危险货物时的义务时，承担的是以严格责任为归责原则的损害赔偿责任外，根据公约第30条的规定，对于承运人遭受的灭失或损坏，如果承运人证明，此种灭失或损坏是由于违反本公约规定的托运人义务而造成的，托运人应负赔偿责任。因此托运人是以过失责任为主，严格责任为辅的归责原则承担赔偿责任。

5. 单证托运人的权利和义务

根据公约第33条的规定，单证托运人应当承担上述托运人的义务和赔偿责任，有权享有公约为托运人提供的权利和抗辩。单证托运人承担上述义务、责任和享有权利的，不影响托运人的义务、赔偿责任、权利或抗辩。

6. 海运履约方的赔偿责任

公约没有对履约方的责任、权利问题做出明确规定，但是对海运履约方的赔偿责任明确规定在第19条中，符合下列条件的，海运履约方应当承担本公约对承运人规定的义务和赔偿责任，且有权享有本公约对承运人规定的抗辩和赔偿责任限制：海运履约方在一缔约国为运输而接收了货物或在一缔约国交付了货物，或在一缔约国某一港口履行了与货物有关的各种活动；并且造成灭失、损坏或迟延交付的事件发生在：①货物到达船舶装货港至货物离开船舶卸货港的期间内；②货物在海运履约方掌管期间；或③海运履约方参与履行运输合同所载列任何活动的其他任何时间内。承运人约定在本公约对其规定的义务范围之外承担义务的，或约定其赔偿责任限额高于本公约所规定的限额的，海运履约方不受该约定的约束，除非海运履约方明示约定接受该义务或该更高限额。

对于货物灭失、损坏或迟延交付，承运人和一个或数个海运履约方均负有赔偿责任的，其赔偿责任为连带责任，但仅限于本公约所规定的限额。②

7. 运输单证和电子运输记录

公约第1条规定，运输单证是指承运人按运输合同签发的单证，该单证（1）证明承运人或履约方已按运输合同收到货物；并且（2）证明或包含一项运输合同。包括可转让运输单证和不可转让运输单证。前者是指一种运输单证，通过“凭指示”或“可转让”之类的措辞，或通过该单证所适用的法律承认具有同等效力的其他适当措辞，表明货物按照托运人的指示或收货人的指示交付，或已交付给持单人，且未明示注明其为“不可转让”或“不得转让”。后者是指不是可转让运输单证的运输单证。电子运输记录是指承运人按运输合同以电子通信方式发出的一条或数条电文中的信息，包括作为附件与电子运输记录有着逻辑联系的信息，或在承运人签发电子运输记录的同时或之后以其他方式与之有联系从而成为电子运输记录一部分的信

① 参见《鹿特丹规则》第32条的规定。

② 参见《鹿特丹规则》第20条第1款。

息,该信息(1)证明承运人或履约方已按运输合同收到货物;并且(2)证明或包含一项运输合同。也包括可转让电子运输记录和不可转让电子运输记录两种。除了界定上述定义之外,公约还在第8章对运输单证和电子运输记录做专门规定,分别明确了运输单证或电子运输记录的签发、合同事项内容、签署、合同事项中有关货物信息的保留以及合同事项的证据效力。①

8. 货物交付

公约在第9章专门对此做出规定。明确了收货人接受交货的义务和确认收到货物的义务。即当货物到达目的地时,要求交付货物的收货人应在运输合同约定的时间或期限内,在运输合同约定的地点接受交货,无此种约定的,应在考虑到合同条款和行业习惯、惯例或做法以及运输情形,能够合理预期的交货时间和地点接受交货。② 收货人应按照交付货物的承运人或履约方的要求,以交货地的习惯方式确认从承运人或履约方收到了货物。收货人拒绝确认收到货物的,承运人可以拒绝交付。③同时,公约在第45条、第46条和第47条分别就"未签发可转让运输单证或可转让电子运输记录时的交付""签发必须提交的不可转让运输单证时的交付""签发可转让运输单证或可转让电子运输记录时的交付"等做出具体明确的规定。

9. 控制权

公约第10章明确规定了控制方的权利,并且规定控制权存在于承运人的整个责任期间内,控制权只能由控制方行使,且仅限于:就货物发出指示或修改指示的权利,此种指示不构成对运输合同的变更;在计划挂靠港,或在内陆运输情况下在运输途中的任何地点提取货物的权利;和由包括控制方在内的其他任何人取代收货人的权利。同时公约还就控制方的识别和控制权的转让,承运人执行控制权之下的指示,运输合同的变更,向承运人提供补充信息、指示和文件等内容做出具体规定。④

10. 管辖权和仲裁

公约在第14章规定管辖权,第15章规定仲裁。由于这两章属于"选择适用"(Opt-in),即仅对声明受其规定约束的缔约国具有约束力,公约对此非强制适用。

(1)管辖权。公约第66条明确规定了向承运人提起诉讼的管辖法院包括:承运人的住所;运输合同约定的收货地;运输合同约定的交货地;或货物的最初装船港或货物的最终卸船港;或为裁定本公约下可能产生的向承运人索赔事项,托运人与承运人在协议中指定的一个或数个管辖法院。如果向海运履约方提起诉讼,则根据第68条的规定,可以选择海运履约方的住所;或海运履约方接收货物的港口或海运履约方交付货物的港口,或海运履约方执行与货物有关的各种活动的港口。此外,根据第72条的规定,争议产生后,争议各方当事人可以协议约定在任何管辖法院解决争议。被告在一管辖法院应诉,未根据该法院的规则提出管辖权异议的,该法院拥有管辖权。

公约第73条规定,根据本公约拥有管辖权的法院在一缔约国做出的判决,应在另一缔约国根据该另一缔约国的法律得到承认和执行,但是两个缔约国必须都声明受公约第14章规定的约束。但是一法院可以以其法律所提供的拒绝承认和执行的理由为根据,拒绝给予承认和

① 分别参见《鹿特丹规则》第35条、第36条、第38条、第40条的相关规定。

② 参见《鹿特丹规则》第43条的规定。

③ 参见《鹿特丹规则》第44条的规定。

④ 详见《鹿特丹规则》第51~56条的规定。

执行。

(2)仲裁。当事人可以协议约定,任何根据本公约运输货物可能产生的争议均应提交仲裁。提起仲裁程序的地点包括:仲裁协议中约定的任何地点;或者承运人的住所;运输合同约定的收货地;运输合同约定的交货地;或货物的最初装船港或货物的最终卸船港。

仲裁协议指定的仲裁地对仲裁协议当事人之间的争议具有约束力,条件是,载有该仲裁协议的批量合同清楚载明各方当事人的名称和地址,且该批量合同属于单独协商订立的;或载有一则存在一项仲裁协议的明确声明,且指出批量合同中载有该仲裁协议的部分。根据上述内容订立的仲裁协议,只有满足下列条件,方能对不是批量合同当事人的人具有约束力:该协议指定的仲裁地位于公约规定述及的上述地点之一;该协议载于运输单证或电子运输记录;仲裁地通知已及时、正确地发给受仲裁协议约束的人;并且准据法准许该人受该仲裁协议的约束。①

11. 合同条款的有效性

公约第16章专门做出规定,明确除非本公约另有规定,运输合同中的下列条款一概无效:直接或间接,排除或限制承运人或海运履约方在本公约下所承担的义务;直接或间接,排除或限制承运人或海运履约方对违反本公约下的义务所负的赔偿责任;或将货物的保险利益转让给承运人或其根据第18条规定负责的人。上述规定与《海牙规则》《维斯比规则》《汉堡规则》的规定大同小异。同时公约还明确规定,下列条款也属无效条款:直接或间接,排除、限制或增加托运人、收货人、控制方、持有人或单证托运人在本公约下所承担的义务;或直接或间接,排除、限制或增加托运人、收货人、控制方、持有人或单证托运人对违反本公约下任何义务所负的赔偿责任。但是公约规定批量合同不受上述规定的限制,给予了批量合同当事方相对自由的订约权利,明确规定了什么情况下当事方可以在批量合同中背离公约的规定,以及这些约定背离公约的内容在什么情况下可以约束订立运输合同以外的第三方。②

第四节　航次租船合同

航次租船合同(voyage charter party:Voy. C/P)是指船舶出租人(shipowner)向承租人(charterer)提供船舶或者船舶的部分舱位,装运约定的货物,从一港运至另一港,由承租人支付约定运费的合同。船舶出租人与承租人之间的法律关系以及他们各自的权利和义务都在航次租船合同中体现出来。

为了简化和加速签订航次租船合同的过程,洽谈合同的当事人通常都采用某种航次租船合同范本,根据自身的需要,对合同范本的某些条款进行修改、删减或补充,最后达成协议,签订双方确认的航次租船合同。目前广泛采用的航次租船合同范本是"统一杂货租船合同"(Uniform General Charter),简称"金康"(Gencon)合同。

金康合同是由国际上著名的代表船东利益的组织——波罗的海国际航运公会(BIMCO)

① 详见《鹿特丹规则》第75～78条的规定。

② 详见《鹿特丹规则》第80条关于批量合同特别规则的规定。

最早于1922年制定的，后经过几次修订。目前我国航运实践中采用比较广泛的是1994年和1976年版本的合同格式。各版本涉及的条款各有不同，由航次租船合同当事人选择使用。

目前没有专门关于航次租船合同的国际公约。在英美法国家，往往不对航次租船合同做出具体规定，由出租人和承租人依据“合同自由”原则协商合同的内容。在大陆法系国家，一般也不对航次租船合同做法律规定，或者不做强制性法律规定。

我国《海商法》第四章“海上货物运输合同”中，将航次租船合同专门列为一节。而且根据《海商法》第94条的规定，只有第47条关于承运人谨慎处理使船舶适航的规定，以及第49条关于承运人不得进行任何不合理绕航的规定，强制适用于航次租船合同的出租人。为了与国际通常做法保持一致，《海商法》还规定，其他有关合同当事人之间的权利、义务的规定，仅在航次租船合同没有约定或者没有不同约定时，才适用于航次租船合同的出租人和承租人，因而属于任意性条款，即当航次租船合同的内容与这一章中其他有关合同当事人之间的权利、义务的规定不一致时，以合同规定的为准。而《海商法》中关于航次租船合同一节的规定，主要是参照“金康”合同制定的。

一、航次租船合同的主要内容

我国《海商法》第93条规定：“航次租船合同的内容，主要包括出租人和承租人的名称、船名、船籍、载货重量、容积、货名、装货港和目的港、受载期限、运费、滞期费、速遣费以及其他有关事项。”航次租船合同一般订有下列条款：

船舶说明条款(description of vessel clause)；

预备航次条款(preliminary voyage clause)；

出租人责任条款(owner's responsibility clause)；

运费支付条款(payment of freight clause)；

装卸条款(loading/discharging clause)；

滞期费和速遣费条款(demurrage/dispatch money clause)；

合同的解除条款(cancelling clause)；

留置权条款(lien clause)或承租人责任终止条款(cesser clause)；

互有责任碰撞条款(both-to-blame collision clause)；

新杰森条款(New Jason clause)；

共同海损条款(general average clause)；

提单条款(bill of lading clause)；

罢工条款(strike clause)；

冰冻条款(ice clause)；

战争条款(war clause)；

仲裁条款(arbitration clause)；

佣金条款(brokerage commission clause)等。

二、航次租船合同主要条款的内容

(一)船舶说明

船舶说明是指出租人对船舶的情况，在合同中所做的陈述(representation)。它使船舶特定化，是承租人决定是否租用船舶的重要依据，同时构成合同的重要条款。出租人必须保证陈述内容的正确性。如果陈述与事实不符，即为错误陈述，简称误述（misrepresentation）。如果出租人提供的船舶与合同约定的不符，承租人有权拒绝接受船舶或行使解除合同的权利，承租人因此遭受损失的，出租人应当负赔偿责任。

船舶说明通常包括下列事项：

1. 船名

合同中一般列明一艘船舶的名称，船名（vessel's name）一旦被确定，出租人就无权以其他船舶代替指定船舶。有时为了使出租人有一定的灵活性，可在合同中列明几艘船舶，由出租人选择其一履行合同。或者合同中订有"替代船条款"（substitute vessel clause），以允许出租人选择替代船。但出租人选择的替代船的船型、位置和船级等，必须与原选定的船舶相符，并且替代船一经选定，出租人应及时通知承租人，并不得再做改变。

2. 船舶国籍或船旗

一艘船舶只有在某个国家进行了国籍登记，获得该国国籍的前提下，才有权悬挂该国国旗航行。世界各国对于船舶国籍登记限定的条件宽严不一，如果对于船舶国籍（vessel's nationality）登记确定比较严格的登记条件，例如对于船公司经营所在地、本国公司或公民享有船舶所有权的比例加以限制，对于在本国船舶上船员国籍，特别是高级船员的国籍予以严格限定等，此种登记被称为严格登记。与之相反，对本国公司或公民享有船舶所有权的比例限定较低，或者几乎不做要求，或者不对本国船舶上船员的国籍做出要求等，被称为开放登记。船舶在开放登记国家进行国籍注册登记，有权悬挂该国国旗，实践中又被称为"方便旗"（flag of convenience）。目前开放登记的主要国家包括利比里亚、马绍尔群岛、安提瓜、百慕大、巴拿马、马耳他、巴哈马等国家。在战争时期，船舶国籍或船旗（vessel's flag）关系到中立国地位问题，直接影响到船舶是否会遭受炮弹袭击、扣押、充公、征用、没收等。在和平时期，尤其是方便旗大行其道的今天，它可能影响到法律适用、海上保险、港口使费等。如果出租人在合同履行期内，擅自变更船舶国籍或变换船旗，即构成违约。

3. 船级

船级（vessel's class）是国际航运界评定船舶技术状况的指标，从某种意义上说，船级可以反映一艘船的适航能力。因此如果出租人提供的船舶违反船级的规定，即可视为违约。合同中规定的船级是指合同订立之时船舶的实际船级，除非合同另有明确规定，否则出租人没有义务在整个合同期间保持这一船级。

4. 船舶吨位

船舶吨位（vessel's tonnage）包括登记吨（registered tonnage）和载重吨（deadweight tonnage）。登记吨又称容积吨，包括总登记吨（gross registered tonnage：GRT）和净登记吨（net registered tonnage：NRT）。登记吨与港口费用、运河通行费、关税的征收等有密切关系。载重吨又称为载重能力（deadweight capacity），表明船舶载货能力，又分为总载重吨和净载重吨。合同中规定的数字是指不包括船舶燃料、物料、淡水、备用品等以及船舶常数的净载重吨。由于签订租船合同时，对本航次实际可以装载的货物数量难以做出确切估计，为此合同中通常只规定一个可装载货物的大约数量，以及允许的变化百分比（一般在5%～10%之间）。在这个百分比范围内，出租人或者承租人有权选择多装或少装货物。

5. 船舶动态

船舶动态(vessel's position)指订立合同时船舶所在的位置或状态。由于船舶所处的位置对于能否按期抵达预定装货港装货至关重要,所以对于船舶位置必须予以正确地记载,实践中常用"正在营运中"(now trading)或"正在修理中"(now under repairing)的术语,以避免用精确的经纬度来描述船舶状态而可能面临违约的索赔。

(二)预备航次

签订了航次租船合同以后,当船舶从合同规定的装货港的前一港口(有时是前一合同规定的卸货港)驶往装货港的一段航程,称为预备航次。预备航次是船舶出租航次的一个组成部分,合同中有关出租人权利义务的规定,同样适用于预备航次。出租人有义务将船舶驶往装货港或船舶所能安全抵达并始终保持浮泊的邻近地点。有的合同规定船舶开始预备航次的日期,但更多的是规定船舶应以合理的速度,尽快完成预备航次。在预备航次中,不应有任何不合理的延误。

(三)受载期和解约日

船舶预期到达装货港或地点,并做好装货准备的日期为受载期(laydays)。受载期通常都以"从×月×日至×月×日抵达装货港"的形式来规定。解除合同的日期为解约日(cancelling date)。如果船舶未能在合同规定的解除日期抵达装货港并做好装货准备,承租人有权解除合同。通常解约日是受载期的最后一天,因此也可以把此种情况下的受载期和解约日,简称为LYCN,即 laydays and cancelling date 的缩写。有的合同规定受载期限届满后的某一天为解约日。例如合同中约定受载期为 11 月 3—8 日,8 日为最后一天,就可以表述为 LYCN 3rd—8th Nov.;也可以规定 10 日为解约日,这样如果船舶在 11 月 9 日抵达装货港,虽然已经错过了受载期限,已经造成船舶迟延,但是因为没有到解约日,因此承租人仍然不能解除合同,但是有权向出租人索赔因为船舶迟延到达而造成的损失。如果合同未规定解约日,则通常把合同规定的受载期限的最后一天解释为解约日。当然承租人要行使解约权,须在规定的期限内或在合理的时间内做出决定,并通知出租人,否则视为放弃解除合同的权利。另一方面,当出租人或船长明知船舶不能在解约日之前到达装货港,并做好装货准备,只要承租人未提出解除合同,船舶仍应驶往装货港。为了摆脱被动等待合同是否被解除的情形,对此合同中常规定,在这种情况下,如承租人收到出租人或船长关于船舶延误情况和预期抵达装货港日期的书面通知,应在一定时间内(例如连续 48 小时之内,或者连续 24 小时之内)做出是否解除合同的书面答复。如果承租人未能在规定时间答复,则视为放弃解除合同的权利或者视为默认将出租人预期抵达装货港后的某一天作为新的解约日。这种条款被称为"质询条款"(interpellation clause)。

如果承租人解除合同的原因是出租人的过失或疏忽所致,承租人不仅有解约权,还有损害赔偿请求权。

(四)货物

1. 货物种类

除合同中明确规定某一种货物外,为了承租人贸易上的便利,合同中通常都规定几种货物,或规定某一类货物,供承租人选择。如果承租人选定的货物,由于其可免责的原因不能装船,除非合同另有明确规定,只要在规定的货物种类(kinds of cargo)中有其他货物可以装船,承租人仍有提供货物并装船的义务，但允许其在合理的时间内做出安排。对此我国《海商法》第100条也做出明确规定，即"承租人应当提供约定的货物；经出租人同意，可以更换货物。但是，更换的货物对出租人不利的，出租人有权拒绝或者解除合同。因未提供约定的货物致使出租人遭受损失的，承租人应当负赔偿责任"。

2. 货物数量

合同中一般规定承租人应提供满舱满载货物（full and complete cargo）。所谓满舱，是指承租人提供的货物应装满舱容；满载是指承租人提供的货物数量（quantity of cargo）应达到船舶的载货能力。因此满舱满载货物就是船舶所能装运的最大限度的货物。

具体来讲，实践中有如下两种常见的表示货物数量的方法：（1）满舱满载货物多少吨，百分之几上下由出租人选择（full and complete cargo XX tons, more or less XX % at shipowner's option）。在具体装货之前，船长应在考虑了本航次航线情况、航程、天气，船上装载的物流、食品、备用品等诸多因素后，以书面形式通知承租人，本船可装载的货物数量，即通常所说的宣载（declaration）。宣载的数量不能超出上述范围。（2）满舱满载货物不超过多少吨，不少于多少吨（full and complete cargo XXX ，no more than XXX tons, not less than XXX tons）。此种情况下，出租人和承租人直接约定船舶可以装载货物的上下限。此时出租人应保证船舶能实际装载的货物数量不低于规定的下限。如果承租人提供的货物少于其按合同义务提供的数量，应向出租人支付亏舱费。如果船舶实际装载的货物达不到出租人保证的数量，出租人应向承租人赔偿短装损失（damage for short lift），包括承租人根据贸易合同所遭受的损失、货物的退关费用、仓储费和回运费等。

（五）装卸条款

1. 装卸港口或泊位

合同中通常订明特定的港口，并由承租人指定具体的装卸地点或泊位，或者直接规定特定的装卸泊位或地点。有的合同规定装卸港为几个港口或某一地理范围内的港口，由承租人选择。如果承租人根据合同的规定选择两港卸货时，应将拟在第一卸货港卸下货物的情况正确告知船长。否则出租人为保持"适航平衡"（seaworthy trim）状态下驶往第二卸货港而发生的倒舱、起卸和重装货物的费用，由承租人偿付。不论承租人是否已将上述情况告知船长，为使船舶处于适航平衡所花的时间，均计为卸货时间。这种条款通常被称为"适航平衡条款"。

一般认为承租人应保证其选择或指定的港口或泊位的安全。如果上述港口或泊位变得不安全，根据合同中的"临近条款"，船长可以将船舶驶往临近可以安全靠泊的港口或地点装卸货物。

2. 装卸费用

关于装卸费用如何分担的术语，常见的有如下几种：

（1）班轮条款（liner terms），又称"泊位条款"（berth terms）、"总承兑条款"（gross terms）、"船边交接货物"（free alongside ship: FAS），指由出租人负担货物装卸费用。

（2）出租人不负担装货费用（free in: F. I.）。由于这里仅明确了装货费用由谁负担，但是对卸货费用规定不够明确，因此实践中为了减少争议，在 F. I. 条款之上又出现了一种变形条款 FILO，即 free in, liner out, 明确出租人仅仅不负责装货的费用，但是卸货费用仍需承担责任。

（3）出租人不负担卸货费用（free out: F. O.）。由于这里没有明确装货费应当由谁负责，因此实践中也产生了 F. O. 的变形条款 FOLI，即 liner in ，free out，明确出租人负责装货费用，不负责卸货费用。

(4)出租人不负担装卸费用(free in，free out：F. I. O.)。

(5)出租人不负担装卸费、积载费和平舱费(free in and out，stowed and trimmed：F. I. O. S. T.)。

对于 F. I. O. S. T. 术语，如果装运大件货，需要绑扎，且出租人不负担绑扎费的话，则可在上述术语后加上“绑扎”(lashed)一词加以明确。同样在上述术语后加上“垫舱”(dunnage)、“加固”(secured)一词，表示由承租人负担垫舱、加固费用。因此在具体装卸货作业中，如果对某个环节的费用，出租人不想负担，都可以在其后加后缀予以表明。

装卸费用条款通常只是指费用由谁负担，并不包括由谁雇用装卸工人，并承担装卸作业中的风险和责任。而常见的“金康”合同明确规定，上述费用的划分，也同时表明了风险和责任的划分。因此在使用“金康”合同时要对该条款的规定引起注意。

(六)装卸时间

1. 装卸时间的概念

根据波罗的海国际航运公会(BIMCO)、国际海事委员会(CMI)、英国国家船舶经纪人和代理人协会联合会(FONASBA)和英国航运总会(GCBS)联合制定的《1993 年航次租船合同装卸时间解释规则》(Voyage Charter Party Laytime Interpretation Rules，1993)(以下简称《1993 规则》)，装卸时间是指合同双方当事人协议的，出租人应使船舶并保证船舶适于装卸，承租人在运费之外不支付任何费用的一段时间。也就是说，在合同规定的装卸时间内，出租人具有使船舶等待装卸的义务。

装卸时间的规定方法有两种：第一种是直接规定装卸日数。即规定装卸时间具体为几日，或者规定船舶装卸率，如“每日”(per day)、“每日每舱”(per hatch per day)、“每日每作业舱口”(par working hatch per day)装卸多少吨货物。在规定船舶装卸率情况下，装卸具体日数根据拟装卸货物的数量、装卸率和船舶的具体情况计算而得。第二种是不直接规定装卸日数，而是规定一个合理时间。常见的术语有“按港口习惯尽快装卸”(customary quick despatch：CQD)和“以船舶能够收货或交货的速度”(as fast as the vessel can receive/deliver)。前者是指出租人和承租人双方约定，按装卸港习惯的装卸方法和装卸能力，以尽可能快的速度进行装卸作业。这样的条款对出租人来说，有时是不利的。除非出租人对港口的情况非常熟悉，否则当船舶抵港后发觉因种种不属于承租人的原因造成迟迟不能装卸的损失，只能由出租人自己承担。后者是指承租人保证按船舶能够收受和交付货物的速度尽可能快地提供和提取货物，而不影响船舶装卸速度。由于它只从船舶本身考虑，不管港口的装卸能力、仓储设施以及承租人接卸能力如何，所以只有承租人对港口情况十分熟悉时，才能使用该条款。由于这两种方法规定的装卸时间不够具体确定，常常因为不能很好地举证港口的装卸习惯或者船舶的最大装卸率而容易产生争议。根据《1993 规则》，对航次租船合同中装卸时间规定条款里经常出现的“日”的概念，有如下解释：

日(days)是指从 0000 时至 2400 时止的连续 24 小时的时间。不足一天的时间按比例计算。

连续日(running days)是指一个紧接着另一个的天数。上述两种“日”表示的装卸时间，即使是出现实际不可能进行装卸作业或是星期日、节假日的情况，装卸时间照常计算。

工作日（working days：W. D.）指没有明文规定从装卸时间中扣除的日期。良好天气工作日（weather working days：W. W. D.）或24小时良好天气工作日（weather working day of 24 hours）或连续24小时良好天气工作日（weather working day of 24 consecutive hours）指连续24小时的工作日，但天气妨碍船舶装货或卸货的时间或者如果进行装卸作业，天气将会妨碍装货或卸货的时间除外。而BIMCO、CMI、FONASBA及GCBS四大组织在1980年制定并颁布的《1980年租船合同装卸时间定义》（Charter Party Laytime Definitions，1980）（以下简称《1980定义》），规定上述三种术语的含义是不相同的。“良好天气工作日”是指工作日或部分工作日中不受天气影响，可以进行装卸货物作业的时间。假设某个港口的正常工作时间是8个小时，并且这8个小时之内没有发生因为天气原因影响装卸货的事件，则对于该港口而言，干满8个小时的装卸作业，就视为一个良好天气工作日。“24小时良好天气工作日”是指在良好天气工作日中，以累计24小时作为一个工作日的方法。假设某个港口的正常工作时间是8个小时，并且这8个小时之内没有发生因为天气原因影响装卸货的事件，则对于该港口而言，要将三个8小时累计够24小时的，才为一个“24小时良好天气工作日”。因此理论上，一个“24小时良好天气工作日”会跨及3个正常的日历日。“连续24小时良好天气工作日”是指除去星期日、节假日、天气不良等影响装卸的工作日或工作小时后，以真正的连续24小时为一日的表示装卸时间的方法。在该术语之下，无须考虑该港口正常工作时间是8小时、16小时，还是24小时，计算时均视为24小时对待，只要在这24小时之内属于工作日，又没有因为天气原因导致影响装卸货的事情发生，就计为一个“连续24小时良好天气工作日”。这里天气因素，主要是指雨、雪、雾、大风等天气原因影响正常装卸货的情形。与天气是否晴好无关。例如装运裸装的粉末状货物，即使天气晴好没有下雨、下雪等，但是因为刮大风也会影响该种货物的装卸，因此对该货物而言，也属于“恶劣的天气”而无法正常进行装卸货作业。

为了使装卸时间的计算更加明确，实践中往往在上述规定后做进一步的规定，如“良好天气工作日，星期日和节假日除外”（weather working day，sunday and holiday excepted：W. W. D. SHEX）；在我国，因为星期六也是非工作日，所以只有明确表述“Saturday，Sunday and holiday excepted：SSHEX”才足以表明这一点，而SHEX只能表明星期日、节假日不计入装卸时间内。有的再加上“除非提前开始”（unless sooner commenced），“除非已使用”（unless used：U. U.），“除非已使用，但只计算实际使用的时间”（unless used，but only time actually used to count），或者“即使已使用”（even if used：EIU）的字样。

《1993规则》产生以来，不论是英国判例法还是商业实践活动都发生了显著的变化。因此有必要对该规则是否在内容方面能够满足上述变化的需要，包括是否能够满足一些新的条款或者附加条款的需要进行回顾，以满足当代贸易安排的需求。因此在原有制定规则的几家国际组织的基础上，又增加了波罗的海交易所（Baltic Exchange），并由这些机构各自派代表进行具体的研究工作。BIMCO文件委员会于2013年5月在法国巴黎通过了《2013租船合同装卸时间定义》（Laytime Definitions for Charter Party 2013）（以下简称《2013定义》）。其他几家参与制定该定义的机构随后也纷纷予以认可。[①] 从《2013定义》对上述一些有关装卸时间“日”的解释术语，例如工作日、良好天气工作日、24小时良好天气工作日和连续24小时良好天气工作日等的解释看，尽管存在一些文字表述方面的差异，但是总体上的解释与《1980定义》的

① 参见郭萍编著，《租船实务与法律》（第三版），大连海事大学出版社，2014年，第89页。

相关解释比较类似。

2. 装卸时间的起算

关于装卸时间的起算，各国法律规定或习惯并不一致，通常都按租船合同中的约定办理。一般合同都规定在船长向承租人或其代理人递交了“装卸准备就绪通知书”(Notice of Readiness：NOR 或 N/R)以后，经过一段通知时间，开始计算。例如 1994 年“金康”合同规定，如果 NOR 是在 1200 时(包括 1200 时)以前递交的，则装卸时间从 1300 时起算；如果 NOR 是在 1200 时以后递交，则装卸时间从次一个工作日上午 0600 时起算。

装卸准备就绪通知书是指按租船合同的要求，由船长向承租人、发货人、收货人或其代理人递交的关于船舶已经到达港口或泊位并已准备就绪，可以按照规定进行装货或卸货的书面通知书。船长递交装卸准备就绪通知书，一方面是宣布船方已对装卸工作准备就绪，可以进行装卸货作业；另一方面是指装卸时间可以按规定开始起算。

船长递交装卸准备就绪通知书并被有效接受的条件是，船舶应具备下列条件：

(1)船舶必须到达合同规定的港口或指定的泊位，即船舶必须是一艘到达船(arrived vessel)。如果合同中只规定船舶应到达的港口，则船舶一经抵达该港口的地理界限范围，不论是否已靠泊，即视为到达船舶，这种合同称为“港口合同”(port charter)。如合同规定船舶必须到达合同规定的或承租人指定的泊位，则船舶只有到达该泊位时，才视为到达船舶，这种合同称为“泊位合同”(berth charter)。有时出租人为了避免因港口拥挤，船舶不能靠泊而产生的船期损失，常常要求加入“到达即可靠泊”(reachable on arrival)、“不论靠泊与否”(whether in berth or not：WIBON)或者“等待泊位损失的时间计入装/卸时间”(time lost waiting for berth to count as loading/discharging time)的规定。有关这些术语的理解和解释，可以参看《1980 定义》《1993 规则》《2013 定义》。[①]

(2)船舶已在各方面做好装/卸货的准备。各方面做好装卸准备包括机器的各个转动部分、吊杆、起货机及其他装货或卸货工具应处于随时可用状态；货舱已打扫干净，清洁、干燥、无异味、无虫害，处于适货状态；按货方要求，对装卸特种货物做好了特殊准备等。例如针对粮食，已做好熏舱工作，取得相应证书；针对散货，已安置防移板等。

(3)已通过各项检查，办妥各项手续。船舶必须已按所在港口有关法律、法规的要求，通过海关、边防检查机关、移民局、港航监督机关、卫生检疫部门的联合检查，办妥手续，并且取得规定的许可证书或检验证书。如果合同中订有“船舶通过检疫”(vessel in free pratique)或者“已经报关”(having been entered at the custom house)的规定，表明完成这些手续不再是递交 NOR 的前提条件，仅仅是“例行手续”，由于船舶完成此种手续的延误，不计为装卸时间或滞期时间。从国际航运发展趋势看，许多国家包括我国已经不将办理海关、检疫等手续作为递交装卸准备就绪通知书的前提条件。但是货物实际装卸之前，船舶应当已经办好上述有关手续。此外从英国的判例看，何时船长递交 NOR 才能起到起算装卸时间的作用也非常重要。如果船舶未能满足前述条件，而船长就递交 NOR 的，则该 NOR 递交视为无效的递交。如果此后再不递交 NOR 的，就视为装卸时间从未开始起算。所以作为船长把握递交 NOR 的时间是非常重

① 需要引起读者注意的是，上述三个规则对这些条款术语的解释并不完全一致，可参见郭萍编著的《租船实务与法律》(第三版)一书的相关内容介绍(郭萍编著，《租船实务与法律》(第三版)，大连海事大学出版社，2014 年)。

要的。

3. 装卸时间的止算

航次租船合同通常不规定装卸时间的止算时间。习惯上将货物实际装完或卸完的时间作为止算时间。实践中虽然货物实际卸货完毕，但是一些垫舱物料、绑扎绳索等尚未清除，清理这些物品所花时间是否计入装卸时间，需要在合同中明确下来。

4. 滞期费、速遣费

根据《1993 规则》，滞期费（demurrage）是指因不是出租人的责任所造成的、超过装卸时间的船舶迟延而付给出租人的约定金额。滞期不适用装卸时间的除外规定。也就是说，如果装卸时间计算中，将下雨、阴天等不良天气影响装卸作业的时间以及星期天、节假日除外，不予以计算的话，在滞期期间，上述时间均不作扣除，即一旦滞期，永远滞期。合同中通常都由双方约定一个滞期费率。当然合同当事方也可以约定滞期时间非连续计算，即装卸时间中“日”的计算如果扣除非工作时间，以及天气不良影响装卸货的时间，则在计算滞期时间中，也扣除上述除外时间，使得滞期时间的计算为“断续计算”。

所谓速遣费（despatch money）是指船舶在装卸时间届满前完成了装货或卸货，由出租人支付的约定金额。通常合同中规定，速遣费率是滞期费率的一半。为了避免纠纷，在签订租船合同时，必须使用一些具有一定含义的术语来明确速遣时间的计算方法。一种是“按节省的全部工作时间”（all working time saved：WTS），是指从装货或卸货完毕之时起至装卸时间届满之时止，扣除装卸时间除外时间的一段期间。另一种是“按节省的全部时间”（all time saved：ATS），是指从装货或卸货完毕之时起至装卸时间届满之时止，包括装卸时间除外时间在内的全部期间。

滞期费和速遣费的计算是以装卸时间事实记录为依据的。装卸时间事实记录（laytime statement of fact）是用来记录船舶从到达、等待、被引领入港的地点时起，至船舶装货或卸货完毕时止的这段时间内进行各项工作的起止日、时和各种待时的起止日、时的书面记录。主要内容包括：本船入港的日、时；递交和接受装卸准备就绪通知书的日、时；装卸过程中因故中断作业及重新进行装卸作业的起止日、时；星期日、节假日、天气不良、装卸设备故障、等货或等驳等停止工作或待时的起止日、时；装卸工作完毕的日、时及装卸货物的数量等。当装卸完毕后，船长、承租人或他们各自的代理人须对相互的记录进行核对，认为没有异议的，经双方签字，即可据以编制速遣费、滞期费计算单。

在计算滞期费和速遣费时，还会遇到能否将装卸两港的装卸时间进行统算的问题。

一般来说，装卸时间的计算，应以装、卸两港分别计算为原则。如果将装、卸两港的装卸时间统算，应在航次租船合同中订明。常见的术语有：“装卸时间平均计算”（to average laytime），是指分别计算装货时间和卸货时间，用一个作业中节省的时间抵消另一作业中超用的时间。即可用装港的节省时间或滞期时间抵补卸货港产生的滞期时间或节省时间，从而达到节省或减少通常以速遣费的加倍费率支付滞期费的目的。

“可调剂使用的装卸时间”（reversible laytime），是指承租人有权选择将约定的装货时间和卸货时间加在一起计算。如果行使了选择权，结果如同约定一个装卸作业的总时间一样。换句话说，在装货港节省的装货时间可以加在卸货港的卸货时间里，从而使卸货港的可用时间延长；在装货港延滞的时间也允许从卸货港可用时间中扣除，从而使卸货港可用时间缩短。

上述两个术语的主要区别在于进入滞期的时间不同，因而计算出来的滞期时间长短以及滞期费常常是不同的。

（七）提单

航次租船合同通常都规定，当货物装上船后，承租人可以要求出租人、船长或出租人授权的代理人签发所递呈的提单。这种提单被称为根据租船合同签发的提单或者租约提单（bill of lading under charter party：B/L under C/P）。根据租船合同，船长有签发提单的义务，但不应妨碍租船合同的规定，而且承租人不能要求船长做出非法的行为，如倒签提单或预借提单等。

根据租船合同签发的提单，当其在承租人手中时，一般不具有海上货物运输合同证明的性质。出租人与承租人之间的权利、义务仍以租船合同为准，除非租船合同另有相反规定。当提单转让至承租人以外的善意第三人手中时，如发生纠纷，提单受让人可以依据提单向承运人索赔，在该提单受让人和承运人之间存在着提单所证明的国际海上货物运输合同关系，并且提单受让人如果提取货物的话，只能凭据正本提单提货。如果出租人依据租约提单承担的责任超过租船合同的相应规定，出租人有权就额外承担的部分向承租人追偿。《海牙规则》《维斯比规则》《汉堡规则》等国际公约明确规定不适用于租船合同，但是当租船合同下签发提单，并且提单从承租人手中转移至承租人以外的包括收货人在内的第三人手中，则上述国际公约强制适用此种提单。这种规定的目的无外乎是保护善意提单受让人的合法利益及保障提单的流通性。

根据租船合同签发的提单，出租人通常是承运人。由于提单要受《海牙规则》等国际公约或国内法的约束，出租人根据提单所承担的义务及责任要远远超出依据航次租船合同所承担的义务及责任。出租人为了使其根据提单承担的义务和享有的权利，尽可能与租船合同的规定一致，常常在提单中订入援引租船合同某些规定的条款，即"并入条款"（incorporation clause）。其结果使非租船合同的当事人，实际上间接受航次租船合同的约束。各国普遍承认这种条款的效力，只不过各自确认有效的条件并不完全统一。我国法律也有规定，但是对该类条款的效力认定持比较宽松的态度，几乎没有任何限定的条件。例如我国《海商法》第 95 条规定："对按照航次租船合同运输的货物签发的提单，提单持有人不是承租人的，承运人与该提单持有人之间的权利、义务关系适用提单的约定。但是提单中载明适用航次租船合同条款的，适用该航次租船合同的条款。"

（八）出租人的责任与免责

航次租船合同中，有关船舶出租人责任的规定，不受任何国际公约的约束，各国国内法关于航次租船合同的规定也大多属任意性条款，因此有关出租人责任的内容往往由合同双方当事人约定。由于在很多航次租船合同范本中，有关出租人责任的规定，特别是适航责任、管货义务及免责事项等方面的规定，往往有利于出租人，因此实践中承租人常常要求删去合同范本中出租人责任的条款，而把《海牙规则》等国际公约或相应的国内立法有关承运人责任的相关内容，以首要条款的形式订入合同中。例如 1994 年"金康"合同第 2 条规定，出租人对货物灭失、损坏或迟延交付的责任仅限于是由于出租人或其经理人本人未尽谨慎处理使船舶各方面适航，并保证适当配备船员、装备船舶和配备供应品，或由于出租人或其经理人本人的行为或不履行职责。即使是由于船长、船员或其他雇用人员的疏忽或船舶在装货、开航当时或其他任何时候不适航造成货物灭失、损坏或迟延交付的，出租人仍不负责。其有关出租人责任的规定，远远低于《海牙规则》等国际公约关于承运人的责任。

我国《海商法》第94条规定，本法第47条关于船舶适航的义务及第49条关于不得进行不合理绕航的义务强制适用于航次租船合同的出租人，其他有关当事人之间权利、义务的规定，仅在租船合同没有约定或没有不同约定时适用。所以如果适用我国《海商法》的前提下，航次租船合同当事人不得就船舶适航和不进行不合理绕航的义务在合同中做出与《海商法》不一致的规定，即使有这样的规定，也会因为与《海商法》的相关规定相抵触而被视为无效条款。

（九）仲裁条款及法律适用条款

大多数租船合同都订有仲裁条款，规定一旦发生争议，应提交仲裁解决，并且规定仲裁的地点或仲裁机构、仲裁员的指定及仲裁裁决效力等。由于租船合同产生的争议往往涉及贸易及航运业务等专门知识，所以有的租船合同还明确仲裁员必须是商界或熟悉航运的人士。

法律适用条款规定租船合同的解释，以及发生争议时应适用的法律。有时法律适用条款与仲裁条款合并为一个条款。

除了上述主要条款外，航次租船合同中还有留置权条款、共同海损条款、代理条款、佣金条款、战争条款、罢工条款、冰冻条款等，这里不再一一介绍。

第五节　国际货物多式联运合同

一、国际货物多式联运合同的概念

多式联运合同（multimodal transport contract）是指多式联运经营人以两种或两种以上的不同运输方式，负责将货物从接收地运至目的地交付收货人，并收取全程运费的合同。由于我国《海商法》第四章第八节对多式联运合同做出特别规定，而且第四章规定的海上货物运输合同系指国际海上货物运输合同，因此我国《海商法》调整的货物多式联运合同之下所采用的两种或两种以上的运输方式，其中一种必须包括海上货物运输方式，并且应当是国际海上货物运输方式。至于完全与海上运输无关的公路运输、铁路运输、航空运输方式之间组合的货物多式联运合同，以及公路运输、铁路运输或者航空运输与国内水路货物运输方式之间组合或多式联运的合同，由《合同法》第十七章有关运输合同的相关规定调整。

所谓多式联运经营人（multimodal transport operator）是货物多式联运的承运人，指本人或者委托他人以本人名义与托运人订立多式联运合同的人。多式联运经营人除了是船公司之外，有的本身并不拥有船舶，即所谓从事货物多式联运经营的无船承运人（non-vessel operating common carrier：NVOCC）。

国际货物多式联运是伴随着国际集装箱货物运输的发展而发展起来的。由于集装箱货物运输具有装卸效率高、车船周转快、劳动强度低、受损货差少，途中可以不移动箱内货物，迅速从一种运输工具换装到另一种运输工具，能够实现“门到门”（door to door）运输等特点，因此国际货物多式联运在全球得以广泛、迅速的发展。

国际货物多式联运单据是国际货物多式联运合同的证明，也是承运人在货物接收地接管货物和在目的地交付货物的凭证。其主要内容包括：货物的品名、件数、重量或数量、外表状态和主标志；多式联运经营人的名称和营业所所在地；托运人与收货人；接管货物的日期、地点；

单证签发时间、地点及签发人；运费及其支付；运输路线、方式及换装地点等。当国际货物多式联运的第一种运输方式是海运时，国际货物多式联运单据往往表现为多式联运提单。

二、国际货物多式联运经营人的责任形式

国际货物多式联运情况下，货物至少经过两种运输方式，从接收地至目的地，每一种运输所在区段适用的法律对承运人的责任规定往往是不同的。而且很多情况下，多式联运经营人将全程运输或部分路程的运输委托他人，即实际承运人或区段承运人（local carrier）去完成。因此如果货物在运输途中受损，是由多式联运经营人负责，还是由区段承运人负责？是依据同一标准，还是不同标准确定损害发生区段所适用的法律？

概括地说，多式联运经营人的责任形式主要有责任分担制和单一责任制两种。后者又有网状责任制和统一责任制两种具体形式。

责任分担制是指多式联运经营人和区段承运人仅对自己完成的运输负责，各区段适用的责任原则，按适用于该区段的法律予以确定。网状责任制是指多式联运经营人对全程运输负责，而各区段承运人仅对自己完成的运输区段负责，各区段适用的责任，原则上按适用于该区段的法律予以确定。因此不论货物损害发生在哪一个运输区段，托运人或收货人既可以向该损害发生的区段承运人索赔，又可以向多式联运经营人索赔。但是不论向谁索赔，确定赔偿责任所适用的法律均为适用于该区段的法律。统一责任制是多式联运经营人对全程运输负责，而各区段承运人仅对自己完成的运输区段负责。不论损害发生在哪一区段，多式联运经营人或各区段承运人承担相同的赔偿责任。

我国《海商法》第四章第八节“多式联运合同的特别规定”，明确对国际货物多式联运经营人实行网状责任制。

三、国际货物多式联运的国际法规

（一）联合国国际货物多式联运公约

公约的起草工作始于 1965 年。1969 年 3 月 14 日至 4 月 4 日在东京召开的国际海事委员会第 28 届大会上，通过该委员会起草的公约草案，即《东京规则》。在此基础之上，原政府间海事协商组织（该组织已于 1982 年更名为国际海事组织，IMO）和欧洲经济委员会于 1971 年在伦敦制定了修改后的公约草案，由于广大发展中国家对该草案不满，未能在 1972 年 11 月召开的集装箱会议上审议通过。1973 年联合国贸易和发展会议设立政府间筹备组，负责公约的起草，并强调在起草中要照顾到发展中国家的利益。从 1973 年至 1979 年完成了公约起草工作，并在 1980 年 5 月在日内瓦召开的、由 84 个联合国贸易和发展会议成员国参加的国际多式联运会议上通过。该公约的生效条件为 30 个国家参加公约，迄今为止尚未达到生效条件。

公约的主要内容包括：

1. 公约的适用范围

公约适用于两个国家之间的货物多式联运合同，但合同中规定的多式联运经营人接管货物或交付货物的地点必须位于缔约国境内。

2. 多式联运经营人的赔偿责任

（1）责任形式。公约对多式联运经营人原则上实行统一责任制，多式联运经营人对货物的全程运输负责。如果货物损害发生于多式联运的某一特定区段，并且适用于该区段的其他

国际公约或国内法规定了高于本公约规定的赔偿责任限额，则应以该国际公约或国内法的规定为准。

(2)责任期间。多式联运经营人对货物的责任，自接管货物之时起，至交付货物之时为止。

(3)赔偿责任原则。同《汉堡规则》一样，对多式联运经营人实行完全的推定过错责任原则。

(4)赔偿责任限制。多式联运经营人对货物灭失或损坏的赔偿责任限额为，每件货物或每一运输单位为 920 SDR，或按毛重计算每公斤 2.75 SDR，二者之中以较高者为准。如果国际货物多式联运不包括海上或内河运输，则赔偿责任限额为按货物毛重每公斤不超过 8.33 SDR 为限。对迟延交付货物造成损失的赔偿责任限额，以相当于该迟延交付货物应付运费的 2.5 倍为限，但不得超过多式联运合同规定的应付运费的总额。

如经证明，货物的灭失、损坏或迟延交付系多式联运经营人的故意或者明知可能造成而轻率地作为或者不作为所引起，多式联运经营人便丧失上述责任限制的权利。

3. 诉讼时效

有关多式联运的任何诉讼的时效期间为 2 年，自多式联运经营人交付全部或部分货物之次日起算，或者如货物未能交付，自多式联运经营人本应交付货物的最后日期的次日起算。上述时效也适用于仲裁。

4. 海关事项

公约规定缔约国海关对于运输途中的国际多式联运货物，一般不做检查。为了便利货物过境，作为缔约国的货物起运地所在国，应采取一切可行的措施，保证以后货物过境所需资料的完整和准确；作为缔约国的货物目的地所在国，应采取一切必要措施，保证海关过境货物一般能在其目的地海关结关。

（二）多式联运单证规则

1973 年国际商会制定了《联运单证统一规则》（Uniform Rules for a Combined Transport Document），1975 年进行了修订。作为民间规则，其适用不具有强制性。但是在《联合国国际货物多式联运公约》尚未生效实施的情况下，经常被国际货物多式联运合同双方当事人协议采用，为国际货物多式联运的国际统一起到积极的作用。此后联合国贸易和发展会议与国际商会在《1973 年联运单证统一规则》的基础上，又共同制定了《1991 年联合国贸易和发展会议/国际商会多式联运单证规则》（UNCTAD/ICC Rules for Multimodal Transport Documents，1991；以下简称《1991 年规则》），也是民间规则，供当事人自愿采纳。如同 1973 年《联运单证统一规则》一样，为国际货物多式联运的国际统一起到积极的作用。以下以《1991 年规则》为例，介绍其主要内容。

该规则的主要内容如下：

1. 多式联运经营人的责任期间

自接管货物之时起到交付货物之时为止。

2. 多式联运经营人的赔偿基础

与《联合国国际货物多式联运公约》一样，多式联运经营人承担完全的推定过错责任。

3. 多式联运经营人的赔偿责任限制

多式联运经营人对货物灭失或损坏的赔偿额不得超过每件或每单位 666.67 SDR 或者毛

重每公斤 2 SDR,以其高者为准。如果多式联运不涉及海上或内河运输,多式联运经营人的赔偿责任以不超过灭失或损坏货物毛重每公斤 8.33 SDR 为限,对于迟延交付引起的损失或者非属于货物灭失或损坏的间接损失的赔偿责任,不超过根据多式联运合同计收的多式联运运费为限。显然关于赔偿责任限额的规定,低于《1980 年联合国国际货物多式联运公约》之相关规定,易于被当事人接受。

4. 诉讼时效及索赔通知

就货物灭失或损坏向多式联运经营人提起的诉讼时效为 9 个月,自货物交付之日或者应当交付之日起算,或自收货人视货物灭失之日起算。如果货物存在明显的灭失、损坏,收货人应当在收货之前或者当时,将货物灭失或损坏的一般性质,以书面方式通知多式联运经营人;如果货物灭失或损坏不明显,则应在交货后连续 6 日内提交此种通知。

鉴于在货物多式联运领域,尚无生效的国际公约,而《1973 年联运单证统一规则》和《1991 年规则》均属于民间规则,仅在当事方在多式联运合同中选择适用时发生效力。为了避免多式联运合同无统一的国际公约调整的困境,《2008 年鹿特丹规则》扩大了适用范围,即也适用于海运 + 其他运输方式组合的多式联运合同,一定程度上解决了多式联运合同法律适用的问题。但是如果与国际海上货物运输无关的公路运输、铁路运输和航空运输之间组合的多式联运合同,《2008 年鹿特丹规则》仍然无法适用,具有一定的局限性。因此目前国际货物多式联运合同的法律适用仍然依靠各国国内法的规定解决。

第十四章　海上旅客运输合同

第一节　海上旅客运输合同概述

一、海上旅客运输合同的定义

海上旅客运输合同，是指承运人以适合运送旅客的船舶经海路将旅客及其行李从一港运送至另一港，由旅客支付票款的合同。海上旅客运输合同包括国内沿海旅客运输合同和国际旅客运输合同。我国法律对于国内沿海旅客运输合同和国际旅客运输合同中承运人对旅客人身伤亡、旅客行李及车辆等财产损失的赔偿责任限额的标准有不同规定。

海上旅客运输的承运人，是指本人或者委托他人以本人名义与旅客订立海上旅客运输合同的人。另外，我国《海商法》还规定了海上旅客运输的实际承运人的概念，即接受承运人委托，从事旅客运送或者部分运送的人，包括接受转委托从事此项运输的其他人。之所以对实际承运人加以规定，原因在于一些与旅客订立海上运输合同的当事人，可能是无船承运人，如无船的客运服务单位或旅行社等。然后，无船承运人再与有船的船公司做出安排，由后者实际承运旅客，或由后者再转委托其他船公司承运旅客。此种情况下，尽管实际承运人及其受托人没有与旅客直接订立运输合同，但其仍应按《海商法》规定承担义务与责任，以更好地维护旅客的合法权益。

旅客是指根据海上旅客运输合同，被承运人使用船舶运送的人，包括经承运人同意，根据海上货物运输合同，随船护送货物的人。行李是指根据海上旅客运输合同，由承运人载运的任何物品和车辆，但是活动物除外。

我国《海商法》第五章专门对海上旅客运输合同做出规定。《海商法》第 117 条第 4 款规定："中华人民共和国港口之间的海上旅客运输，承运人的赔偿责任限额，由国务院交通主管部门制定，报国务院批准后施行。"据此，交通部已于 1993 年 12 月发布《中华人民共和国港口间海上旅客运输赔偿责任限额规定》，该规定已于 1994 年 1 月 1 日起施行。根据该规定，承运人在每次海上旅客运输中的赔偿责任限额为：(1)旅客人身伤亡的，每名旅客不超过 4 万元人民币；(2)旅客自带行李灭失或损坏的，每名旅客不超过 800 元人民币；(3)旅客车辆包括车载行李灭失或损坏的，每一车辆不超过 3200 元人民币，等等。考虑到该规定关于每名旅客不超过 4 万元人民币的赔偿责任限额偏低，已经与我国目前经济发展状况不相适应，交通运输部正在考虑适当修改该规定的有关内容，适当提高承运人的赔偿责任限额。[①]

二、海上旅客运输合同的特征

（一）客票仅仅作为海上旅客运输合同的证明

根据《海商法》第110条的规定，客票是海上旅客运输合同成立的证明，并不构成海上旅客运输合同本身。合同当事人均可提出反证，证明当事人双方另有约定，这种不同于客票条款或补充客票条款的约定是有效的。

（二）海上旅客运输法以过失作为承运人责任的基础

与国际海上货物运输承运人责任基础不同，海上旅客运输承运人的责任基础是过失，实行完全的过失责任制，不存在过失免责事项。在特定条件下，承运人承担的推定过失责任。例如根据我国《海商法》第114条第3款的规定，如果旅客的人身伤亡或者自带行李的灭失、损坏，是由于船舶的沉没、碰撞、搁浅、爆炸、火灾所引起或者是由于船舶的缺陷所引起的，除非承运人或者承运人的受雇人、代理人提出反证，否则视为其有过失。

（三）承运人使船舶适航的义务扩展至旅客运输全程

海上旅客运输合同实行过失责任制，船舶不适航，承运人如果有过失，对船舶不适航造成的旅客人身伤亡及自带行李的损失即应承担赔偿责任。承运人使船舶适航的期间，不仅限于开航前和开航当时，而且在开航后的整个航程中也适用。但是，在海上货物运输合同责任制度中，承运人仅承担谨慎处理使船舶适航的义务，且仅限于开航前和开航当时。

（四）法律对于海上旅客运输合同有更多的约束

海上旅客运输因涉及海上人命安全，故相比较于海上货物运输合同，有关立法对海上旅客运输合同做出一些不允许义务人改变其法定义务的强制性规定。

根据《1974年海上旅客及其行李运输雅典公约》（以下简称《1974年雅典公约》）以及我国《海商法》的有关规定，海上旅客运输合同中含有下列内容之一的条款无效：（1）免除承运人对旅客应当承担的法定责任；（2）降低承运人责任限额；（3）对于举证责任做出与法律相反的约定；（4）限制旅客提出赔偿请求的权利。

三、海上旅客运输合同的订立

我国《海商法》第110条规定："旅客客票是海上旅客运输合同成立的凭证。"承运人向旅客收受票款并出售客票后，合同即告成立，而客票是双方运输合同的证明。

旅客客票分为两种：一种为记名客票，或称实名客票，即客票中载明旅客的姓名，通常用于国际海上旅客运输，不可转让；另一种为不记名客票，通常用于我国沿海旅客运输，可以转让。但是近年来，随着我国对于海上人命安全保护意识日益增加，也为了更好地维护海上旅客的合法权益，越来越多的沿海旅客运输开始采取实名客票制度。

客票内容一般载有船名、航次、日期、起运港、目的港、客舱等级、票价以及其他"旅客须

---

① 在我国，铁路、航空、公路和海上旅客运输都有旅客人身损害限额赔偿规定。除了国务院在2012年删除关于铁路和公路旅客运输赔偿责任限额的规定外，海上和航空运输中旅客人身赔偿限额均较低。

知”条款。根据各国强制保险规定，在旅客客票价款中包括保险费，因此，旅客购买客票的同时，意味着已经与有关保险公司订立了海上人身伤亡保险合同。一旦在海上旅客运输中发生保险事故，旅客可以获得保险公司的赔偿。

四、海上旅客运输合同的解除

海上旅客运输合同的解除是指在合同成立后基于当事人双方的约定或者法律规定，合同双方当事人终止合同义务的行为。海上旅客运输合同的解除可分为约定解除和法定解除。

（一）约定解除

约定解除指在海上旅客运输合同规定的解除合同条件出现的情况下，合同当事人可以解除合同，又可具体分为：

1. 无条件解除合同

无条件解除合同指在船舶开航前旅客登船前死亡或患病，经医生证明不能登船，或者由于承运人的原因旅客未能登船时，旅客本人或其法定代理人可以通知承运人解除合同，承运人应退还票款。

2. 有条件解除合同

有条件解除合同指在船舶开航前出现上述情况之外的情况，旅客无法登船，旅客则可以在支付承运人一定比例的票款后解除合同，否则，承运人不予退票。具体条件视运输条款而定。

（二）法定解除

法定解除是法律赋予当事人一方或双方在一定条件下解除合同的权利。法定解除的情况包括：

1. 不可抗力与情事变更

由于双方当事人无法预见、无法避免、不能克服的事件发生以及出现情事变更的情况，致使海上旅客运输合同实际无法履行或者实际履行将显失公平，当事人双方均可解除合同。如果在开航前由于上述原因解除合同，承运人应退还票款；如果在开航后由于上述原因解除合同，承运人应退还全程票价减去旅客已乘区段后的票价余额。

2. 一方当事人严重违约

如果海上旅客运输合同一方当事人违反其合同义务，根本上剥夺了另一方当事人订立合同的预期利益，则另一方有权以一方当事人严重违约为由解除合同并要求赔偿损失。

第二节　海上旅客运输合同当事人的主要权利和义务

一、承运人的主要义务

（一）提供适航船舶并保持适航状态

承运人应在船舶开航之前和开航当时，提供适航船舶，并在整个运送旅客及其行李的期间保持适航状态；适当配备船员、装备船舶和配备供应品，以保证旅客运送的安全。在海上旅客运输情况下,承运人对船长、船员等驾驶船舶和管理船舶的过失造成旅客及其行李的损害不能免责。

(二)提供适当舱位

承运人在旅客登船后,必须提供与客票等级相符合的舱室与铺位,以便乘客搭乘。舱室内的设备,应符合与客票等级相应的规定。

(三)使船舶合理尽速,直航目的港船舶应当按约定日期开航

船舶在航行过程中,不应有不合理的延误。并且,除为救助或企图救助海上人命或财产,或者其他合理情况外,承运人或船长不得变更航线。否则,承运人应对旅客因此遭受的损害负赔偿责任。所谓其他合理情况,包括为保证船舶和旅客安全而避台风或规避其他海上风险,政府或有关当局命令船舶变更航线,旅客在船上患重病必须立即上岸治疗等情况。

(四)为旅客供应膳食

如果票款中已包括旅客在船期间的膳食费,则在船舶航行期间,承运人应向旅客提供相应的膳食。如票款中未包括膳食费,且航程较长,承运人应向旅客提供膳食服务。

(五)运送旅客行李

承运人应免费为旅客运送一定数量的行李,并对旅客的非自带行李(即托运行李)负有妥善保管之义务。

(六)对旅客的人身伤亡或行李的灭失或损害负赔偿责任

承运人对发生在运输期间的旅客人身伤亡,或行李的灭失或损害负赔偿责任,各国法律及国际公约普遍实行完全过错责任原则,即如果旅客的人身伤亡或行李的灭失或损害,是由于承运人或其受雇人员或代理人在受雇范围或代理权限范围内的过错行为或不行为所引起,承运人便应承担赔偿责任。

承运人对旅客及其行李的运送负责的期间即运送期间。根据《海商法》第 111 条的规定,旅客及其自带行李的运送期间相同,为自旅客登船时起至旅客离船时止,并且,如果客票票价中含旅客登船前由承运人经水路从岸上接到船上或者离船后由承运人经水路从船上送到岸上的接送费用,则运送期间应包括这一接送期间,但不包括旅客及其自带行李在港站内、码头上或者在港口其他设施内的时间;旅客的非自带行李的运送期间为自旅客将行李交付承运人或者其受雇人、代理人时起,至承运人或者其受雇人、代理人交还旅客时止。

《海商法》第 115 条规定,如果经承运人证明,旅客的人身伤亡或者行李的灭失、损坏,是由于旅客本人故意造成的,或者旅客的人身伤亡系其健康状况造成的,则承运人可以免责;如果旅客的人身伤亡或者行李的灭失、损坏,是由于旅客本人的过失和承运人的过失共同造成,则可以免除或者相应减轻承运人的赔偿责任。但是,承运人应当举证,证明旅客遭受人身伤亡或者其行李遭受灭失或损害是由于旅客本人故意造成,或者旅客的人身伤亡系其健康状况造成,或者旅客本人有过失以及过失的程度。

二、承运人的主要权利

(一)票款请求权

作为运送旅客及其行李的对价,承运人有权要求旅客支付相应的票款。但是根据法律或合同约定，享有免票权利的，例如一定年龄或身高以下的儿童，则承运人不能向免票旅客主张支付全额票款；或者享有优惠票款的，则承运人只能向旅客主张支付部分票款。根据《海商法》第 112 条的规定，旅客无票乘船、越级乘船或者超程乘船，应当按照规定补足票款，承运人可以按照规定加收票款；拒不交付的，船长有权在适当地点令其离船，承运人有权向其追偿。

（二）对旅客行李的留置权

如旅客未支付或未付足票款、行李费或承运人为旅客垫付的其他费用等，承运人有权对旅客交运的行李行使留置权。

（三）船舶开航权

旅客在起运港或船舶中途挂靠港，不在约定时间内登船时，船长有权将船舶按时开航或续航，而且承运人不退还票款。

（四）赔偿责任限制的权利

承运人对旅客的人身伤亡，或行李的灭失或损坏所负的赔偿责任，可依法享受责任限制的权利。根据《海商法》第 117 条的规定，对于国际海上旅客运输合同而言，承运人对人身伤亡的旅客，每名不超过 46 666 特别提款权，旅客自带行李灭失或者损坏的，每名旅客不超过 833 特别提款权，旅客车辆包括该车辆所载行李灭失或者损坏的，每一车辆不超过 3333 特别提款权，除旅客自带行李及旅客车辆以外的其他托运行李，每名旅客不超过 1200 特别提款权。当然承运人和旅客可以约定，承运人对旅客车辆和旅客车辆以外的其他行李损失的免赔额。但是，对每一车辆损失的免赔额不得超过 117 特别提款权，对每名旅客的车辆以外的其他行李损失的免赔额不得超过 13 特别提款权。在计算每一车辆或者每名旅客的车辆以外的其他行李的损失赔偿数额时，应当扣除约定的承运人免赔额。

《海商法》第 118 条规定了承运人丧失责任限制权利的情况，即旅客的人身伤亡或者行李的灭失或者损坏，是由于承运人的故意或者明知可能造成损害而轻率地作为或者不作为造成时，承运人不得援用第 117 条赔偿责任限制的规定。

三、旅客的主要权利和义务

旅客的主要权利便是承运人的主要义务，即旅客在支付票款后，有权要求承运人将其安全运至目的港，并免费携带一定数量的行李，以及对其遭受的伤害或其行李的灭失或损坏，向承运人主张索赔等。

旅客的主要义务是支付票款。除此之外，旅客还具有下述义务：(1) 在船期间，服从船长的指挥与管理；(2) 不得擅自携带或在行李中夹带违禁品或危险品。《海商法》第 113 条规定，旅客不得随身携带或者在行李中夹带违禁品或者易燃、易爆、有毒、有腐蚀性、有放射性以及有可能危及船上人身和财产安全的其他危险品。承运人可以在任何时间、任何地点将旅客违反规定随身携带或者在行李中夹带的违禁品、危险品卸下、销毁或者使之不能为害，或者送交有关部门，而不负赔偿责任。旅客违反上述规定，造成损害的，应当负赔偿责任。(3) 提交行李灭失或者损坏的通知。根据《海商法》第 119 条的规定，行李发生明显损坏的，旅客应当依照下列规定向承运人或者承运人的受雇人、代理人提交书面通知：如果是自带行李，应当在旅客离船前或者离船时提交；如果是其他行李的，应当在行李交还前或者交还时提交。行李的损坏不明显，旅客在离船时或者行李交还时难以发现的，以及行李发生灭失的，旅客应当在离船或者行李交还或者应当交还之日起十五日内,向承运人或者承运人的受雇人、代理人提交书面通知。行李交还时,旅客已经会同承运人对行李进行联合检查或者检验的,无须提交书面通知。

第三节 海上旅客运输的国际立法

一、《1974 年雅典公约》及其产生背景

为统一各国有关海上旅客运输的法律,原政府间海事协商组织于 1974 年 12 月 2 日至 13 日在雅典召开的海上旅客及其行李运输国际法律会议上制定了《1974 年海上旅客及其行李运输雅典公约》,简称《1974 年雅典公约》。此后,又分别制定了《1974 年雅典公约》1976 年议定书和 1990 年议定书以及 2002 年议定书。其中 1976 年议定书和 1990 年议定书对公约规定的承运人赔偿责任限额进行了修正,而 2002 年议定书则对公约做了全面修改,进一步加重了承运人的责任。目前,《1974 年雅典公约》及其 1976 年议定书已经生效,我国第八届全国人大常委会第六次会议于 1994 年 3 月 5 日通过决定,加入《1974 年雅典公约》及其 1976 年议定书。该公约的 1990 年议定书,2002 年议定书已经于 2014 年 4 月 23 日生效。而根据 IMO 官方网站发布的统计数据,截止到 2014 年年底,已经有 25 个国家或地区成为 2002 年议定书的成员,这些国家商船吨位占世界商船总吨位的 42.83% 。

二、《1974 年雅典公约》的主要内容

(一)承运人的责任与免责

对于发生在运输期间的事故造成旅客的人身伤亡或者行李的灭失或损害,如果是承运人或其受雇人员或代理人在受雇范围或代理权限内所做的过失行为或不为所引起,承运人应负赔偿责任。

公约对承运人的赔偿责任,实行一定范围内的推定过错责任原则。具体说来,如果旅客的伤亡或自带行李的灭失或损害,是由于船舶沉没、碰撞、搁浅、爆炸、火灾或船舶缺陷所致,则推定承运人或其受雇人员或代理人有过错;对于其他行李的灭失或损害,不论是由于何种性质的事故所造成,均推定承运人或其受雇人员或代理人有过错。但是,承运人可提出反证,证明旅客的人身伤亡或行李的灭失或损坏,不是由承运人或其受雇人员或代理人的过错行为或不为所致。在上述情况以外的其他情况下,索赔人应对承运人或其受雇人员或代理人的过错负举证责任。而且,索赔人在任何情况下均须证明造成损害的事故发生在运输期间,并证明损害程度。

如果承运人证明,旅客的伤亡或其行李的灭失或损害,是该旅客本身原因所致,则法院可全部或部分地免除承运人的赔偿责任。

我国《海商法》中关于承运人的责任与免责,旅客贵重物品灭失或者损坏,承运人的受雇人、代理人、实际承运人及其受雇人、代理人的法律地位,行李的灭失或者损坏的通知等规定与该公约相同。

（二）承运人赔偿责任限制

公约规定承运人在海上运输中对旅客的人身伤亡，或行李的灭失或损坏所负的赔偿责任，可援引赔偿责任限制，即：(1)对旅客的人身伤亡，每名旅客不超过70万金法郎，但各缔约国可在国内法中为其本国的承运人规定高于此数额的责任限额；(2)对旅客自带行李的灭失或损坏，每名旅客不超过12 500金法郎；(3)对旅客车辆包括该车辆所载行李的灭失或损坏，每一车辆不超过50 000金法郎；(4)对旅客其他行李的灭失或损坏，每名旅客不超过18 000金法郎。

承运人可就其赔偿责任与旅客商定免赔额，但每一车辆灭失或损坏的免赔额，不得超过1750金法郎；其他行李灭失或损坏的免赔额，不超过每名旅客200金法郎。

公约还规定了承运人丧失责任限制的条件，即如经证明，损坏是由于承运人有意造成，或明知可能造成但毫不在意地行为或不为所引起，承运人便丧失上述责任限制的权利。

（三）旅客贵重行李的灭失或损坏

承运人对旅客自带的货币、可转让证券、黄金、珠宝、装饰品、艺术品等贵重物品的灭失或损坏，不负赔偿责任。但是，如果旅客将贵重物品交承运人保管，则承运人应按公约规定承担责任，并可享受责任限制的权利，除非双方另约定较高的责任限额。

（四）通知与诉讼时效

旅客对其自带行李发生的明显损坏，应在离船时，向承运人提交书面通知；如果其他行李发生明显损坏，旅客应在行李交还给他之前或当时，提交此种通知。如果行李损坏不明显，或行李发生灭失，此种通知应在旅客离船之日或行李交还之日或本应交还之日起15日之内提交。如旅客未按上述要求提交通知，便推定其已收到完好的行李，但旅客可以提出反证。如在旅客提取行李时，双方已对损坏状况进行联合检查，则无须提交损坏通知。旅客伤亡或行李灭失或损坏赔偿的诉讼时效期间为2年。就旅客伤害而言，自旅客离船或本应离船之日起算；如旅客在运输期间受到伤害并导致离船后死亡，则自死亡之日起算，但不超过自离船之日起3年。就旅客的行李灭失或损坏而言，上述时效期间自行李离船或本应离船之日起算，以较晚者为准。公约允许承运人书面声明延长上述时效期间，或在诉因发生后，双方书面协议延长时效。

（五）公约的适用范围

公约适用于国际海上旅客运输，即合同规定的起运港和目的港位于不同国家，或者，中途港位于不同国家。其条件是，船舶悬挂公约缔约国的旗帜或在缔约国登记，或者，运输合同在缔约国订立，或者，合同规定的起运港或目的港位于缔约国内。

（六）管辖权

对于旅客人身伤亡或者行李灭失或损坏赔偿的诉讼，原告有权在下列位于缔约国的法院之一提出：(1)被告永久居住地或主要营业所所在国法院；(2)运输规定的起运港或目的港所在国法院；(3)原告住所地或永久居住地所在国法院，但被告在该国须设有营业所，并受该国管辖。此外，在造成损坏的事故发生后，双方可以商定赔偿案件诉讼的法院，或将案件提交仲裁。

三、《1974 年雅典公约》1976 年议定书[①]的主要内容

该议定书第Ⅱ条将《1974 年雅典公约》的第 7 条和第 8 条承运人的赔偿责任限制和免赔额规定中所使用的金法郎,修改为国际货币基金组织规定的特别提款权,并按照 1 特别提款权等于 15 金法郎计算。因此,相应的内容就修改为:(1)对旅客的人身伤亡,每名旅客不超过 46 667特别提款权,但各缔约国可在国内法中,为其本国的承运人规定高于此数额的责任限额;(2)对旅客自带行李的灭失或损坏,每名旅客不超过 833 特别提款权;(3)对旅客车辆及该车辆所载行李的灭失或损坏,每一车辆不超过 3333 特别提款权;(4)对旅客其他行李的灭失或损坏,每名旅客不超过 1200 特别提款权。承运人可就其赔偿责任与旅客商定免赔额,但每一车辆灭失或损坏的免赔额,不得超过 117 特别提款权,其他行李灭失或损坏的免赔额,不超过每名旅客 11 特别提款权。

该议定书第Ⅱ条同时规定,非国际货币基金组织的成员国,且其法律不允许使用特别提款权的国家,可以声明在其领土内仍然使用《1974 年雅典公约》第 7 条和第 8 条规定的特别提款权。

四、《1974 年雅典公约》1990 年议定书的主要内容

该议定书将承运人对旅客的人身伤亡的赔偿责任限额提高到每名旅客每次运输 175 000 特别提款权;承运人对旅客自带行李的灭失或损坏,每名旅客不超过 1800 特别提款权,对旅客其他行李的灭失或损坏,每名旅客不超过 2700 特别提款权,对旅客车辆灭失或损坏赔偿责任限额,每一车辆不超过 10 000 特别提款权。此外,承运人对旅客自带行李以外的其他行李和车辆损失的免赔额,分别规定为 135 和 300 特别提款权。如果至少 6 个国家提议,可以对承运人的赔偿限额做进一步修订。该议定书的生效条件是至少 10 个国家参加,截止到 2014 年年底,只有 3 个国家批准该议定书,因此该议定书至今未达到生效条件。

五、《1974 年雅典公约》2002 年议定书的主要内容

2002 年 11 月 1 日,国际海事组织在伦敦召开的修订《1974 年海上旅客及其行李运输雅典公约》的外交大会上,通过了《修订 1974 年海上旅客及其行李运输雅典公约的 2002 年议定书》,简称《1974 年雅典公约》2002 年议定书。

该议定书取代《1974 年雅典公约》1990 年议定书,并对《1974 年雅典公约》做了全面修改,其核心是借鉴国际油污损害赔偿责任制度中的严格责任原则、强制保险机制,加重承运人的责任。主要内容如下:

(一)承运人赔偿责任归则原则由过错责任原则修改为严格责任原则和过错责任原则并用

该议定书规定,承运人对因船舶航行事故造成的旅客人身伤亡,对每名旅客在每一事故中的赔偿责任在 250 000 特别提款权的限额内,实行严格责任,即除非承运人证明事故是由于战争行为、敌对行动、内战、暴乱或者异常的、不可避免和不可抗拒的自然现象所致,或者,完全由于第三者有意造成事故的行为或者不为所致,承运人应承担赔偿责任;承运人对于因船舶航行

① 该议定书于 1976 年 11 月通过,于 1989 年 4 月 30 日生效。

事故造成的超过上述限额的旅客人身伤亡的赔偿责任，则实行过错责任，即如果承运人证明，其本人，或其在受雇或者受委托范围内行事的受雇人或者代理人，以及履约承运人及其在受雇或者受委托范围内行事的受雇人或者代理人，对于事故的发生没有过错，则不承担赔偿责任；承运人对于非因船舶航行事故造成的旅客人身伤亡的赔偿责任，亦实行过错责任，并且承运人一方有过错的举证责任由索赔方承担。船舶航行事故是指船舶沉没、碰撞、搁浅、火灾或者船舶的缺陷。承运人对旅客的行李的灭失或者损坏的赔偿责任，仍然实行过错责任，并且举证责任的规定与《1974 年雅典公约》相同。

（二）大幅度提高承运人对旅客人身伤亡、行李灭失或者损坏的赔偿责任限额

该议定书将承运人对每名旅客每一事故中人身伤亡所承担的严格责任的赔偿责任限额提高到 250 000 特别提款权，并且，如果人身伤亡的请求金额超过 250 000 特别提款权，则人身伤亡的请求金额超过 250 000 特别提款权的部分，承运人对每名旅客每一事故中人身伤亡所承担的过错责任的赔偿限额为 400 000 特别提款权。同时，该议定书订有“放弃参与条款”，规定参加国可以在其国内法中明确规定高于议定书规定的承运人对旅客人身伤亡的赔偿责任限额。

该议定书将承运人对旅客自带行李灭失或者损坏的赔偿责任限额提高到每名旅客每次运输 2250 特别提款权，对车辆包括车辆上所载的所有行李的灭失或者损坏的赔偿责任限额提高到每一车辆每次运输 12 700 特别提款权，其他行李灭失或者损坏的赔偿责任限额提高到每名旅客每次运输 3375 特别提款权。承运人和旅客可以约定承运人对行李灭失或者损坏的免赔额，但每一车辆的免赔额不超过 330 特别提款权，其他行李灭失或者损坏的免赔额不超过 149 特别提款权。

该议定书采纳了修订赔偿责任限额的默认接受程序，即在规定时间内，如果没有一定数量的国家对提议修改责任限额的议案提出反对意见，则修改责任限额的议案自动发生效力，从而使得国际海上旅客运输赔偿责任限额的进一步提高更为容易。

（三）对承运人对旅客人身伤亡的赔偿责任实行强制保险或者财务担保和对责任保险人或者财务担保人的直接诉讼

该议定书要求实际履行旅客运输的承运人或者实际承运人就其对旅客人身伤亡所承担的严格责任的赔偿限额，即每名旅客每一事故为 250 000 特别提款权，投保责任保险，或者，提供银行或者类似的金融机构出具的保证等财务担保。同时，船上应当携带有效的保险证书或者财务担保证书。

旅客人身伤亡的索赔人可对责任保险人或者财务保证人直接提出索赔诉讼，但后者有权援引议定书赋予承运人的免责事由和赔偿责任限制，即使承运人或者实际承运人丧失援引责任限制和抗辩事由的权利。此外，责任保险人或者财务担保人可援引旅客人身伤亡系被保险人或者被保证人有意的不当行为造成的抗辩。责任保险人或者财务担保人还有权要求承运人或者履约承运人参加诉讼。

（四）2006 年实施指南

国际海事组织法律委员会在其于 2006 年 10 月召开的第 92 届会议上，通过了《1974 年海上旅客及其行李运输雅典公约的 2002 年议定书实施指南》（Guidelines for the Implementation of the Protocol of 2002 to the Athens Convention relating to the Carriage of Passengers and their Luggage by Sea,1974,以下简称《2006 年实施指南》)。《2006 年实施指南》的目的是促使各国批准该议定书。《2006 年实施指南》不具有强制适用的效力,仅推荐给《1974 年雅典公约》的 2002 年议定书的参加国使用。

《2006 年实施指南》建议各国在参加议定书时应当考虑保险市场的现状,针对恐怖行为、战争行为,就承运人的赔偿责任限制和强制保险做出一项保留或内容相同的声明。《2006 年实施指南》中包含一份供推荐使用的标准保留文本(text of reservation),明确规定有关政府保留权利并保证,对于恐怖行为等风险造成的旅客人身伤亡,承运人、实际承运人及其受雇人或代理人、强制责任保险人或其他财务担保人对每名旅客每一事故的赔偿责任限额为 25 万特别提款权,或者每一事故每船总的赔偿责任限额为 3.4 亿特别提款权。

第十五章　海上拖航合同

第一节　海上拖航合同概述

一、海上拖航合同的概念

海上拖航合同,又称海上拖带合同,我国《海商法》第155条将其定义为:“承拖方用拖轮将被拖物经海路从一地拖至另一地,而由被拖方支付拖航费的合同。”

承拖方是合同的一方当事人,指用其自己拥有的或租用的船舶,为他人提供海上拖轮服务而收取拖航费的人。承拖方有的是专业性海上拖航企业,也有的是打捞、救助企业兼营海上拖航服务。用于拖带被拖物的船舶,一般称为拖轮,是专门为拖带本身无动力或者丧失动力的其他船舶或物体而设计的船舶。海运业的发展,货物由自身无动力的驳船运输日益增多,而驳船需要靠拖轮拖带。用于海上石油开发的钻井平台等设备,多是自身无动力,对海上拖航业务需求很大。海运业和海上石油开发的发展,促进了海上拖航业的发展,很多航运国家成立了专营或者兼营海上拖航业务的企业,如我国的中国海洋工程服务有限公司、日本的协同株式会社、荷兰的斯密特国际远洋拖航救助公司等。

被拖方是合同的另一方当事人,是被拖物的所有人或其他利害关系人。被拖物体包括驳船或其他无动力的船舶、钻井平台、浮码头、浮船坞等海上漂浮装置,以及失去动力的船舶等。我国《海商法》第七章关于海上拖航合同的规定,不适用于拖轮在港区内对船舶靠离码头及其他操纵所提供的服务。因为在港区内拖轮协助大船靠离码头或泊位,都由大船指挥,持续时间短,手续简便,且服务频繁,故此种服务按其他有关规定处理。

二、海上拖航合同的性质

海上拖航合同是一种特殊的海上服务合同,它不同于海上货物运输合同,也不同于海上救助合同,是由海商法专门规定的特别海事合同,立法体制上的独立地位引发出理论界关于海上拖航合同的法律性质等问题的颇多争议。

理论上,海上拖航合同具有混合性特征。具体而言就是,海上拖航的法律性质,理论上可分为承揽、雇佣、运输三种主要的法律关系。根据海上拖航服务内容的不同,海上拖航合同的法律性质也会随之发生变化,而调整合同关系的法律规制也有所不同,这就是海上拖航合同的混合性特征。

海上拖航合同与海上货物运输合同的不同之处在于:后者的标的是运送装于船上的货物,而前者的标的是拖带与拖轮船用索具或其他特定装置连接的被拖物;在海上货物运输情况下,承运人除提供运力外,还负责货物的装载、搬移、积载、运输、照料、保管与卸载,而在海上拖航情况下,承拖方通常是负责提供运力,不负有管理被拖物及其上所载财产的义务。但是,海上拖航合同与海上货物运输合同又有一定联系。如果拖轮所有人拖带其自己拥有或经营的驳船,并在驳船上载运他人货物,则拖轮所有人与驳船上所载货物的所有人之间,是一种运输合同关系,此种合同称为拖驳运输合同。当拖轮与被拖的驳船属不同的人所有,或由不同的人所经营时,拖轮所有人(或经营人)与驳船所有人(或经营人)之间属于拖航合同关系,而驳船所有人(或经营人)与驳船所载货物的所有人之间,属于运输合同关系。

海上拖航合同和海上雇佣救助合同既有相同之处,又有不同之处。相同之处在于:第一,两者都具有海上服务性质,海上雇佣救助常常也表现为海上拖航。第二,两者通常都按使用拖轮的时间计算报酬。两者不同之处在于:第一,海上拖航合同的标的是拖航,而海上雇佣救助合同的标的则是救助;第二,在海上拖航合同情况下,拖航的对象是未处于危险之中的船舶或其他财产,而在海上雇佣救助合同情况下,拖航的对象则是处于危险之中的船舶或其他财产。

海上拖航合同和以海上拖航为救助行为表现形式的海上救助合同亦有着相同和相异之处。二者均以海上拖航为表现形式。二者的本质区别在于:海上救助合同情况下,救助报酬的取得以被拖物安全抵达目的地,即处于危险之中的被拖物获救为前提条件;海上拖航合同的情况下,拖航的报酬按照双方的约定计算,与被拖物是否安全抵达目的地无必然联系,除非双方另有约定。

三、海上拖航合同的种类

(一)按起拖地和目的地划分

1. 沿海拖航合同

沿海拖航合同指起拖地和目的地均位于一国境内的海上拖航合同。很多国家法律规定,沿海拖航只能由其本国的拖轮经营。根据我国《海商法》,我国港口之间的海上拖航,由悬挂我国国旗的船舶经营,但是,法律、行政法规另有规定的除外。非经国务院交通主管部门批准,外国籍船舶不得经营我国港口之间的拖航。

2. 国际海上拖航合同

国际海上拖航合同指起拖地与目的地位于不同国家的海上拖航合同。

(二)按拖航费的计收方式划分

1. 日租型海上拖航合同

日租型海上拖航合同指在拖轮租期内,拖航费按约定的拖轮日租金率计收的海上拖航合同。

2. 承包型海上拖航合同

承包型海上拖航合同指拖航费不按拖轮每天的租金率计收,而是按双方约定的一笔金额计收的海上拖航合同。有的承包型海上拖航合同中,也规定拖轮日租金率,但只作为当被拖方在起拖地延误起拖、在目的地延误解拖,以及拖航过程中因其他原因而遭受时间损失时,向承拖方支付损失赔偿金的计算标准。

四、海上拖航合同的订立

我国《海商法》第156条规定:"海上拖航合同应当书面订立。"而且,海上拖航合同通常在事先拟定的合同格式上达成。例如,中国海洋工程服务有限公司拖航合同(承包)格式,代号"中拖"。一些航运组织也制定了海上拖航合同格式,如国际救助同盟、欧洲拖轮所有人协会和波罗地国际航运公会三家联合推荐的国际远洋拖航协议(日租)格式(TOWHIRE)和(承包)格式(TOWCON),日本航运交易所制定的拖航合同格式(NIPPONTOW)。

海上拖航合同的内容通常包括:合同的签订日期和地点;承拖方和被拖方的名称和住所;拖轮和被拖物的名称和主要尺度;拖轮马力;起拖地和目的地;起拖日期;拖航费及其支付方式;其他有关事项。其他有关事项通常包括:解约日、预计到达目的地日期;适航性、适拖性、拖轮的替换、随船船员、安全港口、留置权、绕航、救助、共同海损、港口费用等双方权利、义务、责任与免费条款;合同的解除、索赔、仲裁、法律适用和经纪人佣金等条款。

五、海上拖航合同的变更与解除

(一)海上拖航合同的变更

除承拖方和被拖方协商一致或者因法律规定的合同变更的其他一般情形外,《海商法》第160条规定了海上拖航合同变更的一种特殊情况:"因不可抗力或者其他不能归责于双方的原因,致使被拖物不能拖至目的地,除合同另有约定外,承拖方可以在目的地邻近地点或者拖轮船长选定的安全港口或者锚泊地,将被拖物移交给被拖方或者其代理人,视为已经履行合同。"

(二)海上拖航合同的解除

除承拖方和被拖方协商一致解除合同外,海上拖航合同的解除主要有下列两种情形:

1. 因当事人一方违反合同而解除

如果承拖方未能在合同规定的解约日之前,在约定的地点提供约定的拖轮,并使拖轮处于适航、适拖状态,被拖方有权解除合同;或者,被拖方未能在合同规定的解约日之前,在约定的地点,使被拖物处于适拖状态,承拖方有权解除合同。承拖方或者被拖方有其他违约行为,致使不能实现合同的目的时,根据法律的规定,如我国《合同法》第94条第(四)项的规定,另一方可以解除合同。违反合同的一方当事人对另一方因此遭受的损失,除依照法律或者合同的约定可以免责外,应负赔偿责任。

2. 因非双方当事人应负责的原因而解除

根据《海商法》第158条和第159条,起拖前或者起拖后,因不可抗力或者其他不能归责于双方的原因,致使合同不能履行或者不能继续履行时,双方均可以解除合同,并互不负赔偿责任。如果在起拖前,合同因此而被解除,并且被拖方已支付拖航费,则除合同另有约定外,承拖方应当退还该拖航费。根据《海商法》第160条的规定,因不可抗力或者其他不能归责于双方的原因致使被拖物不能拖至目的地的,除合同另有约定外,承拖方可以在目的地的邻近地点或者拖轮船长选定的安全的港口或者锚泊地,将被拖物移交给被拖方或者其代理人,视为已经履行合同。

第二节 海上拖航合同当事人的主要权利和义务

一、承拖方的主要义务

(一)提供拖轮并使之适航、适拖

承拖方应当提供约定的或根据合同规定而替换的拖轮。根据《海商法》第157条第1款,承拖方在起拖之前和起拖当时,应当谨慎处理,使拖轮适合于约定的拖航作业,包括具有充分的拖力、能够抵御航次中通常出现的或能合理预见的风险;适当地配备船员、装备拖轮、配备供应品。承拖方如果不能在约定的时间和地点使拖轮做好适航、适拖准备,被拖方有权利根据合同规定解除合同。

(二)负责拖航作业的指挥

除拖轮协助大船靠离码头或移泊等作业外,拖航作业一般由承拖方指挥。承拖方应负责拖轮与被拖物之间的接拖与解拖,以及拖航的安全。如果在拖航过程中,拖轮与被拖物相脱离,拖轮应守护被拖物,并尽力重新接拖。拖轮对被拖物的救助一般不产生救助报酬,除非拖船的服务超出了合同规定的要求。

(三)合理尽速,不进行不合理绕航

承拖方应尽快完成拖航作业,不产生不合理的绕航。除了为救助或企图救助海上人命或财产,为了拖航的安全而避台风等合理的情况,以及符合合同规定的情况外,承拖方应按约定的或通常习惯的航线,将被拖物安全地从起拖地拖带至目的地。

二、承拖方的主要权利

(一)拖航费请求权

海上拖航合同是有偿合同。承拖方按约定履行拖航服务后,有权收取约定的拖航费作为报酬。

(二)留置权

如被拖方不按约定支付拖航费以及其他应付费用,如延滞费、承拖方为被拖方垫付的款项,承拖方对处于其占有之下的被拖物可实行留置。

三、被拖方的主要义务

(一)提交被拖物并使之适拖

被拖方应在约定的时间和地点,使被拖物做好拖航准备。如果被拖物需配备船员或传缆手,被拖方应保证配备适当的人员,并配备充分的供应品。国际远洋拖航协议(承包)2008年修订版(以下简称TOWCON (2008))第18条规定:“被拖方应当谨慎处理以确保被拖物于拖航开始时在任何方面都适于从起拖地被拖至目的地。被拖方保证被拖物在拖轮到达起拖地时

适当地处于良好且准备就绪的状态,并配备好拖航所需号型、信号、航行灯以及其他灯具。”日本航运交易所拖航合同格式(NIPPONTOW)第 4 条规定:“被拖方应当妥善配备被拖物,做好准备,使被拖物在拖航开始时处于适拖状态,满足管理机构、保险公司验船师和拖轮船长的要求,包括(但不限于)保证被拖物的航行灯、信号设备、系船索、拖钩和闭式导缆孔、运河系缆桩、绑绳、固定桩和平舱设备处于适当状态。”

此外,被拖方还需向承拖方提供能够证明被拖物适拖的证书或有关文件。TOWCON(2008)要求被拖物的适拖证明书必须是由公认的海事检验人或检验组织签发,NIPPONTOW则要求由被拖物保险人的检验师签发。在我国,被拖物在接受拖带服务之前,也要按照《海上拖航法定检验技术规则(1999)》的规定向中国船级社或者中国政府指定的其他船舶检验机构申请拖航检验,在检验合格后,由检验机构签发“适拖证书”。

(二)服从拖轮船长的指挥

当合同规定,拖带作业由承拖方指挥时,在拖航过程中,被拖物上的人员应接受拖轮船长的指挥,并给拖轮必要的配合。

(三)保证港口的安全

被拖方应保证起拖港(或其他地点)、目的港(或其他地点)和合同确定的中途港的安全。有的合同进一步规定,被拖方应保证在上述港口或地点,拖轮和被拖物在任何潮汐情况下,均能安全浮泊。

(四)及时接受被拖物

被拖方在目的地接到承拖方发出的准备交付被拖物的通知后,应及时接受被拖物。否则,被拖方应按合同规定的费率向承拖方支付滞期费或其他额外赔偿费用,除非被拖方未能及时接受被拖物系天气原因或其他被拖方依合同可以免责的原因所致。

(五)支付拖航费及其他费用

被拖方应按合同规定的费率或金额,支付的时间、地点和方式,支付拖航费。被拖物的一切港口费用、引航费、代理费、税款、运河通行费、保险费,以及与被拖物有关的其他费用,包括必要时辅助拖轮服务费等,均按合同规定由被拖方支付。此外,被拖方对于其应负责的原因,造成被拖物起拖延误、目的地解拖延误和拖航过程中的延误,应按约定向承拖方支付滞期费或其他额外赔偿费用。

第三节　海上拖航中损害赔偿责任归属

在海上拖航过程中,对于承拖方和被拖方所遭受的损害,以及对第三方遭受的损害,应当依照合同的规定和约束合同的法律,确定承拖方与被拖方相互间的赔偿责任。如果在海上拖航过程中造成第三方的损害,承拖方与被拖方对第三方损害的赔偿责任则应按侵权行为的责任原则予以确定。

一、承拖方与被拖方之间的损害赔偿责任

对于承拖方与被拖方之间的损害赔偿责任,国际上普遍实行的是过失责任原则,如承拖方和被拖方均有过失,则按双方过失程度比例承担赔偿责任。但是,这种法律规定往往不具有强制性,允许合同双方自由约定。因此,海上拖航合同中通常订有承拖方免责规定,例如对拖轮船长、船员、引航员或其他受雇人员在驾驶拖轮和管理拖轮中的过失行为,造成被拖方的损失,承拖方可以免责。由于各国法律中有关承拖方责任的规定通常是任意性的,因而上述免责规定通常有效。

根据我国《海商法》第 162 条,承拖方与被拖方之间的损害赔偿责任,原则上实行过错责任,即损失由一方过失造成时,有过失的一方应负赔偿责任;损失由双方过失造成时,双方按各自过失程度比例负赔偿责任。但是,如承拖方证明,被拖方的损失由下列原因之一所造成,承拖方可以免责:拖轮船长、船员、引航员或者承拖方的其他受雇人、代理人在驾驶拖轮或者管理拖轮中的过失;拖轮在海上救助或者企图救助人命或者财产时的过失。但是,上述规定不是强制性的,仅在海上拖航合同没有约定或者没有不同约定时适用。

根据 TOWCON(2008)与 TOWHIRE(2008)的条款约定,在一方当事人违反证书提供义务、适拖义务以及合同解除要求而给对方造成损失时,违约方须向对方承担相应的损害赔偿责任而不考虑违约方对自己的违约行为是否存在过错。而且,一旦拖轮上的拖带索具与辅助设备发生损毁灭失,只要不是由于承拖方疏忽的原因导致,被拖方就应承担赔偿责任。

二、承拖方、被拖方与第三方之间的损害赔偿责任

如果在海上拖航过程中造成第三方的损害,不论拖航采取何种方式,即吊拖、傍拖还是顶推,拖轮与被拖物或连成一体或相互牵连,第三方很难确定损害的发生是属于拖轮的责任还是被拖物的责任。因而,在司法实践中,强调拖航中拖轮与被拖物的不可分性,把拖轮与被拖物视为单一船舶或统一航行体。在确定与第三方间损害赔偿责任时,将承拖方和被拖方作为当事一方,第三方作为另一方,按各自的过失程度比例承担责任。因此,根据《海商法》第 163 条的规定,在海上拖航中,由于承拖方和被拖方一方或双方的过错造成第三方的损害时,承拖方和被拖方对损害负连带责任。但是,这并不妨碍向第三方赔付的一方,在赔付金额超过其按合同应承担的数额的情况下,向另一方追偿的权利。

第十六章　船舶租用合同

船舶租用合同(charter party：C/P)是指船舶出租人向承租人提供约定的船舶，由承租人在约定的期间内按照约定的用途使用，并支付租金的合同。船舶租用合同包括定期租船合同和光船租赁合同两种形式。

船舶租用合同一般都以书面形式订立。根据我国《海商法》第128条的规定，不论是定期租船合同，还是光船租赁合同，都应当书面订立。船舶租用合同通常是双方当事人在选定某一合同格式的基础上，对格式中所列条款，按双方意图进行修改、删减和补充而成的。

目前国际上还没有关于船舶租用合同的公约。英美国家的法律对此种合同不做强制性规定，双方当事人依据“订约自由”原则商订合同的内容；大陆法系国家的法律一般也不对此种合同做出规定，或者不做强制性规定。我国《海商法》第六章对船舶租用合同做出专门规定。为了同国际上的通行做法保持一致，《海商法》第127条明确规定：“本章关于出租人和承租人之间权利、义务的规定，仅在船舶租用合同没有约定或者没有不同约定时适用。”换句话说，有关船舶租用合同双方当事人权利、义务的规定，完全可由双方当事人协商确定，并且可以约定不同于《海商法》规定的条款。

另请读者注意，我国《海商法》规定船舶租用合同仅仅包括定期租船合同和光船租赁合同，英文表述为charter party。而在世界多数国家，charter party(租船合同)一般包括航次租船合同(voyage charter party)、定期租船合同和光船租赁合同三种基本租船合同类型。

第一节　定期租船合同

一、定期租船合同的概念与特点

定期租船合同(time charter party)，又称期租合同。我国《海商法》第129条明确规定为“船舶出租人向承租人提供约定的由出租人配备船员的船舶，由承租人在约定的期间内按照约定的用途使用，并支付租金的合同”。

定期租船合同具有如下特点：

(1)船舶出租人负责配备船长、船员，负责船舶安全航行和内部管理事务，并负担船长、船员工资、伙食等有关费用；

(2)承租人负责船舶营运调度和营运安排工作，除船舶修理费、物料费、润滑油费、折旧费、船舶保险费等由出租人负担外，其他有关营运费，如燃油费、装卸、靠泊、解系缆等港口使费均由承租人负担；

(3)租金按船舶的装载能力和租期长短计算。

二、定期租船合同格式

目前，国际上常用的标准定期租船合同格式包括：

(一)统一定期租船合同(Uniform Time Charter)

统一定期租船合同，租约代码为“波尔的姆”(BALTIME)，是由波罗的海国际航运公会于1909年制定的，后经过1912年、1920年、1939年、1950年、1974年多次修订，由于波罗的海国际航运公会是代表船方利益的最大的国际组织，因此该合同格式及其条款较维护出租人的利益。

(二)定期租船合同(Time Charter)

定期租船合同，租约代号为“土产格式”(produce form)，是由美国纽约土产交易所(New York Produce Exchange：NYPE)于1913年制定的，因而航运界常称此格式为“NYPE”或“纽约格式”。该格式经美国政府批准使用，故又称“政府格式”(government form)。格式在起草之后，先后经过1921年、1931年、1946年、1981年、1993年的修订。现在普遍使用的有1946年格式和1993年格式，与BALTIME格式相比，较维护承租人的利益。1981年6月12日在ASBA的组织下，对1946年的NYPE格式进行过修改，租约代号改为ASBATIME，但没有起到预期效果。1982年FONASBA在吸收了BALTIME格式和1946年NYPE格式的特点的基础上，对NYPE格式进行修改，租约代号为FONASBATIME，并曾于1986年进行一次修订，但由于实践中采用得较少，因此其影响力比较有限。1993年在波罗的海国际航运公会(BIMCO)、英国全国船舶经纪人和代理人协会联合会(FONASBA)和美国船舶经纪人和代理人协会联合会(ASBA)的参与下，对原有NYPE格式进行修订，并命名为NYPE 1993格式，较之1946年格式，有许多修改、删减和增加之处。

NYPE格式是干散货定期租船合同格式中被普遍接受并广泛使用的一种格式，例如在1946年版本中共有28个条款，但是在航运实践使用中，为了满足航运发展实践以及法律发展的需要，合同当事方常常在该格式合同基础上增加大量的附加条款(rider clauses)。虽然在1993年版本修订中，合同条款已经增加到45条，但是在过去的20多年中，不论是从满足现代国际贸易发展需求的角度，还是为了顺应相关法律制度发展的要求，1993年版本也存在很多不足。在BIMCO、ASBA以及新加坡海运基金组织(Singapore Maritime Foundation：SMF)各自下设委员会的共同努力，经过三年的努力工作，终于在2015年10月通过2015年NYPE格式，以下简称NYPE 2015格式。相比较之前的合同格式，该格式具有如下方面的特点：(1)在条款用语方面做了一些调整，使得语言表述更加清晰、明确，避免不必要的争议。(2)顺应航运实践发展和法律发展的需要，增加了一些航次期租的内容以及相关的法律规定条款。例如近年来，随着国际社会对船舶安全、船舶及港口安保、海洋环境保护等方面越来越重视，因此与之相关的国际公约或者区域性或者国家的法律规定变化很快。实践中为了满足这些变化，常常会通过附加条款，对上述事项做出约定。本次修订中，就注意把这些常见的附加条款以正式条款的名义订立其中。因此不论是航次期租还是常规的定期租船合同，都可以选择该合同格式，从而填补了实践中没有标准的合同格式来规定航次期租的内容的空白。(3)条款用语和内容，更加注重考虑船、货及相关利益方的平衡。(4)从形式及条文布局安排方面,可以看出条理更加清晰,逻辑结构更加合理,直观上更加流畅、通顺。(5)条款数量也有所增加,目前共有57个条文,并且为了符合航运习惯的需求,增加了有关船舶说明(vessel description)的附录。

(三)定期租船合同(Time Charter Party)

定期租船合同代码名称为"中租1980"(SINOTIME 1980),是由中国租船有限公司(简称为中租公司)于1980年制定的,当时的中租公司实际上也是原中国对外贸易运输(集团)总公司(简称为中外运)下设的一个部门。[①] 此格式较多地维护了承租人的利益。这也是由中国人自行起草的为数不多的租船合同格式。

三、定期租船合同的主要内容

我国《海商法》第130条规定:"定期租船合同的内容,主要包括出租人和承租人的名称、船名、船籍、船级、吨位、容积、船速、燃料消耗、航区、用途、租船期间、交船和还船的时间和地点以及条件、租金及其支付,以及其他有关事项。"定期租船合同,通常订有如下条款:

船舶说明条款(description of vessel clause);
交船条款(delivery of vessel clause);
租期条款(period of hire clause);
合法货物条款(lawful merchandise clause);
航行区域条款(trading limits clause);
出租人提供的事项条款(owners to provide clause);
承租人提供的事项条款(charters to provide clause);
租金支付条款(payment of hire clause);
还船条款(redelivery of vessel clause);
停租条款(off-hire clause);
出租人的责任与免责条款(owner's responsibilities and exceptions clause);
使用与赔偿条款(employment and indemnity clause);
转租条款(sub-let clause);
共同海损条款(general average clause);
新杰森条款(new jason clause);
双方有责碰撞条款(both-to-blame collision clause);
战争条款(war clause);
仲裁条款(arbitration clause);
佣金条款(brokerage/commission clause)等。

(一)船速与燃油消耗量(vessel's speed and fuel consumption)

在定期租船合同中,船名、船舶国籍、船舶吨位、船舶现处位置等关于船舶说明的事项,均与航次租船合同相同或相似。船速与燃油消耗量,是定期租船合同下不同于航次租船合同的

① 2009年3月,中国外运与中国长江航运(集团)总公司重组成立中国外运长航集团有限公司(简称中国外运长航)。

一项重要说明。在定期租船合同中，承租人是按租期长短支付租金的，所以船速的高低，直接影响承租人使用船舶的经济效益；而且期租合同下，由承租人负担燃油费，所以燃油消耗的多少，直接影响承租人的经营成本。出租人有义务提供符合约定的船速与燃油消耗量的船舶。如果实际船速低于合同约定的船速，对因此造成的时间损失，承租人可提出船速索赔（speed claim）。如果船舶实际耗油量超出合同约定的数值，承租人可就船舶多消耗的部分向出租人提出索赔。

以"1946年土产格式"为例，该格式规定：船舶"……在满载、良好天气条件下，每小时能航行大约________海里，消耗最佳威尔士煤炭大约________吨，或最佳等级燃油大约________吨，或最佳等级柴油大约________吨。"除合同另有约定外，一般认为，船舶必须在交给承租人时符合上述约定，即只要船舶在交付时达到合同约定的船速和燃油消耗量，即使在租期内，船速下降或燃油耗油量增加，也不视为出租人违约。上述船速与燃油消耗量的约定，适用于船舶满载（fully laden）状态。但是租期内，船舶可能处于轻载或空载、压载状态。此时，通常根据船舶满载状态下的船速与燃油消耗量，推算出船舶在非满载时，出租人应保证的船速和燃油消耗量。有的合同为了明确起见，分别对满载、半载、空载状态下的船速与燃油消耗量做出约定。"良好天气"（good weather condition），没有固定标准，随着季节、海域、船型大小等的不同而有所变化。一般理解为风力不超过蒲福4级（最大风速16海里/时）；浪不超过道格拉斯浪级3级（浪高3~5英尺）。

（二）交船与合同解除（delivery of vessel and cancelling）

交船是指船舶出租人按合同约定，将船舶交给承租人使用。另外还表明租期将在交船后若干时间开始起算。出租人应在合同约定的期限内，将船舶交给承租人。通常约定，交船期的最后一天为解约日。也有的合同约定，解约日为交船期届满后的某一天。对此我国《海商法》第131条规定："出租人应当按照合同约定的时间交付船舶。出租人违反前款规定的，承租人有权解除合同。出租人将船舶延误情况和船舶预期抵达交船港的日期通知承租人的，承租人应当自接到通知时起四十八小时内，将解除合同或者继续租用船舶的决定通知出租人。因出租人过失延误提供船舶致使承租人遭受损失的，出租人应当负赔偿责任。"

关于交船地点，一般约定为某一具体港口。有的进一步明确港内具体地点，如到达引航站或引航员登轮的地点。因此要求双方对于交船港口的情况应有大致的了解，以免承担时间损失。

关于交船时船舶的状态，我国《海商法》第132条规定："出租人交付船舶时，应当做到谨慎处理，使船舶适航。交付的船舶应当适于约定的用途。出租人违反前款规定的，承租人有权解除合同，并有权要求赔偿因此遭受的损失。"合同中通常还约定交船时船上所剩燃油和淡水的数量，并由承租人按当时当地的市场价格购买或者按照双方约定的价格购买。

（三）租期（period of hire）

租期，又称租船期间，是承租人租用船舶的期限，有的以日历月（calendar month）表示，有的以日历年（天）表示。租期通常在交船之后若干时间内起算。租期届满时，承租人应将船舶返还给出租人。由于海上运输的特点，租期届满之日与承租人使用船舶的最后航次结束之日很难吻合，合同中通常都约定一宽限期（margin）。在英美等国，即使合同中未约定宽限期，法院或仲裁机构在合同解释上，也给予承租人一默示宽限期。承租人只要在宽限期内还船，不视为违约。

（四）合法货物(lawful cargo or lawful merchandise)

通常约定，租期内承租人使用船舶，只能从事合法贸易、装运合法货物，并列明某些特殊货物除外。所谓合法，是指符合装货港、卸货港、中途挂靠港所在地法律、船旗国法律或合同所适用的其他法律。如果承租人指示船舶装运的货物不符合合同约定，船长有权予以拒绝。根据我国《海商法》第135条规定，承租人将船舶用于运输活动物或危险货物的，应事先征得出租人的同意；否则致使出租人遭受损失的，应当负赔偿责任。

（五）航行区域与安全港口(trading limits and safe port)

合同中一般都列明承租人可以指示船舶前往的合法航行区域。有的还特别订明承租人不能指示船舶前往的地区，如战区、冰冻区、冬季北半球高纬度地区等。如果承租人指示船舶前往合同不允许去的地方，船长有权拒绝该指示。也有的约定，如承租人指示船舶前往上述地区超出船舶保险单规定的保险人承保范围的，由承租人对上述额外风险投保并支付保费。

在整个租期内，承租人有义务保证其指示船舶前往的港口或泊位是安全的。所谓安全港口或泊位，是指某一特定船舶能够安全地驶入、停留和驶离，不会遭受任何用良好船艺也无法避免的危险的港口，包括地理上的安全和政治上的安全。前者是指港口航道水深、气象条件、助航设施、系泊设备等满足港口安全的条件；后者是指船舶不会遭遇战争、敌对行为、捕获、充公、恐怖活动等风险。英国上议院在1982年审理“The Evia”案中，明确了“可望安全”理论，即承租人指定港口时，该港口可望是安全的，即使指定港口当时是不安全的，只要船舶预计抵达、使用和离开时是安全的即可。如果指定的港口在实际指定后变得不安全的，只要船舶能够通过安全离开的方式从而避免危险，则承租人有义务另行指定一安全港口。如果港口不安全是由于异常事件(abnormal occurrence)造成的，则对于因此产生的船舶损失，承租人无须负责。按照一些大陆法系国家的法律规定和我国民法的有关理论，当承租人指定的港口或泊位变得不安全，并因此造成船舶损害时，除合同另有明文约定外，只有承租人有过错时，才对损害负责。我国《海商法》第134条规定，承租人应当保证船舶在约定航区内的安全港口或泊位之间从事约定的海上运输，否则出租人有权解除合同，并有权要求赔偿因此遭受的损失。似乎《海商法》的规定更为严格，不以承租人对于港口的不安全性是否存在过错为前提，只要事实上该港口不安全，出租人都可以行使解除合同的权利并主张赔偿。

（六）租金支付与撤船(payment of hire and withdrawal of vessel)

按合同约定的数额、时间、地点和方式支付租金，是承租人的基本义务，租金一般要求以现金(in cash)方式支付。这里指的现金，除日常生活中的现钞之外，还包括与现钞相类似的其他支付方式，如支票、汇票、银行支付单等，但需满足两个条件：一是承租人一经支付便不能撤回；二是指出租人能够无条件地立即使用租金。一般约定，每期租金应预付，并且必须准时支付，即承租人必须使出租人或其指定的银行，在每一期租金应付日之前或当天，收到该期租金。如果租金应付日是银行休息日，则承租人应在前一银行工作日支付。除非合同另有明确约定，否则租金不得随意做任何扣减。我国《海商法》第140条规定，承租人未按照合同约定支付租金的，出租人有权解除合同，并要求赔偿因此遭受的损失。解除合同是通过撤船实现的。撤船系出租人单方的法律行为，无须征得承租人同意，也无须通过法院或履行其他手续。但出租人应在合理时间内发出撤船通知，否则视为弃权。

（七）停租（off-hire）

停租是指在租期内，不是由于承租人的原因，致使承租人在无法使用船舶期间停止支付租金的行为。对于可以停租的事项，一定要在合同中清楚订明。常见的停租事项包括：(1)人员或物料不足(deficiency of men or stores)；(2)船体、船机或设备的故障或损坏(breakdown or damage to hull, machinery or equipment)；(3)船舶或货物遭受海损事故而引起的延误(detention by average to ship or cargo)；(4)船舶入干坞(dry docking)或清洗锅炉；(5)其他一切妨碍船舶处于充分有效状态的情形等。除非上述情况的发生系承租人应负责的原因所致，否则无论出租人是否有过错，只要约定的停租事项情况发生，承租人即可停付租金。但是如果系因为上述约定事项之外的原因，即使与承租人无关，导致承租人无法正常使用船舶的，根据英国的判例，承租人也不能停租。例如某船舶因为海盗劫持了 8 个月，被劫持期间承租人根本无法正常使用船舶，如果合同中没有明确规定可以因为海盗劫持赋予承租人停租权利的话，仅仅依据上述一般规定，即使是依据第 5 项“兜底条款”，也不能赋予承租人停止支付租金的权利，对此一定要引起足够的重视。

（八）还船（redelivery of vessel）

原则上承租人应在租期届满之时将船舶交还给出租人。但是很多情况下，船舶最后航次结束之日不能与租期届满之日相吻合，因而出现延迟还船和提前还船。就延迟还船而言，所涉及的最后航次包括合法的最后航次(legitimate last voyage)和非法的最后航次(illegitimate last voyage)。根据英国判例，合法的最后航次是承租人在指示最后航次时，能合理地预计到该航次能在租期届满前完成，但事实上船舶晚于租期届满日期还船的情况。按照美国判例，只要承租人在指示最后航次时，预期该航次结束时产生的超期(overlap)，将短于如不进行该航次将提前还船的时间(underlap)，该航次即为合法的最后航次。即使事实上承租人在租期届满后才完成该最后航次的，也不视为承租人违约。即承租人有权超期用船以完成该航次。虽然我国海商法没有明确规定合法最后航次的含义，但是根据我国《海商法》第 143 条的规定，经合理计算，完成最后航次的日期约为合同约定的还船日期，但可能超过合同约定的还船日期的，承租人有权超期用船以完成该航次。可以看出我国《海商法》的规定不同于英国判例法，更接近于美国判例的规定。此外我国《海商法》还规定，超期期间，承租人应当按照合同约定的租金率支付租金。市场租金率高于合同约定的租金率，承租人应当按照市场租金率支付租金。对于承租人指示的非法最后航次，出租人和船长有权拒绝接受，并请求承租人另行指示合法的最后航次。如承租人不另行指示，出租人有权解除合同，并提出损害赔偿。

同样，承租人也可能根据市场变化情况，不合理地提前还船。例如合同约定租期 5 年，但是承租人因为市场下跌，提前 2 年还船。在承租人不合理提前还船的情况下，出租人有义务接受船舶并尽快安排船舶营运，以减少损失。但是对于承租人的提前解约行为，出租人有权索赔，并举证证明其因为承租人违约行为而因此产生的损失，例如举证证明提前 2 年还船的期间，市场租金率下跌，市场实际租金率与合同约定的租金率之间的差额等等。

关于还船地点，由于定期租船合同的租期通常为几个月或几年，不太容易确定还船的具体地点，因此合同中通常约定还船地点为几个可选择的港口或某一个区域，由承租人选择具体地点。

关于还船时的状态，通常合同约定，除自然损耗(ordinary wear and tear)外，还船时船舶应处于交船时相同的良好状态。对此我国《海商法》第 142 条第 1 款有相同的规定。如果船舶未能保持与交船时相同的良好状态,承租人应当负责修复或者给予赔偿。对于交船、还船的船舶状态,通常都是通过进行船舶检验而了解船舶状况。

与交船时一样,通常对还船时船上剩余的燃油量做出明确约定,并约定由出租人按当时当地的市场价格购买或者按照约定的价格购买。

(九)出租人和承租人负责提供并支付费用的项目(shipowner' charterer to provide and pay for)

出租人负责支付船长和船员的工资,提供伙食和给养,以及甲板和机舱的备用品及物料并支付费用,同时负责支付船舶保险费、折旧费、修理费和船舶日常开支等。

承租人负责提供船舶燃料、淡水、垫舱物料和防移板等(船上已有的除外)并支付费用,安排货物装卸,支付货物装卸费及其他港口使费、代理费、税金等费用。

(十)出租人的责任与免责(shipowner' responsibilities, liabilities and exceptions)

通常约定,出租人应提供适航的船舶,包括船舶交船时的最初适航和维持船舶适航状态两个方面。船舶最初适航是指交船时,出租人应当提供适航船舶,并在各方面适于货物运输。根据英美判例法,一般认为这种约定明确了出租人绝对适航的义务。除非根据合同条款,出租人此种严格的绝对适航的义务可以降低为"谨慎处理"使船舶适航。维持船舶适航状态是指在整个租期内,出租人谨慎处理维持船体、船机和设备处于充分有效状态。对此我国《海商法》的规定略有不同。第 132 条明确规定,交付船舶时,出租人只要尽到谨慎处理使船舶适航并使交付的船舶适于约定的用途即可。第 133 条规定如果船舶在租期内不符合约定的适航状态或者其他状态, 出租人应当采取可能采取的合理措施,使之尽快恢复即可。

定期租船合同下,货物的装载、积载、平舱和卸载都由承租人负责,但通常约定"在船长监督之下"(under the supervision of the master)进行,即船长有义务对承租人所做的上述事项进行合理监督。有的合同在"监督"一词后附加"及负责"(and responsibility)的字样,意味着虽然装卸工人由承租人雇用,但出租人仍对上述事项负责,特别是当货物的装卸、积载、平舱等事项影响到或者涉及船舶适航性问题,如果船长、船员未能尽到合理监督而影响船舶适航性的,对此造成的货物灭失、损坏,出租人难逃赔偿责任。

关于出租人的责任与免责事项,尽管各种不同的定期租船合同范本都有规定,但此条款大多都是维护出租人利益的。实践中,承租人往往要求对该规定进行删改,而另订入一个首要条款,约定出租人的一切责任、权利和豁免,适用《海牙规则》等国际公约或相应的国内法中关于承运人责任、权利和豁免规定。订入首要条款的结果是,出租人在交船时仅谨慎处理使船舶适航即可,不再要求是绝对适航;在租期内每个航次开航前和开航当时谨慎处理,维持船舶的适航状态。但首要条款不改变合同双方当事人之间的权利、义务分配,只是约定出租人、承租人履行合同义务的程度。

(十一)使用与赔偿(employment and indemnity)

船长虽然由出租人任命,但在船舶使用、代理或其他营运安排上,应听从承租人的指示。即承租人有权安排船舶营运,包括在什么港口装卸货、装运何种货物等,而且船长有义务签发所递呈(as presented)的任何提单。但承租人无权就船舶安全及船舶内部管理的事宜,向船长发出指示。即使发出这些不合理的指示,船长也有权拒绝接受。但是如果船长、船员不合理地拒绝承租人在合同约定范围内有权发出的指示，承租人有向出租人反映情况并要求更换船员的权利。但是最终是否更换船员的决定权，由出租人行使。

“赔偿”是指由于船长服从承租人指示，造成船舶损害，或者使出租人因此遭受的任何损失，包括对第三者承担的赔偿责任，应由承租人负责赔偿。

(十二)转租(sublet)

合同中一般约定，承租人可将船舶转租给第三方，但原承租人始终负有履行原期租合同的义务和责任。我国《海商法》第137条还规定，承租人转租船舶时，应将转租的情况及时通知出租人。如果根据转租合同的约定，致使原出租人的责任超出原租船合同约定的范围，原出租人所承担的义务和责任，仍以原租船合同为准，不因转租而受到影响。同样，承租人也不可以因为转租的存在，而将其在原租船合同范围的义务和责任转嫁出去，即承租人需要根据原租船合同对原出租人承担责任后，不影响其再根据转租合同向转租承租人追偿的权利。因此承租人与原出租人之间的定期租船合同也被称为原租船合同，或者主合同(head time charter party)，而在承租人和转租承租人之间存在转租租船合同(sub-charter party)。承租人既可以以航次租船方式转租，也可以再以期租方式转租。

出租人－－－－－－－－－－－－－－承租人－－－－－－－－－－－－－－－－－转租承租人

主定期租船合同　　　　　　　　转租租船合同(以航次或者定期方式)

(十三)留置权

合同中一般约定，当承租人未向出租人支付租金或者合同约定的其他款项时，出租人有权对船上属于承租人的货物和财产以及转租船舶的收入享有留置权。我国海商法也有类似的规定。

第二节　光船租赁合同

一、光船租赁合同的概念、特点及性质

光船租赁合同(bareboat charter party, charter party by demise)，又称光船租船合同。我国《海商法》第144条规定：“指船舶出租人向承租人提供不配备船员的船舶，在约定的期间内由承租人占有、使用和营运，并向出租人支付租金的合同。”

自20世纪70年代以来，在国际航运市场上，光船租赁呈上升趋势，也是现代航运企业融资的一种方式。一些大的船东或金融机构，有能力购买和建造船舶，但没有精力或能力去经营管理船舶，而另外一些航运企业，受资金、财力所限，没有能力去购买和建造船舶，但拥有较为丰富的航运管理经验和一定数量的管理人才，于是在上述供求双方之间就容易建立起光船租赁关系。光船租赁合同具有如下特点：

(1)船舶在租期内，由承租人雇用和配备的船长、船员所占有，并由承租人使用和经营，船舶出租人只负责提供一艘空船，即船舶的占有权和使用权发生转移，但船舶的处分权仍属于出租人。这一特点决定了光船租赁合同属于财产租赁合同的性质。

（2）承租人负责船舶的经营及营运调度工作以及船舶的日常管理和维护，除船舶的折旧费等少数费用外，大部分固定费用及全部变动费用都由承租人负担，如船长和船员工资、船舶代理费、港口使费、船舶保险费、维修费、装卸费等。

（3）光船租赁合同中通常包含有关无船舶担保物权的保证条款（non-lien clause）。光船租赁合同属于财产租赁合同，本应受民法中有关财产租赁规定的约束，但是光船租赁合同的标的物是船舶这一特殊的物体，因而仍属于海商法的调整范围。

二、光船租赁合同格式

目前国际上使用比较广泛的光船租赁合同格式，是波罗的海国际航运公会1974年制定的“标准光船租赁合同”（Standard Bareboat Charter），租约代号“贝尔康”（BARECON）。

该格式经过1989年和2001年两次修订。1974年版本的光船租赁合同具有A、B两种格式，分别称为“贝尔康A”和“贝尔康B”，后者用于通过抵押融资的新建船舶的租赁。上述两种具体格式的第三部分，均是关于船舶租购的规定，供双方当事人协议选用。这部分规定一旦被选用，即为船舶租购合同。上述格式已被英国航运公会文件委员会所采纳。在1989年修订中，主要为了满足光船租赁实践的需要，增加了新建船舶的光船租赁问题，以及光船租赁登记方面的内容。2001年版本则增加了有关出租人终止合同并重新占有船舶的条款，共包括五个部分：第一部分为光船租赁合同的正面，留有空白，供当事双方填写具体信息；第二部分为光船租赁合同的正文，包括31个条款。第三至第五部分供选择使用，其中第三部分针对新建船舶的光船租赁，第四部分涉及光船租购协议，第五部分为光船租赁合同登记方面的内容。

三、光船租赁合同的主要内容

光船租赁合同在内容上，与定期租船合同有着许多相同或相似之处。而且根据我国《海商法》第153条规定，定期租船合同中的相关内容，如第134条关于承租人保证船舶在约定航区内安全港口之间运输约定货物，第135条第1款关于承租人保证运输约定的合法货物，第142条关于还船时船舶的状态，以及第143条关于最后航次的规定，均适用于光船租赁合同。此外，我国《海商法》第145条规定，光船租赁合同的内容主要包括出租人和承租人的名称、船名、船籍、船级、吨位、容积、航区、用途、租船期间、交船和还船的时间和地点以及条件、船舶检验、船舶的保养维修、租金及其支付、船舶保险、合同解除的时间和条件，以及其他有关事项。

（一）船舶说明（description of vessel）

合同中通常都约定船名、船旗及船舶登记国、船舶呼号、船型（内燃机船或蒸汽机船、干货船、油船、冷藏船或客船）、总吨/净吨、建造时间及地点、夏季干舷高度、船级、上一次船级社特别检验及其他有关船舶情况。这些事项使船舶特定化，出租人应保证上述内容的正确性。

（二）交船

出租人应在约定期限内，在约定的港口或地点，根据约定的条件，将船舶交与承租人。出租人在交船前和交船当时，应谨慎处理使船舶适航，包括船体、船机和设备等各方面适合于约定的用途。交船时，船上的各种文件与证书应齐全。

当船舶交付给承租人并由承租人接管时，视为出租人已经完全履行了交付义务，此后承租人不得再就出租人关于船舶所做出的说明或任何明示的或默示的保证向出租人提出任何索赔事项。但出租人应对交船后若干时间内(如 18 个月)明显发现的船舶、设备或附属设施的潜在缺陷进行修理或更换,除非合同另有明确约定。对此我国《海商法》第 146 条规定,出租人违反上述义务的,承租人有权解除合同,并有权要求赔偿因此遭受的损失。

交船时,双方当事人还应对船舶的各种设备、备用品、器具和船上用于消耗的物料,列出清单。承租人应按交船当时当地的市场价格,购买交船时船上所剩有的燃油、润滑油、淡水、食品、油漆、缆索和其他用于消耗的物料。

通常合同约定交船时,出租人和承租人各自指定一名验船师,他们将对交船时船舶的状态出具书面检验报告。由出租人支付交船时的检验费并承担因此产生的时间损失。

(三)船舶的检查

租期内,出租人有权随时检查船舶的状况,或指定验船师对船舶进行检查,以确定承租人是否对船舶进行适当的维修、保养。必要时,可要求船舶入坞检查,因此产生的费用由出租人负担。出租人还有权检查包括航海日志、轮机日志等在内的船舶各种日志,并要求承租人向其提供船舶发生海损事故的情况,以及船舶的使用情况。

(四)船舶的维修与保养

船舶在租期内,完全由承租人占有,并为其自己的目的对船舶进行控制和支配。承租人还应保持船舶、船机、锅炉、属具和备件处于良好状态,应保持船舶具有交船时的船级以及各种所要求的船舶证书的有效性。如果船舶在使用中发生损坏,承租人应立即采取措施,在合理时间内进行必要的修理。否则出租人可以将船舶从承租人手中撤回,且不妨碍其向承租人索赔的权利。对此我国《海商法》第 147 条也有类似的规定。

由于光船租赁的时间往往比较长,在租期内可能由于新的船级要求或强制法规的新规定,需要对船舶的结构、设备进行改造或更新,以使船舶能继续营运。对此合同中通常约定,如改造或更新的费用超过一定数额(如船舶保险价值的 5%),由双方当事人指定仲裁员,确定各自应承担的份额。

合同中通常还约定,承租人应按有关国家的政府或者当局的要求,设立并维持承担污染损害赔偿责任的财务保证。如系油船光租,合同中还要求承租人在接船时,应满足某一有关油污民事责任的国际条约或强制性适用的某个国内立法的要求,并在租期内保持这种状态。

在租期内,承租人负责配备船长、船员,供应伙食,负责船舶的航行与管理,提供燃料,修理船舶并承担与船舶的使用和经营有关的各种税收及费用。

承租人在未征得出租人同意之前,不得对船舶、机器、锅炉、属具或备件进行结构性改造。如果已征得出租人同意并进行改造,则应出租人请求,承租人应在本合同终止前将船舶恢复原有状态。

承租人可以使用交船时船上的一切设备与用品,但除自然磨损之外,不得使设备与用品造成损坏。否则承租人应负责修理或更换,且不得因此降低船舶的价值。承租人应在交船后定期将船舶入干坞进行清洗和油漆船底,除非合同另有约定。

还有的合同约定,交付船舶之后,承租人有权将船舶外壳或烟囱涂刷成自己公司的颜色并做出相应的标识,如果涉及船舶国籍变更的,还需要进行船舶国籍临时变更登记等等。

(五)租金

自船舶交付给承租人之日起,承租人应按合同约定每月支付租金,直至还船为止。承租人应按合同约定的方式、时间、地点和费率，无折扣地预付每一期租金。对于第一个月和最后一个月，在不足整月的情况下，租金应相应地按比例按日支付。

如果租金在应付日之后连续七日仍未按时足额支付的，则出租人有权撤船。对此我国《海商法》等152条有明确规定，而且此时出租人还有权要求赔偿因此遭受的损失。

（六）船舶抵押

合同中通常约定，出租人应保证船舶未经抵押，除非合同另有约定。而且保证在租期内，在未征得承租人书面同意之前，出租人不得将船舶进行抵押。我国《海商法》第151条规定，出租人在光船租赁期内设定船舶抵押权，需事先征得承租人书面同意。否则致使承租人遭受损失的，出租人应当负赔偿责任。因此根据我国《海商法》及相关合同条款的约定，光船租赁期间，出租人行使船舶抵押权是要受到限制的，因此从一定程度上说，承租人因为光船租赁合同而获得光船租赁权，具有物权的特性。

（七）船舶保险

通常双方当事人在合同中确定应由哪一方负责投保、投保的险别及相关费用的负担。我国《海商法》第148条明确规定，由承租人按照合同约定的船舶价值，以出租人同意的方式进行投保，并负担保险费。如果船舶遭受承保范围内的风险而造成实际全损或推定全损，保险赔款应付与出租人，然后在出租人和承租人之间，按各自利益受到的损害程度进行分配。

（八）还船

承租人应在租期届满时，在合同约定的安全港口，将船舶交还给出租人。还船时船舶应处于与交船时相同的状态、结构和船级，但不影响船级的自然损耗除外。为确定还船时船舶的状态，出租人和承租人各自指定验船师，对船舶进行检验，其费用和时间的损失，一般由承租人承担。还船时，承租人需对船舶的各种设备，备用品，器具和船上所有用于消耗的物料，船舶上使用的有效证书、文件等，列出清单。由出租人按当时当地的市场价格或者约定的价格，购买还船时船上所剩的燃料、润滑油、淡水、食品及用于消耗的物料。如果光船租赁期间，承租人将船舶涂刷成自己公司的颜色，则在还船时，有义务将船舶恢复到光船租赁前的颜色，由此产生的费用和时间损失，由承租人负担。

（九）船舶无债务担保（non-lien clause）

承租人在租期内，不得因为对船舶的占有、使用和营运而使出租人的利益受到影响。如果在租期内，船舶遭受各种由担保物权清偿的债务，承租人应对出租人受到的损失负责赔偿。对由于承租人使用船舶而产生第三方向出租人提出索赔的，承租人应负责赔偿。光船租赁期间产生的船舶担保物权，一般包括船舶优先权、船舶抵押权和船舶留置权，相关内容详见本书第十一章的规定。有关船舶抵押权的问题，详见上文的内容。但是在光船租赁期间内，由于光租承租人负责配备船长、船员，因此有可能因为光租承租人拖欠工资的原因，导致船员向该光船租赁船舶行使船舶优先权。反之，也可能因为在光船租赁期限之前，由于出租人的原因拖欠工资，致使在光船租赁合同履行的一定期限内，船员因为主张船舶优先权的原因而扣押船舶，致使承租人的利益受到损害。根据我国《海商法》第25条的规定，光租承租人可能因为光船租赁期间拖欠修船厂的修船费，而产生船舶留置权。当船舶由于上述原因被扣押，承租人应提供担保，或采取其他合理措施，使船舶释放，并承担因此产生的费用。光船租赁合同中通常都会规定船舶无债务担保的条款，约定出租人、承租人不得因为己方的原因产生船舶担保物权而造成对方的损失，如果一旦造成对方损失的，有损害赔偿的责任。对此我国《海商法》第149条有类似规定，而且我国法律还进一步规定，因船舶所有权争议或者出租人所负的债务致使船舶被扣押的，出租人应当保证承租人的利益不受影响，致使承租人遭受损失的，出租人应当负赔偿责任。

（十）合同的转让与船舶转租

我国《海商法》第150条规定，在光船租赁期间，未经出租人书面同意，承租人不得转让合同的权利和义务或者以光船租赁的方式将船舶进行转租。但如果承租人以其他方式转租的，如航次转租，或者定期租船转租的，无须获得出租人书面同意即可进行，但转租后应尽快通知出租人。除上述内容外，光船租赁合同中通常还订有留置权、救助报酬、共同海损、提单、船舶征用、战争、佣金、法律适用和仲裁等条款。

第三节　船舶租购合同

一、船舶租购合同的概念与性质

船舶租购合同（bareboat charter with hire purchase），又称光船租购合同，是光船租赁合同的一种特殊形式，指出租人向承租人提供一艘不配备船员的船舶，在约定的期间内由承租人占有、使用和营运，并在约定期间届满时，将船舶所有权转移给承租人，而由承租人支付租购费的合同。

船舶租购合同产生的原因主要是，试图购买船舶的人一下子拿不出巨额资金。通过与船舶所有人订立这种合同，承租人在获得船舶所有权之前，便具有占有和使用船舶的权利，将巨额的船舶购买价款转化为租期内小额的定期租金的支出，并在租期届满时获得船舶所有权，从而解决资金困难。实际上这是现代船舶融资的一种方式。对船舶所有人而言，通过这种办法出卖船舶，也可以减少一定的风险。在租期届满之前，仍享有对船舶的所有权，一旦承租人不按时支付每一期租金，船舶所有人就有权将船舶撤回，从而保证其得到出卖的价款。这种合同所要达到的最终目的是船舶买卖，只不过采用了光船租赁的方式。因此船舶租购合同具有光船租赁合同和船舶买卖合同的双重属性。光船租赁租期届满之日，也是船舶买卖合同开始之时。船舶出租人又是出卖人，承租人同时又是船舶买受人。

二、船舶租购合同的特别规定

船舶租购合同通常是在光船租赁合同基础上，设立租购条款而达成的。因此船舶租购合同的大部分内容与光船租赁合同相同或相似，但仍订有如下特别约定：

（一）船舶所有权与风险的转移

租期届满时，如果承租人履行了合同约定的全部义务，则在其支付最后一期租金并付清全部购买船舶价款后，船舶连同属于船舶的一切财产的所有权，立即转移至承租人。对此我国《海商法》第154条也有类似的规定。在租期届满，船舶交付给承租人之前，船舶连同属于船舶的一切财产的风险和费用，由出租人承担。但是一经进行船舶买卖交接，这种风险便转移至承租人。

（二）出租人的保证

出租人应保证在船舶买卖交接时，除由于承租人的行为产生的债务和已告知承租人的船舶抵押权外，船舶没有依附由船舶优先权或其他担保物权保证清偿的任何债务和其他债务。如果船舶在买卖交接后，因为此前产生的债务，债权人对船舶行使债权致使承租人遭受损失的，出租人负有赔偿责任，但以出租人对这种债务负有清偿义务为限。

（三）船舶文书

承租人支付最后一期租金时，出租人应向承租人提供一份经过适当公证的船舶合法卖据。在船舶买卖交接时，出租人应向承租人提供已注销船舶登记的证明，以及出租人持有的船级证书和各种其他船舶文件和图表。

第十七章 船舶碰撞

船舶碰撞(collision of ships)是海上运输中发生的非正常事件,直接威胁海上安全。自19世纪蒸汽机钢质船问世之后,船舶碰撞更加引起人们的注意。因为随着科技的进步,船舶类型在不断增加,船舶吨位在不断增大,货物种类在不断扩大,一旦发生船舶碰撞,造成的损害后果也在不断加剧。船舶碰撞应属民法中的侵权行为,但仅靠民法中的侵权行为法来调整船舶碰撞引起的各种法律关系是不够的,所以在各国海商法中,对船舶碰撞都设有专章规定。在国际上,也制定了相应的船舶避碰与碰撞的国际公约,以尽量避免和减少船舶碰撞,确保海上安全和保护海洋环境。

第一节 船舶碰撞的概念及有关国际公约

一、船舶碰撞的概念

船舶碰撞的概念,有广义和狭义之分。

广义上的船舶碰撞,是指两艘或两艘以上船舶的某一部位同时占据同一空间,致使一方或几方发生损害的物理状态。这是空间上的、抽象的船舶碰撞的概念。

狭义上的船舶碰撞,即海商法意义上的船舶碰撞,只是广义上船舶碰撞的一部分。从国际公约及各国海商法对船舶碰撞的规定看,概念很不统一,主要表现在对发生碰撞的船舶的特别限定上。

《1910年统一船舶碰撞某些法律规定的国际公约》(以下简称《1910年碰撞公约》)第1条规定的船舶碰撞为“海船与海船或海船与内河航行船舶之间发生的碰撞”,本公约不适用于军舰或专门用于公务的政府船舶。

在国内法中,苏联《海商法》第252条规定的船舶碰撞为海船同海船及海船同内河船在海上或其他水域发生的碰撞,不包括公务船舶和悬挂海军旗帜的船舶(第12条);荷兰《海商法》第534条规定的碰撞仅限于发生在海船之间;波兰《海商法》第224条规定,船舶碰撞一章既适用于公务船,也适用于海军、边防和军事舰艇。2007年韩国《商法典》海商篇第876条规定船舶碰撞是海船间或者海船与内河船间发生碰撞的情形下,对于船舶或者船舶内的物品或者人员所发生的损害的赔偿,不管其发生碰撞的水域。

我国《海商法》第165条规定:“船舶碰撞,是指船舶在海上或者与海相通的可航水域发生接触造成损害的事故。前款所称船舶,包括与本法第三条所指船舶碰撞的任何其他非用于军事的或者政府公务的船艇。”由本条规定可以看出，构成我国海商法意义上的船舶碰撞，须满足以下四个要件：

第一，碰撞必须发生在船舶之间。船舶碰撞码头、栈桥或其他不属于船舶的物体，不属于海商法意义上的船舶碰撞，而称为船舶触碰案件。对于相碰撞的船舶，其中一方必须是本法第3条所指的船舶，即海船或其他海上移动式装置，海上捕鱼船属于海船，但不包括用于军事的、政府公务的船舶和20总吨以下的小型船艇；相碰的另一方只要不是用于军事的或政府公务的船舶即可，因而可以是20总吨以下的小型船艇、内河船、内湖船。据此，除用于军事的或政府公务的船舶、20总吨以下的小型船艇、内河船、内湖船相互之间，或者其中同一种船舶之间发生的碰撞外，均为本法意义上的船舶碰撞。2005年12月26日最高人民法院印发的《第二次全国涉外商事海事审判工作会议纪要》（以下简称《2005年纪要》）第128条明确规定：“《中华人民共和国海商法》第八章的规定不适用于内河船舶之间发生的碰撞；军事船舶、政府公务船舶在从事商业活动时与《中华人民共和国海商法》第165条第2款所称的船舶发生碰撞产生纠纷的，适用《中华人民共和国海商法》的有关规定。”2008年《最高人民法院关于审理船舶碰撞纠纷案件若干问题的规定》（以下简称《2008年船舶碰撞司法解释》）第1条继承了《2005年纪要》的规定，明确“本规定所称船舶碰撞，是指海商法第一百六十五条所指的船舶碰撞，不包括内河船舶之间的碰撞”。该司法解释第3条第2款规定，船舶触碰引起的侵权纠纷，依照《民法通则》的规定确定触碰船舶的赔偿责任，但不影响《海商法》第八章之外其他规定的适用，如《海商法》第十一章关于海事赔偿责任限制等仍可适用。

第二，船舶之间必须发生接触，即直接碰撞。没有接触的间接碰撞与浪损原则上不属于船舶碰撞的范畴。若想使这两种情况受船舶碰撞法的调整，必须在国际公约或国内法中另行做出明确规定。例如，《1910年碰撞公约》第13条规定：“本公约的规定扩及于一艘船舶对另一艘船舶造成损害的赔偿案件……即使未曾发生碰撞，也是如此。”我国《海商法》第170条也规定：“船舶因操纵不当或者不遵守航行规章，虽然实际上没有同其他船舶发生碰撞，但是使其他船舶以及船上的人员、货物或者其他财产遭受损失的，适用本章的规定。”此外，《1987年确定海上碰撞损害赔偿的国际公约修改稿》第1条、波兰《海商法》第230条、挪威《海商法》第222条、荷兰《海商法》第544条等均有此种规定。韩国《商法典》海商篇第876条规定的船舶碰撞定义中强调了不管有无直接接触在所不问。

此处需要说明的是，船舶的锚链、缆绳及其他船舶航行、系泊所需的操纵设备与他船发生接触，也属于船舶碰撞。但是，渔船的渔网与他船发生接触，一般认为不属于船舶碰撞。

第三，碰撞必须发生在海上或者与海相通的可航水域。可航水域是指事实上可供船舶航行的任何水域，不论在该处是否有潮汐或在该处是否有航行的公共权利。在我国，与海相通的可航水域有长江、珠江、海河、鸭绿江等。发生在与海不相通的或者不能用于船舶航行的内河、湖泊上的碰撞，不构成船舶碰撞。

第四，碰撞必须造成损害，即具有人身伤亡、财产的灭失或损害的事实。之所以制定船舶碰撞法律，就是为解决碰撞造成的损害赔偿及其他与此有关的问题。倘若任何一方都没有损害，也就不产生诉因。因此，只发生碰撞而未产生损害，船舶碰撞仍不能成立。

二、有关国际公约

为了避免或减少船舶碰撞领域的法律冲突，国际海事委员会制定了一些相关国际公约。

这些公约不仅包括实体内容的规定,如碰撞责任的划分、损害赔偿的确定等,也包括程序方面的规定,如司法管辖等。

(一)1910 年统一船舶碰撞某些法律规定的国际公约(International Convention for the Unification of Certain Rules of Law with Respect to Collision Between Vessels, 1910)

其简称为《1910 年碰撞公约》。本公约于 1910 年 9 月 23 日在布鲁塞尔召开的第三届海洋法外交会议上通过,1913 年 3 月 1 日起生效,根据 CMI 官方网站发布的 2014 年年报的统计数据,目前该公约的缔约国和地区数量为 87 个,其中包括中国香港特别行政区和澳门特别行政区,而且瑞典在 1995 年 12 月退出该公约。1994 年 3 月 5 日,我国全国人大常委会八届六次会议正式通过决定,加入《1910 年碰撞公约》。由于主要航运大国(英、德、法、日、意等)均参加了该公约,至今为止,该公约仍起着重要作用。

从内容上说,《1910 年碰撞公约》主要规定了碰撞责任划分问题。关于该公约对碰撞责任划分的规定,详见本章第二节。本公约对船舶碰撞法有两大贡献。第一个贡献是废除了法律推定过失原则。在船舶碰撞法中,法律推定过失原则是指,如一船违反法定航行规则(包括国际性的或地方性的规则),除非该船能证明在当时情况下,背离航行规则是必要的,或者在当时条件下违反规则不可能导致船舶碰撞损害的发生,否则,法律便推定违反航行规则的船舶,犯有造成碰撞损害的过失。该原则在一些国家,尤其是英国和美国,得以广泛运用。这一原则对过失举证责任有很大影响。根据诉讼法一般举证责任原则,“谁主张,谁举证”,通常由原告证明被告有过失,自己有碰撞损害,过失与损害之间有因果关系的事实。而在法律推定过失原则下,原告(受害方)只需证明有碰撞损害的事实,无须证明被告有过失,这一举证责任由被告进行。虽然这一原则有利于保护受害方的利益,但使被告的举证责任过重,在实践中容易产生不公平、不合理的结果。因此《1910 年碰撞公约》第 6 条规定:“有关碰撞责任的一切法律推定均应废除。”由于大多数海运国家参加了该公约,所以,法律推定过失原则已基本上被废除,取而代之的是按过失比例确定碰撞责任。但是,美国不是《1910 年碰撞公约》的缔约国,美国至今也没有在法律上废除该原则。第二个贡献是确立了“过失比例原则”(详见本章第二节内容)。

(二)1952 年船舶碰撞中民事管辖权方面若干规定的国际公约(International Convention on Certain Rules Concerning Civil Jurisdiction in Matters of Collision, 1952)

该公约简称《1952 年民事管辖权公约》,于 1952 年 5 月 10 日在布鲁塞尔召开的第九届海洋法外交会议上通过,大多数海运国家参加了该公约,但目前尚未生效。

该公约主要内容为:

(1)对于船舶碰撞案件具有民事管辖权的法院。公约第 1 条规定,原告可以选择在:①被告经常居住地或营业所所在地的法院,或②被告船或可依法扣押的属于被告的任何其他船舶被扣押的地点的法院,或本可进行扣押并已提供保证金或其他保全的地点的法院,或③碰撞发生于港口界限或内河水域时,碰撞发生地的法院起诉。请求人不得一事两诉。

(2)公约承认协议管辖和仲裁的效力。

(3)公约不改变各国关于军用船舶、国有船舶或为国家使用的船舶的法律规定。

(4)公约不影响对因运输合同或其他合同引起的请求。

（三）1977 年统一船舶碰撞中有关民事管辖权、法律选择、判决的承认和执行方面若干规则的国际公约

该公约于 1977 年 9 月 30 日在里约热内卢举行的国际海事委员会全体会议上通过，尚未生效。该公约内容是程序性规范，比较详细地规定了船舶碰撞诉讼案件的管辖权、法律适用、判决的承认与执行问题。在管辖权方面，本公约在《1952 年民事管辖权公约》的基础上，又增加了两个法院：即被告在该地有依照该国法律可供扣押的财产且已被扣押的法院，以及被告提供了限额基金的所在地法院。在法律选择方面，公约第 4 条规定，除当事人另有协议外，碰撞发生在一国内水或领海内，适用该国法律，碰撞发生在领海以外水域，则适用法院地法，但对同一国家的船舶之间的碰撞，不论碰撞发生在何处，都适用该国法律。

（四）1985 年确定海上碰撞损害赔偿的国际公约草案（Preliminary Draft International Convention on the Assessment of Damages in Maritime Collisions）

该公约简称《1985 年损害赔偿公约草案》，1987 年国际海事委员会对此公约进行了一次修改，但至今尚未通过。由于《1910 年碰撞公约》只规定了碰撞责任的划分，对碰撞损害赔偿的原则、赔偿范围、赔偿金额毫无规定，致使各国在这些问题的立法上存在很大差异。为解决上述问题，促进碰撞法的国际统一，国际海事委员会于 1957 年就着手准备制定这方面的公约，直到 1985 年拟出该草案。但是，公约草案未获通过，未起到预期的作用。

该公约主要规定了确定碰撞损害赔偿的原则、船舶及货物发生全损或部分损失时的损害赔偿、人身伤亡的损害赔偿及利息计算等。公约规定的请求方包括船舶所有人、承租人、货主或者任何第三方，包括船员和旅客。

除上述公约外，有关船舶碰撞的公约还有《1952 年船舶碰撞中民事管辖权方面若干规定的国际公约》（1955 年 9 月 14 日生效）、《1952 年统一船舶碰撞其他航行事故中刑事管辖权方面某些规定的国际公约》（1955 年 11 月 20 日生效）、《1952 年关于扣留海运船舶的国际公约》（1956 年 2 月 24 日起生效）、《1999 年船舶扣押国际公约》（2011 年 9 月 14 日起生效）等。

第二节　船舶碰撞的种类与责任划分

船舶碰撞从不同的角度出发，有不同的分类方法。从责任方划分，可分为单方过失责任碰撞、双方过失责任碰撞和双方无过失责任碰撞。从碰撞起因划分，可分为过失碰撞、不可抗力或意外事故的碰撞以及故意碰撞。碰撞起因与碰撞责任的划分密切相关，故此处重点按第二种分类讨论本节问题。

一、过失碰撞

过失碰撞是船舶碰撞事故中最常发生的。船舶碰撞中的过失（fault; negligence）和对船舶碰撞中过失的确定，是计算船舶碰撞损害赔偿的前提，也是受害方索赔碰撞损害赔偿的要件之一。但海商法中的过失与民法中的过失并不完全相同。在民法中，过失是指行为人并不存在希望损害发生的意图，但对损害的发生应该预见或能够预见却没有或没能预见，致使损害发生。那么,在具体判断行为人的过失时,是以行为人应该预见的范围为准,还是以行为人能够预见的范围为准?对此,民法学界有两种不同观点。主张以前者判断过失的,叫客观标准;主张以后者判断过失的,叫主观标准。主观标准以特定行为人的预见能力为条件,真正反映行为人的心理状态。客观标准则以统一的应当预见的范围为条件,而不是以特定的行为人的预见能力为条件。而海商法中的过失侧重行为人具有过失心理状态时做出的行为,即过失行为,不是单指过失的心理状态。而且,在长期海事审判实践中,确定船舶碰撞的过失标准采用的是客观标准,即在驾驶船舶、管理船舶过程中,以通常技术和谨慎(ordinary skill and care)行事的航海人员,应该预见碰撞损害的发生而没有预见,或者应该防止碰撞损害而没有防止损害的发生或扩大,在此情况下所做出的行为或不行为,即构成船舶碰撞中的过失。可见,缺乏通常的技术与谨慎是构成碰撞过失的客观标准,该标准不仅适用于通常情况下,而且也适用于特殊情况下,即在特殊情况下,航海人员要履行适应特殊情况下的通常的技术和谨慎。[①] 这一标准与《1972 年国际海上避碰规则》第 2 条的规定相一致。该规则第 2 条规定,“本规则各条并不免除任何船舶所有人……对海员通常做法或当时特殊情况下可能要求的任何戒备上的疏忽而产生的各种后果的责任”以及“为避免紧迫危险而须背离本规则各条规定”。未尽上述义务,被认为有过失,对碰撞后果仍要承担一定的责任。

根据过失承担方不同,过失碰撞又可分为以下几种:

(一)单方过失碰撞

单方过失造成船舶碰撞,由过失方单独负责。关于这一点,有关国际公约与各国海商法规定是统一的。我国《海商法》“船舶碰撞”一章是参照《1910 年碰撞公约》制定的,在责任划分上与公约规定相同。我国《海商法》第 168 条规定:“船舶发生碰撞,是由于一船的过失造成的,由有过失的船舶负赔偿责任。”(《1910 年碰撞公约》第 3 条)

单方过失碰撞往往发生于船舶在港内航行时。如移泊船碰撞停靠在码头旁的船舶,或者在航船舶碰撞系泊浮筒的船舶,这一事实本身往往就是单方过失的有力证据。例如,1971 年 12 月,广州远洋运输公司所属的“海宁”轮在罗马尼亚的康斯坦察港第 66 号泊位装货,一艘希腊籍“艾伊奥罗斯”轮在停靠第 67 号泊位时,由于操纵不当而碰撞了“海宁”轮的船尾,并造成严重损坏。此起事故即属于单方过失所致。

(二)双方过失碰撞

即对于碰撞的发生,双方都有过失。对此种碰撞,划分责任的一般原则是按各自的过失比例承担责任。如果双方过失比例相当或过失比例难以确定,则各自承担 50% 碰撞责任。对人身伤亡,碰撞当事方应负连带责任(jointly and severally liability)。

“过失比例原则”是《1910 年碰撞公约》所确立的重要原则(公约第 4 条)。在此之前,英国和美国均实行“平分过失原则”。即只要双方有过失,哪怕一方的过失是 99%,另一方的过失只有 1%,双方也要各自承担 50% 的碰撞责任。显然,这一原则在很多情况下会显失公平。如前所述,由于美国没有参加该公约,因此在互有过失碰撞问题上,美国还一直沿袭平分过失原则。直至 1975 年,美国最高法院在审理“United Stated 诉 Reliable Transfer Co. Inc.”案时,才做出了按过失比例判定碰撞责任的判决。该案件作为美国最高法院的判例,尽管它对下级

① The Velox (1955), Lloyd' s Rep. 376.

法院有拘束力，但至今美国并没有从法律上把这一原则确认下来。

我国《海商法》第169条遵循了过失比例原则，该条第1款规定：“碰撞的船舶互有过失的，各船按照过失程度的比例负赔偿责任；过失程度相当或者过失程度的比例无法判定的，平均负赔偿责任。”该条第2款规定：“互有过失的船舶，对碰撞所引起的船舶以及船上货物和其他财产的损失，依照前款规定的比例负赔偿责任。碰撞造成第三人财产损失的，各船的赔偿责任均不超过其应当承担的比例。”该条第3款又规定：“互有过失的船舶，对造成的第三人的人身伤亡，负连带赔偿责任。一船连带支付的赔偿超过本条第一款规定的比例的，有权向其他有过失的船舶追偿。”

二、双方无过失碰撞

双方无过失碰撞是指对碰撞的发生，双方均无过失，即不存在人为的因素（human factors），完全是因为客观原因或者原因不明的事故所造成的。客观原因可能来自不可抗力（force majeure），也可能出于意外事故（inevitable accident）。无过失碰撞的责任由碰撞各方自行承担。对此，我国《海商法》第167条有明确规定：“船舶发生碰撞，是由于不可抗力或者其他不能归责于任何一方的原因或者无法查明的原因造成的，碰撞各方互不负赔偿责任。”

无过失碰撞又可分为两种情况：

（一）不可抗力造成的船舶碰撞

不可抗力指天灾或人力所不能预防、不能克服和不能避免的事由。例如，某船在航行中突然遭遇超级风暴，天气十分恶劣，能见度极差，故与对面驶来的船舶相撞。此项碰撞就属于不可抗力的原因所致。又如，某船在港内避台风，已采取了相应的抗台措施，除加强了缆绳外，又加系了锚链，但终因风力过猛，使船舶走锚而撞击了邻近的其他船舶。事后调查证明，该避台风船的船长、船员在抗台风期间没有过失，则该事故亦属不可抗力的原因所致。当然，主张依据不可抗力免责的当事方应负有举证责任，证明以下事实：(1)已尽到了通常的技术和谨慎；(2)无驾驶船舶和管理船舶的过失；(3)造成碰撞的原因是不可预见和不可避免的。

（二）意外事故造成的船舶碰撞

意外事故指船长、船员、引航员等已做到了通常的技术要求和谨慎，仍不能避免的事故。如，某船在泰晤士河上航行时，突然遇到浓雾，船长尽到合理的谨慎确定下锚地点附近没有其他船舶，但下锚时仍与另一艘锚泊船相撞。经调查，锚泊船的雾号确实不能为该下锚船所听到。法院判决，该碰撞属于意外事故所致。又如，某轮在天气晴朗的白天在泰晤士河上航行时，撞沉了锚泊的另一艘船舶，经检验，是因为舵机内部某部件有两个裂缝，导致舵机失灵而发生碰撞。这两个裂缝是船方开航前尽合理的谨慎未能发现的潜在缺陷（latent defect）。法院判决碰撞是意外原因所致。

在实践中，属于意外事故造成的船舶碰撞很少。意外事故必须符合四个条件：(1)非有意的行为；(2)已尽合理的谨慎；(3)不可避免；(4)不可预见。碰撞一方或双方意欲援引意外事故免责关键也是举证问题，即必须证明以上四点。否则，不能免除应负的责任。而且，对于举证人来说，只证明碰撞当时，或者紧迫危险形成之后的短暂时刻，碰撞不可避免是不够的，只有从危险局面形成之前开始，直到碰撞发生或即将发生为止的整个期间，没有疏忽，方可构成意外事故的碰撞。

三、不明过失碰撞

不明过失(inscrutable fault)碰撞,也叫无法查明的原因造成的碰撞。所谓原因不明,就是碰撞究竟是一方过失,还是双方过失,或是一方或双方均无过失,无法查明。因此,笔者认为不能把此种碰撞归于前两种,而将其单独划分为一种。属于这种情况的碰撞,颇为罕见。假如两船在视线良好、海面风平浪静的白天发生碰撞,结果两船全部沉没,两船船员也全部遇难,无一生还,找不到任何碰撞证据,这样,根本无法查明碰撞的原因,便可认定是不明过失的碰撞。

不明过失碰撞,同不可抗力和意外事故造成的碰撞具有相同的法律后果——各自承担自己的损失(前述《海商法》第 167 条)。但它不同于过失比例相当或过失程度难以判定的情况。所谓过失比例相当或过失程度难以判定,是在肯定双方互有过失的前提下,难以确定碰撞各方的过失究竟应占多大的比例。

通过第一、二、三种船舶碰撞责任的划分,可以看出,在海商法中,船舶碰撞损害赔偿的责任基础是过失责任制。即,对碰撞的发生,一方或几方被证明有过失,才对因此而导致的对方的损失负相应的赔偿责任;对不可抗力、意外事故或原因不明的碰撞,当然只能由各方承担自己的损失。

关于船舶碰撞过失的举证责任问题,《2008 年船舶碰撞司法解释》第 8 条规定:"碰撞船舶船载货物权利人或者第三人向碰撞船舶一方或者双方就货物或其他财产损失提出赔偿请求的,由碰撞船舶方提供证据证明过失程度的比例。无正当理由拒不提供证据的,由碰撞船舶一方承担全部赔偿责任或者由双方承担连带赔偿责任。前款规定的证据指具有法律效力的判决书、裁定书、调解书和仲裁裁决书。对于碰撞船舶提交的国外的判决书、裁定书、调解书和仲裁裁决书,依照民事诉讼法第二百六十六条和第二百六十七条[①]规定的程序审查。"

四、故意碰撞

故意碰撞(deliberate collision),是指故意行为引起的碰撞,极为罕见。如果船员或引航员故意碰撞他船,或者其他海上财产,除承担全部赔偿责任外,还可能构成刑事犯罪。船舶所有人因此丧失责任限制权利自不待言,船舶保险人也因此免除赔偿责任(我国《海商法》第 242 条)。

第三节 船舶碰撞损害赔偿

如前所述,《1910 年碰撞公约》只规定了船舶碰撞责任的划分。而明确责任并不是最终目的,更重要的是依此向有责任一方索赔碰撞损失。遗憾的是,《1910 年碰撞公约》对船舶碰撞损害赔偿应遵守的原则、赔偿范围及计算方法均未做出规定,致使这些问题在国际上一直没有得到统一。这从另一个方面说明,长期以来,在国际海事立法中,海上侵权立法落后于海商合同立法,同时提醒人们,应注意加强对海事法的研究,以使其更加完善。

---

① 本司法解释所提的《民事诉讼法》第 266、267 条对应 2012 年修订的《民事诉讼法》第 281、282 条。

可以说，国际海事委员会早已认识到这一问题，并于1957年着手准备制定有关碰撞损害赔偿的国际公约，1985年出台了《确定海上碰撞损害赔偿的国际公约草案》，1987年该草案经过一次修改，但至今尚未通过。然而，《1985年损害赔偿公约草案》对损害赔偿的基本原则、赔偿范围和计算方法的规定，为各国制定国内立法提供了一定依据。我国最高人民法院参照该草案，结合我国有关法律及司法实践，在1995年8月下发了《关于审理船舶碰撞和触碰案件财产损害赔偿的规定》（以下简称《赔偿规定》），对请求人可以请求赔偿的范围、赔偿原则、船舶价值损失、船上财产损失、船期损失、租金或运费损失、设施损害、利息损失的计算等都做了明确规定，使请求人、司法机关对碰撞损害赔偿额的确定有了依据，弥补了我国法律上的不足。

一、船舶碰撞损害赔偿的要件

船舶碰撞作为一种海上侵权行为，对其承担损害赔偿责任的要件与民法中民事责任损害赔偿的要件基本一致。这些要件有：过失；碰撞的事实；损害的事实；过失与损害之间有因果关系（causation）。这四个要件是并列的，缺一不可。

船舶碰撞案发生后，原告（受害方）首先要证明被告有过失，如果他只能证明自己有损害，却不能证明被告有过失，或者虽然能证明被告有过失，但却没有发生碰撞，或者没有损害，或者过失并不是造成损害的真正原因，此时，船舶碰撞损害赔偿责任仍不能成立。

二、船舶碰撞损害赔偿的基本原则

根据《1985年损害赔偿公约草案》的规定，船舶碰撞损害赔偿应遵循以下基本原则：

（一）恢复原状原则

恢复原状（restitution integrum）是碰撞损害赔偿的基本原则之一。在英美法中称为“完全赔偿权”（the right to a full and complete indemnity）。在船舶碰撞案件中，恢复原状是指损害赔偿金应使请求人尽可能地达到引起该请求的事故发生前其所处的同等地位，是受害方追偿损害的尺度与标准。

这一原则体现在《1985年损害赔偿公约草案》第3条，该条规定：“碰撞损害赔偿应使索赔方尽量接近索赔事故发生之前的状况。”实际上，这一原则长期以来一直被各国司法实践和国内立法所采用。例如，在“The Argonaftis”案①中，英国Sheen法官判决：“在决定原告有权索赔的金额时，适用的主要原则是，原告有权获得使其处于如果碰撞没有发生，他所处的同等良好地位的损害赔偿金。”我国《民法通则》第134条和2010年《侵权责任法》第15条规定的承担民事责任的方式之一就是“恢复原状”。最高院《赔偿规定》第二项亦明确：“赔偿应当尽量达到恢复原状，不能恢复原状的折价赔偿。”该原则冲破了严格限制赔偿范围的“遥远损失”（remoteness of damages）不赔的原则，体现了法律的公正性，对受害方的利益起到了保护作用。但应该指出的是，碰撞损害赔偿中的恢复原状不单单指民法中物质形态上的恢复原状，多数场合表现为对受害方的金钱补偿。另外，对于船舶碰撞造成的人身伤亡，不适用“恢复原状”原则。

（二）直接损失赔偿原则

《1985年碰撞损害公约草案》第5条规定，“除本公约另有规定外，碰撞直接造成的损害方

① “The Argonaftis”（1989）Vol. 2 Lloyd’s Law Reports 492.

可追偿”(Unless otherwise provided in this Convention only damages proximately caused by the collision shall be recoverable)。这是碰撞损害赔偿普遍遵循的又一原则。至于直接损失包括哪些,最高院《赔偿规定》第一项规定得比较明确,即:“请求人可以请求赔偿对船舶碰撞或触碰所造成的财产损失,船舶碰撞或者触碰后相继发生的有关费用和损失,为避免或者减少损害而产生的合理费用和损失,以及预期可得利益的损失。”据此,对直接损失赔偿的范围应做广义的理解,一般包括以下三部分:

(1)碰撞直接造成的损失,包括船货损失、其他财产损失和人身伤亡等。间接碰撞或浪损准用船舶碰撞法,因此,由其造成的船货损失或人身伤亡,也属于船舶碰撞的直接损失。

(2)碰撞事故后相继发生的有关费用和损失。例如,船舶碰撞后受损,需要救助、拖航或打捞而产生的费用、损失,修理期间的营运损失等,均可作为直接损失向责任方追偿。但受害方因营利损失而失去的投资、投标、贷款等机会的损失,不能视为相继碰撞事故之后立即发生的后果。

(3)预期可得利益的损失。此项损失既不是碰撞事故的直接损失,也不是碰撞事故后相继产生的损失或费用,但是可合理预见的损失。比如,因船舶碰撞而使航次租船合同解除,对于本应赚得而未能赚得的运费等营运损失;货物因船舶碰撞而灭失时,货主不能履行已签订的买卖合同而遭受的损失;以及渔船错过捕捞季节的生产损失等,均属于预期可得利益的损失,受损方有权以碰撞的直接后果向责任方索赔。

(三)受损方尽力减少损失原则

在船舶碰撞中,加害方有责任赔偿受害方的损失,而受损方也应尽一切可能减少加害方对其造成的损害,这是受损方对应的责任。海事司法实践一直把“受损方减少损害的相应责任”(correlative duty of injured party to minimise damages)作为碰撞损害赔偿的基本原则之一。

受损方尽力减少损失之责的标准是:作为一个谨慎的船舶所有人当船舶发生碰撞后,是否会采取同样的措施。如果索赔方尽合理的谨慎就会避免或减少的损害没有被避免或减少,则该部分损害不予赔偿。我国《民法通则》第131条规定:“受害人对于损害的发生也有过错的,可以减轻侵害人的民事责任。”《侵权责任法》第26条规定:“被侵权人对损害的发生也有过错的,可以减轻侵权人的责任。”这些立法规定实际上包含了这一原则的精神。最高院《赔偿规定》已明确承认该原则,因此,上述第一项规定,“为避免或者减少损害而产生的合理费用和损失”可以索赔,“因请求人的过错造成的损失或者使损失扩大的部分,不予赔偿”。比如,船舶发生碰撞后沉没,如经证明,沉没是由于碰撞受损后,船员未尽应有的努力采取合理措施避免船舶沉没,则船舶沉没所导致的全部损失,不能向过失方追偿。因为这是受害方过失所造成不合理损失的扩大。这一原则的适用,能够有效地防止受害方有意扩大损失情况。

在实践中适用该原则时,应注意以下几点:

(1)受损方为避免或减少损害而支付的合理费用和由此所产生的新的损失,都可以得到赔偿(《赔偿规定》第一项),什么是“合理”,是个事实问题,由法院根据具体案情确定。

(2)对受损方成功地避免或减少的由于加害方的过失所致的损害,加害方有权从中获益,并且对所减少的损害不负赔偿责任。

(3)受损方因经济实力不足,而未能减少的损失,不能向责任方索赔。因为受损方的资金不足不是加害方的过失造成的。不论加害方还是受损方,作为一个企业,应该有足够的经济实力抵御一般风险。

三、船舶碰撞损害赔偿责任主体

我国《海商法》第168条规定，单方过失碰撞由有过失的船舶负赔偿责任。第169条第1款规定，双方互有过失碰撞，各船按照过失比例负赔偿责任。但是，我国法律不承认对物诉讼，有过失的船舶不能成为赔偿责任的直接承担者，因此，在我国海商法理论及海事司法实践中对谁是船舶碰撞损害赔偿的责任主体存在不同观点。为避免分歧，统一司法实践，最高院《2005年纪要》第130条规定："船舶所有人对船舶碰撞负有责任，船舶被光船租赁且依法登记的除外。船舶经营人或者管理人对船舶碰撞有过失的，与船舶所有人或者光船承租人承担连带责任，但不影响责任主体之间的追偿。船舶所有人是指依法登记为船舶所有人的人；船舶没有依法登记的，指实际占有船舶的人。"但是，在2008年公布实施的最高人民法院《船舶碰撞司法解释》对船舶碰撞责任主体的规定已不同于《2005年纪要》。该司法解释第4条只规定"船舶碰撞产生的赔偿责任由船舶所有人承担，碰撞船舶在光船租赁期间并经依法登记的，由光船承租人承担。"这一规定强调的是，通常情况下，船舶碰撞的责任主体就是船舶所有人，除非船舶处于光船租赁中且光船租赁已登记，则光船承租人是责任主体。如果该光船租赁并未登记，则仍是船舶所有人为责任主体。而且，该司法解释没有把船舶经营人、船舶管理人作为船舶碰撞的责任主体，也没有解决船舶挂靠经营情况下被挂靠公司是否是船舶碰撞责任主体的问题。

四、船舶碰撞损害赔偿的计算

《1985年损害赔偿公约草案》和1995年最高院《赔偿规定》对不同财产损害(前者也包括人身伤亡)的赔偿额的计算方法做了详细规定，由于篇幅有限，这里不做介绍[①]。此处仅以一起船舶碰撞案为例，说明船舶碰撞损害赔偿计算问题。具体情况如下：

甲乙两船相碰，甲船负75%的过失责任，乙船负25%的过失责任。两船及船上所载货物均遭受损失，数额如下：

甲船的船舶损失	400 000元
甲船所载货物损失	200 000元
乙船的船舶损失	600 000元
乙船所载货物损失	100 000元

假设两船都不涉及海事赔偿责任限制。

在对船货各方损失赔偿计算之前，首先应说明一个问题——碰撞船舶对本船所载货物的赔偿。这里，碰撞双方是侵权法律关系，而甲、乙两船与各自船上所载货物的货主之间是海上货物运输合同(提单或租船合同)法律关系。运输合同中通常载有首要条款，规定适用《海牙规则》，而根据该规则，由于船舶、船员、引航员等在驾驶和管理船舶中的疏忽或过失造成本船所载货物的损失，船方不负赔偿责任。但是，对于对方船舶所载运的货物损失，应按过失比例负赔偿责任。

现对损失赔偿计算如下：

甲船负75%的过失责任，应赔偿

① 详细内容请见司玉琢、吴兆麟著，《船舶碰撞法》第四章，大连海事大学出版社，1995年。韩立新主编，《海上侵权行为法研究》，北京师范大学出版社，2011年，第140~174页。

乙船船舶损失：600 000 元 × $\frac{3}{4}$ = 450 000 元

乙船船上货物损失：100 000 元 × $\frac{3}{4}$ = 75 000 元

甲船共赔偿：450 000 元 + 75 000 元 = 525 000 元

乙船负 25% 的过失责任，应赔偿

甲船船舶损失：400 000 元 × $\frac{1}{4}$ = 100 000 元

甲船船上货物损失：200 000 元 × $\frac{1}{4}$ = 50 000 元

乙船共赔偿：100 000 元 + 50 000 元 = 150 000 元

将甲、乙两船对对方的船舶损失赔偿相互抵销，则甲船实际赔偿乙船的船舶损失数额为：

450 000 元 − 100 000 元 = 350 000 元

结果：

甲船——

本船船舶损失	400 000 元
赔与乙船船舶损失	350 000 元
赔与乙船货物损失	75 000 元

甲船共损失：400 000 元 + 350 000 元 + 75 000 元 = 825 000 元

乙船——

本船船舶损失	600 000 元
从甲船收回船舶损失赔偿	350 000 元
赔与甲船货物损失	50 000 元

乙船共损失：600 000 元 − 350 000 元 + 50 000 元 = 300 000 元

甲船货方损失	200 000 元
从乙船收回	50 000 元

甲船货方的实际损失：200 000 元 − 50 000 元 = 150 000 元

乙船货方损失	100 000 元
从甲船收回	75 000 元

乙船货方的实际损失：100 000 元 − 75 000 元 = 25 000 元

最后结果，甲乙两船的船舶和货物共损失：

825 000 元 + 300 000 元 + 150 000 元 + 25 000 元 = 1 300 000 元

根据上述计算方法，不难看出，对双方互有过失的碰撞，是以各自的过失比例赔偿对方船舶和货物的损失的。

需说明的是，本案未涉及人身伤亡问题。如果有人身伤亡的发生，根据《1910 年碰撞公约》的规定，碰撞双方对第三方的人身伤亡应负连带责任。按上例，虽甲船有 75% 的过失责任，乙船有 25% 的过失责任，但对人身伤亡的受害方或其家属并不受此过失比例限制，他可以向甲乙两船的任何一方提起诉讼，要求得到 100% 的赔偿，然后赔付方向对方追偿超过其过失责任的比例部分。当然，上述人身伤亡赔付方的追偿权利可能受到国内法不同规定的制约。例如，在海上旅客运输中，有的国家承认承运人对旅客人身伤亡的免责权利。如果该承运人所属船舶上发生旅客人身伤亡，受害方便不能向本船承运人提出索赔，但他可向对方船请求100%的损害赔偿，对方船赔付后，因无法追偿，只好负全部责任。

五、双方互有责任碰撞条款

纵观各种提单和租船合同，不难发现，几乎其中都包含一条“双方互有责任碰撞条款”（both to blame collision clause：BBC Clause），而且其内容相差无几，成了一种格式化条款。中国远洋运输（集团）总公司提单背面条款第25条就是“双方互有责任碰撞条款”。

其内容如下：

“如果船舶由于他船疏忽以及本船船长、船员、引航员或承运人的受雇人在驾驶或管理船舶中的行为、疏忽或不履行职责而与他船碰撞，则本船的货物所有人应就他船亦即非载货船舶或其所有人所受一切损失或所负一切赔偿责任，给予本船承运人赔偿。但此种赔偿应以上述损失或赔偿责任所体现的已由或应由他船亦即非载货船舶或其所有人付给上述货物所有人其物的灭失或损坏或其提出的任何赔偿要求的数额为限，并由他船即非载货船舶作为其向载货船舶或承运人提出的索赔的一部分，将其冲抵、补偿或收回。如果非属碰撞船舶或物体的，或在碰撞船舶或物体之外的任何船舶或物体的所有人、经营人或主管人，在碰撞、触碰、搁浅或其他事故中犯有过失时，上述规定亦应适用。”

这一条款主要是针对美国船舶碰撞法的特殊规定而制定的。美国没有加入《1910年碰撞公约》，对互有过失碰撞，在法律上仍保留着平分过失的规定；此外，互有过失的碰撞双方不仅对第三方的人身伤亡负连带责任，而且对财产损害也负连带责任，从而使承运人与本船所载货物的所有人之间关于航海过失免责条款的规定失去效力。为了解决这一问题，自20世纪50年代起，凡去美国的载货船舶的承运人都在其提单或租船合同中订入了“双方互有责任碰撞条款”。订入该条款的目的，在于使载货船舶的承运人有权向本船货主追回其本应免责但却间接地赔付了50%的货物损害。举例说明如下：

甲、乙两船互有过失发生碰撞，假设只有甲船上所载货物损失400 000元。根据美国法律，甲、乙平分责任，且对此项货损负连带责任。甲船货主可向乙船（非载货船）索赔100%的货损赔偿，即400 000元；乙船船东赔付后，可向甲船（载货船）船东追偿超过其责任的50%部分，即200 000元，这样，甲船船东等于间接地赔付了本船主损失的50%。如果提单或租船合同中订有双方有责碰撞条款，那么，甲船船东又可以向本船货主追回他本应免责但却间接赔付了50%的货物损害。这一赔偿、追偿关系可用图17-1表示。

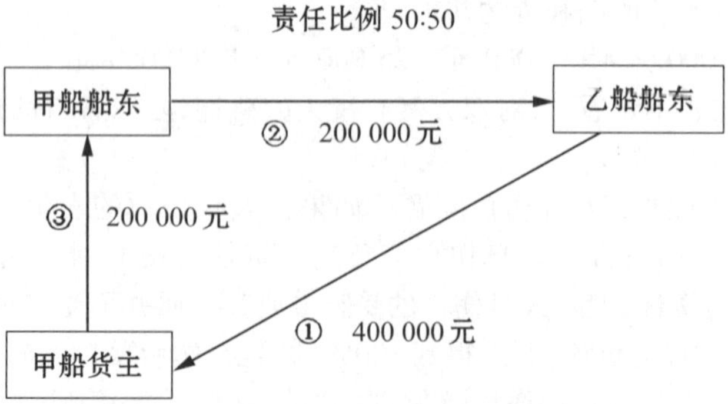

图17-1 赔偿追偿关系示意图

在实践中,美国法院承认租船合同中的互有责任碰撞条款的效力,但是提单中该条款的效力如何不太明确。需要说明的是,在前述的1975年"United States 诉 Reliable Transter Co."一案中,美国最高法院改变了平分过失责任原则;1979年美国路易斯安那州东区法院在审理"Alamo Chemical Transportation Co. 诉 Valdes"案件时,再次否定了互有责任的碰撞双方对由于碰撞而造成的船上货物损失负连带责任的做法,判决货主只能向非承运船按其过失比例索赔货物损失。这两个案例的出现,似乎已使美国与其他大多数国家在碰撞损害方面的做法趋于一致,但它们能否为美国法院普遍接受,仍然是问题,故至今在租船合同和提单中仍载有双方互有责任碰撞条款。

最后需指出的是,该条款在我国是不必要的,也是无效的,因为我国是《1910年碰撞公约》的参加国,我国《海商法》也明确规定,互有过失碰撞双方对财产损害不负连带责任,也不承认"平分过失责任原则"。

六、船长在船舶碰撞后应注意的问题

船长是一种特殊又重要的职务,因此,各国法律及有关国际航运公约赋予船长一定的基本职能,以确保船长充分发挥其作用,保障海上人命、财产的安全。同时,在不同的情况下,船长还须承担不同的法定义务,注意一些对船舶所有人利益有影响的问题。

就船舶碰撞而言,船长应注意以下问题:

(一)施救义务

即船舶发生碰撞之后,当事船舶的船长在不严重危及本船和船上人员安全的情况下,对于相碰的船舶和船上人员必须尽力施救。[①] 当然,船长若违反这一法定义务,船舶所有人并不对其承担责任。但有些国家或地区海商法规定,船长违反该项义务,应承担法律责任;我国台湾地区"海商法"第149条规定,此时应对船长处五年以下有期徒刑。由此可见,船长在船舶碰撞后施救义务的重要性。

(二)通知义务

除上述义务外,船长在船舶碰撞后还应当尽可能地将其船舶名称、船籍港、始发港和目的港通知对方[②]。这也是船长的一项法定义务。

(三)详细地收集、记录和保存有关碰撞情况的资料

在船舶碰撞发生后,代表船舶所有人及其保险人的律师和验船师们很可能会来到船上,搜集对损害提起索赔或进行抗辩所必需的证据。此时,船长、船员在提供证据方面的作用是不可忽视的。如有可能,在事故发生之后,船长和船员应该立即尽其所能详细地收集、记录和保存有关碰撞情况的资料。尤其是船长的海事报告,一定要认真、完整、翔实地记录事故发生的时间、地点、碰撞过程、损害情况、救助情况(如果有)等。

通常,船长应详细记录下列各项内容:

(1)碰撞前四个小时的航向(时间、位置、转向等);

---

① 《1910年碰撞公约》第8条,中国《海商法》第166条,希腊《海事私法典》第240条,瑞典《海商法》第223条,苏联《海商法》第259条,等等。

② 同注①。

（2）碰撞时的天气情况；

（3）潮汐和海流状况；

（4）碰撞发生时或临近发生前驾驶台上的工作人员；

（5）所使用的定位系统；

（6）首次观测到他船的时间、视航向、距离和方位、观测方法等；

（7）在首次观测到他船时本船的航向、航速、采取的行动等；

（8）记录直到碰撞时两船所采取的各次行动及其时间、所发出和听到的声号及时间；

（9）碰撞发生前两船之间所进行任何的通信联络的详细情况；

（10）发生碰撞的时间、位置、本船艏向、他船艏向、两船之间的接触角、他船的速度；

（11）记录碰撞后双方船舶的行动及通信联络的详情；

（12）发生碰撞时附近其他船舶的船名及与附近其他船舶的联络情况，等等。

最后，船长应确保注明下述一般情况：

（1）船舶详细情况（包括船名、船舶国籍、船籍港、船舶规范、无线电装置、人员配备、助航设备等）；

（2）他船的船名和船籍港；

（3）碰撞日期及碰撞的大致区域；

（4）航次的详细情况（包括始发港、目的港、开航时间、开航时的吃水等）。

第十八章　海难救助

海难救助(salvage at sea),又称海上救助,是海商法中一项古老的特有的法律制度。这是由海上特殊风险决定的。航海贸易初期,海上运输被认为是一种"冒险"的事业,因为海上风险大,航海技术比较落后,人们抵御天灾的能力低,海盗盛行。为了航海贸易的发展,立法者希望通过制定特殊的救助法律,达到鼓励人们救助危难中的船舶的目的;作为遇难船舶的所有人认为,与其让天灾将船货吞没或让海盗将船舶掠走,不如请他人前来救助,救助成功给予报酬。在这种情势下,从中世纪起,欧洲各国开始了海难救助的普遍立法。现在,海难救助作业在海上运输中经常发生,为保障海上安全起到了重要作用,有关海难救助的立法也越来越体现了公平原则、公共利益原则和鼓励救助作业原则。

第一节　海难救助概述

一、海难救助的概念

在不同的救助公约和国内立法中,海难救助的概念有所不同。《1910 年统一海上援助和救助某些法律规定的国际公约》(以下简称《1910 年救助公约》)①第 1 条规定,海难救助是指"对遇难的海船、船上财物和客货运费的援助和救助,以及海船和内河船舶相互之间的救助,不论属于任何一种,也不论发生在何种水域"。苏联《海商法》第 260 条规定的海难救助,是指"救助遇难的海船,以及海船救助内河船舶或任何浮动装置或被拖带装置,不论在任何水域产生救助"。希腊《海事私法典》第 246 条的规定为"对危险中的船舶、船上财产、运费和旅客的海上援助和救助以及一船对另一船所提供的类似性质的服务"。我国《海商法》第 171 条规定的海难救助,系指"在海上或者与海相通的可航水域,对遇险的船舶和其他财产进行的救助"。可见,上述海难救助的不同之处主要表现在救助标的和发生的水域上。

实际上,大陆法系国家将海难救助分为救助和救捞两种。救助(assistance; hilfsleistung)是指船舶或货物尚未脱离其船员占有,而由第三方前来援救,使其脱离危险之行为。救捞(sauvetage; bergung)是指船舶或货物已脱离其船员占有,行将沉没或漂流,而由第三方予以施救,使其得以获救之行为。两者只是形式上和程度上的差异,并无实质不同。故英美法系国家不存在此种区别,而以海难救助(salvage)一词统括之。《1910 年救助公约》也把两者均包括在

① 其内容详见本章第二节。

内。本章所称海难救助，也是统称，既包括救助，也包括救捞。

根据救助对象的不同，海难救助可分为对人救助和对物救助两种。广义的救助应该既包括对人的救助，也包括对物的救助。狭义上的救助，则仅指对物的救助，即对船舶或其他海上财产等的救助，也是各国海商法中规定的海难救助的含义。因为只有对物的救助才产生救助报酬请求权，故本章海难救助的概念，不含对人救助。唯一的例外情况是，救助船货的同时又救助了人命，人命救助人有权分享救助报酬中的合理份额。[①] 人命救助，国际上另有《1979 年搜救公约》加以调整。

二、海难救助的性质

对于海难救助的性质，各国学者观点不一，归纳起来有：无因管理说、准契约说、不当得利说和特殊事件说等，其中，无因管理说为大多数学者所支持。但是，海商法中的海难救助制度与民法中的无因管理制度并不完全相同。民法中的无因管理制度不存在报酬请求权，而海商法中的海难救助有报酬请求权。

三、海难救助的形式

（一）纯救助

这是海难救助的最初形式。所谓纯救助（pure salvage），是指船舶遇难后，救助方未经被救助方请求，而自行对遇难船舶进行救助的行为。如果救助获得成功，救助方有权获得救助报酬。

纯救助的特点在于：救助方与被救助方在救助之前不需要签订任何救助协议；实行“无效果，无报酬”原则（No Cure, No Pay）。所谓“无效果，无报酬”，是指救助方对遇险的船舶和其他财产进行救助的行为全无效果（不成功），无权请求救助报酬；救助行为成功或部分成功，则有权请求全部或部分报酬。[②]

纯救助的形式现已很少存在，因为不签订合同，常常为救助报酬等发生争议。但在少数场合也会产生纯救助，比如，被救助船上已无人，过路船施救了此遇难船；或者救助方发现遇难的船舶后，马上上前施救，而遇难船的船舶所有人或船长也没有明确表示拒绝，如果救助成功，也属于纯救助，被救助方得支付救助报酬。为了避免救助方谋取救助报酬而强行施救，法律赋予了被救助方“禁止救助权”，即当遇险船舶不同意救助方前来救助时，必须明确表示拒绝，否则就构成纯救助。我国《海商法》第 186 条第 2 款规定，救助方“不顾遇险的船舶的船长、船舶所有人或其他财产所有人明确的和合理的拒绝，仍然进行救助的”，不得请求救助报酬。这一规定在有关国际公约和各国海商法中都得到承认。[③] 该条款在多数情况下保护了被救助方的利益，避免救助方未经同意参与或救助成功后，继续进行救助作业。但有时也会起到保护救助方利益的作用，因为遇难船舶的船舶所有人或船长的拒绝有时是不明确、不合理的，或虽是明确

---

① 《1910 年救助公约》第 9 条；《1989 年国际救助公约》第 16 条；韩国《商法典》海商篇第 888 条；我国《海商法》第 185 条等。

② “无效果，无报酬”原则现已有所发展和突破，详见本章第三节。

③ 参见《1910 年救助公约》第 3 条，《1989 年国际救助公约》第 17 条，日本《商法》第 809 条，瑞典《海商法》第 224 条，韩国《商法典》海商篇第 892 条等。

的，但却是不合理的。如在救助行为已接近成功时，被救船所有人或船长拒绝继续救助，使之不能得到报酬等情况。不合理、不明确的拒绝救助，救助如有效果，救助方仍有权请求报酬。

(二)合同救助

合同救助(contract salvage)，是指根据以“无效果，无报酬”为原则的救助协议进行的救助。

这是当今海难救助广泛采用的形式。“无效果，无报酬”是海上救助法律制度传统的最著名的原则。《1910 年救助公约》正式确认了该原则，现为各国法律所接受。而且，各国制定的救助合同格式(详见本章第四节)上都印有“No Cure, No Pay”字样。当然，对于救助双方的口头约定，该原则亦同样适用。

(三)雇佣救助

雇佣救助(employed salvage service)，又称实际费用救助，是指无论救助有无效果，被救助方都要按照救助方所使用的人力和设备情况，按时计付报酬的一种救助形式。有时当事方约定，如果救助成功，或者在约定期限内完成，则按比例增加若干救助费用。雇佣救助在传统海商法中被视为合同救助的一种形式。此种救助合同，可以在救助前签订，也可在救助过程中签订，也可以只凭被救助方的书面申请而成立。即此种申请构成被救助方同意按有关规定支付费用的证据。

雇佣救助的特点在于，救助指挥权在遇险船一方，并且不论救助是否成功，被救助方都需向救助方支付救助费。这种救助形式一般适用于拖带救助，如遇险船距港口不远，只需一般的拖带作业，或对救助成功比较有把握时采用。因雇佣救助的救助方所承担的风险较小，所以救助费相对较低。

这里需要说明的是，雇佣救助的性质更多地体现了海上雇佣劳务性质，因此，现代海商法已把它划归海上服务项目，而不属于海难救助的范畴。

四、海难救助的成立要件

尽管各国海商法和国际公约对海难救助概念的规定有少许差别，但从这些规定中可以看出，海难救助法律关系的成立，应满足以下几个共同的要件：

(一)被救助物必须是法律所承认的

这一要件包含了两层含义：

第一，救助标的是物，不包括人命。就是说，人命救助，原则上无权请求救助报酬，除非救财产的同时又救了人命。

第二，救助标的是法律所承认的。如果被救助物不在法律所承认的救助标的范围内，则无救助报酬请求权。这里的“法律”既包括国际救助公约，也包括国内有关法律。

从发展趋势看，海难救助的标的有所扩大。多数海运国家都参加的《1910 年救助公约》第 1 条规定的救助标的仅为海船、船上财产和客货运费，不包括军舰和政府公务船(该公约第 14 条)；未参加该公约的国家，多半也都采用了公约的原则。而《1989 年国际救助公约》第 1 条第 1 款规定的救助标的已扩大到船舶或任何其他海上财产，第 2 条规定该公约不适用于军舰和政府公务船。

我国作为《1989 年国际救助公约》的缔约国，在制定《海商法》“海难救助”一章时主要参照了该公约的内容。根据《海商法》第 171 条的规定，海难救助的标的是船舶和其他财产。《海商法》第 172 条对船舶和其他财产的范围做了解释。

其中，"'船舶'，是指本法第 3 条所称的船舶和与其发生救助关系的任何其他非用于军事的或者政府公务的船艇。"因此，如果救助方使用船舶进行救助，则救助船和被救助船两者之一必须是本法第三条所称的船舶，即不是用于军事的或政府公务的船舶或者 20 总吨以下的小型船艇，而救助船和被救助船的另一方只要不是用于军事的或政府公务的船舶即可，即可以是非用于军事的或者政府公务的内河船、内湖船、20 总吨以下的小船。如果救助方不使用船舶进行救助，如在被救助船上或者在岸上进行救助，则被救助的船舶必须是本法第三条所称的船舶。我国在加入《1989 年国际救助公约》时，对该公约第 30 条(a)、(b)、(d)三项做了保留。(a)项为"救助作业发生在内陆水域，而且所涉及的所有船舶均为内陆水域航行的船舶"；(b)项规定为"救助作业发生在内陆水域，救助方与被救助方都不涉及任何船舶的救助"。根据这两项保留，在我国已明确，内河船与内河船的救助或救助双方都不涉及船舶的内陆水域的救助，均不属于海难救助的范围。

"'财产'，是指非永久地和非有意地依附于岸线的任何财产，包括有风险的运费。"据此，永久地和有意地(permanently and intentionally)依附于岸线的财产，如与岸线相连，但伸入海中的输油装置、海上货物装卸设施、浮码头等，不能作为海难救助的标的。除此之外的其他海上财产，包括船上货物、从船上或岸上落入海中的货物，脱位的灯船、灯标、浮筒、渔具、浮船坞，甚至落入海中的飞机和卫星等，都是海难救助的标的。

有风险的运费(freight at risk)是指货物的到付运费，但是，不包括定期租船和光船租船情况下的租金。另外，根据《海商法》第 173 条规定，在海上已经就位的从事海底矿物资源的勘探、开发或者生产的固定式、浮动式平台和移动式近海钻井装置，不属于海难救助的标的。如果此种平台和钻井装置尚未就位，而是处在在航、转移或运送状态，当其处于危险状态时，仍属于海难救助的标的。最后应指出的是，根据我国对《1989 年国际救助公约》第 30 条(d)项所做的保留，如果"有关财产为位于海床上的具有史前的、考古的或历史价值的海上文化财产"，亦不能成为救助的对象。

(二)被救助物处于危险之中

首先，这里的危险(danger)必须是真实存在或不可避免的，但并不一定是急迫发生的(imminent)。主观臆测的危险不能构成海难救助中的危险。例如，某船因受潮汐的影响而搁浅，只要等几小时涨潮后，船舶就会自动脱浅，此时的船舶并不能视为处于危险之中，除非靠自身的动力仍无法脱浅。又比如，某轮在大洋中航行，主机发生故障，使船舶失去动力，虽然当时风平浪静，但若不及时修复，一旦天气发生变化，船舶便有倾覆或沉没的危险。

其次，不考虑危险的起因，也不要求危险是船货共同面对的。就是说，不论危险是自然灾害、意外事故，还是潜在缺陷造成的，即使是被救助方的故意或过失造成的，也不影响海难救助的性质。

再有，危险必须发生在海上或与海相通的可航水域。这一点是我国《海商法》第 171 条的明确规定。《1989 年国际救助公约》第 1 条第 1 款也做了类似的规定，"救助作业系指在可航水域或任何其他水域发生的为救助处于危险中的船舶或任何其他财产而采取的行为或活动"(Salvage operations mean any act or activity undertaken to assist a vessel or any other property in danger in navigable waters or in any other waters whatsoever)。因此，在造船厂建造中的船舶或在岸上船台修理中的船舶发生火灾，对之进行救助，不构成海商法意义上的海难救助。

（三）救助行为是自愿的行为

该要件符合救助自愿原则。自愿救助（voluntary salvage）是指救助方或被救助方在发生救助法律关系时，其作为或不作为完全出于自愿。对于救助方来讲，对遇险的船舶和其他财产是否给予救助完全出于其自愿，救助成功了，有权获得报酬；不救也不承担任何责任。与此相对的是非自愿救助（unvoluntary salvage），即法律规定的或合同约束的义务救助，救助即使获得成功也无权获得报酬，不救助将承担法律或合同规定的责任。从广义上讲，救助自愿原则也适用于被救助方，即被救助方不仅有请求救助的权利，而且还有禁止救助的权利。但如前所述，法律要求被救助方在行使此项权利时，必须有明确而合理的意思表示。有了这种表示，救助方即使救助成功了，也无权请求救助报酬，因为此救助缺少自愿要件。非自愿救助一般包括下列情况：

1. 法律约束的救助

法律约束的救助，包含两方面的内容：

（1）人命救助。《1910 年救助公约》第 11 条和我国《海商法》第 174 条均规定，对于海上发现的遭遇生命危险的每一个人，即使是敌人，只要对其船舶、船员和旅客不致造成严重威胁，每一船长都必须施救。当然，船长违反这一法定义务，船舶所有人对此并不承担责任。但我国台湾地区“海商法”第 142 条第 2 款规定，船长违反上述义务，处 3 年以下有期徒刑或拘役。在同一海难中，如果不单纯是人命救助，同时亦有船货等财产获救，则人命救助人有权分享财产救助人救助报酬中的合理份额。

（2）船舶碰撞后两船互救。这一点所讲的就是碰撞后船长的施救义务（详见本书第十七章第三节第六个问题）。

2. 合同约束的救助

合同约束的救助与合同救助并不是同一个概念。前者指在海难发生之前，救助方与被救助方之间已经存在某种合同，救助方根据该合同有救助的义务并据此实施的救助；后者指在海难发生之后，救助方进行救助前，双方出于自愿签订救助合同而对被救助方进行的救助，如未签订合同，就是前述的纯救助。

合同约束的救助通常包括如下几种情况：

（1）遇难船船员救本船。这是船员雇用合同赋予船员的对本船及船上财产进行救助的义务，因而不发生报酬请求权。对此，我国《海商法》第 186 条第 1 款也有明确规定，“正常履行拖航合同或者其他服务合同的义务进行救助的”，无权获得救助款项。

（2）遇难船上的旅客救本船。对此，一般认为，旅客无权请求救助报酬，因为旅客对船舶的航行安全同样负有义务，这是旅客运输合同所要求的，也符合同舟共济的精神。只有在特殊情况下，旅客做了分外的事并成功地挽救了船舶时才可能索赔救助报酬。例如，1864 年“The Great Eastern”案件中，船舵被大浪打掉，旅客中一名海上机械师自告奋勇为该船做了一个临时舵，并不顾个人安危，在船尾爬上爬下成功地安装上了舵，使船舶安全完成航程。法院裁定，在此种情况下，旅客所做的工作是超乎寻常的，应得到 4000 美元的救助报酬。

（3）引航员、拖轮救助本船。根据前述《海商法》第 186 条第 1 款的规定，引航员、承拖方正常履行职责范围内的义务，无权请求报酬，除非提供了不属于履行上述义务的特殊劳务，并且危险并非由于其过失所致。

例如，引航员登船前，被引船已经搁浅，引航员登船后，凭借自己的技术使船舶脱浅，他即有权索取救助报酬。又比如，引航员上船后，在等待潮水期间机舱起火，便参加救火，使船获救，他亦有权获得报酬。

对于拖轮救助可举例如下：甲船东和乙船东签订拖带合同，约定由甲船将乙船拖至某港。拖带途中遇到大风浪，经甲船奋力拖带后安全抵达某港。对此，甲船不能额外请求救助报酬，因为这是它基于拖带合同履行的拖带义务。但是，如果拖带途中乙船发生火灾，甲船奋力救火，使乙船摆脱危险并安全拖到某港，则甲船这一救火行为应视为海上救助，有权请求救助报酬。

（四）救助行为必须要有效果

有效果是指遇难船舶或货物全部或部分获救。所以，只有救助的事实，而无救助的效果，仍不得请求报酬，这一要件是对国际公约和各国海商法普遍接受的“无效果，无报酬”原则的反映。

在实践中，根据不同的客观情况，“效果”可分为：

1. 直接效果和间接效果

例如，船舶发生火灾，救助方把火扑灭属于直接效果。又如船舶搁浅，救助方第一次脱浅没有成功，第二次脱浅成功了，则第一次脱浅为间接效果，第二次脱浅为直接效果，计算报酬时应综合考虑。如果第一次脱浅未成功不再拖救了，属于没有效果，无权请求报酬。

2. 无形效果和有形效果

扑灭船上火灾，把搁浅船拖下浅滩，向遇难船提供燃料、物料等均属于有形效果。但是，当救助方无力救助，仅尾随护航，或在遇难船旁守候，或进行通信联系等，虽未做出有形的效果，但属于无形效果，仍有权请求救助报酬。因为无形效果通常也作为有效果，至少给被救助方以精神上的“援救”。在英国法中，把间接效果和无形效果叫作对救助作业做出了“实质性贡献”（meritorious contribution）或“有效服务”（effective service）。

必须说明的是，随着海上原油运输和化学品运输的迅速发展，以及海上救助法律的不断完善，要求救助有效果是构成救助报酬的必备条件之一，但已不是海难救助成立的要件。就是说，没有效果，仅仅是没有报酬请求权，救助的事实仍客观存在，救助的法律关系已经发生。《1989 年国际救助公约》对“特别补偿条款”（special compensation）的规定，即打破了“无效果，无报酬”原则，即使救助人未能防止或减轻海洋环境污染损害，救助人仍可获得一定数额的特别补偿（详见本章第三节）。

第二节　救助报酬

一、享有救助报酬请求权的当事人

只要一起救助符合上述四个要件，便发生救助报酬请求权问题。该请求权的当事人（债权人）只能是实施海难救助的人。当救助方为数个时，救助方之间的报酬分配比例，由当事人协商确定，协议不成，由当事人提交法院或仲裁机构决定①。对于姊妹船救助，国际公约及各国海商法一般都承认，“属于同一船舶所有人的船舶之间的救助，也应给予报酬”②。原因如下：(1)两船一般涉及不同的保险人，如船上有货物，还涉及货物保险人，救助报酬最终由保险人支付，并非获救财产所有人承担；(2)参加救助的船长、船员有权分得报酬的一部分，这种权利不因被救助船属于同一船舶所有人而被剥夺。因此，姊妹船之间的救助，救助方仍享有报酬请求权。关于同一救助船舶的船舶所有人、船长和船上其他工作人员之间报酬分配问题，我国《海商法》并没有明确规定，似乎只能依据第 184 条解释。而其他国际公约和国内法有规定，如《1910 年救助公约》第 6 条规定由船旗国法解决；德国《海商法》第 749 条做出强制规定：“首先，补偿救助船舶因此所受的损坏和因救助产生的营运外开支；然后，剩余救助报酬的三分之二归船东所有；船长和其他船员各得六分之一。”该条不适用于拖轮实施的救助。希腊《海事私法典》第 251 条规定：“船舶提供援助所得报酬，其中的一半归船舶所有人，四分之一归船长，另四分之一归船员，与之相反的任何协定无效。”建议我国《海商法》对此问题做出明确规定。

根据现行法律，救助报酬请求权的相对人（债务人）应为被救助船舶所有人、货物所有人、运费所有人及其他海上获救财产所有人。报酬金额，由获救财产所有人按照各自获救财产价值占全部获救价值的比例承担（我国《海商法》第 183 条）。而且，有关责任限制公约和多数海运国家立法（详见本书第二十一章内容）均规定，被救船舶所有人应支付的救助报酬不属于限制性债权，即不能享有责任限制③。救助人为获得救助报酬，对被救船舶享有船舶优先权，在这一点上，国际公约和各国海商法的规定较统一。

二、确定救助报酬的原则

根据现行国际公约和各国海商法的规定，确定救助报酬时通常遵循以下两个原则：

（一）救助报酬金额不得超过获救财产的价值

这是救助人在救助过程中不存在过失时应适用的原则。我国《海商法》第 180 条最后一款规定：“救助报酬不得超过船舶和其他财产的获救价值。”至于获救价值（salved value）如何确定，《海商法》第 181 条指出，“船舶和其他财产的获救价值，是船舶和其他财产获救后的估计价值或者实际出卖的收入，扣除有关税款和海关、检疫、检验费用以及进行卸载、保管、估价、出卖而产生的费用后的价值。”本条第二款接着规定，船员的获救私人物品和旅客的获救自带行李的价值，不包括在获救财产的价值中。由本条规定可见，获救价值是指船舶和其他财产获救后的净值。在国内外司法实践中，通常是以救助作业结束时当时当地的获救财产的市场价值，作为确定获救财产价值的标准。根据劳合社自 1971 年到现在的统计，平均救助报酬仅相当于获救船价的 54%。

---

① 《1910 年救助公约》第 6 条，我国《海商法》第 184 条，瑞典《海商法》第 228 条，苏联《海商法》第 271 条等。

② 《1910 年救助公约》第 5 条，我国《海商法》第 191 条，挪威《海商法》第 224 条，我国台湾地区“海商法”第 144 条等。

③ 对此问题，也有少数国家和地区的法律（如我国台湾地区“海商法”第 21 条第 1 款）规定，船舶所有人对救助报酬负有限责任。

（二）救助方有过失，报酬予以减免，以致赔偿

我国《海商法》第187条规定："由于救助方的过失致使救助作业成为必须或者更加困难，或者救助方有欺诈或者其他不诚实行为的，应当取消或者减少向救助方支付的救助款项。"这是一条惩罚性规定。如果救助方的过失造成被救助方的更大损失，被救助方能否以侵权起诉救助方并请求赔偿，现有国际公约和各国海商法均未明确，但从《1976年海事赔偿责任限制公约》的责任限制主体包括救助人的规定可以推断，救助人应对此损失负责赔偿，并能享有责任限制的权利。在我国，根据《民法通则》《侵权责任法》规定的"过错责任原则"，救助人亦应负赔偿责任，并可根据《海商法》第205条限制其赔偿责任。在《1976年海事赔偿责任限制公约》制定之前，救助人对其过失造成被救助方的损失是否负责问题，是由一起实例引起人们注意的。这一案件就是著名的"东城丸"（Tojo Maru）案。1971年，"东城丸"油船在波斯湾沉没，该船船东与荷兰Safaw救助公司签订了劳氏救助合同（LOF）。潜水员用电光枪将铆钉打入船壳时，因事先未将油舱内可燃气体排净，造成该油船爆炸，损失达33.1万英镑；而救助报酬只有12.5万英镑。"东城丸"船东向救助人索赔全额损失，救助人同意船东可以用救助报酬抵销索赔额，但无权再索赔余额20.6万英镑。上议院判决，救助方应负赔偿责任，而且不能享受责任限制，船东有权索赔差额20.6万英镑。理由是《1957年船舶所有人责任限制公约》的责任主体未包括救助人。该案的出现，是制定《1976年海事赔偿责任限制公约》的原因之一。

三、救助报酬金额的确定

救助报酬通常以一定数额的金钱支付。该数额应由救助方和被救助方协议确定，协议不成的，提请法院或仲裁机构解决。双方在确定报酬数额时，应综合考虑下列各项因素：（1）船舶和其他财产的获救价值；（2）救助方在防止或者减少环境污染损害方面的技能和努力；（3）救助方的救助成效；（4）危险的性质和程度；（5）救助方在救助船舶、其他财产和人命方面的技能和努力；（6）救助方所用的时间、支出的费用和遭受的损失；（7）救助方或者救助设备所冒的责任风险和其他风险；（8）救助方提供救助服务的及时性；（9）用于救助作业的船舶和其他设备的可用性和使用情况；（10）救助设备的备用状况、效能和设备的价值。①

有时，报酬金额在实施救助作业前已由双方当事人约定，因为这一数额是在紧急情况下约定的，难免出现不公平或对客观形势估计不足的情况。为了保护救助双方的利益，各国海商法和国际公约规定，如果合同是在受到威胁或者受到危险情况下订立，其条款显失公平的，或者合同约定的救助报酬与实际提供的救助服务相比明显过高或过低的，当事人可以申请法院或仲裁机构宣告救助合同无效或者变更救助合同。

四、被救船船长在救助作业中的地位和应注意的问题

在发生海难时，要求船长沉着冷静，对遇险情况做出快速反应，保障海上安全。在请求救助时，被救船船长应当明确自己所处的地位及应注意的事项②。

（一）船长有权代表船、货双方签订救助合同，并应及时签订救助合同

这是前述的船长代理职能的具体表现，是船长的一项法定权利（我国《海商法》第175条，

---

① 《1989年国际救助公约》第13条，我国《海商法》第180条。

② 《1910年救助公约》第7条，《1989年国际救助公约》第17条，我国《海商法》第176条。

《1989年国际救助公约》第6条第2款），该项权利在国际上已得到普遍承认。

法律明确船长的这一代理权是非常必要的。船长根据这一权利，当遭遇海难时，如果情况紧急，应不贻时机地及时签订救助合同，避免酿成大难。1978年的“The Amoco Cadiz”案就是一个深刻教训（案情详见本章第三节）。当然，船长的这一权限不能剥夺船东签订救助合同的权利，在时间允许的情况下，船长签订救助合同前应征得船舶所有人的同意。

（二）船长的施救义务

这是船长应变职能的具体体现。船舶发生事故，危及船上人员和财产安全时，船长应当组织船员、旅客尽力施救。当船舶沉没、毁灭不可避免时，船长可以做弃船决定，但除紧急情况外，应当将弃船决定报经船舶所有人同意。弃船时，船长应采取一切措施，首先组织旅客安全离船，然后安排船员离船，船长最后离船。在离船前，船长应当指挥船员尽力将航海日志、轮机日志、油类记录簿、无线电台日志、本航次使用的海图和文件、贵重物品、邮件和现金等带离船舶。根据有些国家海商法规定，船长违反这一法定义务应承担一定责任。

船长在采取施救措施时，应防止损失的扩大。如果未能谨慎地采取合理措施致使损失扩大，对扩大的损失无权向责任方（如果存在）索赔。此外，船长应制作海损事故报告书，随附事故发生时两名以上在船船员或者知情旅客的书面证明，报告我国海事主管部门。

（三）特别注意与确定救助报酬金额有关的因素

最好的办法就是对各种情况详细记录，这些记录是日后双方协议或通过诉讼或仲裁手段解决救助报酬的重要的证据材料，在此方面，船长应遵循下列各项程序：

（1）确保将有关救助协议的任何会谈内容准确地记录在案。如果协议是通过无线电达成的，只要可能，就应邀请一位独立的第三方做记录以供将来参考。

（2）确保精确地记录救助服务开始的时间、任何有关救助协议的通信联络时间，以及救助船抵达时间。

（3）专门委任一位记录员或书记员，要求其以书面文字、照相或任何其他可用的方式全面而准确地记录各种情况，尤其是法律规定的确定救助报酬要考虑的因素。

（4）确保航海日志、轮机日志和电台日志的记载准确、及时，特别是航海日志要有船位的定时记录。

第三节　有关海难救助的国际公约

目前，海难救助方面的国际公约主要有两个。现介绍如下：

一、1910年统一海上援助和救助某些法律规定的国际公约

该公约简称《1910年救助公约》（Salvage Convention of 1910）。公约于1910年9月23日在布鲁塞尔召开的第三届海洋法外交会议上通过，1913年3月1日生效。根据CMI官方网站

上发布的有关2014年年报的统计数据，目前有86个国家和地区参加了该公约，①大多数海运国家和地区都是该公约的成员，对统一海难救助的法律制度，起到了积极的、重要的作用。其主要内容，如救助标的、确定报酬的原则、救助报酬的确定及分配、人命救助、姊妹船救助等问题，在前述几节中已提及，此处不再赘述。

此外，公约规定，救助诉讼的时效为2年，自救助作业终止之日起算。该期限能否中止或中断，由法院地法确定。各缔约国保留有权通过本国立法规定，如未能在原告住所地或主要营业所的国家领水内扣押获救船舶，上述期限应予延长。

该公约的适用范围比较窄。根据第15条规定，只有在救助船或者被救助船属于缔约国所有，以及国内法规定的任何其他情况下，本公约各项规定适用于所有利害关系方。但是，对于非缔约国的利害关系方，每一缔约国在互惠条件下可以适用本公约；如果所有利害关系方与审理案件的法院同属一个国家，则应适用该国内法，而不是本公约；除国内法做出更广泛规定外，第11条（人命救助）的规定只在缔约国所属船舶之间适用。公约不适用于军舰和政府公务船。

1967年，国际海事委员会对《1910年救助公约》进行了修改，于同年5月27日在布鲁塞尔召开的第十二届海洋法外交会议上通过，定名为《修正1910年统一海上援助和救助某些法律规定的国际公约》的1967年议定书（以下简称《1967年议定书》），该议定书于1977年8月15日生效。根据CMI官方网站上发布的2014年年报的统计数据，截止到目前为止，奥地利、比利时、巴西、克罗地亚（后宣布退出）、埃及、根西岛/泽西岛和马恩岛、巴布亚新几内亚、斯洛文尼亚、叙利亚、英国为该议定书的成员。在实质内容上，本议定书只规定公约扩大适用于军舰，国家或公共当局拥有、经营或租用的船舶或任何其他船舶。其他内容均为公约的生效、加入等程序性规定。

二、1989年国际救助公约

（一）《1989年国际救助公约》产生的背景

《1910年救助公约》制定得较早，在当时客观情况下不失为一个重要的救助公约，但随着历史、经济、航运业的发展，公约在许多方面已不能适应航运的现实需要。而《1967年议定书》对该公约未做任何实质性修改，因此，国际上要求制定一个新的救助公约的呼声越来越高。《1989年国际救助公约》的最终产生主要归于以下两个原因：

1. 海难救助成立的要件发生了变化，这是《1989年国际救助公约》产生的根本原因

（1）救助标的的变化。随着科技和航运业的发展，人类征服海洋、利用海洋的技能迅速提高，海上财产随之出现多样化，如勘探和开发海底资源的平台、钻井装置、浮船坞、海上仓库等等。这些海上财产同样面临着海洋环境的特殊风险。而《1910年救助公约》所规定的救助标的仅限于船舶及船上财产，已明显不适应海上财产多样化的形势，亟待扩大救助标的的范围。

（2）海上风险的变化。随着科技的进步，人类抵御自然界风险的能力在增强。然而，救助标的本身所存在的危险不但没有因航运技术的进步而有所减弱，相反，越来越显得突出和严

① 其中包括中国香港特别行政区、澳门特别行政区。而且在上述批准或参加的国家中，加拿大、克罗地亚、伊朗、挪威、西班牙已经先后宣布退出该公约。

重。首先,就船舶本身而言,自20世纪60年代起,出现了大型化、自动化、集装化和专用化的船舶,资本的高度集中必然带来风险的高度集中,救助方将承担更大的压力,面临更大的风险从事救助作业。其次,货物种类出现了多样化。自20世纪50年代起,海上石油运输迅速发展,一些有毒有害化学物质运输亦相继出现,使海洋环境受到严重威胁。一艘满载油船失事以后,给海洋、沿海国造成的污染损害往往会大大超过船货遭受的直接损失。这种风险的变化,使得非专业救助方很难从事海上救助作业;而专业救助方也必须改进和提高救助设备和技术,这就需要大量投资。总之,海上风险的变化,要求重新调整救助方的法律地位,以鼓励救助方参与救助,这一点应是公约的立法宗旨。

(3)自愿救助原则的变化。这一变化受到沿海国油污干预权的影响。海洋环境污染已受到世界各国的普遍重视,尤其对于沿海国来讲,为保护其海岸线和有关利益方免遭污染或污染威胁,当发生海难时,有权采取必要措施,包括沿海国就救助作业做出指示的权利。这一权利既包括沿海国有关当局直接采取强制措施,也包括沿海国对救助方的救助作业进行干预。因此,自愿救助原则将从这里被打破。而许多沿海国,特别是美国、法国都极力主张将这一权利反映在国际救助公约中。

(4)“无效果,无报酬”原则的变化。油船和危险品船一旦出现事故,就会造成环境污损或构成对环境污损的威胁,救助人对此船货进行救助,所冒风险很大,救助成功的可能性在减少;如果发生溢油事故,即使救助人对船货进行了成功救助,也可能受到沿海国的干预或禁止难船进港或进入安全水域,结果使其成为“环球航行的荷兰人”(Flying Dutchmen)。即使沿海国接受遇难船,条件也十分苛刻,使得救助方可能得不到或只得到较少的报酬,而救助人所付出的费用可能高于其所能获得的报酬。很明显,如果“无效果,无报酬”原则不做修改,将很难鼓励救助人去积极救助那些处在危险之中,并对海洋环境构成威胁的遇难船。针对这一实际问题,英国1980年劳合社救助合同范本(LOF 1980)在传统的“No Cure, No Pay”原则基础上,对救助油船做了例外规定:在救助满载或部分装载油类货物的油船时,只要救助人、其雇用人员和(或)代理人没有过失,即使①救助不成功;或②只有部分成功;或③救助人由于受阻未能完成救助工作,在以上任何一种情况下,油船所有人都应单独向救助人支付为此而发生的合理费用和不超过该项费用15%的附加费(bonus)。

这就是众所周知的“安全网条款”(safety net clause)。人们要求将该条款规定在公约中,以使其得到更广泛的适用。这些构成要件的变化,是产生新救助公约的客观原因。

2.“阿莫柯·卡迪兹”(The Amoco Cadiz)案件的发生,是《1989年国际救助公约》产生的直接原因或导火线

1978年3月16日,利比里亚籍巨型油船“阿莫柯·卡迪兹”号(The Amoco Cadiz)因舵机失灵而搁浅在法国西海岸布列塔尼附近的礁石上。搁浅后,有拖轮前来要求救助,而船长坚持要先与处在纽约的船舶所有人取得联系,没有及时地签署劳合社救助合同,使在旁等候多时的拖轮不能争取时间进行救助。待船东同意后,虽然拖轮带上油船,但为时已晚,“阿”轮船身断开,23万吨原油溢出,造成法国沿海水域严重污染。此次事件成为在英吉利海峡发生的历史上最大的油污事件。

事故发生后,引发出有关救助的新的法律问题:①船长签订救助合同的权利是否要明确写进公约。这个问题《1910年救助公约》没有规定。②救助方救助油船无效果,是否给报酬。

由于上述原因的存在,1979年9月,国际海事委员会受IMO的委托,成立了国际小组委员

会，研究救助法律，起草救助公约草案。1981 年 5 月，公约草案在蒙特利尔通过，之后提交 IMO 的法律委员会。该草案反映了救助人、保险人和保赔协会各方利益的妥协，有人称之为"蒙特利尔妥协案"（Montreal Compromise）。自 1984 年至 1988 年该草案曾经过 8 届会议的反复讨论，但对草案中的实质性条款未做大的改动。1989 年 4 月 15 日至 28 日，IMO 召开外交大会，正式讨论通过了该公约草案，定名为《1989 年国际救助公约》。我国于 1993 年 12 月 29 日召开的第八届全国人大五次会议通过决议加入该公约。该公约已于 1996 年 7 月 14 日生效。根据 CMI 官方网站上发布的 2014 年年报统计数据，截止到目前为止，该公约共有 65 个缔约国。

（二）《1989 年国际救助公约》的主要内容

《1989 年国际救助公约》共分 5 章 35 条，相对《1910 年救助公约》而言，做了较大的改动。其主要内容如下：

1. 扩大了救助标的的范围

这顺应了海上财产多样化的形势。《1989 年国际救助公约》规定的救助标的从《1910 年救助公约》的"海船、船上财产和客货运费"扩大为"船舶或任何其他海上财产"。

其中，公约第 1 条(b)项定义："船舶系指任何船只、船筏或任何能够航行的构造物。"可见，这里的"船舶"是个总概念，既可以是海船，也可以是内河船；既可以是大型船舶，也可以是小型船艇；既包括可航行的船舶，也包括搁浅船、弃船和沉船。但不适用于军舰或公务船。同时，公约对救助方也未做任何限制，不再要求救助方必须在船上，也可以在船舶以外的任何地点进行救助作业。公约第 1 条(c)项规定的财产，"系指非永久性和非有意地依附于岸线的任何财产，包括有风险的运费。"但由于美国的坚持，《1989 年国际救助公约》第 3 条排除了对已就位的从事海底矿物资源的勘探、开发或生产的固定式、浮动式平台或沿海钻井装置。理由是，救助此类财产需要专门的技术，如果救助不当，反而会造成更大的损失。

另外，按《1989 年国际救助公约》第 1 条(a)项的规定，该公约适用于发生在内陆水域的救助作业，而且不要求一定与船舶有关。这打破了海上救助的传统模式——救助作业限制在船舶之间，而且其中一方必须是海船。同时，为了不影响更多国家参加该公约，公约第 30 条允许对此做出保留。如前所述，我国在参加该公约时即对第 30 条(a)、(b)、(d)项做了保留。

2. 扩大了公约的适用范围

《1910 年救助公约》仅适用于属于缔约国所有的救助船或被救助船。《1989 年国际救助公约》扩大了其适用范围，第 2 条规定："本公约适用于在公约成员国提起的有关本公约所辖事项的诉讼或仲裁。"这意味着即使救助船和被救助船都不是公约成员国所属的船舶，只要救助当事方的某一方在某一公约成员国内提起诉讼或仲裁，公约就应被适用。

公约适用范围的扩大，还表现在救助标的范围和公约适用水域的扩大（如前述）。所以，该公约所指的救助，不单指海上救助，也包括内陆水域（inland waters）的救助。

3. 增加了特别补偿条款（special compensation clause）

该条款的增加是保赔协会妥协的结果，因为特别补偿最终由保赔协会承担（救助报酬最终是由船货的保险人承担）。该条款是"蒙特利尔妥协案"的一部分，也是《1989 年国际救助公约》的重要特点。公约第 14 条规定，当船舶或船上货物对环境损害（damage to environment）构成威胁时救助方对其进行了救助作业，救助财产无效果或效果不明显，且未能防止或减轻环境污损，根据第 13 条确定的救助报酬少于其所花费用时，救助人有权从该船的船舶所有人处获得相当于该费用的特别补偿。如果因其救助作业防止或减轻了环境污损,特别补偿额可增加到救助人所花费用的130%;在特殊情况下,法院或仲裁庭可将此项补偿额增至200%。①

其中,环境损害系指"由污染、沾污、火灾、爆炸或类似的重大事故,对人身健康,对沿海、内水或其毗连区域中的海洋生物、海洋资源所造成的重大的有形损害(substantial physical damage)"。救助人所花费用(salvor's charges),系指救助人在救助作业中合理支出的现付费用和在救助作业中实际使用设备和人员的合理费用。

另外,公约规定,适用特别补偿条款的前提条件是,特别补偿额高于根据第13条所确定的救助报酬,即救助人所获得的救助报酬不足以抵偿其所花费用,此时,特别补偿只支付差额。②如果由于救助方的过失未能防止或减轻环境污损,可全部或部分地剥夺其获得特别补偿的权利。

4. 明确了船长有权代表船货双方签订救助合同

这是接受了"阿莫柯·卡迪兹"案件的教训,第一次在国际公约中得到明确,使船长代表船、货双方签订救助合同的权利有了法律依据。

5. 公约增加了一些新条款

(1)在第13条确定救助报酬需要考虑的因素中,重点增加了救助人防止或减轻环境损害的技能和努力以及人命救助两个因素,体现了鼓励救助的宗旨。这是保险人在"蒙特利尔妥协案"中做出的妥协,使救助方、保险人和保赔协会之间达到新的平衡。

(2)被救助方接受获救财产的义务(公约第8条第2款)。

(3)获救财产所有人提供担保的义务(公约第21条)。

(4)获救财产所有人先行给付的义务(公约第22条)。这是国际公约中第一次出现的规定,对救助人的资金流转有利。所谓先行给付(interim payment),系指由被救助方向救助方事先支付救助方在救助作业结束后可得的救助款项的全部或一部分。先行给付的条件和数额由有管辖权的法院或仲裁庭公平、合理地确定。如果被救助方已做出先行给付,其所提供的担保应做相应的扣减。

第四节 海难救助合同

合同救助是目前普遍采用的救助形式。为避免在危难时刻签订的合同对被救方不利和当事方冗长的谈判贻误时机,各国制定了救助合同标准格式,供救助双方在需要时直接采用。在此重点介绍两种救助合同格式。

一、劳合社救助合同标准格式(Lloyd's Open Form: LOF)及SCOPIC条款

1891年,英国律师威廉姆·瓦尔敦首次设计了"劳合社救助合同标准格式"。该合同格式

① 我国《海商法》第182条参照《1989年国际救助公约》做了与公约第14条类似的规定。

② 救助报酬条款(第13条)与特别补偿条款(第14条)既有本质区别,又有密切联系。两者的关系请见司玉琢主编,《海商法》,法律出版社,2012年第三版,第306页。

曾先后经过1910年、1972年、1980年、1990年、1995年、2000年修改，是目前使用最广泛的救助合同格式。

2000年“劳合社救助合同标准格式”（LOF 2000）的主要内容如下：

（一）救助财产范围包括：船舶及其货物、运费、燃料、物料和任何其他财产，但不包括旅客、船长或船员的个人物品或行李（以下简称财产）。

（二）救助人应尽最大努力将获救财产送到协议的或指定的或任一安全地点。

（三）救助人应尽力防止或减轻对环境的损害。

（四）除特别补偿条款外，救助报酬以“无效果，无报酬”为原则。

（五）特别补偿条款可以选择并入救助合同。

（六）救助人可以合理地免费使用遇险船舶的设备，但不应使遇险船舶的财产遭受不必要的损坏。

（七）财产所有人与救助人通力合作的义务。

（八）被救船舶所有人有合理的终止救助权。

（九）“劳合社标准救助和仲裁条款”及“程序规则”应视为并入本合同，并构成本合同可分割的部分。

（十）担保规定：

1. 救助人应及时通知劳合社委员会要求获救财产所有人提供的担保金额，如果可行，也通知船舶所有人；对特别补偿要求的担保应在服务结束后2年内提出。

2. 船舶所有人及其受雇人、代理人应尽最大努力在放货前确保货主提供他们的救助担保比例部分。

3. 救助人在获得担保之前，就其报酬对获救财产享有船舶优先权。

（十一）仲裁规定和实施。包括仲裁员的指定，仲裁员的合理酬金和开支的负担，仲裁的权利等内容。

（十二）该合同格式对利息和兑换率、上诉与反上诉、付款规定及其他一般规定都有详细说明[①]。

另外，LOF 2000的一个最大修改是把SCOPIC条款并入到其中，使SCOPIC条款称为LOF格式救助合同“No Cure, No Pay”（主合同）的补充。[②] SCOPIC条款产生的背景是基于《1989年国际救助公约》第14条产生的问题。第14条是为了鼓励环境救助，对救助人给予特别补充的权利。但该制度在具体操作过程中，产生了许多问题：首先，特别补偿的计算方式特别复杂，以至于有两起大案分别耗费了4年和6年时间，每起案例的诉讼费用都超过了百万英镑。[③] 其次，特别补偿的起止时间不够明确。例如，1992年发生的“长崎精神”（Nagasaki Spirit）号油污案件就暴露出如何计算特别补偿的起止时间，自船、货对海洋环境构成威胁产生之时起至救助作业结束时为止如何证明。该案的判决将“环境损害威胁”的举证责任推给了救助人，这种苛刻的要求使救助人难以接受。再次，救助人取得被救助人的担保困难重重。这些问题引起了船舶所有人和互保协会以及救助人的关注。而且，该条款不适用于沿海、内河及其相邻水域

① 其全文见2000年《中国海商法年刊》第388～399页。

② 张丽英，《海商法学》，高等教育出版社，2010年第二版，第245页。

③ 司玉琢，《海商法》，法律出版社，2012年第三版，第309页。

之外的地方，其适用范围存在地理上的局限性。由于上述原因，“国际救助联盟”（International Salvage Union：ISU）、国际船东互保协会集团（International Group of P&I Club）、财产保险人（Property Underwriter）与国际航运公会（International Chamber of Shipping）四方代表协商一致，最终产生了“船东互保协会特别补偿条款”（Special Compensation of P&I Clause：SCOPIC）。这是一个既能加快海难事故处理速度，又能减少特别补偿法律争议的新机制。在该机制下，SCOPIC 酬金取代了《1989 年国际救助公约》下的特别补偿，而且该酬金的计算一律以附件 A 中所确定的费率为准，从而避免了《1989 年国际救助公约》下关于“合理费率”的法律争议以及烦琐程序。

需要注意的是，这里的“特别补偿”不同于《1989 年国际救助公约》第 14 条的特别补偿，这里不要求船、货一定要对环境构成损害威胁。虽然 SCOPIC 不能改变法律，但救助当事方可以选择适用含有 SCOPIC 条款的 LOF 2000 救助合同来规避《1989 年国际救助公约》第 14 条的烦琐规定，较好地解决了上述实际问题。SCOPIC 条款已于 1999 年 8 月正式使用，后经过 2000 年、2005 年、2007 年和 2011 年修改，最新版本为“SCOPIC 2011”。

SCOPIC 条款的主要内容如下：①

（1）救助方可在其选择的任何时间书面通知船舶所有人使用 SCOPIC 条款，无须考虑当时情况，尤其无须考虑船、货是否有“损害环境的威胁”。SCOPIC 酬金自书面通知到达船舶所有人处时起算。

（2）船舶所有人应在收到 SCOPIC 条款书面通知后 2 个工作日内，向救助方提供银行或互保协会的满意担保，担保数额为 300 万美元，包括利息和费用（称为“最初担保”）。

（3）“最初担保”提供后，经合理计算，认为担保数额不足或超出 SCOPIC 酬金的，当事方可重新协议，增加或减少担保数额。如就担保人、担保形式、增加或减少担保额不能达成协议，就此有关的任何争议都应提交仲裁解决。

（4）如果船舶所有人未在 2 个工作日内提供担保，救助方可在通知船舶所有人后，撤销使用 SCOPIC 条款。此时，《1989 年国际救助公约》第 14 条的特别补偿条款恢复其效力。

（5）SCOPIC 酬金按给出的费率表计算，其应得费用总和包括：人工、拖轮和其他船艇、可携式救助设备、实际支付的费用加上 25% 的奖励。

（6）即使救助的当事方就 SCOPIC 条款已达成协议，也不影响按《1989 年国际救助公约》第 13 条计算救助报酬，且 SCOPIC 酬金仅在高出救助报酬时，支付其高出部分。如果救助报酬高于 SCOPIC 酬金，高出部分的 25% 将从救助报酬中减掉，这是救助方轻率启用 SCOPIC 条款将可能面临的风险。

（7）救助方和船东均有权终止 SCOPIC 条款，如果终止使用 SCOPIC 条款，则自动回到主合同，适用《1989 年国际救助公约》第 14 条。

（8）SCOPIC 酬金高出第 13 条救助报酬的部分不应列为共同海损费用，应由船舶所有人单独承担。

（9）任何因使用 SCOPIC 条款或因适用此规定的救助作业而产生的争议，应依主合同的规定提交仲裁解决。

因此，就一具体救助案件，被救助人是否需要支付 SCOPIC 酬金，必须计算出：（1）最高

① 司玉琢，《海商法》，法律出版社，2012 年第三版，第 309～310 页。

SCOPIC 酬金；(2)实际 SCOPIC 酬金；(3)救助报酬。

表 18-1　三者的关系表①

关系	SCOPIC 酬金	救助报酬
救助报酬 > 最高 SCOPIC 酬金	无支付	救助报酬扣减差额部分的 25%
救助报酬 < 实际 SCOPIC 酬金	支付差额	不变
实际 SCOPIC 酬金 < 救助报酬 < 最高 SCOPIC 酬金	无支付	不变

二、中国海事仲裁委员会救助合同格式

此格式最初由中国国际经济贸易促进委员会海事仲裁委员会制定，适用于在我国海域进行的海难救助。《1989 年国际救助公约》问世，尤其是我国《海商法》生效后，中国海事仲裁委员会于 1994 年修改了原来的合同格式，增加了“特别补偿条款”。除要求对所产生的争议到中国仲裁并适用中国海事仲裁委员会仲裁规则外，其他条款内容未做大的变动。

① 司玉琢，《海商法》，法律出版社，2012 年第三版，第 309 页。

第十九章 共同海损

第一节 共同海损概述

一、共同海损的概念

在海上运输中,因海上自然灾害、意外事故或其他特殊情况引起的船舶、货物或其他海上财产的损失和费用的支出,称为海损(average)。按照状态,海损可分为物质损失和费用支出;按照程度,海损可分为全部损失和部分损失;按照性质,海损则可分为单独海损和共同海损。

单独海损(particular average: PA)是指海上自然灾害、意外事故或其他特殊情况所直接造成的船舶、货物或其他海上财产的损失和费用的支出。

共同海损(general average: GA),根据我国《海商法》第193条,是指在同一海上航程中,船舶、货物和其他财产遭遇共同危险,为了共同安全,有意地、合理地采取措施所直接造成的特殊牺牲、支付的特殊费用。

根据上述单独海损与共同海损的定义,可以看出二者有以下不同之处:(1)损失发生原因不同。单独海损完全是由海上自然灾害、意外事故或其他特殊情况等原因直接造成的;共同海损则是由于船舶、货物和其他财产在同一海上航程中遭遇共同危险之后,为了共同安全,有意而合理地采取某种措施而引起的特殊牺牲和支付的额外费用。(2)损失的承担方式不同。发生单独海损时,各方所受损失应由受损方自行承担或者在投保了船舶或者货运保险的情况下,分别由船舶保险人和货物保险人承担。当然,有些情况下,受损方有权依法要求有关责任方赔偿其所遭受的损失;而共同海损的牺牲和费用由于是为了船、货、船上其他财产的共同利益,人为地、有意地做出的,因此共同海损的损失和费用应当由各受益方共同承担。

举例来说,某轮因驾驶人员操船失误而搁浅,船长请求拖轮协助脱浅。因该轮车叶在搁浅时受损,船舶脱浅后无法自航,由拖轮拖至安全港口。船舶搁浅造成的船底损失和车叶受损,系搁浅这一海上事故所直接引起,属于单独海损,应由船方自行承担;因拖轮脱浅使船底造成的进一步损失,以及船方支付的救助报酬,系船方有意采取的合理措施所引起,目的是为了船方、货方的共同利益,因此属于共同海损,应由各受益方共同承担。

二、共同海损制度的历史沿革

共同海损制度是海商法中的一种特有制度，其历史源远流长。早在公元前9世纪的《罗德海法》中就有记载，“如果为了减轻船舶的负担，将所载货物抛入海中，此举是为了共同利益而采取的，其损失应由全体受益者分摊。”当船舶在海上遇险而发生抛货这一特殊情况时，基于公平原则逐渐形成了一种习惯做法，即无论抛弃谁的货物，抛货的损失应由获得利益的各方按获益大小在航程结束时分摊，以此来赔偿受损方因为抛货所遭受的损失。在罗马帝国时期的《十二铜表法》中也有“一方为大家牺牲的财产，应由大家来补偿”的规定，同样体现了共同海损分摊的思想。

后来，罗马法中关于共同海损的原则被各国所采纳，而且有了新的发展，但“海损”这一名词直至公元1160年左右才第一次出现，指分摊或分摊价值之意。公元1341年颁布的《热那亚法典》中，该名词被进一步引申解释为“为了共同安全引起的费用或损失由全部财产分摊”，这一规定可看作是英文名词AVERAGE的由来。1721年的鹿特丹法典确立了共同海损的准确提法——GENERAL AVERAGE，并沿用至今。

18世纪以后，海运事业迅速发展，木帆船已被蒸汽机船所代替。尽管远洋船舶抵御海上风险的能力大大加强，但海损事故仍不断发生，而且损失越来越严重。为了解决船货损失的补偿问题，共同海损分摊制度又得到进一步发展，并得到广泛应用。海上运输中大量使用的提单、租船合同和海上保险合同等均订有共同海损条款，表明了共同海损制度应用的广泛性。

在我国《海商法》中，也同样列出专章确立了共同海损制度，使得我国共同海损实践具有了法律依据。

三、共同海损的构成要件

根据我国《海商法》第193条关于共同海损的定义，共同海损的成立应当具备如下要件：

（一）船舶、货物及船上其他财产必须处于共同危险状态

海上货物运输的关系方比较复杂，主要有船舶、货物和运费三方，但运费通常依附于船舶或货物的安全，如果船舶遇险，载运货物受损，则运费的请求权人也会因为船舶、货物的灭失、损坏而无法主张运费，因此共同海损事故涉及的主要关系方是船、货两方。共同海损成立的前提是海上货物的运输中发生的危险应当危及船舶和货物等两个或两个以上的共同利害关系方。无论发生何种海难事故，如果受到损害危险的只有船舶或货物一方，无共同利害关系方，也就无共同危险可言，因此不能构成共同海损。例如，载货船舶上发生火灾，如不采取灭火措施，船舶和货物都将遭受全损，因此船舶、货物都处于共同的危险中。如果船舶处于空载状态，船上没有货物或者没有归属于船方以外的其他所有人的财产，便不会发生共同海损。另外，如果船上冷藏设备发生故障，仅仅危及冷藏货物的安全，不涉及船舶的安危，也不产生共同海损。

船舶、货物和船上其他财产所遭受的共同危险，必须是实际存在的和真实的，而不是臆测或推断的。例如，某轮船长在航行中生病不能执行任务，至新船长接任的整个期间内，该船舶一直在中途港停泊，在此中途港额外停留期内的港口费用、船员工资、给养、燃物料消耗能否列为共同海损呢？这就要看船舶在额外停留期间是否处于实际危险之中。显然，船舶在此停留期间始终没有处在任何危险之中，船长生病，由其他称职船员代理职务（例如大副），以及派新船长接任，都是船方在货物运输中应履行的义务，为此支付的额外费用，应由船方负担，不能列

为共同海损。

这里所说的真实危险,并非是说一定要处于紧迫、立即发生的危险当中。也就是说,即使这种危险不会即刻发生,当时并未危及船舶、货物和船上其他财产的共同安全,但如不采取特殊的必要措施,将不可避免地给船舶、货物和船上其他财产带来共同灾难的危险,就是真实危险。例如,船舶在海面较为平静的情况下搁浅,且海底底质为沙土,虽然搁浅当时危险并不紧迫,但如果船舶不能在涨潮时自行脱浅,即应当认为处于真实危险之中。

(二)采取的共同海损措施是有意而合理的

共同海损措施又称共同海损行为。所谓有意的措施,是指船方主观上明知采取某种措施会导致船舶、货物和船上其他财产的损害,但为了避免船舶、货物和船上其他财产遭受共同危险所带来的更大损害而不得已采取的措施。例如,船舶因驾驶操纵失误而搁浅,船长为解除共同危险,采取超负荷倒车使船舶脱浅,因而使主机遭受损坏。由于这种损失是船方有意采取措施所造成,可列入共同海损。

所谓合理的措施,是指一名具有良好船艺的船长或其他有权负责船舶驾驶和管理的人员,在考虑了当时的客观条件、各种可能的应急措施的可行性和客观效果因素之后,选择的能以最小的牺牲或费用获得共同安全的措施。例如,当船舶搁浅时,如可以不抛货,就不应抛货;如需要抛货,就抛弃重货、低价货,并注意抛货的数量。措施是否合理,需根据具体情况确定。

(三)共同海损牺牲、费用是特殊的、额外支付的

共同海损牺牲是指共同海损措施所引起的船舶、货物和船上其他财产的特殊的物质损失;共同海损费用是指由于共同海损措施所支出的额外费用。

判断一项船舶、货物和船上其他财产的物质损失是否是一种特殊的损失,或者说是否属于共同海损牺牲,必须对造成损失的原因进行分析。例如,同样是货物湿损,如果是海水由舱盖板进入船舱所造成的,则不属于共同海损;但如果是由于救火而造成货物湿损,则是人为造成的特殊损失,因而属于共同海损牺牲。

同样,共同海损费用应当是额外支付的费用,也就是说,共同海损费用在正常海上运输情况下是不该发生的。但是如果为了解除船舶、货物和船上其他财产所面临的共同危险,采取共同海损措施所支付的正常航行所需费用以外的费用,便构成共同海损费用。举例来说,船舶因主机故障在海上失去自航能力,用拖轮拖至原定目的港修理,则即使船舶不发生危险,船舶进出该目的港的港口费用仍会发生,故属于正常营运费用,不构成共同海损费用。但是,如果船舶因失去自航能力而请求拖轮拖到避难港修理,因此支出的救助费用则属于额外的费用,构成共同海损费用。

另外,共同海损牺牲和费用必须是采用共同海损措施所直接造成的。这一要求也应根据具体情况做出判断。

(四)共同海损措施必须有效果

所谓共同海损措施有效果,是指在船舶、货物和船上其他财产面临共同危险的情况下,船方所采取的措施,达到了全部或部分地保全船舶、货物和船上其他财产的目的。如果措施没有效果,即船舶、货物和船上其他财产全损,便没有获救财产价值,从而失去了分摊海损的基础,共同海损就不能成立。强调共同海损措施有效果,并不是要求船舶、货物和船上其他财产都获救,只要有部分财产获救,就可以以获救财产作为基础,参加共同海损分摊。

以上是共同海损必须具备的四项条件。尽管实践中具体海损事故的情况不同，但判断是否构成共同海损，仍须以上述四项要件为依据，全面进行衡量。

第二节 共同海损的表现形式

共同海损制度从产生到现在已经历了千百年的实践，由于海上运输活动的国际性，各国均认识到有必要制定一个统一的共同海损理算规则，以谋求共同海损的成立条件、共同海损牺牲和费用的形式范围以及共同海损分摊标准等问题的统一。《约克—安特卫普规则》作为一个共同海损理算方面的民间规则因此应运而生，经过一百多年的实践已被航运界广泛采用，并作为国际惯例而被各航运国家所遵循。我国也有类似的民间理算规则《北京理算规则》，是《中国国际贸易促进委员会共同海损理算暂行规则》的简称，由中国国际贸易促进委员会制定，于1957年1月1日起施行。

一、约克—安特卫普规则

《约克—安特卫普规则》自1877年正式定名以来曾先后经历七次修改，现行有效的有1877年、1890年、1924年、1950年、1974年、1994年和2004年规则。上述各规则是独立并行的关系，在实践中究竟采用哪一个，可以由当事人在合同中约定。但是在实践中一个新的规则产生后，很少有人再采用旧的规则。因为每一次的修改都在新的历史时期达到了众多关系方的利益新平衡，同时在内容上逐渐趋于合理。《约克—安特卫普规则》最近的一次修改是在2004年进行的，修改后的规则称为《2004年约克—安特卫普规则》。长期以来，人们对共同海损制度的质疑和抱怨大都集中在共同海损的复杂、冗长而费时的理算程序上，所以，2004年进行的这次修改核心问题就是简化共同海损理算。

在实践中，《1994年约克—安特卫普规则》已得到了普遍的采用，其内容为业界广泛熟悉和接受，所以《2004年约克—安特卫普规则》是在大部分保持了《1994年约克—安特卫普规则》内容基础上进行的修改，基本上维持了船东、保赔协会、保险人、货主、救助人、理算人等各方的利益平衡。在《约克—安特卫普规则》演变过程中划分出了字母规则和数字规则，两种规则与首要规则同时对共同海损做出规定。其中字母规则和首要规则确定了共同海损的定义及共同海损构成要件（详见第一节）的判定方法，而数字规则罗列了可以列为共同海损的具体项目。字母规则和数字规则的解释规则是：数字规则里有规定的应优先适用数字规则，数字规则没有规定的才按照字母规则理算，即数字规则优先于字母规则。正因为如此，《2004年约克—安特卫普规则》仅对数字规则做了修改，数字规则没有修改的部分，仍然维持原来效力。

《2004年约克—安特卫普规则》全文共32条，包括解释规则和首要规则各1条，字母规则7条，数字规则23条。与《1994年约克—安特卫普规则》相比，具体修改的内容包括：

1. 规则Ⅵ（规则6）关于救助报酬的变化

《2004年约克—安特卫普规则》原则上把救助报酬从共同海损中删除了。但是，规定了该原则的例外，即当一方代另一方支付了本应由另一方支付的部分或全部的救助报酬时，救助报酬才列入共同海损。同时，救助报酬包括相关的利息和法律费用。其中，利息即是因迟延支付救助报酬而产生的利息，法律费用指为分摊及支付救助报酬而进行的诉讼或仲裁产生的费用。该条规则被认为是到目前为止《约克—安特卫普规则》最重要的一项修改，在一定程度上起到了简化共同海损理算的作用。

2. 规则Ⅺ（规则 11）关于船舶在避难港停留期间的船员工资和给养及其他费用变化

在《2004 年约克—安特卫普规则》规则Ⅺ的 c 款中，为了共同安全或为了安全完成航程对船舶进行修理，船舶进入和停留在避难港及其后驶离避难港期间船员的工资、给养不再列入共同海损。此条是保险人努力争取的结果，原因是在实践中有些船舶所有人借进入避难港的机会，对与共同海损行为无关的船舶损害部分进行修理，此期间产生的船员工资、给养也同样列入共同海损，要求各关系方分摊，对于保险人来说是不公平的。

3. 规则ⅪⅤ（规则 14）关于临时修理费用规定的变化

《1994 年约克—安特卫普规则》将临时修理费用分为两种，即 a 款为了共同安全或因共同海损牺牲而进行临时修理；b 款为完成航程对意外损坏进行临时修理。《2004 年约克—安特卫普规则》保留 a 款的规定，只对 b 款的情况做了限制，即“本规定加在 b 款之后，该种临时修理费用，应以在装货港、停靠港或避难港进行临时修理的费用与最终进行永久修理的费用之和，或如在理算时未进行修理，则与航程完成时船舶的合理贬值之和超过假如在装货港、停靠港或避难港进行永久修理所需费用的数额为限”。

在实践中，船东在避难港进行永久修理可能会给各方都带来损失或风险，如为了修理船舶而需要搬移货物的倒舱费、船员工资、给养、船上物料、船期的损失、迟延交付的索赔、货方货损的风险等等，所以船东多会选择在避难港进行临时修理，在航程完成后再进行永久修理。表面上看来，维护了各利益方的利益，但是由于各地经济发展水平等原因，船东往往会由于这样的安排而节省很多费用。这里的费用不仅包括节省的可能额外产生的费用，很可能还包括船东额外获利的费用，这对于共同海损分摊方是不公平的。所以，《2004 年约克—安特卫普规则》做了这种限制，但是能否起到限制船东恶意行为、公平对待分摊各方的作用，还要在实践中进一步检验。

4. 规则ⅩⅩ（规则 20）关于手续费规定的变化

《2004 年约克—安特卫普规则》对《1994 年约克—安特卫普规则》的修改主要是将原来第一部分 2% 的手续费从共同海损分摊中去掉，该费用留待在共同海损利息中，从经济学角度综合考虑。由于该手续费额度不大，将它从共同海损理算中去掉，对共同海损费用的分摊影响不大，整体上也不影响各关系方之间的公平，并且对简化共同海损理算也有实际意义。

5. 规则ⅩⅪ（规则 21）关于共同海损利息的修改

针对该条，《2004 年约克—安特卫普规则》对《1994 年约克—安特卫普规则》的修改是：“不再采取固定的 7% 年利息率，而代之以由国际海事委员会每年确定的将适用下一年度的年利息率。”也就是说，国际海事委员会将采用变化的年利息率。同时，在该条还规定了计算年利息率的方法和公布的方式。这种采用变化的年利息率的方法，符合经济发展水平，均衡考虑各方的利益，将垫付手续费与利息综合考虑，起到简化共同海损的作用。

6. 规则ⅩⅩⅢ（规则 23）关于共同海损分摊的时效

这条规则是《2004 年约克—安特卫普规则》的新增内容，具体可以参见本章第五节的内容。

下面按照《2004 年约克—安特卫普规则》的新规定，对共同海损牺牲和费用的表现形式予以介绍。

二、共同海损牺牲

（一）抛弃货物、燃物料或船舶属具的损失

共同海损制度最初是由抛弃货物发展起来的。有关共同海损的原则及损失的补偿和分摊的做法，都是在处理抛弃货物造成损失的基础上逐渐建立并发展起来的。《2004年约克—安特卫普规则》对抛弃货物等有两条规定，即规则Ⅰ“抛弃货物”和规则Ⅱ“为了共同安全做出牺牲所造成的损失。”根据《2004年约克—安特卫普规则》，抛弃的对象不仅限于符合贸易习惯的货物，还包括船舶物料和燃料，只要上述财产是为了解除共同危险而被有意抛弃的，都属于共同海损牺牲。但是，如果被抛弃的是已经被风浪或其他原因毁坏的货物或燃料、物料，则不得作为共同海损补偿，因为这些财产在被抛弃时已不具有任何经济价值，即使不存在共同危险，迟早也会被抛弃。

浪击落海损失与抛弃不同。抛弃是为了解除船货共同危险而有意采取的一项共同海损措施，而浪击落海损失是船上的货物或物料被海浪冲击落海，是意外事故造成的直接后果，因此不属于共同海损牺牲。

根据《2004年约克—安特卫普规则》，在甲板上的财产被抛弃的情况下，可以作为共同海损牺牲的财产只限于根据航运习惯或当事方协议允许置放在甲板上的船舶物料和货物。

在发生抛弃行为的情况下，不仅被抛弃的财产可以列为共同海损，由于抛弃行为而进一步造成的其他财产的损毁也可以列为共同海损，如因开舱抛货，海水浸入货舱，使其他货物遭受湿损，都属于共同海损。

另外，在发生抛弃行为的情况下，可以列为共同海损牺牲的损失只限于同一航程中的财产损失，而不应扩展至其他损失如因抛弃而发生的污染损失等。

（二）扑灭船上火灾的损失

船舶在海上航行，可能由于各种原因发生火灾，不论这种原因是船员的过失，还是自然灾害，如雷电，只要发生火灾，就会危及船货的共同安全。因此，根据《2004年约克—安特卫普规则》，为了扑灭船上火灾，因水或采取灭火措施时踩踏等其他原因使船舶、货物遭受损坏，包括将着火船舶搁浅或凿沉所造成的损坏，均应作为共同海损受到补偿。

在船上发生火灾情况下，如采用封舱灌水来灭火，可能船上有部分货物被火烧坏，部分货物被水浸湿，部分货物被烟熏或火烤损坏，对于上述损失，原则上被火烧毁部分不属共同海损，水损部分应列为共同海损牺牲。但是，对于烟熏火烤损失是否列入共同海损一直有较大争议。根据《2004年约克—安特卫普规则》，由于烟熏或火烤所造成的损坏，不应列入共同海损牺牲。

（三）切除残损物的损失

在船舶遭受海上危险的情况下，其桅杆、船舷或其他部分会遭受损坏，这种损失属单独海损。但是有些情况下如果残存的桅杆、舱舷等不被切除，将会危及船货共同安全。受损的残余物在被切除前可能有一定残余价值，但确定其是否具有价值及价值大小是非常困难的，因此，根据《2004年约克—安特卫普规则》，因切除由于意外事故原已折断或实际上已经毁损的船舶残留部分所遭受的损失，不得作为共同海损受到补偿。这里的“损失”是指残留部分本身的损失，而不是指在切除残毁物体时可能造成的船舶其他部分的损失。对于因切除残损物造成对

船货的进一步损害和引起的费用,如因切除被折断的桅杆而使螺旋桨遭受的损失,根据《2004年约克—安特卫普规则》,可以作为共同海损而得到补偿。

(四)船舶有意搁浅造成的损失

船长为了避免船舶触礁、沉没或为了扑灭火灾,而主动将船舶驶往浅滩或将船舶凿沉于浅水地带称为有意搁浅。根据《2004年约克—安特卫普规则》,船舶不论是否势必发生搁浅,如果为了共同安全而有意搁浅,因此所造成的共同航程中的财产损失应作为共同海损。

船舶有意搁浅是一项共同海损措施,不仅是为起浮搁浅船舶而造成的船舶进一步的损失、货物的损失,而且搁浅本身造成的损失同样可以列为共同海损。

应注意的是,根据《2004年约克—安特卫普规则》,只有因有意搁浅所造成的共同航程中的财产损失才能列入共同海损,从而将非共同航程中的财产损失如因有意搁浅产生的污染损失排除在共同海损范围之外。

(五)机器和锅炉的损坏

对于搁浅并处于共同危险之中的船舶和货物,为了使船舶重新起浮,致使机器及锅炉超负荷使用而遭受损害,由于此种措施是为了共同安全而采取的,因此产生的损失可列入共同海损。但是,如果船舶在漂浮状态下,因使用推进器或锅炉而遭受的损害,则不能作为共同海损。这是因为船舶在漂浮状态下,对机器或锅炉并未构成特殊危险,此种情况下造成的损害,只能作为单独海损处理。

(六)作为燃料而使用的货物、船用材料和物料的损失

当船舶遭遇危险,所配备的燃料被耗尽时,船长决定将船上所载的某些货物、船用材料或物料作为燃料烧掉,此种损失可作为共同海损。对此,《2004年约克—安特卫普规则》规定,在遭遇危险时,为了共同安全的需要,用作燃料的货物、船用材料和物料,应认作共同海损;但船用材料和物料费用受到补偿时,为完成原定航程本应消耗的燃料的估计费用,应从共同海损中扣除。

(七)在卸载等过程中遭受的损坏

船舶遭受海难事故后,为了船货共同安全,或为了检修船舶以使安全完成航程,有时需要在避难港搬移、卸载船上部分货物或船舶燃料、物料。在避难港发生的卸载、存仓、重新装载和积载、搬移船上货物或燃物料通常也称作共同海损行为。因此而造成的船舶、货物的损失,列为共同海损。例如船舶在起浮脱浅时,船底破裂海水进入船舱,船舶驶入避难港后,继续处于共同危险之中,为了共同安全,必须卸载部分货物才能进行检验修理,因卸货而造成的船舶或货物损失即属于共同海损。

三、共同海损费用

共同海损费用是指由于采取共同海损措施而支付的额外费用,主要包括如下几种:

(一)救助报酬

救助报酬又称救助款项,是由与遇难船舶或货物无关的第三方根据契约或海上法律对遇难船舶、货物或其他财产进行抢救而获取的报酬。救助人进行救助作业,如果被救助方只是船舶一方或其他财产一方,救助报酬应由被救助方独自承担,与共同海损无关。如果被救助的对象涉及船舶、货物与其他财产等多个利益方，此时，若救助报酬已由各利益方分别承担，则救助报酬不再列为共同海损费用，这是《2004 年约克—安特卫普规则》原则上的规定。但是有例外的规定，即在多个利益方的情况下，一方代多方部分或全部垫付的情况下，该救助报酬是列入共同海损的。《2004 年约克—安特卫普规则》只是在救助报酬是否列入共同海损费用的问题上做了改变。

但是根据《1994 年约克—安特卫普规则》的规定，救助报酬可以列为共同海损费用，即航程中各有关方所支付的救助报酬，不论救助是否根据合同进行，都应列入共同海损，但以使在同一航程中的财产脱离危险而进行的救助为限。根据上述规定，可以列入共同海损的救助报酬不仅限于根据契约进行的救助，还包括根据海上法律进行的救助。

例如某船遭遇海难，船长为了船员人身安全宣布弃船，其后被一拖轮发现并将其拖往安全港口并向该船索取救助报酬。对此种纯救助，遇难船并未采取任何有意而合理的措施，虽不符合共同海损定义的要求，但根据《1994 年约克—安特卫普规则》的规定，此项救助报酬仍可被列为共同海损。

一般说来，救助报酬的高低与救助所取得效果的好坏、被救财产价值的高低有着直接关系，即救助取得的效果越好，被救财产价值越高，救助报酬相应越高。但是，近年来随着海上石油运输的发展，各种有毒有害物质对海洋环境的危害日益严重，为鼓励对装运危害环境物质的船舶进行救助，《1989 年国际救助公约》规定，确定救助报酬时，应考虑救助方为“防止或减轻环境污损所做的技能和努力”。因此，根据《1994 年约克—安特卫普规则》和《2004 年约克—安特卫普规则》，能够列入共同海损费用中的救助报酬，都包含了可以考虑防止或减轻环境污损的技能和努力这一因素；但未将“特别补偿”列入共同海损费用。“特别补偿”不能列入共同海损的原因在于，它是在救助未取得效果的情况下，为了有效地保护海洋环境，用以补偿为救助所花费用或成本的一种特殊措施，它与共同海损制度所要求的“共同海损措施必须有效果”的原则不相符，因而不能要求其他各方进行分摊。

（二）避难港费用

当船舶因意外事故、牺牲或其他特殊情况，为了共同安全而进入避难港口，或驶回原来的装货港所发生的费用，应列入共同海损，避难港费用包括：

（1）从出事地点驶入避难港（或原装货地点）和船舶在避难港期间直至驶回原出事地点期间因航程延长而发生的额外费用，如燃料、物料、淡水的消耗。按照《2004 年约克—安特卫普规则》规定，船员工资、给养是不算在内的。

（2）船舶驶入和驶出避难港的引航费、拖轮费及其他港口使费和在避难港停留期间的码头费等。

（3）为共同安全的需要，或为安全完成航程而在避难港对船舶进行修理时所发生的货物、燃料或物料的倒载、卸载费用；被卸下货物、燃料或物料的贮存费、重装费及积载费（须以货物、燃料或物料的倒载及卸载费被列入共同海损为前提）。

（三）修理费用

船舶因发生共同海损而进行修理时，所支付的修理费用，可列入共同海损而得到补偿。船舶修理有两种形式：一种是永久性修理，即对船舶按照正规修理的要求，进行恢复船舶适航性的修理，如果船舶受损是由共同海损措施造成的，修理费用应列入共同海损。

另一种是临时性修理，是指对受损船舶进行最低限度的，以保持其在一定期限内适航性的修理。同样，如果船舶受损是由共同海损措施造成的，临时修理费亦应列入共同海损参加分摊，而且临时修理不须做“以新换旧”的扣减，只是根据《2004 年约克—安特卫普规则》，理算方法上有变化而已。

（四）代替费用

代替费用是一种为了节省或取代原应列入共同海损的费用而支付的费用，代替费用本身可能不直接具备共同海损费用的条件，但由于支付了该项费用，可以避免或节省原应列入共同海损的费用，此种费用对各受益方是有利的，因此，该项代替费用可以列入共同海损参加分摊。例如，船舶发生共同海损，在修理期间，由于修理工人加班，从而节省了本应支付的额外费用，因此加班费可作为代替费用列入共同海损参加分摊。又如，因船舶在避难港需较长时间的修理，船方将货物交由他船转运至目的港，此项转运费用可代替因转运而节省的货物仓储和保管费用，可以列入共同海损参加分摊。但是，代替费用列入共同海损时，不得超过被代替的共同海损费用的总额。

（五）共同海损利息

根据《2004 年约克—安特卫普规则》，在共同海损理算时，对共同海损费用、牺牲等损失，将按照浮动的、每年确定一次的利息率来计算利息，计算至共同海损理算书编成之后 3 个月。

（六）共同海损理算费用

共同海损理算费用是由共同海损理算人或理算机构向申请理算的人收取的劳务费用。根据习惯，该项费用亦列为共同海损费用。主要包括共同海损损失金额的鉴定费用、共同海损分摊价值的鉴定费用、理算人的报酬、差旅费和通信费用等。

近年来，随着航运实践和法律的发展，鉴于实践中产生的问题和争议，国际海事法律界对《2004 年约克—安特卫普规则》加以修改完善的工作一直没有中断。在各国海商法协会对相关问题答复和咨询意见的基础上，CMI 成立的国际工作组对此问题的研究形成了若干会议记录（minute）、研究报告（report）和工作文件（working paper）。最近的一份工作文件是 2015 年 6 月在伊斯坦布尔召开的 CMI 会议上发表的，该文件包括三个部分：第一部分是工作组对《2004 年约克—安特卫普规则》修改的建议草案，包括拖航情况下的共同安全问题（Rule B）、救助报酬是否应当列入共同海损（第 6 条）、避难港的工资和港口使费列入共同海损的范围问题（第 11 条）以及共同海损分摊价值的确定问题（第 17 条）等。第二部分讨论较为复杂的货币折算和理算师的法律地位问题，这些问题尚未形成统一认识，仍有待研究。第三部分是与共同海损有关的操作指南，该部分针对共同理算的常见做法和程序，提出一套供当事人自愿选择的指南，有利于尽量达成共识、减少争议和便利共同海损案件的处理。[①] 当前国际上对共同海损理算问题的研究工作虽然尚未形成生效的规则，但对于促进这一制度的合理性和可操作性，降低交易方的法律风险和成本以及保障航运业的健康发展，具有积极意义。

---

① 参见国际海事委员会网站 http://www.comitemaritime.org/Review-of-the-Rules-on-General-Average/0,27140,114032,00.html

第三节　共同海损与过失的关系

导致共同海损发生的原因是多种多样的，但无非是自然灾害、意外事故和当事人的过失几种情况。在前两种情况下，船舶、货物和船上其他财产面临共同危险的情况时，船长为了船、货的共同安全而采取的共同海损行为所导致的共同海损的特殊牺牲和特殊费用，应当由各受益方按各自财产的比例进行分摊。问题在于在后一种情况下，因当事人的过失所导致的共同海损还能否要求其他当事人分摊以及如何进行分摊。在实践中，许多共同海损是由于当事人的过失所引起的。这里的当事人具体指托运人和承运人两方，所以须从以下两个方面考虑：

一、托运人的过失所致的共同海损

我国《海商法》第 70 条规定："托运人对承运人、实际承运人所遭受的损失或者船舶所遭受的损坏，不负责赔偿；但是，此种损失或者损坏是由于托运人或者托运人受雇人、代理人的过失造成的除外。"这一规定明确说明我国海商法在海上货物运输方面对托运人实行的是过错责任原则，即只有托运人的过失所造成的损失，托运人才负责赔偿；反之，无须承担赔偿责任。从这个角度来理解，在托运人的过失导致共同海损的情况下，既然损失由托运人来负责赔偿，也就不存在共同海损分摊的问题。也就是说，有责任的承担者就不存在共同海损分摊的问题。例如《海商法》第 68 条第 1 款规定，托运人托运危险货物，应当依照有关海上危险货物运输的规定，妥善包装，做出危险品标志和标签，并将其正式名称和性质以及应当采取的预防危害措施书面通知承运人；托运人未通知或者通知有误的，承运人可以在任何时间、任何地点根据情况需要将货物卸下、销毁或者使之不能为害，而不负赔偿责任。托运人对承运人因运输此类货物所受的损害，应当负赔偿责任。

但是在托运人没有过失的情况下，结果就不同了。共同海损分摊和违约赔偿是两个不同的概念。违约赔偿是指因当事人不履行或不适当履行合同义务，给对方当事人造成经济损失时所应承担的法律后果；而共同海损分摊是为了公平分担海上风险而在合同中所做的一种约定。

承托双方都没有过失，但为了履行公平分担海上风险而在合同中所做的约定，托运人和承运人双方都要参加共同海损的分摊。如《海商法》第 68 条第 2 款规定，承运人知道危险货物的性质并已同意装运的，仍然可以在该项货物对于船舶、人员或者其他货物构成实际危险时，将货物卸下、销毁或者使之不能为害，而不负赔偿责任。但是，本款规定不影响共同海损的分摊。

损害赔偿和共同海损分摊也是两个不同的概念。同理，如前所述，前者是法律规定的一种责任，而后者是为了公平分担海上风险而在合同中所做的一种约定，这种约定的履行在双方都没有过错或托运人没有过错而承运人有可免责过错时，体现得最明显。

二、承运人过失所致的共同海损

在世界范围内，由于各国对海上承运人的鼓励，当提到承运人的过失时，就要分成两种情况来分析:一种是可以免责的过失;另一种是不可免责的过失。对承运人的这两种过失所导致的共同海损,其法律后果也是不同的。

(一)承运人可以免责的过失所致的共同海损

所谓承运人可以免责的过失,是指承运人虽有过失,但根据海上货物运输合同和有关法律规定,对于此种过失,承运人可以免除赔偿责任。例如,不论是《海牙规则》《维斯比规则》,还是我国《海商法》,均规定承运人对于因船长、船员驾驶船舶或管理船舶的过失以及非承运人本人的过失引起火灾所致的货损不负赔偿责任。对于因上述承运人可以免责的过失所引起的共同海损损失,应当由各受益方按各自获救财产价值的比例分摊共同海损。在实践中,作为承运人的船公司通常是通过在提单上加入“新杰森条款”的方式来达到要求各受益方分摊共同海损的目的。

新杰森条款(New Jason clause)是在杰森条款(Jason clause)基础上发展而来的。由于美国曾经有判例认为,根据《1893 年哈特法》的规定,对于驾驶船舶的过失,船东可以免责,但不能请求货方分摊共同海损的损失,因此美国提单中普遍订立一个条款,即共同海损疏忽条款(general average negligence clause)。其表明承运人有过失时,如果根据《1893 年哈特法》(Harter Act 1893)或美国海上货物运输法(COGSA)无须对货物灭失或损坏负责时,允许承运人从货物所有人处收取共同海损分摊。该名称起源于美国最高法院关于 The Jason 225 U. S. 32 (1912)案的判例,该条款根据《1893 年哈特法》得到支持,因而被称为“杰森条款”。该条款在美国颁布 1936 年 COGSA 之后,补充规定“当船舶因船长、船员或引航员的过失发生事故而采取救助措施时,即使救助船与被救助船同属于一个船公司,被救船仍需支付救助报酬,该项救助报酬可作为共同海损费用”,因此该条款也被称之为“新杰森条款”。美国法院已确认“新杰森条款”在租船合同中的效力,但是上述条款在班轮运输中的效力尚未明确。

简而言之,杰森条款的内容是在船方存在过失的情况下,仍可要求货方参加共同海损分摊。而相比之下,新杰森条款的“新”字,是指姊妹船救助视为第三方救助,货方对由此产生的救助报酬,如果构成共同海损的,仍需参加共同海损分摊。

(二)承运人不可免责的过失所致的共同海损

所谓不可免责的过失,是指在海上货物运输合同和有关法律规定的免责范围之外的过失,例如,未提供适航船舶、运输中发生不合理延误以及不合理绕航等情况。如果引起共同海损特殊牺牲、特殊费用的事故,确实是由于航程中一方不可免责的过失造成的,那么该过失方不仅需对全部共同海损损失负责,而且无权要求其他受益方分摊共同海损损失,同时该过失方还须对其他方由此事故所引起的一切其他损失负赔偿责任。

在引起共同海损特殊牺牲、特殊费用的事故是否是由航程中一方的过失以及何种过失所引起的问题尚未明确的情况下,可以先推定航程中各方均无过失而进行共同海损理算,然后在决定共同海损分摊之时或之前,再确定共同海损事故是否是由于航程中一方的不可免责的过失引起的。如果是,其他非过失方就无须参与分摊共同海损;如果不是,其他非过失方应当根据合同或有关法律规定参与分摊共同海损。在此期间,非过失方或者过失方还可以通过诉讼或其他方式就此项过失提出赔偿要求或者进行抗辩。例如,货方可以就船方的过失给货物造成的全部损失要求船方予以赔偿,而船方亦可就其根本没有过失或者该过失是可以免责的过失进行抗辩,即《海商法》第 197 条规定:“引起共同海损特殊牺牲、特殊费用的事故,可能是由航程中一方的过失造成的，不影响该方要求分摊共同海损的权利；但是非过失方或者过失方可以就此项过失提出赔偿请求或者进行抗辩。”

我国《海商法》第197条的规定主要适用于在航程中有关方的过失处于不明确状态时，将共同海损理算与分摊、提出赔偿请求以及进行抗辩等予以分别处理，即在进行共同海损理算时，可以不问有无过失，而将其留待具体进行共同海损分摊时再加以解决。这样处理，旨在避免共同海损事故各当事方因共同海损事故责任争执不休导致不必要的损失扩大，从而有利于及时、公平、合理地解决共同海损理算问题。

在实践中，当发生共同海损事故时，不论是否涉及船方的过失，作为船方，一般都宣布共同海损。因为，如果该轮参加了船东互保协会，在货方拒绝分摊共同海损的情况下，对于货方拒绝分摊的部分，船方还可向船东互保协会主张赔偿。但如果船方因担心货方拒绝分摊而不宣布共同海损，则会被视为放弃了请求分摊的权利，因而船方便无法再向船东互保协会请求赔偿。

综上所述，对于当事人过失导致的共同海损，各方是否参加分摊的问题，简单概括如下，可以参考表19-1帮助理解。

表19-1　过失导致的共同海损及其分摊

当事人	过失状况	免责状况	各方参加共同海损的分摊情况
托运人	有过失		不参加分摊，由托运人承担赔偿责任
	无过失		参加分摊
承运人	有过失	可以	参加分摊，承运人通过“新杰森条款”实现
		不可以	不参加分摊，由承运人承担赔偿责任
	无过失		参加分摊

第四节　共同海损理算

一、共同海损理算的概念

共同海损理算，是指由国家认可的具有一定资格的专业机构或人员，按照理算规则，对共同海损的损失和费用、各受益方的分摊价值，对各方应分摊的共同海损的数额所进行的审理和计算工作。

（一）海损理算人

海损理算人是指专门从事共同海损理算的机构或人员，又称海损理算师。我国进行海损理算的机构是中国国际贸易促进委员会内设的海损理算处。凡是在运输合同中规定共同海损在中国理算的，均由该理算处进行理算。

目前，世界上主要的海运国家都设有海损理算机构。英国的海损理算机构在国际上影响较大，而且英国在世界许多国家和地区均设有海损理算分支机构。

（二）共同海损理算程序

进行共同海损理算，首先应当由申请人提出委托，然后由理算人进行调查研究，确定哪些项目属于共同海损，哪些项目属于单独海损。在此基础上，确定共同海损损失的项目和金额，计算出各受益方应分摊的价值和分摊的金额，确定各受益方应收取或支付的金额并判定结算办法，最后编制出共同海损理算书。

二、共同海损的理算方法

（一）共同海损损失金额的确定

共同海损损失金额，是指因共同海损措施所造成的财产损失和支付的共同海损费用的总和。共同海损损失应得到各受益方的补偿，故也称作共同海损补偿额。由于共同海损费用的确定比较容易，故下面只对共同海损牺牲金额的确定进行具体分析。

1. 船舶共同海损牺牲金额

船舶共同海损牺牲金额的确定，有如下几种情况：

（1）船舶对共同海损牺牲进行了修理。此种情况下，船舶共同海损牺牲的金额，应按照实际支付的修理费，减除合理的以新换旧的相减额计算。所谓实际支付的修理费，应是实际合理的修理或更新费用。船东有义务尽力减少共同海损牺牲的损失，而且不能因共同海损而额外得利。所谓以新换旧，是指在修理中，用新材料、新构件或新设备更换了船舶因共同海损措施而牺牲或受损的旧材料、旧构件或旧设备。这样会使修复后的财产价值超过了受损前的价值，从而违反了恢复原状的要求而使船方额外受益。因此，对于因以新换旧而超过原来价值的部分，应做合理的扣减。《2004 年约克—安特卫普规则》规则十三规定，对于 15 年以上船龄船舶共同海损项目的修理，以新换旧扣减额为 1/3；15 年以下船龄船舶的修理不做"以前换旧"扣减。

（2）船舶未进行修理。此种情况下，船舶共同海损牺牲金额按照共同海损牺牲造成船舶的合理贬值计算，但不得超过估计的修理费。应当注意的几个问题是：①合理贬值应以航程终止时的船舶完好市场价值与受损后船舶市场价值之差为基础予以确定；②估计的修理费，和实际支付的修理费一样，必须在合理的范围内；③如果船舶只进行了临时修理，则在确定共同海损牺牲金额时，应考虑经临时修理后仍存在的合理贬值。

如果船舶发生实际全损或者修理费用将超过修复后的船舶价值的，共同海损牺牲金额按照该船舶在完好状态下的估计价值，减除不属于共同海损损坏的估计的修理费和该船舶受损后的价值的余额计算。

2. 货物共同海损牺牲金额

可进一步分为两种情况：

（1）货物灭失。货物共同海损牺牲金额按照货物在装船时的价值加保险费加运费，减除由于牺牲无须支付的运费计算。

（2）货物损坏。对于货物因共同海损措施造成损坏后，如果有关各方就损坏程度达成协议的，列入共同海损的数额按协议约定；如果在达成协议时将货物售出，则共同海损牺牲金额，按照货物在装船时的价值加保险费加运费，与出售该受损货物所得净值的差额计算。

3. 运费共同海损牺牲金额

运费共同海损牺牲金额是指由于货物的共同海损损失而给承运人带来的运费损失。这里主要指承担风险的运费,即到付运费。承运人为赚取运费,需相应支付一笔营运费用。如果货物发生共同海损损失,虽然承运人因此丧失了运费,但同时也因此节省了营运费用。因此,运费共同海损牺牲金额,应按照因货物牺牲而造成的运费损失金额,减除为取得这笔运费本应支付,但是由于牺牲而无须支付的营运费用计算。

(二)共同海损分摊价值的计算

在共同海损损失牺牲金额确定之后,应由各受益方按照各自因共同海损措施而获救或受益的财产价值的比例分摊共同海损损失。这种因共同海损措施而获救或受益的船舶、货物或其他财产的价值,称为共同海损的分摊价值。共同海损分摊价值包括由于共同海损措施而获救的财产价值和因遭受共同海损损失而获得补偿的财产金额两部分。由于共同海损的分摊是以获救财产的价值为基础的,因此因共同海损措施而获救的财产价值应作为共同海损分摊价值的一部分来分摊共同海损损失。此外,作为因共同海损措施而暂时被牺牲掉的财产,由于最终将从其他受益方那里得到补偿,故也应计算在共同海损分摊价值之内。

1. 船舶分摊价值

船舶分摊价值指可以参加共同海损分摊的船舶的价值。该价值有两种计算方法:一种是按照船舶在航程终止时的当地完好价值减去不属于共同海损的损失金额计算;另一种是按照船舶在航程终止时的当地实际价值(残值)加上共同海损牺牲的金额计算。

如果在发生共同海损以后,货物在中途港以其他方式被转运至目的港,则船舶的分摊价值应以其在中途港卸货完毕时的实际净值为基础加以确定。

2. 货物分摊价值

货物分摊价值指可以参加共同海损分摊的货物的价值。根据《2004 年约克—安特卫普规则》的规定,货物分摊价值以卸货时的价值为基础,扣减卸货前和卸货时所遭受的损失,再加上共同海损补偿额。之所以要扣除卸货前和卸货时所遭受的损失,是因为此种损失与共同海损无关,因而也得不到共同海损补偿。

卸货时的价值,应当包括货价、保险费和运费,但由承运人承担风险的运费除外。此价值根据送交收货人的商业发票确定。如果没有发票,则应根据起运价值确定。

如果货物在抵达目的港前已经出售,则应按出售货物的净得金额,加上共同海损补偿额作为货物的分摊价值。

应当注意的是,旅客的行李和个人物品不参加共同海损分摊。

3. 运费分摊价值

运费分摊价值指可以参加共同海损分摊的运费数额。这里所说的运费是指承运人承担风险,并于货物运抵目的港时才能收取的运费。也就是说,假如货物灭失,运费就无法收取。根据《2004 年约克—安特卫普规则》,运费的分摊价值,以航程终止时所应收取的净运费为基础。即确定运费分摊价值时,要从承运人承担风险并于航程终止时有权收取的运费中,扣除采取共同海损措施以后,为赚取该笔运费而应发生的燃料、物料费,船员工资、伙食费,港口费和卸货费等营运费用,再加上运费共同海损牺牲金额计算。而对于采取共同海损措施以前所发生的营运费用,由于已经发生且由于共同海损措施而获救,故应作为运费分摊价值的一部分参加共同海损分摊。

(三)共同海损分摊金额的确定

共同海损分摊金额,是指因共同海损措施而受益的船舶、货物、运费等受益方,按照各自分摊价值的大小,各自所应承担的共同海损损失的数额。在共同海损理算时首先以共同海损损失金额除以共同海损分摊价值的总额,再乘以百分之百,得出共同海损分摊百分率,最后以船舶、货物、运费等的分摊价值分别乘以各受益方(船舶、货物和运费)的共同海损分摊百分率,即可计算出各个受益方的分摊金额。

第五节　共同海损时限、分摊时效与担保

一、共同海损时限与分摊时效

(一)共同海损时限

共同海损时限是指共同海损发生后,宣布共同海损和提供有关材料的期限。

关于宣布共同海损的时间,《北京理算规则》规定:如果船舶在海上发生事故,各有关方应在船舶到达第一港口后的48小时内宣布;如果船舶在港内发生事故,则应在损害事故发生后的48小时内宣布。

关于提供有关共同海损损失的证明材料,应在有关方收到材料一个月以内提供,而全部材料在航程结束后1年内提供。如有特殊情况,应在上述期限内向中国国际贸易促进委员会海损理算处提出理由,经理算处同意,可以适当延长时间。如果有关方不按上述规定办理,共同海损理算处可以根据情况不予理算,或根据已有材料进行理算。

《1974年约克—安特卫普规则》也做了类似的规定,其中,字母规则E要求,在共同海损案件中,要求赔偿的一方,应当负责举证,表明其所做出的牺牲或支付的费用,依法应当列为共同海损。该条规定只是没有提及提出举证材料的时间限制。为此,《1994年约克—安特卫普规则》中的规则E增加了这样的规定,即所有提出共同海损索赔的关系方,应于共同航程终止后12个月内将要求分摊的损失或费用,以书面形式通知海损理算师。如不通知或经要求后12个月内不提供证据以支持其索赔,或不提供关于分摊价值的详细资料,

则海损理算师可以提供其所掌握的材料估算补偿数额或分摊价值。除非估算得明显不正确,否则,不得提出异议。《2004年约克—安特卫普规则》对该问题并未做修改,仍然延续前一规则的内容。

(二)共同海损分摊时效

如第二节所述,这是《2004年约克—安特卫普规则》新增加的内容。其数字规则XXⅢ(规则23)规定:“该条为《2004年约克—安特卫普规则》的新增内容,关于共同海损分摊的时效是在共同海损理算结束之日起一年内或者共同海上航程结束之日起6年内,二者以先发生的为准。本规则允许其他国家做出不同规定。”

结合我国关于时效的理论与实践,对于该条可以这样理解,它规定的是一个双重的诉讼时效,法律后果也不同:(1)超过1年的诉讼时效只是导致诉权中胜诉权的丧失。要求分摊共同海损的一方仍然可以向法院起诉或者参加已经开始的诉讼,但法院会在受理后以超过诉讼时效为由驳回诉讼请求。但是如果其他方愿意承担共同海损分摊金额,该种行为在各分摊方之

间有效，此时要求分摊共同海损的一方接受其他方的共同海损分摊金额不视为不当得利。

（2）超过6年的诉讼时效是启动诉讼权利的丧失。如果要求分摊共同海损的一方超过该时效向法院提起诉讼，法院则会裁定不予受理。

值得注意的是，该规则允许各国对时效问题做出与规则不同的规定。依照法理，这条规则是在不能与各国强制立法相冲突的情况下才能发挥作用的。这是由于《约克—安特卫普规则》是一种民间规则，这个规则只有在不违反各国强制适用的法律时才有效。参照各国立法例，大多数国家法律规定延长了或允许当事人协议延长该时效。我国在时效理论方面也承认延长时效，但在时效立法实践中是不允许延长时效的，同时也没有法律规定允许当事人协议延长时效。

我国关于时效的规定属于实体法的内容，是强制适用的。如我国《海商法》第263条就共同海损分摊请求规定1年的时效就是强制适用的，同时不允许当事人协商延长。也就是说，即使当事人选择适用《2004年约克—安特卫普规则》，也不能与我国的《海商法》第263条相冲突。

二、共同海损担保

共同海损担保是为确保共同海损分摊，经有关方的请求，由各受益方做出的保证行为。共同海损往往是在卸货港宣布的，如果船方不采取一定的保证性措施，待货物放行以后，一旦货方拒绝分摊共同海损，则船方的利益就得不到保证。因此，虽然从理论上说，提供担保的既可以是船方，也可以是货方，但实践中一般都是由船方要求货方提供担保。

共同海损担保通常有提供保证金、提供担保函、签署海损协议书和签署船货不可分离协议等形式。如果不能取得这些担保，利益关系人还可根据我国海商法有关规定行使其他权利，如对船舶行使扣押权，对货物行使留置权等。

（一）由货方提供海损保证金

即由收货人在提货以前，向船舶所有人提供分摊共同海损的现金担保。根据《2004年约克—安特卫普规则》，保证金应以船舶所有人和保证金交付人所分别指定的代表的联合名义，存入经双方指定的银行，开立特别账户。此项存款连同可能产生的利息，作为有关方向应收回共同海损费用的垫付方的担保。保证金的使用，由理算人决定。保证金的提供、使用或退还，不影响各方的最终分摊责任。若保证金超过最后确定的分摊金额时，应将其余额退还给保证金交付人。

（二）由货物保险人提供共同海损担保函

共同海损担保函是收货人向船舶所有人提供的，经货物保险人签署的，保证分摊共同海损的书面文件。

发生共同海损以后，收货人为了及时提取货物，可以请求货物保险人向船舶所有人提供此种担保函。根据担保函，货物保险人向船舶所有人保证支付经过恰当理算的有关共同海损损失和费用的分摊额。共同海损担保函分为限额担保函和无限额担保函两种形式。

限额担保函是保险人以对被保险人应当赔付的保险金额为限而出具的书面保证。根据限额担保函，若分摊金额等于或小于货物保险金额时，则保险人全额赔付货方应当摊付的共同海损分摊金额。若分摊金额大于保险金额时，保险人则按保险金额与分摊金额的比例赔付分摊金额,而超过保险金额的分摊金额部分,由被保险人自负。由于此种担保函使船方利益得不到真正保障,故船方一般不愿接受。

无限额担保函是保险人出具的不论货物保险金额大小,保险人都保证全额赔付该项货物的共同海损分摊金额的书面文件。但是,如果该项货物的共同海损分摊金额超过货物的保险金额,则在保险人向船舶所有人做出全额赔偿以后,可向被保险人收回超过保险责任的部分。为了确保向被保险人收回这部分超额赔付的数额,保险人在提供无限额担保函时,都要求被保险人签署一份“反担保函”,其作用在于被保险人保证将保险人超过保险责任而赔付的共同海损分摊金额,退还给保险人。

(三)签署海损协议书

海损协议书是由船货双方签署的,保证分摊共同海损的书面文件。

在共同海损法律关系中,支付货物共同海损分摊金额的义务主体是收货人,而非保险人。根据某些国家的法律规定,货物保险人只负担保险责任,只有在货方不履行协议的情况下,船舶所有人才能要求保险人承担责任。否则,仅凭保险人的担保函,不能直接控告保险人。所以,收货人除了要向船方出具经货物保险人签署的担保函外,还必须提供由其签署的海损协议书。在我国,由人保公司出具的海损担保函,即意味着保险人对赔付共同海损分摊金额承担直接责任,故收货人无须另行签署海损协议书。

(四)签署不可分离协议

所谓不可分离协议,是指在发生共同海损以后,在货物需要转船运输的情况下,由船货双方共同签署的,关于共同海损分摊不因货物的转运而发生变化的书面协议。

有些情况下,船舶在运输途中发生共同海损事故,无法将货物继续运往目的港,而需要将货物交由他船转运。在此情况下,货方有可能声称,船货已发生分离,已不存在共同危险问题,从而拒绝分摊船舶在修理期间所发生的共同海损费用。因此,在货物转运之前,签署不可分离协议,可以保障船方的合法权益。

(五)行使货物留置权

当货方拒绝参加共同海损分摊,并拒绝提供担保时,船方可以留置属于该货主的货物,并有权拍卖或以其他方式出卖货物,以所得货款来抵偿其应当得到的共同海损分摊金额。对此,我国《海商法》有明确规定[①]。一般说来,共同海损分摊金额要经过较长时间的理算,暂时难以确定,船方可通过估算的方式来确定留置货物的数额。

---

① 详见《海商法》第87条:“应当向承运人支付的运费、共同海损分摊、滞期费和承运人为货物垫付的必要费用以及应当向承运人支付的其他费用没有付清,又没有提供适当担保的,承运人可以在合理的限度内留置其货物。”

第二十章　船舶污染损害赔偿

第一节　船舶污染损害赔偿概述

我国有长达18 000公里的海岸线，300多万平方公里的管辖水域，是一个海洋大国。在开发利用海洋的同时，海洋的环境污染已对我国的海洋事业和沿海人民的生活产生了重大影响。海洋环境污染是由多方面原因造成的。就污染源而言，主要有陆源污染、船舶及有关作业造成污染、海洋石油勘探与开发导致污染、海岸工程项目导致污染、海洋工程项目导致污染、倾倒废弃物造成污染和大气引起的污染。其中因船舶产生的污染是导致海洋污染的主要类型之一。随着海上运输的日益频繁和运输船舶的增多，近年来船舶污染事故不断发生。

根据2007年6月1日新华网《近年来国际国内发生的重大海上溢油事故》一文中发布的统计数据，1973—2006年，我国沿海共发生大小船舶溢油事故2635起，其中溢油50吨以上的重大船舶溢油事故共69起，总溢油量37 077吨，平均每年发生2起，平均每起污染事故溢油量537吨。特别是自2005年以来，全国沿海和内河水域共发生船舶污染事故253起，较大船舶油污事故也时有发生，其中溢油量50吨以上的事故9起。①

因船舶造成的污染损害，既包括船舶因为日常操作不当导致的污染损害，也包括因为载运特殊货物，在运输过程中因为发生意外事故或者其他原因导致的海洋和其他水域的污染和损害。这些特殊的货物主要包括船舶载运的货物油、船舶燃料油以及船舶载运有毒有害物质等。海洋环境保护是我国基本国策的重要组成部分，也是国民经济可持续发展战略的重要内容。但是我国目前尚没有关于船舶污染损害赔偿方面的专门立法，《海商法》中也没有专门的规定，相关内容散见于《海商法》《海洋环境保护法》《民法通则》等法律规定中。因此有学者建议在修改我国《海商法》时，能够增设“船舶污染损害赔偿”一章。

相比较而言，国际社会越来越重视海洋环境的保护，国际海事组织（IMO）把“让海洋更清洁，让航行更安全”作为自己的奋斗目标。在有关国际组织和世界各国的共同努力下，有关船舶污染损害赔偿的国际公约相继推出，已经生效的有《1992年国际油污损害民事责任公约》（以下简称《1992年民事责任公约》）、《1992年设立国际油污损害赔偿基金国际公约》（以下简称《1992年基金公约》）、《2001年船舶燃油污染损害民事责任公约》（以下简称《2001年燃油公约》），尚未生效的有《1996年国际海上运输有毒有害物质损害责任和赔偿公约》（以下简

① 源自 http://news.xinhuanet.com/video/2007-06/01/content_6185341.htm，2015年11月访问。

称 HNS 1996)。这些国际公约的制定与实施,标志着国际船舶污染损害赔偿制度进一步趋于完善。

我国已经参加了《1992 年民事责任公约》和《2001 年燃油公约》,但是由于我国在处理民商事国际公约与国内法的关系上,附以“涉外因素”的限制条件,因此我国即使将来也参加了其他几个国际公约,上述公约对我国也仅适用于具有涉外因素的船舶载运货物油污染、船舶燃油造成污染以及船舶载运有毒有害物质造成的污染损害赔偿。对不具有涉外因素的船舶污染损害赔偿而言,国际公约存在适用上的局限性。单凭参加相关的国际公约,还不能解决我国船舶污染损害赔偿的全部法律问题。国务院于 1983 年 12 月 29 日发布了《防止船舶污染海域管理条例》,但鉴于该条例仍然偏重于从行政管理手段防止船舶污染海域,并且相关规定已经落后,因此在 2009 年 9 月 2 日经国务院第 79 次常务会议通过,温家宝总理签署了国务院第 561 号令,自 2010 年 3 月 1 日起实施《防治船舶污染海洋环境管理条例》。该条例第 7 章专门规定了“船舶污染事故损害赔偿”问题,从而弥补了旧条例在这个问题上的缺憾。最高人民法院于 2011 年 5 月以法释〔2011〕14 号文件发布的《最高人民法院关于审理船舶油污损害赔偿纠纷案件若干问题的规定》(以下简称《船舶油污司法解释》),对司法实践处理因为船舶造成的油污损害赔偿纠纷案件起到指导参考的作用。因此必须从我国国情出发,建立并完善我国船舶污染损害赔偿法律机制,才能更好地保护我国海洋资源与海洋环境,并能够更充分、更好地保护污染受害方的利益。

第二节　船舶油污损害赔偿概述

一、船舶油污损害的概念

船舶油污损害(oil pollution damage from ships),系指船舶在正常营运中或发生事故时,逸出或排放油类货物、燃料油或其他油类物质,如废油(slops)、油类混合物,在运油船舶以外,因污染而产生的财产损害或人身伤亡,包括事故发生后,为防止或减轻此种损害而采取合理措施的费用,以及由于采取此种措施而造成的进一步损害。

二、船舶油污损害赔偿的特点

船舶油污损害赔偿具有下列不同于其他海事损害赔偿的特点:

(一)严格责任原则

装运散装持久性油类货物的船舶所有人,对船舶逸出或排放的油类所造成的油污损害,除少数情况外,不论其本人、船长、船员或其他受雇人员是否有过错,均须承担赔偿责任。

(二)高额赔偿责任限制

虽然船舶所有人在一定条件下,对油污损害的赔偿可享受责任限制,但为了更好地保护海洋环境,有关的国际公约和各国国内法都规定油污损害的赔偿责任限额大大超出一般的海事赔偿责任限额。

（三）赔偿责任的强制保险

在大幅提高船舶所有人造成油污损害赔偿责任限制数额的基础上，为了能够保障油污受害人得以充分的赔偿，有关的国际公约和各国国内法，对于一些船舶所有人应承担的油污损害赔偿责任进行强制保险。同时规定油污受害方可以直接对该油污责任保险人提起索赔诉讼。

（四）货主分摊油污损害

因船舶运载散装原油、燃料油、柴油等特殊货物，一旦发生意外事故或者其他原因导致的污染事故，单纯提高船舶所有人责任限制未必公平，且上述特殊货物的所有人也因为海上运输活动受益，因此在船舶造成的油污染损害赔偿中，将受益的货物所有人也作为承担损害赔偿责任的补充责任人具有较强的现实意义。因此进口或接受海运石油超过一定数量的货主须缴付摊款，设立特别的油污损害赔偿基金，通过参加油污损害的分摊，以减轻船舶所有人的压力，使油污受害方尽可能多地获得赔偿或补偿。

第三节　船舶油污损害赔偿的国际立法

一、1969 年国际油污损害民事责任公约

（一）公约产生的背景

1967 年 3 月 18 日，利比里亚籍油轮“托利 · 勘庸”（Torry Canyon）号在英吉利海峡触礁，船体断裂。船上载有 12 万吨原油，约有 6 万吨入海，造成英国南海岸、法国北海岸和荷兰西海岸大面积污染。为减少损害，英国政府派飞机将船舶残骸炸沉，并使船上原油燃烧。这次事故造成约 1500 万美元的损失。此案在美国法院审理。根据《1951 年美国船舶所有人责任限制法》，对船舶所有人责任限制采取船价制，而此案只有价值 50 美元的救生艇获救。此案最后以 300 万美元得以协商解决，但油污受害方仅获得 1/5 的损害赔偿。

此案向人们提出两个问题，即沿岸国是否有权对公海上发生的油污事件进行干预，以及如何保障油污受害方得到全部或充分的赔偿。为此，原政府间海事协商组织（IMCO，即国际海事组织的前身）于 1967 年 5 月 5 日成立法律委员会，专门研究上述问题，并在 1969 年 11 月 29 日于布鲁塞尔召开的海上污染损害法律会议上，通过了两个国际公约，分别是《1969 年国际干预公海油污事件公约》和《1969 年国际油污损害民事责任公约》。它们是迄今为止，从公约起草、制定到通过，速度最快的两个公约。《1969 年国际油污损害民事责任公约》（International Convention on Civil Liability for Oil Pollution Damage, 1969），简称《1969 年民事责任公约》（CLC 1969）。该公约于 1975 年 6 月 19 日生效。根据 IMO 官方网站公布的数据，截止到 2015 年 10 月 30 日，该公约共有缔约国 34 个，其商船吨位总和占世界商船总吨位的 2. 74%。我国于 1980 年 1 月 30 日参加该公约，该公约自 1980 年 4 月 29 日起对我国生效，2001 年 1 月 5 日退出。

(二)公约的主要内容

1. 公约的适用范围

(1)适用的船舶。公约适用于“实际载运散装油类货物的任何类型的海运船舶和海上船艇”,因此适用的船舶通常是海运油轮,包括石油/散货/矿石(OBO)多用途船。不适用于内河船、内湖船、平台和海上石油存储设备等海上装置及输油管道。“散装”(in bulk)一词,意指载运桶装、罐装油类货物的船舶不适用本公约。“实际”和“货物”两词表明,空载或压载航行的船舶,即使船上有散装的燃油或废油,公约亦不适用。

(2)适用的油类。公约适用于“任何持久性油类,例如原油、燃油、重柴油、润滑油和鲸油”,但未对持久性油类下定义。从公约起草和各国对公约的解释情况看,除鲸油外,公约适用的油类,均为碳氢矿物油。那些易挥发,以及由于海水的自净作用,对海洋环境不构成严重危害的非持久性油类,如汽油、轻柴油等,公约不适用。

(3)适用的地理界限。公约适用于“缔约国领土,包括领海上发生的污染损害,以及为减轻或防止这种损害而采取的预防措施”。可见公约适用的地理界限仅以缔约国领土为标准,与当事人的国籍、住所无关。但是为了减轻或防止缔约国领土上发生的油污损害,即使是公海或非缔约国领土上采取的预防措施,公约亦适用。

2. 船舶所有人的赔偿责任与免责

(1)责任主体。公约规定对油污损害负有赔偿责任的人,仅限于船舶所有人,指登记为船舶所有人的人;如未登记,则指拥有船舶的人;如系国有船舶,并由在该国登记为船舶经营人的公司所经营,则指此类公司。油污受害方不能对船舶的救助人或船长、船员、船舶所有人的代理人等提出油污损害索赔。

(2)免责事项。公约就船舶所有人对油污损害的赔偿责任实行严格责任制。除下列情况外,船舶所有人对其船舶逸出或排放的油类造成的油污损害负赔偿责任,而不论其本人、船长、船员或代理人对此有无过错:

①由于战争行为、敌对行为、内战、武装暴动,或特殊的、不可避免和不可抗拒性质的自然现象引起的损害。

②完全是由于第三方有意造成损害的行为或不行为所引起的损害。“完全”一词,意指造成油污损害的唯一原因是第三方有意造成此种损害的行为或不行为;“有意”是指故意,不包括过失。

③完全是由于负责灯塔或其他助航设施管理的政府或其他主管当局,在履行其职责时的疏忽和其他过失行为造成的损害。

这一免责事项仅指负责设施管理的政府或其他主管当局在助航设施维修保养方面的过失行为,不包括本应在某一危险物上设置助航设施而没有设置或错误设置等情况。

④损害全部或部分是由于受害人的故意或过失行为所造成的,船舶所有人可以全部或部分免除责任,但船舶所有人负责举证。

3. 船舶油污损害赔偿的范围

(1)污染直接造成的灭失或损害(loss or damage by contamination)。它是指船舶逸出或排放的油类直接造成的财产损失或人身伤害,如海水养殖物的死亡,人接触油类而受到的伤害等。船舶逸出的油类浮于海面并发生爆炸或火灾,因此造成的损失,不能依公约得到赔偿,因为造成这种损失的直接原因是爆炸或火灾,而不是污染。

（2）采取预防措施的费用（cost of preventive measures）。预防措施是指油污事件发生后，为防止或减轻污染损害而由任何人所采取的任何合理措施。即使是船舶所有人本人或船长、船员采取上述措施，其费用亦可以得到赔偿。如向漂浮在海面的油迹喷洒清洁剂，动用船艇打捞浮油，为防止浮油扩散而设置浮栅栏等。这里的预防措施必须是在船舶逸出或排放油类之后采取的，如果措施在此之前采取，即使存在船舶逸出或排放油类的威胁，产生的费用也不能得到赔偿。

（3）采取预防措施造成的进一步灭失或损害（further loss or damage caused by preventive measures）。如向漂浮在海面的油迹上喷洒清洁剂，因清洁剂本身具有一定的毒性，因此造成海洋生物的损害，以及喷洒过程中人员中毒受到的伤害等，均可得到赔偿。

4. 赔偿责任限额

（1）船舶所有人对油污损害的赔偿责任限额。按每一船舶吨位2000金法郎计算，但总额不超过2.1亿金法郎。船舶吨位是指船舶净吨加上为计算净吨而从总吨中扣除的机舱所占的容积。对不能按标准丈量规则测定吨位的船舶，按船舶能载运油类的重量吨（2240磅）的40%计算。

1976年11月17日至19日，原政府间海事协商组织在伦敦举行会议，通过了《1969年国际油污损害民事责任公约》的1976年议定书。该议定书于1981年4月8日生效。根据IMO官方网站公布的数据，截止到2015年10月30日，该议定书共有缔约国53个，其商船吨位总和占世界商船总吨位的60.19%。我国于1986年9月29日参加该议定书，于2001年1月5日退出。它将上述赔偿责任限额改为每一船舶吨位113特别提款权，但总额不超过1400万特别提款权。

（2）赔偿责任限制基金的设立。船舶所有人要享受赔偿责任限制，必须设立一基金。其途径可以是向受理案件的法院或其他主管当局提交专款，由法院或其他主管当局以保管人的名义存入银行；也可以是向法院或其他主管当局提供被其认可的担保函。该项基金的数额，相当于船舶所有人根据公约规定的赔偿责任限额，加上从事件发生之日起至设立基金之日的利息额。

（3）赔偿责任限制的丧失条件。如果污染事件是由于船舶所有人的实际过失或私谋造成的，便无权援引公约规定的责任限制。例如，船舶所有人未就船舶在雾中超速航行的习惯做法，对船长提出警告或采取相应的措施；船舶所有人任命资格不当或不能胜任的船员等。

5. 强制保险与直接诉讼

在缔约国登记的载运2000吨以上散装油类货物的船舶，其所有人必须对其依公约所承担的油污损害赔偿责任进行保险，或取得其他财务保证。如果船舶不持有相应的保险或财务保证证书，各缔约国不得允许上述船舶从事营运。即使在非缔约国登记的船舶进入缔约国领海，只要船上载运2000吨以上散装油类货物，亦必须持有此种证书。

我国从事国际航行，并载运2000吨以上散装油类货物的油轮，大多在船东互保协会或者商业保险公司投保油污民事责任险。船公司凭投保证明书或其他保险或财务保证书，到船籍港的海事管理部门办理"油污损害民事责任保险或其他财务保证证书"（Certificate of Insurance or Other Financial Security in Respect of Civil Liability for Pollution Damage）。对从事国内航行，并载运2000吨以上散装油类货物的船舶，如已进行保险或取得其他财务保证，海事管理部门可办理上述证书。否则作为一种临时措施，船公司应到海事管理部门办理"油污损害民事责任信用证书”，声明船公司对船舶造成的油污损害，按该公约承担赔偿责任。

船舶造成油污损害，受害人可以直接向承保船舶所有人油污赔偿责任险的保险人或其他财务保证人提起赔偿诉讼，以保障受害人在船舶所有人于油污事故发生后出现破产或丧失偿付能力的情况时，得以充分的赔偿。但是油污损害赔偿责任的保险人或其他财务保证人，在参加诉讼时，有权援引该公约赋予船舶所有人的种种免责和责任限制，且其享有责任限制的权利不因船舶所有人存在实际过失或私谋而丧失。

6. 船舶油污损害赔偿的诉讼

(1)管辖权。公约采用地域管辖原则。油污损害发生地，包括采取预防措施及因此造成进一步损害发生地的缔约国法院，都具有对油污案件的管辖权。

(2)诉讼时效。油污损害赔偿诉讼的时效为 3 年，自损害发生之日起算，但最长不超过引起损害的事件发生之日起 6 年。

(3)判决的承认和执行。有管辖权的缔约国法院做出的判决，除判决系欺诈取得，或未给被告人以适当的通知，或陈述其立场的公正机会外，如判决在做出国无须履行复审手续即可执行，其他缔约国应予以承认和执行。

7.《1969 年国际油污损害民事责任公约》的 1984 年议定书

1984 年 4 月 30 日至 5 月 25 日，国际海事组织在伦敦召开关于海上某些物质运输损害赔偿责任的国际会议，通过了该公约的议定书，以扩大公约的适用范围，提高赔偿责任限额。经 1984 年议定书修正后的公约称为《1984 年国际油污损害民事责任公约》，简称《1984 年民事责任公约》。该议定书尚未生效。

该议定书对公约的修改主要表现在如下方面：

(1)公约的适用范围。公约对船舶的适用范围扩大至为载运散装油类货物而建造或改造的任何船舶，不论其是否实际载有散装油类货物。公约适用的地理界限扩大到缔约国根据国际法设立的专属经济区。公约适用的油类中排除了鲸油。

(2)油污损害赔偿的责任限制。吨位不超过 5000 吨的船舶，其所有人的赔偿责任限额为 300 万特别提款权；吨位超过 5000 吨的船舶，每吨增加 420 特别提款权，但总额不超过 5970 万特别提款权。船舶吨位是按照《1969 年国际船舶吨位丈量公约》附则 I 中的吨位丈量规则计算的总吨。

当油污损害系船舶所有人本人有意造成或明知可能造成损害，但毫不在意的行为或不行为所引起时，船舶所有人丧失赔偿责任限制权利。

(3)船舶逸出或排放油类前采取的预防措施。如果存在船舶逸出或排放油类而导致油污损害的严重而紧迫的危险，即使船舶尚未逸出或排放油类，为防止或减轻油污损害所采取的措施，亦构成预防措施，其费用和因此造成的进一步损害，属于油污损害范畴。

8.《1969 年国际油污损害民事责任公约》的 1992 年议定书

由于 1984 年议定书规定的生效条件比较严格，即 10 个国家批准或加入后的 12 个月生效，其中 6 个国家各拥有 100 万总吨的油轮，因此国际社会对此议定书的生效失去信心，故要求通过另一个议定书，以取而代之。为此，1992 年 11 月 27 日，国际海事组织在总部伦敦召开的会议上通过了《1969 年国际油污损害民事责任公约 》的 1992 年议定书，也称为《1992 年国际油污损害民事责任公约》，简称《1992 年民事责任公约》。《1992 年民事责任公约》的实质内容与 1984 年议定书相同，但是规定了较为宽松的生效条件，即 10 个国家批准或加入后 12 个月生效，其中4个国家各自拥有不低于100万总吨的油轮即可。该公约已于1996年5月30日生效，率先批准的国家有丹麦、法国、德国、日本、墨西哥、挪威、阿曼、瑞典、英国和埃及等。根据IMO官方网站公布的数据，截止到2015年10月30日，该公约共有缔约国134个，其商船吨位总和占世界商船总吨位的96.691%。我国已加入《1992年民事责任公约》，该公约已经于2000年1月5日对我国生效，同时《1969年民事责任公约》及其1976年议定书对我国失效。

9.《1992年国际油污损害民事责任公约》的2000年修正案

2000年修正案已经于2000年10月18日通过，并根据"默示接受程序"①，已经于2003年11月1日生效。本次修订主要针对油污责任限制数额，在《1992年民事责任公约》的基础上又提高了50%。即5000总吨以下的船舶，责任限额由300万特别提款权修改为451万特别提款权；5000～140 000总吨的船舶，每吨增加631特别提款权（原为420特别提款权）；140 000总吨以上的船舶，最高责任限额由5970万特别提款权修改为8977万特别提款权。

二、1971年设立国际油污损害赔偿基金的国际公约

（一）公约产生的背景

《1969年民事责任公约》对船舶所有人实行严格责任制，其责任限额比《1957年海船所有人责任限制国际公约》的规定高出一倍，并规定强制保险制度，从而给船舶所有人增加额外经济负担。但在发生重大油污事件时，受害方仍得不到充分的赔偿。而原油的进出口商们似乎不必承担任何油污损害赔偿责任。为此，在1969年海上污染损害法律会议上，通过了《关于设立国际油污损害赔偿基金的决议》，决定采取属于国际基金性质的补充措施，以保证重大油污事件的受害方得到充分的赔偿。

根据决议的规定，原政府间海事协商组织于1971年11月29日至12月18日在比利时布鲁塞尔召开了关于设立国际油污损害赔偿基金会议，通过了《1971年设立国际油污损害赔偿基金的国际公约》（International Convention on the Establishment of an International Fund for Compensation for Oil Pollution Damage，1971），简称《1971年基金公约》（Fund Convention，1971），作为对《1969年民事责任公约》的补充。公约于1978年10月16日起生效。后来该公约进行了几次修订（详见后文），随着大批缔约国纷纷退出《1971年基金公约》，因此《1971年基金公约》已经于2002年5月24日失效，并已经被《1992年基金公约》所取代。我国至今没有参加该公约。

（二）公约的主要内容

1. 国际油污赔偿基金

（1）基金设立的目的与性质。基金设立的目的有两个：第一，在《1969年民事责任公约》不能提供保护的范围内，对油污受害方提供损害赔偿；第二，解除《1969年民事责任公约》赋予船舶所有人的额外经济负担。

基金在各缔约国被视为法人，基金干事是法定代表人。基金管理机构由大会、秘书处和执

① 默示接受程序，是国际海事组织为了加快国际公约生效的进程而创设的程序，即已经通过的某一国际公约，在规定时间内如果没有达到规定数量的国家予以反对，即依法生效的程序。

行委员会组成。基金可以作为诉讼当事方参加在缔约国法院提起的诉讼。

(2)基金的摊款。基金通过对海上石油运输的最大受益者——石油进口公司的摊款而设立。凡在一个日历年度内,在缔约国领土内的港口或油站,收到从海上运至的摊款石油,以及收到海上运来而卸于非缔约港口或油站的摊款石油总量超过 15 万吨的公司,都应缴纳摊款。摊款石油是指原油和燃料油。摊款分为初次摊款和年度摊款。各缔约国应在国内法中规定,对不缴纳摊款的公司采取适当措施,包括必要的制裁,以迫使其履行缴款义务,而且各缔约国有义务统计其国内负有缴款义务的公司及其实际收到的摊款石油总量。

2. 基金对油污受害人的赔偿

对于发生下列三种情况之一的,油污受害人可向基金提出赔偿请求:

(1)船舶所有人根据《1969 年民事责任公约》的规定,对损害免于赔偿;

(2)虽然船舶所有人根据《1969 年民事责任公约》损害负有赔偿责任,但在财力上不能全部负担其赔偿责任,并且按照《1969 年民事责任公约》提供的财务保证,也不能或不足以满足损害赔偿的要求;

(3)损害超过《1969 年民事责任公约》或其他有关国际公约规定的船舶所有人的赔偿责任限额。

但是基金对油污受害人赔偿的金额仍有一定的限制,即依据基金获得的赔偿,加上受害人根据《1969 年民事责任公约》实际得到的赔偿,以及本基金补偿给船舶所有人的金额在内,总额不超过 4.5 亿金法郎。基金大会可以视情况需要,将限额提高至 9 亿金法郎。为了能够与《1969 年民事责任公约》的 1976 年议定书相协调,1976 年 11 月 11 日至 19 日在伦敦召开的会议上,通过了《1971 年设立国际油污损害赔偿基金》的国际公约议定书,简称《1971 年基金公约》的 1976 年议定书,将公约规定的 4.5 亿金法郎和 9 亿金法郎分别调整为 3000 万特别提款权和 6000 万特别提款权。根据 IMO 官方网站公布的数据,截止到 2015 年 10 月 30 日,该议定书共有缔约国 31 个,其商船吨位总和占世界商船总吨位的 50.29%。该公约已于 1994 年 11 月 22 日生效。

在下列情况下,基金免除对油污受害人的赔偿责任:

(1)如经证实,油污损害是由于战争、敌对行为、内战或武装暴动所造成的,或从军舰中或在事故发生时从某一国家拥有或经营的用于政府的非商业性服务的船舶溢出或排放的油类而造成的;

(2)索赔人不能证明损害是由于一艘或多艘船舶的事件造成的;

(3)如证明油污损害全部或部分系受害人有意造成损害的行为或不行为,或是该人的疏忽所造成,则基金可全部或部分地免除赔偿责任,但对船舶所有人主动采取预防措施的费用和造成的进一步损害的赔偿责任,不予免除。

但是上述赔偿责任的免除,在任何情况下都不得超出船舶所有人按照《1969 年民事责任公约》可免除赔偿责任的范围。

3. 基金对船舶所有人的补偿

基金对船舶所有人及其保证人的补偿,专指在《1969 年民事责任公约》某一缔约国的领土,包括领海上,由某一缔约国登记的船舶或是悬挂该国国旗的船舶造成的油污损害,和为防止或减少这种损害而采取的预防措施。

基金对船舶所有人及其保证人按照《1969 年民事责任公约》所承担责任的总额的一部分

予以补偿。这部分限额是:(1)超过相当于按船舶吨位每吨1500金法郎计算的金额,或者1.25亿金法郎(以较小者为准);而且(2)不超过相当于按上述吨位每吨2000金法郎计算的金额,或者总额2.1亿金法郎(以较小者为准)。但是由于船舶所有人本人有意的不当行为造成的油污损害,基金不承担补偿义务。

如经证实,由于船舶所有人的实际过失或私谋,致使溢出或排放油类造成油污损害的船舶,未遵守下列公约规定,并且事件或损害是由于完全或部分未遵守下列公约的规定而造成的,则基金可全部或部分免除其对船舶所有人的补偿责任。这些国际公约是:《1973年国际防止船舶污染公约》《1974年国际海上人命安全公约》《1972年国际海上避碰规则公约》《1966年国际船舶载重线公约》,以及在油污事件发生后已至少生效12个月的上述公约的修正案。

4. 对基金提起赔偿或补偿的诉讼

(1)诉讼时效。对基金提起赔偿或补偿的诉讼时效期间为3年,自损害发生之日起算,但最长不超过自引起损害的事件发生之日起6年。但是船舶所有人或其保证人根据基金公约要求补偿的权利,不能在船舶所有人或其保证人得知根据《1969年民事责任公约》对其起诉之日满6个月之前消失。

(2)管辖权。向基金提出赔偿或补偿的诉讼,应向油污受害方根据《1969年民事责任公约》对船舶所有人或其保证人提出赔偿诉讼的同一法院提起。但是如果该法院所在国不是本基金公约的缔约国,则对基金的诉讼,应在基金总部所在国法院,或者根据《1969年民事责任公约》第9条的规定向本公约缔约国内的任何主管法院提起(《1969年民事责任公约》第9条的规定参见本章《1969年民事责任公约》关于管辖权规定的部分)。

(3)判决的承认和执行。有关本公约某一缔约国法院做出的判决,在其他缔约国承认和执行的问题,本公约做了与《1969年民事责任公约》相同的规定。

5.《1971年设立国际油污损害赔偿基金的国际公约》的1984年议定书

1984年5月25日在通过了《1969年民事责任公约》1984年议定书的同时,通过了本公约的议定书。经1984年议定书修正后的本公约,称为《1984年设立国际油污损害赔偿基金的国际公约》,简称《1984年基金公约》。该议定书规定的生效条件比较严格,即8个国家批准或加入的12个月后生效,并且在前一日历年度内收到的摊款油类总量至少达到6亿吨。因此与《1969年民事责任公约》的1984年议定书同样的命运,该议定书至今尚未生效。

与《1971年基金公约》相比较,实质性的变化主要表现在:其一,该基金对每一事件中油污受害人的赔偿限额,包括油污受害人按《1984年民事责任公约》得到的赔偿金额,为1.35亿特别提款权。当在三个缔约国领土内接到的摊款石油总量,在前一日历年度达到6亿吨时,上述限额增加到2亿特别提款权。其二,该公约取消了对船舶所有人补偿的条款。其三,该公约的地理适用范围有所扩大,即不仅包括缔约国领土和领海上发生的油污损害,还扩展至缔约国根据国际法设立的专属经济区内发生的油污损害。

6.《1971年设立国际油污损害赔偿基金的国际公约》的1992年议定书

由于《1984年基金公约》规定的生效条件比较严格,因此国际社会对此议定书的生效失去信心,故要求通过另一个议定书,以取而代之。为此,1992年11月27日,国际海事组织在总部伦敦召开的会议上,在通过《1969年国际油污损害民事责任公约》1992年议定书的同时,通过了《1971年设立国际油污损害赔偿基金国际公约》的1992年议定书,也称为《1992年基金公约》。《1992年基金公约》的实质内容与《1984年基金公约》相同,但是规定了较为宽松的生效条件,即8个国家批准或加入,摊款石油总量达到4.5亿吨后的12个月。该公约已于1996年5月30日生效。批准该议定书的国家有丹麦、法国、德国、日本、墨西哥、挪威、阿曼、瑞典和英国等。根据IMO官方网站公布的数据,截止到2015年10月30日,该公约共有缔约国114个,其商船吨位总和占世界商船总吨位的94.04%。

我国政府代表香港特别行政区于1999年申请加入《1992年基金公约》,但是我国内地至今没有加入任何一个基金公约。

根据《1992年基金公约》的规定,自1998年5月16日起,凡是《1992年基金公约》的缔约国,要强制从《1971年基金公约》中退出,这样继续留在《1971年基金公约》的国家摊款负担非常之重,而同时向《1971年基金公约》和《1992年基金公约》摊款也没有必要,所以许多《1971年基金公约》的缔约国纷纷退出该公约。因此事实上自2002年5月24日起,《1971年基金公约》已经完全被《1992年基金公约》所取代。

7.《1971年设立国际油污损害赔偿基金的国际公约》的2000年修正案

2000年修正案已经于2000年10月18日通过,并经过默示接受程序,已经于2003年11月1日生效。该修正案主要是提高了油污损害赔偿基金的责任限额,针对每一次事故,包括根据《1969年民事责任公约》2000年修正案规定的数额,最高为2.03亿特别提款权。但是如果三个缔约国在前一日历年度摊款石油达到6亿吨时,上述限额增加到3.0074亿特别提款权。

8.《1971年设立国际油污损害赔偿基金的国际公约》的2000年议定书

2000年9月27日,在国际海事组织总部伦敦召开的外交大会上通过了《1971年设立国际油污损害赔偿基金的国际公约》的2000年议定书,该议定书根据默示接受程序,已经于2001年6月27日生效。制定《1971年基金公约》的2000年议定书的目的是基于《1992年基金公约》生效后,基金公约的缔约国纷纷退出《1971年基金公约》,使得仍然保留在《1971年基金公约》的其余缔约国的摊款数额大幅增加;而且根据《1971年基金公约》第43条的规定,如果缔约国数量降低到3个以下,该公约将停止效力。因此为了便利《1971年基金公约》的有序终止,避免给缔约国或油污损害的受害人带来不必要的困难,确保《1971年基金公约》仍然能够对该公约之下的油污事故造成的油污损害受害人进行充分赔偿,特制定该议定书。

主要变化的条款在于修改了《1971年基金公约》停止生效的条件,即修改为:“本公约应停止生效:(a)当缔约国数量降至25个以下之日;或者(b)大会或其他代表其行事的机构注意到根据干事基于缔约国按照第15条提交的最新油类报告所提供的信息,其余缔约国按照公约第10条有义务支付摊款的人接受摊款石油的总量降至1亿吨时,以较早者为准。”

9.《1992年设立国际油污损害赔偿基金的国际公约》的2003年议定书

2003年5月16日,国际海事组织在英国总部伦敦召开的外交大会上通过了关于建立国际油污赔偿补充基金(supplementary fund)的2003年议定书,即《1992年设立国际油污损害赔偿基金的国际公约》的2003年议定书,又被称为《2003年补充基金议定书》,该议定书已经于2005年3月3日生效。

根据IMO官方网站公布的数据,截止到2015年10月30日,该议定书共有缔约国31个,其商船吨位总和占世界商船总吨位的17.73%。中国尚未批准加入该议定书。建立补充基金的目的是在《1992年民事责任公约》以及《1992年基金公约》之外,设立第三层保障,以保护油污受害方得到更加充分的赔偿。该议定书针对《1992年基金公约》的缔约国全面开放,供选择加入。根据该议定书第4条款的规定,针对每一事故,补充基金中的赔偿责任限额高达7.5亿特别提款权，其中包括从《1992 年民事责任公约》及《1992 年基金公约》中赔付的数额。

补充基金适用于缔约国领土、领海及专属经济区内发生的污染损害。补充基金的年度摊款要求是每一缔约国在一个日历年度内累计收到摊款石油超过 100 万吨的，应向本补充基金缴纳摊款，这远远超出《1992 年基金公约》要求 15 万吨以上摊款的要求。此外关于本议定书责任限额的修正问题，议定书明确规定采用默示接受程序。即明确规定不少于 2/3 缔约国出席会议并且至少应有半数缔约国投票表决，并在国际海事组织法律委员会通过的有关责任限额的修正案，在通过后 12 个月即生效。

第四节　船舶油污损害赔偿的民间协定

20 世纪 60 年代末油污事件频繁发生，特别是“托利 · 勘庸”轮油污事故的发生，表明有必要建立新的油污损害赔偿责任的国际制度。当时人们普遍认为，等待新的国际公约的产生和实施，需要一个较漫长的过程，不是解决燃眉之急的最好办法。因此世界上一些大型石油公司和油轮船舶所有人通过民间协议的方式，就油轮船舶所有人对油污损害赔偿责任以及石油商进行摊款，设立基金，以作为对油轮船舶所有人污染损害赔偿责任的补充。这些民间协议在《1969 年民事责任公约》和《1971 年基金公约》通过及生效之前，一直扮演着非常重要的角色，直至民事责任公约和基金公约生效且参加的国家越来越多，上述这些民间协议才慢慢退出历史的舞台。

在 2003 年通过《1992 年基金公约》的补充基金议定书之后，考虑到该议定书涉及的补充基金对油污受害人而言，是第三层赔偿保障，而且是一种潜在的、额外的责任，为了解决船舶所有人与石油接受者之间对于损害赔偿数额的分担，国际船东互保协会集团（International Group of P&I Club）在自愿的基础上，于 2006 年建立了由两个民间协议组成的赔偿机制，即《小型油轮油污损害赔偿协定》和《油轮油污损害赔偿协定》。[①]

由于这些民间协定在相关国际公约没有通过、生效之时，就船舶造成油污损害赔偿而言，起到非常积极有效的作用，因此以下对这些民间协定予以简要介绍。

一、有关油轮船舶所有人承担油污责任的协定

（一）《1969 年油轮船舶所有人自愿承担油污责任协定

在“托利 · 勘庸”轮油污事故发生之后，根据以往制定公约的程序和所需时间，当时人们普遍认为，等待新的国际公约的产生和实施，需要一个较漫长的过程。在这种情况下，世界七家大石油运输公司，即英国油轮公司、埃索运输公司、海湾石油公司、飞马石油公司、壳牌国际石油公司、加利福尼亚标准石油公司和德士古公司，于 1969 年 1 月 7 日签署了《油轮船舶所有人自愿承担油污责任协定》（Tank Owners Voluntary Agreement Concerning Liability for Oil Pollution：TOVALOP）。该协定于 1969 年 10 月 6 日生效。由于许多条款是维护船舶所有人利益

① 参见胡正良、韩立新主编《海事法》，北京大学出版社，2009 年，第 478 页。

的，所以加入该协定的船舶吨位达96%以上。《1969年民事责任公约》生效后，TOVALOP的历史使命本应结束，但由于当时尚有许多国家未参加《1969年民事责任公约》，而且TOVALOP本身的规定又不完全与《1969年民事责任公约》的规定一致，所以从某种意义上讲，TOVALOP仍有存在的必要。

协定的主要内容如下：

TOVALOP的适用范围与《1969年民事责任公约》的规定相似。协定不仅适用于油轮船舶所有人，还适用于光船承租人（这一规定要比《1969年民事责任公约》宽泛）。同时协定适用于任何油轮，而不论其实际是否载有油类，即使是压载航行中造成的污染，根据协定也负责赔偿。而且上述油类是指任何持久性碳氢矿物油，但不包括鲸油。油轮船舶所有人对逸出或排放油类造成的油污损害，以及由于该事件而由任何人采取的排除威胁措施而产生的费用，承担赔偿责任。即使实际上未发生油污损害，也要为已采取的预防措施进行赔偿。

协定规定的免责事项与《1969年民事责任公约》的规定一致，但协定适用于任何油污事件，即使是由于船舶所有人的实际过失与私谋造成的，船舶所有人仍可享受责任限制。油轮船舶所有人在每一事件中承担的赔偿责任限额为，按船舶吨位每吨160美元计算的金额，或总额1680万美元，两者之中以较小者为准。

油污受害方对油轮船舶所有人的索赔，必须在事件发生之日起一年内，将书面索赔通知送达到油轮船舶所有人。一旦就损害赔偿问题发生争议，须提交国际商会仲裁解决，原则上适用英国法律。

该协定不具有《1969年民事责任公约》那样的强制力，只对参加该协定的油轮船舶所有人有效。

（二）1985年油轮船舶所有人污染责任协定

为了与《1984年民事责任公约》保持同步，1985年6月5日，世界上一些大石油运输公司发起并签署了《油轮船舶所有人污染责任协定》（Pollution Liability Agreement Among Tanker Owners：PLATO），以取代《1969年油轮船舶所有人自愿承担油污责任协定》。前者与后者在结构上大体相似。PLATO将船舶所有人在每一油污事件中的最高赔偿限额由1989年12月31日之前的6000万美元，提高为在此日期之后的7500万美元。由于在1986年3月31日参加的油轮吨位没有达到5000万登记吨的条件，因此该协定未能生效。

（三）1986年油轮船舶所有人自愿承担油污责任补充协定

鉴于PLATO 1985的流产，世界上一些大石油运输公司，于1986年再次对《1969年油轮船舶所有人自愿承担油污责任协定》进行修改，并签署了《油轮船舶所有人自愿承担油污责任补充协定》（TOVALOP Supplement）。该补充协定规定，5000总吨以下的油轮，其船舶所有人的赔偿责任限额为350万美元；5001至140 000总吨的油轮，每吨增加473美元；140 000总吨以上的油轮，其船舶所有人的最高赔偿限额为7000万美元。该补充协定已于1987年2月20日开始实施。

二、有关油污责任分摊的协定

（一）1971年油轮油污责任暂行补充协定

在西方一些石油垄断集团的倡议下，作为《1969年油轮船舶所有人自愿承担油污责任协定》的补充，1971 年 1 月 14 日签署了《油轮油污责任暂行补充协定》（Contract Regarding an Interim Supplement to Tanker Liability for Oil Pollution：CRISTAL），简称为《1971 年补充协定》，并于同年 4 月 1 日开始实施。当时全世界进口海运原油和燃油 70% 以上的石油公司成为该补充协定的缔约方，截止到 1982 年，这一数字上升至 92%。

该补充协定与《1971 年基金公约》一样，既对油污受害人进行赔偿，又对油轮船舶所有人进行补偿。经 1978 年 5 月修改后，规定基金对油污受害人的赔偿限额，包括对油轮船舶所有人的补偿金额在内，为 3600 万美元。基金对油轮船舶所有人补偿的金额为超过按船舶吨位每吨 120 美元计算的数额或总额 1000 万美元（二者之中较小者），但无论如何不超过按船舶吨位每吨 160 美元计算的数额或总额 1680 万美元（二者之中较小者）。

该补充协定对油污受害方的补偿仅限于油轮船舶所有人参加了 TOVALOP，以及油类运输的货主参加了本补充协定的情况下。

（二）1985 年油轮油污责任暂行补充协定

该补充协定是在 1985 年 6 月 5 日对《1971 年补充协定》修改后产生的，英文缩写为“CRISTAL 1985”。其目的是与《1985 年油轮船舶所有人污染责任协定》保持同步。该补充协定规定基金对油污受害人补偿的最高限额，在 1989 年 2 月 28 日之前为 1.35 亿美元，在此日期之后为 2 亿美元。该补充协定的生效，取决于《1985 年油轮船舶所有人污染责任协定》的生效，并且规定，如果该补充协定未能生效，原《1971 年补充协定》也作废。由于《1985 年油轮船舶所有人污染责任协定》未能如期生效，石油公司的代表们于 1986 年 4 月初在里斯本召开紧急会议，决定按原定日期，即 1986 年 6 月 1 日终止《1971 年补充协定》。

（三）1986 年油轮油污责任暂行补充协定协议

该协议是在《1986 年油轮船舶所有人自愿承担油污责任补充协定》产生的同时，由世界一些大石油公司签署的，英文缩写为“CRISTRAL CONTRACT”。协议规定，对 5000 总吨以下油轮造成的油污损害，基金对油污受害人的赔偿限额为 3600 万美元；油轮吨位在 5000 总吨至 140 000总吨之间，每吨增加 733 美元；油轮吨位在 140 000 总吨以上，基金的最高赔偿金额为 1.35亿美元。上述赔偿金额中，包括油污受害人按照《1986 年油轮船舶所有人自愿承担油污责任补充协定》从油轮船舶所有人处得到的赔偿金额。协议已于 1987 年 2 月 20 日开始实施。

随着有关油污损害赔偿国际公约的制定、生效及发挥作用，前述几个民间协定已于 1997 年失效，从而退出历史舞台。

三、油污损害赔偿民间协议的新发展

为了使第三层次保障机制的全部费用能够在油轮船舶所有人和作为基金摊款的货主之间得以合理的均摊，国际保赔协会集团与基金秘书处和石油公司国际海事论坛，自 2005 年 10 月召开了一系列会议，寻求一个能够使航运界广泛接受的实施方案。经过多方协调，最终形成两个民间协议。

（一）2006 年小型油轮油污赔偿协议

《2006 年小型油轮油污赔偿协议》（Small Tanker Oil Pollution Indemnification Agreement：STOPIA 2006）于 2006 年 2 月 20 日生效实施。

STOPIA 2006 通过评定《1992 年民事责任公约》规定的船舶所有人的赔偿责任限制的经

济效果,对发生在该公约基于2000年修正案涉及的污染损害,给予1992年基金承担的额外责任进行赔偿。根据STOPIA 2006的规定,实际上是将《1992年民事责任公约》的之下29 548总吨以下的油轮责任限制,提高到2000万特别提款权(《1992年民事责任公约》的2000年修正案规定5000总吨以下的赔偿责任限额为451万特别提款权)。因此该协议是29 548总吨以下的油轮船舶所有人之间订立的协议,目的就是向1992年基金补偿按照《1992年民事责任公约》下船舶所有人赔偿责任限额与2000万特别提款权限额之间的差额部分。由于该补偿仅在油轮溢油影响到《1992年基金公约》缔约国并且船舶所有人根据《1992年基金公约》应承担的赔偿责任时生效,与船舶的船旗国和货物的所有人无关,因此所有《1992年基金公约》的摊款人都会从中受益。

(二)2006年油轮油污赔偿协议

《2006年油轮油污赔偿协议》(Tanker Oil Pollution Indemnification Agreement: TOPIA 2006),也于2006年2月20日生效实施。

TOPIA 2006与STOPIA 2006内容基本相同,主要区别在于:(1)根据TOPIA 2006,当有任何索赔由2003年补充基金支付时,船舶所有人承诺向2003年补充基金补偿其中的50%。(2)TOPIA 2006适用于所有的油轮,而不论其吨位大小。(3)TOPIA 2006适用于《2003年补充基金议定书》的缔约国,而STOPIA 2006适用于《1992年基金公约》的缔约国。

此外,TOPIA 2006规定了与STOPIA 2006一样的修订机制,即当船舶所有人与货主分摊的油污索赔不平衡时,可以修订任何一个协议,也可以同时对两个协议进行修订。

同时两个协议的第8条都规定,在协议实施10年后,根据2006—2016年间油污损害索赔的实践对两个协议进行修订,以后每5年进行一次修订,以便更好地平衡船舶所有人与石油接收方之间的经济利益平衡。

第五节 CMI油污损害指南

《CMI油污损害指南》(CMI Guidelines on Oil Pollution Damage)(以下简称《指南》)于1994年10月2—8日,在澳大利亚悉尼举行的国际海事委员会(CMI)第35届国际会议上通过。它具体规定了油污损害的请求范围和计算方法,但不涉及人身伤亡。

随着民事责任公约和基金公约在国际上得到越来越多国家的认可以及各国保护海洋环境的意识不断增强,人们越来越关注油污损害赔偿问题。但是民事责任公约及基金公约本身并没有明确这些问题,各国国内立法又导致油污索赔范围和内容的不确定性,有鉴于此,国际海事委员会(CMI)在1991年决定成立专门工作组研究这一问题。通过国际海事委员会下属的各国海商法协会,征询了各国国内法的有关规定及对若干问题的意见,1992年9月在意大利的热那亚召开了专题讨论会,会后提出了讨论稿。在1994年10月悉尼大会上最后通过了《指南》。因此制定《指南》的主要目的在于统一油污损害赔偿责任方面的国际法律规定,有利于海洋环境的保护。

制定《指南》时,遵循了如下三个原则:(1)确定油污损害赔偿范围时,参考了大多数国家法律认为可以受偿的请求范围,同时适当考虑国际油污赔偿基金确立的标准;(2)使用的术语，要考虑在不同法律传统的国家都能被理解和接受；（3）既要使请求事项具有很强的明确性，又要保留请求事项具有足够的灵活性。

《指南》由三部分内容组成：总则、经济损失和预防措施、清除及复原费用。总则规定，如果请求人未采取合理措施以避免或减轻灭失、损害或费用，赔偿得被拒绝或减少。经济损失包括“相继经济损失”（或称“间接损失”）（consequential loss）和“纯经济损失”（pure economic loss）。前者是指请求权人因油类污染造成有形的财产灭失或损害而遭受的财政损失，原则上可以得到补偿；后者是指请求权人遭受的并非由于上述有形财产的灭失或损害引起的财政损失，只有污染与损失之间存在合理的近因时，才可以得到补偿。《指南》还规定，如果经济损失是可以得到补偿的，则请求权人为避免或减少经济损失而采取合理措施的费用也可以得到补偿。对于预防措施及清除费用、复原费用是否予以赔偿，应在遵循《指南》规定的各项原则之下，合理的费用才予以赔偿。

第六节　船舶运输有毒有害物质污染损害赔偿

一、有毒有害物质损害赔偿的概念

有毒有害物质是个非常复杂的物质群，清晰界定其范围和含义是很困难的。以下根据《1996年海上运输有毒有害物质损害责任及赔偿国际公约》（以下简称HNS 1996）第1条的规定，对“有毒有害物质”“损害”“有毒有害物质损害赔偿基金”等概念进行解释。

（一）“有毒有害物质”是指实际载于船舶上作为货物运输的具有毒性或者危害性的物质、材料和物品

这些物质包括：

（1）MARPOL 73/78公约附则Ⅰ附录Ⅰ所列的散装运输的油类；

（2）MARPOL 73/78公约附则Ⅱ附录Ⅱ中所规定的散装有毒液体物质；

（3）经修正的《1983年国际散装运输危险化学品船舶构造和设备规则》第17章所列的散装危险液体物质；

（4）《国际海运危险货物规则》（International Maritime Dangerous Goods Code：IMDG Code）中所包括的包装形式的危险、危害和有毒物质、材料和物品；

（5）《1983年国际散装运输液化气体船舶构造和设备规则》第19章所列的液化气体；

（6）散装运输的闪点不超过60 ℃（闭杯试验）的液体物质；

（7）《固体散装货物安全操作规则》附录B中所包括的具有化学风险的固体散装材料，依据《国际海运危险货物规则》的规定这些物质应当以包装形式运输时；

（8）前述物质散装运输的残渣。

公约对于燃油、放射性物质、煤炭及其他低险散货排除适用。因为燃油不作为货物来承运，排除在有毒有害物质之外（现已经有专门的公约调整，详见下一节内容）；大部分放射性物质已经由其他文件调整，至于医院使用的放射性物质及制造钟表使用的放射性物质表现出很

低的风险；而煤炭，据统计表明，对于环境或者本船之外不会造成任何损害，所以上述内容不适用。这里提及的船舶是指任何种类的海船及艇筏，但是军舰、海军辅助船或者由国家所有或经营的并用作非商业服务的其他船舶除外。

(二)“损害”是指有毒有害物质的毒性或者危害性造成的下列损害

(1)在运载有毒有害物质船舶以外，因这些物质造成的灭失或损害(包括其他船舶及其船上的货物)；

(2)在运载有毒有害物质的船上或船外，由这些物质造成的人身伤亡(包括船员及其他任何第三方)；

(3)由有毒有害物质造成的环境污染引起的灭失或损害，但是对于环境损害的赔偿，除这种损害造成的盈利损失外，应限于已经实际采取或将要采取的合理复原措施的费用；

(4)采取预防措施所产生的费用以及因为预防措施所造成的进一步的灭失或损害。

根据HNS 1996第11条的规定，人身伤亡的赔偿请求应当优先于其他赔偿请求受偿，但是人身伤亡的赔偿请求的累积金额超过根据公约确定的总额的三分之二的，超过部分应当与其他赔偿请求按比例受偿。这种规定对于人身伤亡的索赔人而言，有了较大的保障，即至少可以保障得到根据公约规定的损害赔偿责任限制总额的三分之二。

此外，公约规定，下列索赔不包括在有毒有害物质损害赔偿范围之内，即(1)任何海上旅客或者货物运输合同引起的赔偿；(2)与其他法律、法规有关劳工赔偿或者社会保障制度规定不一致的索赔；(3)民事责任公约及基金公约规定的油污损害赔偿；(4)经修正的《国际海运危险货物规则》或经修正的《固体散装货物安全操作规则》规定的放射性物质造成的损害赔偿。

二、1996年海上运输有毒有害物质损害责任及赔偿国际公约

(一)公约产生的背景

1967年3月发生的“托利·勘庸”案件，使人们对于船舶载运货油的问题予以十分的关注，同时也将人们的目光转向另一领域，即运送过程中危险有毒有害物质溢漏造成的损害，将会出现与油污损害类似的污染损害赔偿问题。

1969年国际海事组织(IMO曾为政府间协商组织IMCO)在协调解决货油运输造成的污染问题之后，开始着手制定散装货油以外的其他物质造成的污染问题。1974年，国际海事组织向各成员国发出问询单，调查设立《1969年民事责任公约》中未包括的物质在海运过程中的民事责任制度的必要性，并将此作为1975年4月法律委员会会议的一项议题进行讨论。1975年至1981年间针对是否有必要制定新公约以及公约适用范围等问题进行了多次讨论。1982年2月，国际海事组织法律委员会第47届会议上审议并通过了HNS草案文本，并于1984年召开外交大会，试图通过该公约。但是由于各国代表对于船货双方共同分担的原则、赔偿限额、有毒有害物质的含义、适用范围等问题未能达成共识而搁浅。但普遍认为有必要制定这一公约，并授权IMO法律委员会进一步对公约草案进行研究和修改。1987年4月，IMO法律委员会召开第59届会议时，重新开始讨论公约草案中涉及的一些重要问题。经过八年的反复研究，在1995年4月召开的第72届会议上，审议并通过了公约草案文本。1996年4月15日至5月3日，IMO在总部伦敦召开了外交大会，来自73个国家的代表团和联合国环境规划署的代表、26个政府间和非政府间国际组织以及IMO联系会员共443名代表参加了会议，一致通

过了《1996年海上运输有毒有害物质损害责任和赔偿国际公约》。

根据IMO官方网站公布的数据，截止到2015年10月30日，该公约共有缔约国14个，分别是安哥拉、塞浦路斯、埃塞俄比亚、匈牙利、利比亚、立陶宛、摩洛哥、俄罗斯、圣基茨和尼维斯群岛、塞拉利昂、斯洛文尼亚、叙利亚、汤加、萨摩亚群岛等，其商船吨位总和占世界商船总吨位的13.7%。由于至今尚未达到公约生效条件，因此该公约还没有生效。

（二）公约主要内容及特点

1. 公约适用范围

公约第3条明确规定适用于：(1)在缔约国领土包括领海上发生的任何损害；(2)根据国际法由缔约国设立的专属经济区内发生的或者未设立专属经济区，则指根据国家法由缔约国确定的从测量领海宽度基线量起不超过200海里的区域内造成的环境污染损害；(3)在缔约国领土包括领海之外，在缔约国注册的船上或未注册时，有权悬挂缔约国国旗的船上运载有毒有害物质造成的除环境损害以外的其他损害；(4)不论任何地点所采取的任何措施。显然公约规定的适用范围，与民事责任公约规定的范围基本类似。

此外，公约允许缔约国对于下列情况在批准、接受或加入公约时做出保留，即(1)宣布本公约不适用于不超过200总吨的从事该缔约国港口或设施之间的仅以包装形式运载的有毒有害物质；(2)两个相邻国家同意本公约不适用于在这两个国家的港口和设施之间以及仅以包装形式运载的有毒有害物质且不超过200总吨的船舶。

2. 船舶所有人的赔偿责任

(1)船舶所有人承担较为严格的责任。只要是符合公约规定的船舶在海上运输有毒有害物质造成的损害都要承担赔偿责任，除非根据公约规定，该损害系由于下列原因导致的，可以免除赔偿责任：①损害是由于战争、敌对行为、内战、武装暴动或意外的、不可避免和无法抗拒的自然现象造成的；②完全是由于第三方故意所为或不为造成的；③完全是由于负责灯塔或其他助航设备的政府或其他主管当局在履行其职责或其他过失行为造成的；④托运人或任何其他人未提供有关所托运物质的有毒有害特性所造成的全部或部分损害，或者未申报的有毒有害特性导致船舶所有人或其受雇人或代理人在不知情或无法合理知晓所托运物质的有毒有害特性且未办理强制保险的情况下。

如果船舶所有人能够证明损害全部或部分是由于遭受损害的一方故意或过失行为或不为导致的，则船舶所有人有权全部或部分免除对该受损方的赔偿责任。

公约明确规定，有毒有害物质损害赔偿责任由船舶所有人承担，不得向船舶所有人的受雇人、代理人、引航员、任何承租人（包括光船承租人）、船舶管理人、船舶经营人、救助人、采取预防措施的任何人提出损害赔偿请求。

上述规定与《1992年民事责任公约》的规定类似，但是免责事项比后者多了一项。

(2)船舶所有人赔偿责任限额。公约规定了较高的责任限额，具体为：总吨位不超过2000总吨的船舶，责任限额为1000万SDR；总吨位在2001吨至50 000总吨的船舶，责任限额每吨增加1500 SDR；超过50 000总吨的船舶，责任限额每吨增加360 SDR。但是无论如何，在任何情况下，船舶所有人总的责任限额不超过1亿SDR。

如经证明，损害系由于船舶所有人本人故意或明知损害发生而采取毫不在意的行为或不为导致的，则船舶所有人无权援引上述责任限额。

(3)赔偿责任基金的设立。作为能够享受公约规定的责任限制数额的前提条件，船舶所有人应向已经提起诉讼的缔约国法院或其他职能机构提出设立基金;若为提起诉讼的话,应当向可能提起诉讼的缔约国的法院或其他职能机构提出设立基金。基金可以是银行存款或者银行担保或者基金设立地法院能够接受的其他形式的担保。

船舶所有人自愿采取预防或减少损害发生的合理费用或合理牺牲,可以与其他索赔请求一样平等地在基金中受偿。

责任保险人或提供其他财务保证的人有权依据公约规定设立基金,条件和效力如同船舶所有人设立基金一样;即使船舶所有人无权享受责任限制,也不影响保险人设立基金。

限制责任基金设立后,任何人不得再为此种损害赔偿向船舶所有人的任何其他财产主张权利,已经被扣押的船舶应当立即释放。

(4)船舶所有人强制保险。与《1992 年民事责任公约》规定类似,在缔约国登记并实际载运有毒有害物质的船舶所有人应当持有保险或其他财物担保证书。但是本公约没有像民事责任公约那样规定强制保险的最低船舶吨位,只要是实际载运公约规定的有毒有害物质的船舶,必须强制保险。同时公约也规定了污染损害受害方可以直接起诉保险人或其他财务担保人。

3. 设立第二层次基金(HNS 基金)

(1)设立 HNS 基金的目的。主要是针对海上运输有毒有害物质所产生的索赔,不能适当地或者完全得到赔付时,由第二层次基金予以补偿。类似于油污损害赔偿的基金公约,并且也是由货主摊款设立。

(2)HNS 基金适用的范围。①根据公约规定,船舶所有人免除赔偿责任的情形;②船舶所有人应对损害赔偿承担责任,但是其在财政上没有足够能力全额赔付,并且提供的担保不能满足损害赔偿请求情况下;③遭受有毒有害物质损害超过船舶所有人根据第一层次责任限制的情况;④船舶有意为了防止或减少损害的发生而产生的合理费用或合理牺牲。

每一事故的索赔人基于公约从第一层次责任限制中获得的赔偿加上从本基金得到的补偿数额最高不超过 2.5 亿 SDR。由于意外的、不可避免和不可抗拒的自然灾害造成的损失,根据第二层次基金得到的补偿数额也不超过 2.5 亿 SDR。

(3)HNS 基金适用的除外情况。下列情况下,不能从第二层次基金获得补偿:①经证明,损害是由于战争行为、敌对行为、内战或骚乱,或由于军舰或国家所有或经营的船舶在发生事故时,仅仅从事政府的非商业行为时,从此类船舶溢出或卸下的有毒有害物质造成的;②索赔人不能证明造成的损害是由于涉及事故的一艘或多艘船舶造成的。如果证明损害全部或部分是由于遭受损害的人有意的行为或不为或疏忽导致的,则第二层次基金可以全部或部分免除向其赔偿的义务。

(4)HNS 基金的管理及摊款。HNS 基金应设有大会和以干事为首的秘书处。大会由本公约的所有缔约国组成,每年召开一次。秘书处制作年度预算,指派咨询人员并提供资金帮助各成员国避免或减少损害。该秘书处对大会负责。HNS 基金下设立总账户和几个单独账户。单独账户分别为:公约规定的油类账户;以甲烷为主要成分的碳氢液化天然气(LNG)账户;以丙烷、丁烷作为主要成分的碳氢液化石油气(LPG)账户。公约规定的其他有毒有害物质在总账户下得到补偿。一般情况下,各有毒有害物质的损害赔偿只能在各自账户下受偿,不论是总账户还是单独账户,都要进行最初摊款和年度摊款。

4. 公约生效条件

公约规定将在满足下列条件后 18 个月生效:(1)至少 12 个国家明确表示同意受本公约

的约束，其中4个国家，每个国家的船舶吨位至少不低于200万总吨；(2)在缔约国国内有摊款义务的人根据公约的规定，在前一日历年度内，收到总账户项下应分摊的货物总量至少是4000万吨。

HNS 1996最基本的特点就是参照民事责任公约和基金公约的内容，将后两个公约规定的内容合并在一个公约中，采用双层机制。即第一层次由船舶所有人承担严格责任，仅享有少数有限的抗辩范围；损害赔偿不但适用于运送HNS物质造成的财产损害及采取的合理措施发生的费用，而且适用于因此造成的人身伤亡；HNS物质没有明确界定，根据有关国际公约和规则的规定确定；船舶所有人实行强制保险；赔偿主体仅限于船舶所有人本人，等等。第二层次由HNS进口方摊款建立赔偿基金，特点是对于第一层次无法提供保障或超出第一层次限额的部分提供补偿；该基金由有毒有害物质的货主分摊设立；分摊基金包括总账户和三个独立账户；与第一层次限额累计的赔偿数额依然有上限规定等。

三、《1996年海上运输有毒有害物质损害责任及赔偿国际公约》的2010年议定书

鉴于HNS 1996生效条件较为严格，而根据IMO官方网站公布的数据，截止到2015年11月底，每年通过海上运输的HNS物质多达2000多种，约达2亿吨。专用LNG船舶，在1998年仅为100艘，在2014年已经达到420艘；化学品油轮在2005年大约3100艘，在2013年已经达到4070艘。国际社会意识到针对海上运输有毒有害物质建立一个以分担责任为基础的坚实有效的赔偿机制十分必要，也为了顾及一些国家在批准和加入HNS 1996中存在的障碍，国际海事组织于2010年4月在总部伦敦召开的外交大会上通过了HNS 1996的2010年议定书，截至目前只有8个国家签署，尚未满足生效条件。

2010年议定书的主要修改表现在如下方面：

1. 明确区分散装有毒有害物质和包装有毒有害物质

HNS 1996第一条仅仅规定了有毒有害物质的含义，但是未就其类型做出具体划分。2010年议定书明确区分为散装有毒有害物质和包装有毒有害物质，其中包装有毒有害物质是指经修正的《国际海运危险货物规则》涵盖的带有包装形式的危险和有害物质、材料和物品；除上述包装的有毒有害物质之外，均属于公约规定的散装有毒有害物质。

2. 摊款货物的范围缩小

2010年议定书将HNS 1996规定的摊款货物限定在任何散装有毒有害物质，因此包装有毒有害物质无须再根据公约规定参加摊款。

3. 船舶所有人赔偿责任限额发生变化

船舶所有人对HNS的赔偿责任限额不再采取单一制，而是根据不同种类的有毒有害物质区别规定。如果损害是由于散装HNS造成的，对于不超过2000吨位的船舶，为1000万SDR；对2001～50 000总吨的船舶，每一吨为1500 SDR；50 000总吨以上的，每一吨为360 SDR，但上述累计金额在任何情况下不超过1亿SDR。

如果损害是由于包装的HNS造成的，或者是由散装和包装HNS造成的，或者不能确定该船舶产生的损害是由散装HNS或包装HNS造成的，对不超过2000总吨的船舶，赔偿责任限额为1150万SDR；对2001～50 000吨的船舶，每吨为1725 SDR；50 000吨以上的，每一吨为414 SDR，但上述累计数额在任何情况下不得超过1.15亿SDR。

4. 对于分账户年度摊款货物进行调整

根据2010年议定书，在HNS 1996有关分账户年度摊款的货物中，删除了液化天然气账户参与摊款的必然规定，同时增加一条，补充规定“对于液化天然气账户，在公约第16条第5款规定的前提下，各缔约国年度摊款须有上一日历年度或大会可能决定的任何一年作为该国任何数量液化天然气接收人缴纳”。同时公约还规定在一定条件下，可以由在接收之前对在缔约国港口或码头卸下的液化天然气拥有所有权的人缴纳任何摊款，而并非一定由该货物的接收人缴纳摊款。

5. 删除向IMO秘书长提交部分摊款货物相关资料的缔约国义务

2010年议定书删除了HNS 1996第34条有关缔约国应当向秘书长提交批准公约文件时及此后在本公约对该国生效的前一日历年度中，该国接收或对于液化天然气卸下的总账户和每一分账户的摊款货物数量的相关资料的义务。

第七节　船舶燃油污染损害赔偿

一、船舶燃油污染损害的概念

船舶燃油污染损害(bunker pollution damage from ships)是指不论发生于何处的船舶上的燃油溢出或排放，导致了污染造成船舶以外的损失或损害，但对于环境损害(不包括此种损害的利润损失)的赔偿，应当限于实际采取或者将要采取的合理恢复措施的费用，还包括预防措施的费用以及预防措施引起的进一步损失或损害。

其中，船舶是指任何海船和任何类型的海上航行器；燃油系指用于或打算用于操作或推进船舶的碳氢矿物油和此类油的任何残余物，包括润滑油；预防措施系指在事故发生后，为了防止或减轻油污损害而由任何人采取的合理措施。

二、船舶燃油污染损害民事责任国际公约

(一)公约产生的背景

前文提及的油污损害民事责任公约及基金公约的制定、生效，使得油污受害人在遭受船载散装货物油污染时，能够得到较为充分的赔偿。但是由于造船技术的不断发展，船舶大型化趋势日益明显，而油污民事责任公约及基金公约并没有解决全部船舶燃油污染问题，因此船用燃油的污染问题得到国际社会的广泛关注。据加拿大提交给国际海事组织法律委员会的一份材料显示，燃油污染具有多发的性质，而且已经占全球油污的35%左右。在散装货物油和有毒有害物质污染的国际赔偿机制都已建立的情况下，燃油污染的损害赔偿问题仍然属于空白地带。尤其在世界范围内发生了几起较大的燃油污染事故，使人们意识到建立有效的燃油污染赔偿机制已经迫在眉睫。例如2002年11月13日，在巴哈马注册的“威望(Prestige)”号油轮，载运7.7万吨燃料油由拉脱维亚运往新加坡。该船行驶在西班牙加利西亚海岸附近时搁浅，船体裂开一个35米长的口子，燃料油不断大量外泄，形成一条5公里宽、37公里长的污染带后，继续向西班牙西北部海岸漂移，使得西班牙长达400公里的海岸受到污染。11月19

日，油轮被大风吹到葡萄牙海域后断裂成两半，沉入 1.5 公里深的海底。直至船舶沉没，泄漏出来的燃料油污染了 350 多公里的海岸，在严重破坏当地生态环境的同时，也沉重地打击了当地的渔业和水产养殖业，经济损失巨大。西班牙政府花费了大量的人力、物力、财力来处理泄漏的燃油及由此引起的生态灾难，4000 多名无辜的西班牙渔民更是因此失去了谋生机会。

事实上，IMO 早在 1996 年召开的第 73 届法律委员会上，就决定将制定关于燃油污染损害赔偿公约作为最为优先的议题。在第 75 届法律委员会会议上，受国际海事组织的委托，澳大利亚、加拿大、芬兰、挪威、南非、瑞典、英国和爱尔兰等 8 个国家，提交了《燃油污染损害民事责任国际公约草案》，供法律委员会讨论。经过第 76、77、78、79、80 届法律委员会的讨论修改，于 2000 年 1 月 21 日召开的第 81 届会议上提交了较为完整的公约草案。2000 年 6 月、8 月、9 月召开的第 82 届法律委员会上，与会国家对公约草案又进行了较为深入的讨论。2001 年 3 月 19—23 日，在 IMO 总部伦敦召开的外交大会上，终于审议并通过了《燃油污染损害民事责任国际公约》（以下简称《2001 年燃油公约》）。

该公约已经于 2008 年 11 月 21 日生效。根据 IMO 官方网站公布的数据，截止到 2015 年 10 月 30 日，该公约共有缔约国 81 个，其商船吨位总和占世界商船总吨位的 91.84%。该公约已经于 2009 年 3 月 9 日对我国生效。我国政府在提交批准书中做出如下声明：第一，公约第 7 条有关强制保险的规定，不适用于只航行于中国内水的船舶。第二，根据香港特别行政区基本法和澳门特别行政区基本法，中国政府决定，《2001 年燃油公约》适用于澳门特别行政区，除非香港特别行政区政府另行决定，否则该公约暂不适用于香港特别行政区。

（二）公约主要内容及特点

《2001 年燃油公约》在起草过程中很大程度上参考了《1992 年民事责任公约》和 HNS 公约的规定，但是又有着自己独特的特点和内容。

1. 公约适用范围

公约适用于发生在下述区域内的污染损害：缔约国领土，包括领海；缔约国按国际法建立的专属经济区，或者没有建立专属经济区的，则指该国按国际法确定的与领海相邻并向外延伸至不超过其测量领海宽度的基线 200 海里的区域。上述内容与《1992 年民事责任公约》及 HNS 公约的规定基本相同。此外公约第 4 条明确规定不适用于军舰、海军辅助船或由国家拥有或营运的并在当时仅用于政府非商业服务的其他船舶。

2. 责任主体范围及免责

公约第 3 条明确规定，事故发生时的船舶所有人应承担污染赔偿责任。根据第 1 条关于船舶所有人的界定，包括登记船舶所有人、光船承租人、船舶管理人和船舶经营人。如果存在一个以上的责任人对燃油污染事故负责，则这些责任人负连带责任。显然与《1992 年民事责任公约》及 HNS 公约相比较，责任主体的范围扩大了，增加了光船承租人、船舶管理人和船舶经营人。公约关于船舶所有人免责的规定，与《1992 年民事责任公约》及 HNS 公约的规定几乎完全一致。

3. 与其他公约的关系

《2001 年燃油公约》第 4 条明确规定，就民事责任公约规定的污染损害，不论该种损害根据民事责任公约是否得以赔偿，都不能适用本公约。因为民事责任公约明确规定调整散装货物油装载船舶上燃油舱引起的燃油污染问题，所以《2001 年燃油公约》仅对民事责任公约调整范围以外因燃油导致的污染问题加以调整。此外，就《2001 年燃油公约》涉及船舶所有人赔偿责任限制问题，该公约第 6 条明确规定，船舶所有人可以根据经修正的《1976 年海事赔偿责任限制公约》或者可适用的国内法限制赔偿责任。因此《2001 年燃油公约》没有像民事责任公约和 HNS 公约那样规定自己独立的责任限额，而是采取与现行海事赔偿责任限制国际机制或相关国内立法的机制关联的方式。另外请读者注意的是，《2001 年燃油公约》提及的并非是《1976 年海事赔偿责任限制公约》本身，而是指经修正的海事赔偿责任限制公约。目前有关海事赔偿责任限制公约的最近一次修订是 1976 年修订并通过的《1976 年海事赔偿责任限制公约》的 1996 年议定书。[①]

4. 强制保险或财务担保

公约第 7 条规定，在缔约国登记的大于 1000 总吨的船舶所有人，必须持有保险或者其他的财务担保，例如由银行或其他类似金融机构提供的担保，以承担船舶所有人依据本公约可适用的国内法或海事赔偿责任限制国际公约所确定的赔偿责任，但是不能超过按经修正的《1976 年海事赔偿责任限制公约》设立的限额。

污染损害索赔可以直接向保险人或为登记船舶所有人的污染损害责任提供财务担保的其他人提出。

5. 公约生效条件

公约第 14 条规定，公约自有 18 个国家（其中 5 个国家各自拥有船舶的合计总吨位不少于 100 万总吨）批准、接受或加入公约 1 年后生效。

从上述主要内容可以看出，《2001 年燃油公约》的主要特点包括：第一，扩大了责任主体范围，这样规定在于最大限度地方便受害人的索赔，保护受害人的合法权益。第二，没有单独规定船舶所有人的责任限额，而是规定根据经修正的《1976 年海事赔偿责任限制公约》或者相关国内法规定的责任限额设立基金。第三，没有货主分担赔偿机制作为补偿。油污基金公约及 HNS 公约都明确规定由货主分摊费用建立船舶污染损害赔偿基金，用于补偿受害人因为船舶所有人享受责任限制而未能得到充分补偿的部分损失，或者在船舶所有人无力提供相应补偿或根本找不到的情况下，向受害人提供一次性更大范围的赔偿。由于燃油公约调整的燃油，主要不是作为货物运载的燃油，而是船舶所有人或者承租人为船舶营运准备的燃油，用于或拟用于船舶运行或推进的烃类矿物油，包括润滑油，因此无法设立一个要求货主分摊赔偿责任的机制。第四，没有固定的强制保险数额。因为燃油公约规定船舶所有人的责任限额是依据有关的国际公约或国内法予以确定，显而易见，即使相同吨位的船舶，根据有关国际公约或各国国内法确定的强制保险金额也是不同的，所以不像油污民事责任公约或 HNS 公约有特定的赔偿责任限制数额。第五，适用的船舶范围扩大到所有的船舶。民事责任公约适用的船舶仅限于油轮，HNS 公约规定的船舶则因为是载运有毒有害物质而受到限制，而燃油公约适用于一切通过燃油提供船舶动力的任何类型的船舶，包括客船、集装箱船、一般散杂货船等。

---

① 《1976 年海事赔偿责任限制公约的 1996 年议定书》已经于 2004 年 5 月 13 日生效，根据 IMO 官方网站公布的数据，截止到 2015 年 10 月 30 日，该议定书共有 52 个成员国，其商船吨位总和占世界商船吨位的 57.41%。

第二十一章　海事赔偿责任限制

第一节　海事赔偿责任限制概述

一、海事赔偿责任限制的概念

海事赔偿责任限制是海商法中特有的一项法律制度。因为它对海上运输的顺利发展起着一定的积极作用,所以海事赔偿责任限制的制度一直发展至今,并得以不断的完善和巩固。各国海商法或相应的国际公约,都对此做出规定。

海事赔偿责任限制(limitation of liability for maritime claims,简称为 LLMC),是指发生重大海损事故时,作为责任人的船舶所有人、经营人和承租人等,可根据法律的规定,将自己的赔偿责任限制在一定范围内的法律制度。海事赔偿责任限制,最初仅仅是为保护船舶所有人的利益而设立,因此过去一直被称作“船舶所有人责任限制”或“船东责任限制”,但随着真正的船舶所有人与船舶实际经营人的分离及其他一些原因,渐渐地船舶经营人、承租人、救助人等也被纳入了受保护的范围。因而,过去的“船舶所有人责任限制”也就演变成今天的“海事赔偿责任限制”。

总之,海事赔偿责任限制作为一项法律制度,是海商法中特有的;作为一种特权,它是海商法赋予船舶所有人、经营人、承租人、救助人等的一种法定特权。

二、海事赔偿责任限制的发展过程

海事赔偿责任限制到底始于何时,已无法考证。但可以肯定的是,这一制度的发展史,可以追溯到很早以前,并在不同的国家和地区,有着不同的演进历程。

(一)委付制度

委付制度是海事赔偿责任限制的最早表现形式,即船舶所有人对人的损害负无限责任,但把海上财产委付给债权人之后,即可免除其所有责任。该制度被编入法国《1807 年商法典》。

(二)执行制度

执行制度即因船舶发生的债务,债权人只可要求对债务人的海上财产强制执行,不得对船舶所有人拥有的其他财产主张权利。该制度体现在德国的《1644 年汉撒敕令》(The Hanseatic Ordiance of 1644)中。

（三）船价制度

船价制度即把船舶所有人的赔偿责任限制在船舶的价值及运费之内。英国1734年《乔治法案》中最早确立船价制度，废除了以前的船舶所有人负无限责任的做法。

（四）金额制度

金额制度即根据船舶吨位来确定赔偿限额，具体做法是以发生债务的船舶吨位乘以每一吨的赔偿额来计算赔偿限额。英国在《1854年商船航运法》(Merchant Shipping Act, 1854)中采用此种制度。

（五）并用制度

所谓并用制度，即并用"船价制度"和"金额制度"，以高者为准的做法。美国在1851年制定的《船舶所有人责任限制法》中，采用的是船价制度，1935年改为"并用制度"。国际上有关责任限制的国际公约先后出现了三个，分别是《1924年关于统一海运船舶所有人责任限制若干法律规定的公约》（以下简称《1924年公约》）、《1957年关于海运船舶所有人责任限制的国际公约》（以下简称《1957年公约》）和《1976年海事赔偿责任限制公约》（以下简称《1976年公约》，内容详见下一节）。《1924年公约》采用的是并用制度，《1957年公约》和《1976年公约》采用的是金额制度。

三、海事赔偿责任限制的意义

海事赔偿责任限制作为一种与民法损害赔偿制度不同的特殊损害赔偿制度，发展到今天，已经有人开始怀疑其继续存在的必要性。但基于下列理由，该法律制度仍有存在的必要。

（一）有利于保障海上运输业的稳步发展

尽管今天的航海事业不再是过去意义上的"冒险家的乐园"，但海上特殊风险仍然是陆地风险所无法比拟的。这一制度的存在，使投入航运的资本得到一定程度的保护。尤其是在船舶大型化、智能化、集装化的今天，一艘船舶的投入非常巨大。一旦该船舶因为海上的特殊风险或意外事故遭受损失，则该船的所有人、投资人将承受巨大的财产损失。如果这时再要求船舶所有人、投资人对因此造成的其他财产损失或人身伤亡承担无限责任的话，将不利于吸引资金或将资金投入到航运业中。

（二）符合"公平原则"的要求

在船舶营运过程中，由于船长、船员的疏忽或过失造成他人财产损害，如果让船长、船员负赔偿责任，对受害人来说是不公平的；完全由其雇主——船舶所有人承担，也未必公平。所以由船舶所有人或相关人员负有限的赔偿责任不失为一个合理的解决办法。

（三）有利于鼓励海上救助

根据海事赔偿责任限制的有关法律规定，救助方在救助作业中给被救助方造成的损害，也可以限制其赔偿责任。这无疑会起到鼓励海上救助的作用，免除或减轻救助人的心理负担和压力。

（四）适应了海上保险业务的发展

海上保险中船舶责任保险的出现与发展，在很大程度上取决于"船舶所有人责任限制"制度的巩固与完善。取消"责任限制"制度，船舶责任保险也很难存在下去。从另一方面讲，船舶所有人的赔偿责任若能通过保险,转移给责任保险人承担,这对受害人得以赔偿也提供了可靠的保障。

四、海事赔偿责任限制与承运人单位责任限制的区别

在本书前文有关海上货物运输合同以及海上旅客运输合同的内容中,都提及如果由于承运人的过失,造成海上货物灭失、损害或者人身伤亡,承运人将根据每件或每货运单位,或者每人确定赔偿限制数额,因此又被称为"承运人单位赔偿责任限制"。从本质上讲,"海事赔偿责任限制"与"承运人单位责任限制"都起着限制船方赔偿责任的作用,但两者存在明显不同,主要表现在以下几个方面:

(一)两者所依据的国际公约不同

与前者有关的国际公约主要有《1957年海船所有人责任限制公约》《1976年海事赔偿责任限制公约》及其修正案;与后者有关的国际公约有《海牙规则》《维斯比规则》《汉堡规则》《国际货物多式联运公约》及《雅典公约》。

(二)责任主体不同

前者的责任主体是船舶所有人、承租人、管理人或经营人、船长、船员及其他受雇人员。救助人及责任保险人是《1976年海事赔偿责任限制公约》增加的责任主体。后者的责任主体是承运人或其受雇人、代理人。

(三)权利主体不同

前者的权利主体是受害船的船舶所有人、货方、船载财产的所有人、旅客及其他受害人,故又称为"综合责任限制";而承运人单位赔偿责任限制的权利主体是货方或旅客。

(四)限制方式不同

前者有金额制、船价制等形式,与实际损失的财产或人身伤亡的数量无关;后者与货损的数量或旅客伤亡的数量有关。

(五)实现权利的程序不同

就前者而言,其责任主体要限制其责任,必须向法院提出独立的申请,经法院批准并向法院提交责任限制基金后,才能实现其限制责任的权利。承运人享受单位责任限制不必向法院提交申请并设立基金,只要责任一经确定,就可根据运输合同或法律限制责任。

除上述几方面外,还有诉讼时效、权利的丧失条件及其他方面的不同。两者虽属海商法不同的法律制度,但两者仍然具有一定的联系。如某船发生事故,除造成他船人身伤亡及财产损失外,也造成根据提单承运的本船上所载货物的损害。根据提单,可确定出承运人对收货人或提单持有人的单位赔偿责任限额。同时根据海事赔偿责任限制的有关规定,还可以给作为承运人的责任主体确定一个包括本船所载货物的收货人、提单持有人的货损赔偿,以及对他船人身伤亡及财产损失赔偿的总赔偿限额。当两个赔偿责任限额不一致时,多数国家规定,若前者小于后者,则以前者为准;若前者大于后者,则以后者为准。此时前者是一次限制,后者称为二次限制。

第二节　有关海事赔偿责任限制的法律

一、有关的国际立法

海事赔偿常常发生在不同国籍的当事人之间,所以有必要统一有关海事赔偿责任限制的法律。第一个有关的国际公约是《1924 年关于统一海运船舶所有人责任限制若干法律规定的国际公约》(以下简称《1924 年公约》),于 1924 年 8 月 25 日在布鲁塞尔通过。该公约采用的是"并用制度",加上还存在其他一些方面的不足,始终未被大多数海运国家接受。该公约于 1931 年 6 月 2 日生效。根据 CMI 官方网站发布的 2014 年年报统计的数据,截止到 2014 年年底,有 15 个国家曾经是该公约缔约国,分别是比利时、巴西、丹麦、多米尼加共和国、芬兰、法国、匈牙利、马达加斯加、摩纳哥、挪威、波兰、葡萄牙、西班牙、瑞典和土耳其,其中丹麦、芬兰、法国、摩纳哥、挪威、西班牙、瑞典已经先后宣布退出该公约。

有鉴于此,国际海事委员会于 1955 年在西班牙马德里起草了一个新的公约草案,并于 1957 年 10 月 10 日在布鲁塞尔召开的第 10 届海洋法外交大会上获得通过,即《1957 年关于海运船舶所有人责任限制的国际公约》(以下简称《1957 年公约》)。该公约于 1968 年 5 月 31 日生效。公约采用"金额制度"。根据 CMI 官方网站发布的 2014 年年报统计的数据,截止到 2014 年年底,有 51 个国家和地区曾经是该公约缔约国,其中澳大利亚、比利时、丹麦、埃及、芬兰、法国、德国、日本、荷兰、挪威、西班牙、瑞典先后宣布退出本公约。中国政府代表澳门特别行政区于 1999 年 12 月 20 日加入本公约,并仅限于澳门特别行政区。它的出现与生效,使船舶所有人责任限制制度在国际上得到了初步的统一。

由于 1972 年发生的轰动国际航运界的"东城丸案件"(The Tojo Maru),以及在一些国家出现了通过起诉船长或船员、船舶经营人或承租人,以规避"船舶所有人责任限制"的案件,再加上船舶大型化及通货膨胀等因素的影响,国际航运界开始意识到,现行的《1957 年公约》已不能适应国际航运发展的需要。在这种背景下,IMO 制定了《1976 年海事赔偿责任限制公约》(以下简称《1976 年公约》,或称 LLMC 1976),并于 1986 年 12 月 1 日开始生效。根据 IMO 官方网站公布的数据,截止到 2015 年 10 月 30 日,已有 54 个缔约国,其商船吨位总和占世界商船总吨位的 54.80%。《1976 年公约》在 1996 年经过修正,即《1976 年公约》的 1996 年议定书(LLMC Protocol 1996),该议定书根据默示接受程序,已经于 2004 年 5 月 13 日生效。根据 IMO 官方网站公布的数据,截止到 2015 年 10 月 30 日,该议定书已有 52 个缔约国,其商船吨位总和占世界商船总吨位的 57.41%。

我国内地目前没有批准加入任何一个有关海事赔偿责任限制的国际公约,但是我国《海商法》第 11 章有关海事赔偿责任限制的条文参照《1976 年海事赔偿责任限制公约》制定。

(一)《1957 年公约》的主要内容

1. 适用的船舶

公约适用的船舶为海船(sea-going ship),同时规定允许各缔约国对 300 公约吨以下的海船及其他种类的船舶是否适用公约做出保留。

对于“公约吨”的确定，公约规定两种情况：蒸汽机船及其他机动船，以船舶的净吨加上为确定净吨而从总吨中减去的机舱容积为准；其他类型的船，则以净吨为准。

2. 责任主体

公约将责任主体分为两类：船舶所有人、承租人、管理人及经营人为第一类；船长、船员及其他受雇于第一类责任主体的人为第二类。同时公约还规定，当以船舶本身为被告时，责任主体也可援引公约的规定。

3. 限制责任的条件

如果导致损害发生的事故是由于第一类责任主体的“实际过失或参与”所引起的，则责任主体不得限制其责任；当导致损害发生的事故是由于第二类责任主体的“实际过失或参与”所引起的，则第一类责任主体仍可限制责任。但当第一类责任主体与第二类责任主体竞合时，仅在其行为、疏忽或过失是责任主体以船长或船员身份做出时，责任主体才可限制责任。

4. 限制性债权

公约规定了三大类，并允许缔约国对第三类做出保留。这三类限制性债权分别是：

（1）船上所载人员的人身伤亡及船上所载财产的灭失或损坏。

（2）不论陆上或水上其他人员的人身伤亡及船舶所有人须对之负责的船上人员或非船上人员的行为、疏忽或不履行义务造成的其他任何财产的灭失或损害，或任何权利的侵犯。但对于后一种人的行为、疏忽或不履行义务，仅在其驾驶或管理船舶，或在货物装船、运输或卸船，以及在旅客上船、运输或离船时发生，船舶所有人才有权限制责任。

（3）有关清除残骸的法律所规定的以及因起浮、清除或销毁沉船、搁浅船或被弃船所产生的任何义务或责任，以及因损坏港口工程、港池及航道所产生的任何义务或责任。

5. 非限制性债权

公约规定为两类：

（1）因救助报酬及共同海损分摊提出的债权；

（2）根据调整船舶所有人与其受雇人之间的雇佣合同的法律规定，船舶所有人不得限制责任或虽可限制但限额高于本公约规定的。

6. 责任限额及基金分配

公约规定，如事件只引起财产损失索赔，按船舶吨位，每吨 1000 金法郎计算。如事件只引起人身伤亡索赔，按船舶吨位，每吨 3100 金法郎计算。如事件既引起人身伤亡索赔，又引起财产损失索赔，按船舶吨位，每吨 3100 金法郎计算；其中第一部分按船舶吨位每吨 2100 金法郎计算的金额，专门用于赔付人身伤亡索赔，而第二部分按船舶吨位 1000 金法郎计算的金额，用于赔付财产损失索赔。但如第一部分金额不足以赔付全部人身伤亡索赔，这种索赔的未赔付差额应与财产损失索赔一起按比例从第二部分基金中受偿。

由于受金价波动的影响，1979 年 12 月 21 日，国际上通过了修改《1957 年公约》的 1979 年议定书，该议定书自 1984 年 10 月 6 日生效。主要的修改就是将计算单位金法郎修改为“特别提款权”（SDR），相应的比值为 1000 金法郎约合 66.67 SDR。根据 CMI 官方网站发布的 2014 年年报统计的数据，截止到 2014 年年底，有 8 个国家曾批准或加入 1979 年议定书，分别是澳大利亚、比利时、卢森堡、波兰、葡萄牙、西班牙、瑞士和英国。其中英国于 1985 年 12 月 1 日、西班牙于 2006 年 1 月 4 日先后宣布退出该议定书。

(二)《1976 年公约》的主要内容

《1976 年公约》采用了"事故制度"及超额递减的"金额制度",以特别提款权为计算单位,并以《1969 年船舶吨位丈量公约》确定的总吨作为计算责任基金的吨位。此外其相关的主要内容如下:

1. 适用的船舶

公约适用的船舶为"海船",同时规定不适用于气垫船及为勘探或开采海底自然资源而建造的浮动平台。还有两项特别规定:第一,对于内河船及 300 总吨以下的船舶,缔约国可在国内法中另行规定;第二,对于为钻探而建造或改建的,并从事钻探作业的船舶,如果缔约国已在国内法中规定了高于公约的责任限额或已加入有关这类船舶责任限制的国际公约,则本公约不适用于这类船舶。

2. 责任主体

公约规定责任主体为船舶所有人、承租人、管理人、经营人、救助人及责任保险人。相比较《1957 年公约》,《1976 年公约》增加了救助人和责任保险人两种责任主体。《1976 年公约》同时还规定,当诉讼是针对船舶本身或船舶所有人、承租人、管理人、经营人、救助人应对之负责的人提起时,例如上述这几种责任主体的受雇人、代理人等,这些人也有权援引责任限制。而且公约规定,援引责任限制的行为,并不构成对责任的承认。

3. 丧失责任限制的条件

公约第 4 条规定,如经证明损害是由于责任主体的"故意或明知可能造成损失而轻率地作为或不为"所致,责任主体不得限制责任。

4. 可限制责任的索赔

根据公约第 2 条的规定,除公约第 3 条、第 4 条另有规定外,不论何种原因产生的责任,下列索赔均可限制:

(1)有关在船上发生或与船舶营运或救助作业直接相关的人身伤亡或财产的灭失或损害(包括对港口工程、港池、水道和助航设施的损害),以及由此引起的损失的索赔;

(2)有关海上货物、旅客或其行李运输的迟延引起的损失索赔;

(3)有关与船舶营运或救助作业直接相关的侵犯非合同权利所引起的损失索赔;

(4)有关沉船、残骸、搁浅或被弃船(包括船上的任何物品)的起浮、清除、销毁或使之无害的索赔;

(5)有关船上货物的清除、销毁或使之无害的索赔;

(6)非责任人为避免或减少责任人按本公约规定可限制其责任的损失所采取的措施,以及由此措施而引起的进一步损失的索赔。

5. 不可限制责任的索赔

公约第 3 条规定,下列索赔不得限制责任:

(1)有关救助或共同海损分摊的索赔;

(2)《1969 年油污损害民事责任公约》及其生效议定书规定的油污损害;

(3)根据调整或禁止核损害责任限制的国际公约或国内立法提出的债权;

(4)对核动力船舶所有人提出的核损害的索赔;

(5)根据调整船舶所有人或救助人与其受雇人之间合同的法律规定,船舶所有人或救助人不得限制责任或虽可限制,但限额高于本公约规定的。

6. 责任限额及基金分配

（1）对于一般情况下发生的索赔，按船舶吨位分级计算。人身伤亡分五个等级，财产损害分四个等级，详见表21-1。

表21-1 海事赔偿责任限制数额 （《1976年公约》）

船舶吨位（总吨）	人身伤亡赔偿请求（SDR）	财产等其他赔偿请求（SDR）
1～500	333 000	167 000
每吨位增加额		
501～3000	500	167
3001～30 000	333	
30 001～70 000	250	125
70 000以上	167	83

对于单纯的人身伤亡索赔，依据表21-1人身伤亡部分建立基金；对于单纯的财产损害，则用表21-1财产损害部分建立基金；当人身伤亡和财产损害同时发生，且人身伤亡责任基金不足以清偿实际发生的人身伤亡索赔总额，不足部分可与实际发生的财产损害索赔总额，按比例分配财产损害部分建立的基金。但公约规定，在不影响人身伤亡索赔的权利下，各缔约国可在国内法中规定，有关对港口工程、港池、水道和助航设施的损害提出的索赔，可优先于其他财产损害索赔而受偿。

（2）对于不以任何船舶进行救助，或者是在被救助船上进行救助的救助人，其责任限制一律按1500总吨计算。

（3）对于旅客人身伤亡的索赔，公约规定，不按船舶吨位计算，而按船舶的载客定员乘以46 666 SDR计算，最高额不得超过2500万SDR。

7. 责任限制基金的设立

（1）根据公约第11条的规定，责任人就可限制责任的索赔可在提起法律诉讼的任何缔约国的法院或其他主管当局设立基金。此项基金的数额包括根据公约确定的责任限制数额，加上从引起责任事故发生之日起至基金设立之日为止的利息。该项基金，仅适用于赔付能够援引责任限制的各项索赔。

（2）公约第13条规定，如果责任人已按公约规定设立了基金，则向基金提出索赔的任何人，不得就该项索赔对已经设立基金的人的任何其他财产行使任何权利。

（3）根据公约第13条的规定，一经在下列地点设置基金或提交了其他形式的担保，所有限制性责任索赔人都不得再行申请法院扣押责任主体的船舶或其他财产，已经扣押的，法院应予释放。

①事故发生的港口，若在港外发生，则在第一抵达港；

②若系人身伤亡索赔，则在伤亡人员的离船港；

③若系货物损害的索赔，则在卸货港；

④实施扣押的国家。

8. 准据法

除本公约另有规定外，有关责任基金的设置、分配等程序性问题，适用基金设置地法。

(三)《1976 年海事赔偿责任限制公约》的 1996 年议定书

1996 年 4 月在英国伦敦举行的 IMO 外交大会上对《1976 年公约》修正议定书草案进行了研究讨论,并于 1996 年 5 月 3 日通过。该议定书已经于 2004 年 5 月 13 日生效。本次议定书修改主要是较大幅度提高了《1976 年公约》规定的责任限额,其他内容没有实质性变化。修改后的责任限额详见表 21-2:

表 21-2 海事赔偿责任限制数额 (《1996 年议定书》)

船舶吨位(总吨)	人身伤亡赔偿请求(SDR)	财产等其他赔偿请求(SDR)
不超过 2000	2 000 000	1 000 000
每吨位增加额		
2001 ~ 30 000	800	400
30 001 ~ 70 000	600	300
70 000 以上	400	200

(四)《〈1976 年海事赔偿责任限制公约〉1996 年议定书》的 2012 年修正案

国际海事组织法律委员会于 2012 年 4 月通过了《〈1976 年海事赔偿责任限制公约〉1996 年议定书》的修正案,进一步提高了海事赔偿责任限额。该修正案已于 2015 年 6 月 8 日生效。按照默示接受程序(tacit acceptance procedure),这一修正案将对所有未做保留的缔约国生效。本次修正再次提高了责任主体对人身伤亡及财产损失的责任限额,详见表 21-3。

表 21-3 海事赔偿责任限制数额 (2012 年修正案)

船舶吨位(总吨)	人身伤亡赔偿请求(SDR)	财产等其他赔偿请求(SDR)
不超过 2000	3 020 000	1 510 000
每吨位增加额		
2001 ~ 30 000	1208	604
30 001 ~ 70 000	906	453
70 000 吨以上	604	302

二、我国《海商法》之相关规定

我国《海商法》第十一章关于"海事赔偿责任限制"的规定是参考《1976 年公约》制定的,但我国内地目前尚未加入包括《1976 年公约》在内的任何一个海事赔偿责任限制公约。有关责任主体、责任限制丧失条件、非限制性责任索赔权等方面的规定,与《1976 年公约》的规定相同或相似,但仍存在如下方面的不同:

1. 责任主体方面

我国《海商法》第 204 条和第 206 条规定的责任主体,包括船舶所有人、船舶承租人、船舶经营人、救助人,以及责任保险人,但是没有包括《1976 年公约》规定的船舶管理人。

2. 限制性责任索赔

我国《海商法》第 207 条规定只有四类,即没有《1976 年公约》规定的"有关船上货物的清除、销毁或使之无害的索赔"及"有关沉船、残骸或被弃船(包括船上的任何物品)的起浮、清除、销毁或使之无害的索赔”两项内容。

3. 一般责任限额

我国《海商法》也采用“超额递减金额制”，但第210条规定“总吨位不满300吨的船舶，从事中华人民共和国港口之间的运输的船舶，以及从事沿海作业的船舶，其赔偿限额由国务院交通主管部门制定，报国务院批准后施行”。据此，交通部于1993年11月15日发布第5号令，颁布了《关于不满300总吨船舶及沿海运输、沿海作业船舶海事赔偿限额的规定》（以下简称第5号令），并于1994年1月1日起施行。“第5号令”规定适用于超过20总吨、不满300总吨的船舶以及300总吨以上从事中华人民共和国港口之间货物运输或者沿海作业的船舶。

“第5号令”第三条规定，除本规定第四条另有规定外，不满300总吨船舶的海事赔偿责任限额见表21-4。

表21-4　不满300总吨船舶的海事赔偿责任限额

船舶吨位	人身伤亡	非人身伤亡
20～21总吨	54 000 SDR	27 500 SDR
21总吨以上	每吨增加1000 SDR	每吨增加500 SDR

“第5号令”第四条规定：“从事中华人民共和国港口之间货物运输或者沿海作业的船舶，不满300总吨的，其海事赔偿责任限额依照本规定第三条规定的赔偿限额的50%计算；300总吨以上的，其海事赔偿限额依照《中华人民共和国海商法》第二百一十条第一款规定的赔偿限额的50%计算。”

4. 关于旅客运输的人身伤亡索赔

关于国际旅客运输产生的人身伤亡责任限额与《1976年公约》一致，但从事中华人民共和国港口之间海上旅客运输的旅客人身伤亡的赔偿限额，《海商法》第117条和第211条规定由国务院交通主管部门制定。据此，交通部于1993年12月17日发布第6号令，颁布了《中华人民共和国港口间海上旅客运输赔偿责任限额规定》（以下简称“第6号令”），并于1994年1月1日起施行。

“第6号令”关于承运人在每次海上旅客运输中赔偿限额为：

（1）旅客人身伤亡的，每名旅客不超过4万元人民币；

（2）旅客自带行李灭失或者损坏的，每名旅客不超过800元人民币；

（3）旅客车辆包括该车辆所载行李灭失或者损坏的，每一车辆不超过3200元人民币；

（4）旅客其他行李灭失或损坏的，每公斤不超过20元人民币。

海上旅客运输的旅客人身伤亡赔偿责任限额，按照4万元人民币乘以船舶证书规定的载客定额计算赔偿限额，但是最高不超过2100万元人民币。

5. 责任基金的设立

《海商法》第214条规定：“责任人设立责任限制基金后，向责任人提出请求的任何人，不得对责任人的任何财产行使任何权利；已经设立责任限制基金的责任人的船舶或者其他财产已经被扣押，或者基金设立人已经提交抵押物的，法院应当及时下令释放或者责令退还。”该规定不同于《1976年公约》规定的“向基金提出请求的任何人，不得对责任人的任何财产行使任何权利……”。即根据后者的规定，在责任人依据相关规定设立基金以后，只是限定了索赔人向基金主张索赔请求的，不能再对责任人的财产进行扣押或者采取其他行为。但是如果索赔人并不基于海事赔偿责任限制公约限定范围内的赔偿请求提出主张,则仍然有权向责任人主张权利并对其财产采取相应措施。

第二十二章　海上保险

第一节　海上保险合同概述

一、保险、保险合同与海上保险合同

保险(insurance)是指用多数人或经济单位共同交纳的费用建立起来的基金,对该多数人或经济单位因一定自然灾害或意外事故等原因造成的经济损失给予补偿,或在其发生人身伤亡、丧失工作能力或失去工作机会等情况时给付一定金额的制度。简单说来,保险是一种共同分担不确定的经济损失或共同克服不确定的经济困难的经济制度。共同分担不确定的经济损失的,为"财产保险"(property insurance);共同克服不确定的经济困难的,为"人身保险"(personal insurance)。"海上保险"(marine insurance)属财产保险的一种。

现代形式的保险,是通过合同来约定的。我国《保险法》第10条规定,保险合同(insurance contract)是双方当事人就保险权利义务关系达成的协议。保险合同的双方当事人,是保险人(insurer)和投保人(applicant for insurance, proposer)。但是,根据《海商法》第216条,海上保险合同的当事人为保险人和被保险人。从双方当事人的义务角度讲,保险权利义务关系包括保险人按约定向被保险人支付保险赔付或给付的义务,和被保险人按约定向保险人支付保险费(premium)的义务。保险赔偿或给付的约定,又称"承保范围"(cover),同时包括对保险对象所遭受损失种类的约定和损失原因的约定。在保险法中,保险对象又称为保险标的(subject matter insured)。在保险合同中,有关保险标的损失原因的约定称为"承保危险"(perils insured against);有关保险标的所遭受损失种类的约定称为"承保损失"(losses covered)。

保险合同在双方协商一致达成协议时成立,但一般要求此种协议以某种书面形式呈现。保险单(policy)是投保人与保险人订立保险合同的正式凭证,此外还有其他证明保险合同的"保险凭证"(insurance certificate)。在保险单或其他保险凭证背面或另纸附有保险人事先拟就并公开的标准保险合同条款,一般简称保险条款,保险条款与保险单或其他保险凭证的记载一起构成保险合同的内容。

我国《海商法》第216条规定:"海上保险合同(marine insurance contract of marine insurance),是指保险人按照约定,对被保险人遭受保险事故造成保险标的的损失和产生的责任负

责赔偿[1],而由被保险人支付保险费的合同”。从上述规定可以看出,海上保险合同属于财产保险合同的范畴,是一种赔偿合同(contract of indemnity),其目的是对被保险人的经济损失予以补偿。也就是说,当保险标的因发生合同承保范围内的海上事故而遭受损失或产生责任时,由保险人按照合同约定予以赔偿,从而使被保险人的经济利益得到保障。

二、海上保险合同的法律性质与基本原则

首先,海上保险合同是一种“赔偿合同”。财产保险的根本目的是补偿被保险人的经济损失,即表现为把被保险人的风险转嫁给保险人,通过保险人的赔偿使被保险人恢复到受损前的经济地位。因此,赔偿原则是海上保险合同的最根本的,或者说是首要原则。

所谓赔偿,是指当保险事故发生使被保险人遭受损失时,保险人在其责任范围内对被保险人所受的实际损失进行补偿。根据赔偿原则,被保险人只有遭受因约定的承保危险造成的损失才能根据保险合同从保险人处得到补偿,而且保险人只负责赔偿被保险人遭受的实际损失,即通过赔偿使被保险人恢复到保险事故发生之前的经济状况,被保险人不能获得多于或少于实际损失的保险赔偿。

但是,在海上保险实务中,有些情况下被保险人并不能通过保险完全弥补其所遭受的经济损失。其原因大致有二:其一是保险人享有多种法定或约定的保险除外或免赔责任;其二是被保险人没有足额投保,有一部分风险没有转嫁给保险人,要被保险人自己承担。

其次,海上保险合同是一种“限定性赔偿合同”(contract of qualified indemnity)。

根据海上保险合同及有关法律,承保危险的发生与损失结果的形成,需要有直接的因果关系。只有对由承保危险所造成的损失,保险人才负赔偿责任,此种因果关系,英美法中称之为近因(proximate cause)。所谓近因,并非指在时间上最接近损失的原因,而是指直接促成损失结果的有效果的或有支配力的原因。基于海上保险合同的上述法律性质,便产生了海上保险合同的另一基本原则,英美法称之为近因原则(principle of proximate cause),我国则称之为因果关系原则。

第三,海上保险合同是一种射幸合同(contract of speculation)。因为被保险人所支付的保险费与保险人将来的保险赔偿责任之间不存在一一对等的关系,在本质上含有一定的赌博性质。为了避免保险业沦为纯粹的赌博,保障保险业的健康发展,保险合同法规定了“保险利益原则”(principle of insurable interest),又称可保利益原则,要求被保险人对保险标的应具有保险利益,否则保险合同无效。“保险利益”,是指对保险标的具有“法律上承认的”(legal),“可以确定的”(definite)“经济”(pecuniary)利益。非法的利益,非现有的、不能合理期待的或不能用金钱计算的利益,都不能作为保险利益。

第四,海上保险合同是一种“对人合同”(contract on morality)。因为在具体海上保险合同中,保险人主要依赖被保险人告知的情况来评估保险标的的风险;被保险人的防损水平和道德风险等,对保险人决定是否接受承保以及保险费率的高低有很大影响。鉴于海上保险合同的特殊性,法律对于海上保险合同双方当事人诚实信用程度的要求远远大于其他民事活动,因此英美法将最大诚信原则(principle of utmost good faith)作为海上保险合同的一项基本原则。海

① 此处所称“保险事故”,依《海商法》,是指保险人与被保险人约定的任何海上事故,包括与海上航行有关的发生于内河或者陆上的事故。

上保险法中对告知义务和保证的规定即基于此项原则。

另外，海上保险合同还是一种“附意合同”（contract of adhesion）。海上保险合同的保险条款，一般是保险人单方拟就并预先印备的所谓标准合同。因此当印备的保险条款的含义不明确时，应做对被保险人有利的解释。这是英美普通法对附意合同的一条重要解释原则，我国保险法也已明确采纳这一原则。

三、海上保险合同的主要内容

海上保险合同的主要内容，随具体险种的不同而不同。根据我国海商法，海上保险合同主要包括保险人和被保险人的名称、保险标的、保险价值、保险金额、保险责任和除外责任、保险期间以及保险费等内容。

保险人是指在保险事故发生时对被保险人承担赔偿义务，并享有保险费请求权的人。被保险人是指在保险事故发生时享有保险赔偿（保险金）请求权的人。投保人（applicant）是指向保险人申请订立保险合同，并交付保险费的人。当被保险人作为投保人时，负有支付保险费的义务。

保险标的，是保险合同双方当事人要求或提供保险保障的目标或对象。在财产保险中，保险标的可以是财产，也可以是与财产有关的利益或责任。我国《海商法》规定海上保险合同的保险标的主要包括船舶、货物、船舶营运收入、货物预期利润、船员工资和其他报酬、对第三人的责任以及由于发生保险事故可能受到损失的其他财产和产生的责任、费用等。

保险价值（insurable value）是保险标的的价值。在海上保险合同中，由于保险标的的实际价值往往难以确定，保险价值一般由保险人和被保险人在保险单中约定，故海上保险合同一般为定值保险。约定的保险价值（agreed value）对双方当事人具有约束力，除非存在欺诈。如果保险人与被保险人未约定保险价值，则构成非定值保险。在此情况下，我国《海商法》第219条规定的保险价值为，保险责任开始时保险标的的实际价值和保险费的总和，不包括预期利润。

保险金额（insured amount，sum insured）是指被保险人对保险标的的实际投保金额，须在保险单中载明。保险金额大于保险价值的，称为超额保险（over insurance），保险金额超出保险价值的部分无效，保险人对超出部分不予赔偿。保险金额与保险价值相等的，称为足额保险（full insurance）；保险金额小于保险价值的，称为不足额保险（under insurance）。

保险责任范围（scope of cover），又称“保险人的赔偿责任范围”，是指海上保险事故引起的保险标的的损失和产生的责任。海上保险事故，简称保险事故，是指造成根据海上保险合同保险人须承担赔偿责任的损失或责任的原因，与其同义的术语还有承保危险（peril insured against）和承保风险（risk covered）。海上保险事故通常包括自然灾害和意外事故两大类。自然灾害是指由于自然力量所造成的灾害，如暴风雨、雷电、地震、海啸、洪水等自然现象；意外事故则是指偶然的、不可预见的原因所引起的事故，如船舶搁浅、触礁、沉没、碰撞、爆炸等事故。传统上，海上保险合同的保险责任范围限于海上事故或“海上冒险”（maritime adventure），但随着国际贸易和运输的发展，海上保险已扩展承保与海上航行有关的发生于内河或陆上的风险。对此我国《海商法》也有明确规定。

除外责任（exclusion）是指根据法律或者海上保险合同的规定，保险人不负赔偿责任的保险标的的损失、责任或费用的范围。严格说来，保险人的赔偿责任范围是由保险责任和除外责任共同构成的,而且除外责任的效力优先于保险责任的效力,即使被保险人已证明其索赔属于保险责任,如果保险人能够证明该索赔属于除外责任,保险人有权拒绝赔偿该索赔。因此,被保险人在投保时,除了要了解海上保险合同的保险责任外,还需进一步了解保险人的除外责任。

保险期间(duration of insurance)是指保险合同中约定的保险人对保险标的承担保险责任的开始时间和结束时间。以一定期限作为保险期间的海上保险合同称为定期保险(time insurance),以某航次作为保险期间的海上保险合同称为航次保险(voyage insurance)。

保险费(premium)是指被保险人应支付给保险人的,作为保险人承担赔偿责任的“对价”的一定金额。关于保险费的数额,通常是用约定的保险费率乘以被保险人向保险人投保的保险金额来确定的。

四、海上保险合同当事人的义务与责任

(一)被保险人的义务

在海上保险合同成立前,被保险人负有告知义务(duty of disclosure)。在海上保险合同的履行过程中,被保险人对保险人还负有下述八项法律规定的义务,即(1)及时交纳保险费的义务;(2)严格遵守保证的义务;(3)防灾防损义务;(4)危险增加时的通知义务;(5)出险时的通知义务;(6)出险时的施救义务;(7)保护代位求偿权并协助追偿的义务;(8)提供索赔单证并证明其请求权的义务。

1. 告知义务

所谓告知义务,是指在海上保险合同订立前,被保险人应将其实际知道的或者在其通常业务中应当知道的,有关影响保险人据以确定保险费率或者确定是否同意承保的重要情况,如实告知保险人。海上保险合同的被保险人,对保险标的的重要情况,即使保险人没有问及,也应主动告知保险人。但保险人实际知道的或者在其通常业务中应当知道的重要情况,保险人没有询问的,被保险人无须告知。

违反告知义务的法律后果,因被保险人是否出于故意而有所不同。根据我国《海商法》第223条,由于被保险人的故意,未将有关重要情况如实告知保险人的,保险人有权解除合同,并不退还保险费。合同解除前发生保险事故造成损失的,保险人不负赔偿责任。不是由于被保险人的故意,未将有关重要情况如实告知保险人的,保险人有权解除合同或者要求相应增加保险费。保险人解除合同的,对于合同解除前发生保险事故造成的损失,保险人应当负赔偿责任;但是,未告知或者错误告知的重要情况对保险事故的发生有影响的除外。

《保险法》第16条第3款规定:“前款规定的合同解除权,自保险人知道有解除事由之日起,超过三十日不行使而消灭。自合同成立之日起超过二年的,保险人不得解除合同;发生保险事故的,保险人应当承担赔偿或者给付保险金的责任。”根据《保险法》第184条,关于违反告知义务法律后果的规定对海上保险合同的影响在于对《海商法》未规定或未明确规定的事项加以补充。原则上,海上保险合同的保险人在知道被保险人违反告知义务时起30日内未解除合同的,其解除合同权利亦应消灭。

2. 严格遵守保证义务

海上保险合同中的“保证”(warranty),是双方当事人在海上保险合同中约定,被保险人对某一事项作为或不作为,或担保某一事项的真实性,在我国海上保险实务中称作“保险单特款

规定”。它源于英国海上保险，是我国海上保险特有的一个法律制度。

保证是海上保险合同的基础，是诚信原则的一项重要内容。如果被保险人违反保证，不论其是否有过失，不论该损失的发生与违反保证之间有无因果牵连，也不论违反保证是否增加了风险，保险人有权选择解除合同，对违反保证后发生的损失或责任不负保险赔偿责任，或要求修改承保条件，增加保险费。可见，违反保证的法律后果十分严重，被保险人应严格遵守保证。

3. 出险时的通知义务和出险后的施救义务

出险时的通知义务，是指一旦保险事故发生，被保险人有义务立即通知保险人。出险后的施救义务（duty of sue and labour）是指一旦保险事故发生，被保险人除应立即通知保险人外，还应采取必要的合理措施，防止或减少损失进一步扩大。被保险人若收到保险人发出的有关采取防止或减少损失的合理措施的特别通知的，应按通知要求去做。被保险人如违反施救义务，对因此造成的扩大损失，保险人不负赔偿责任。另一方面，对于被保险人发生的合理的施救费用，保险人应在保险标的损失赔偿之外另行支付给被保险人。

关于被保险人保护代位求偿并协助追偿的义务及提供索赔单证并证明其请求权的义务将在本节第五部分阐述。

（二）保险人的责任

1. 赔偿责任

在发生保险事故后及时向被保险人支付保险赔偿是保险人的首要义务与责任。对此，我国《海商法》第237条明确规定，发生保险事故造成损失后，保险人应当及时向被保险人支付保险赔偿。

2. 不足额保险的适用

在海上保险合同中，保险人赔偿保险标的因保险事故所遭受的损失，以保险金额为限，即保险人赔偿保险标的损失的最高限额为保险金额。同时，保险合同中保险金额不得超过保险价值，超过部分是无效的，对超过部分保险人不予赔偿。但是，如果存在被保险人不足额投保的情况，保险人的赔偿责任将有所变化。一般意义上的不足额保险，是指保险合同中保险金额低于保险价值的情况。但是，不足额保险的适用也会因保险赔偿种类的不同而有所不同。根据我国《海商法》：(1)对于共同海损分摊，如果保险金额低于共同海损分摊价值，保险人按照保险金额同分摊价值的比例赔偿共同海损分摊。(2)对于施救费用，如果保险金额低于保险价值，除合同另有约定外，保险人按照保险金额同保险价值的比例赔偿施救费用。(3)对于保险标的的其他部分损失，如果保险金额低于保险价值，保险人按保险金额同保险价值的比例赔偿部分损失。(4)对于保险标的的全损，如果保险金额低于保险价值，保险人的赔偿责任限于保险金额。

3. 连续损失

保险人赔偿保险事故造成的损失，以保险金额（等于或低于保险价值时）为限，是基于事故原则，即一次保险事故一个赔偿责任限额。如果保险标的在保险期间发生几次保险事故均造成损失，即产生所谓连续损失（successive loss），即使损失金额总和超过保险金额，保险人也应当赔偿。但是，对发生部分损失后未经修复又发生全部损失的，保险人按照全部损失赔偿，而不再承担此前发生的部分损失，不论全部损失是否是由保险事故造成的。

4. 施救费用

施救费用是指被保险人为防止或减少根据保险合同可以得到赔偿的损失，而支出的必要的合理的费用。施救费用必须是由承保危险引起的。保险人对施救费用的赔偿责任，以单独一个保险金额为限，而且保险人应在保险标的损失赔偿之外另行支付施救费用。

另外，凡是能够作为单独海损、共同海损或救助费用的，不能以施救费用名义向保险人索赔。

5. 海上货物运输保险人的除外责任

我国《海商法》规定，除海上货物运输保险合同另有约定外，保险人对因下列原因造成的损失或费用，不负赔偿责任：(1)航行迟延、交货迟延或行市变化；(2)货物的自然损耗、本身缺陷和自然特性；(3)包装不当。

6. 船舶保险人的除外责任

我国《海商法》规定，除合同另有约定外，船舶保险人对下列原因之一造成的被保险船舶的损失，不负赔偿责任：(1)船舶开航时不适航，但在船舶定期保险中被保险人不知道的除外；(2)船舶自然磨损或者锈蚀。

五、保险标的的损失与保险赔偿的支付

(一)保险标的的损失

在海上保险中，保险标的的损失可分为"全损"(total loss)和"部分损失"(partial loss)两大类。不属于全损的损失，为部分损失。全损可进一步分为"实际全损"(actual total loss)和"推定全损"(constructive total loss)，而部分损失则包括"单独海损"(particular average)、"共同海损分摊"(general average contribution)以及"救助费用"(salvage charges)。

1. 实际全损

实际全损是指保险标的发生保险事故后灭失，或者受到严重损坏完全失去原有形体、效用，或者不能再归被保险人所拥有。例如被保险船舶沉入深海，因爆炸而成为碎片，或者战时被敌舰捕获，被保险货物全部被火烧为灰烬或被没收，等等。在船舶保险中，如果出现船舶失踪的情况，因为失踪原因不明，被保险人很难证明是由保险事故引起的，而且即使能够证明，也要等很长时间才能向保险人主张全损，这对被保险人很不利。对此我国《海商法》第 248 条规定，船舶在合理时间内未从被获知最后消息的地点抵达目的地，除合同另有约定外，满两个月后仍没有获知其消息的，为船舶失踪。船舶失踪视为实际全损。

2. 推定全损

我国《海商法》分别规定了船舶的推定全损和货物的推定全损。船舶的推定全损，是指被保险船舶发生保险事故后，认为实际全损已不可避免，或者为避免发生实际全损所需支付的费用超过了被保险船舶的保险价值。货物的推定全损，是指被保险货物发生保险事故后，认为实际全损已经不可避免，或者为避免发生实际全损的费用与继续将货物运抵目的地的费用之和超过了被保险货物的保险价值。

推定全损是海上保险中特有的对被保险人有利的一种制度。例如当被保险船舶遭受搁浅、碰撞等保险事故损坏十分严重，为了避免该船发生全损将产生的费用如此之高，以致一个未投保的船舶所有人会认为不值得去救这条船，即拯救船舶产生的费用会超过因船舶获救船舶所有人将取得的利益，根据海上保险法中的推定全损制度，此时被保险人可以向保险人委付被保险船舶而索赔全损。所谓委付(abandonment)，是指当被保险人向保险人请求全损保险赔偿时，不论实际全损还是推定全损，被保险人都必须放弃对保险标的的权利，将保险标的的全

部权益转让给保险人。因为在实际全损情况下，被保险人向保险人委付保险标的对保险人并无实际意义，故法律只要求在推定全损情况下，如果被保险人请求全损赔偿，就必须先向保险人发出委付通知。但是保险人在收到被保险人的委付通知后，在考虑到船舶或货物的残值，以及该保险标的可能产生的各种责任，例如海洋环境污染损害赔偿责任、阻碍或影响航道而被海事管理部门要求强制清除的责任等诸多因素后，有权决定是否接受保险委付。如果保险人拒绝接受保险委付，不影响保险人向被保险人支付全部损失赔偿。

3. 单独海损

单独海损是指自然灾害或意外事故直接造成的保险标的的损害，如风暴造成的船舶损害，火灾造成的货物损害等等。单独海损由各受损方自己承担，如果单独海损是由保险事故引起的，则由保险人予以赔偿。

4. 共同海损分摊

共同海损是指在同一海上航程中，船舶、货物和其他财产遭遇共同危险，为了共同安全，有意而合理地采取措施所直接造成的特殊牺牲和支付的特殊费用。共同海损包括共同海损牺牲和共同海损费用。共同海损应由各受益方按照各自的分摊价值的比例分摊，保险人所承担的是被保险人对共同海损的分摊责任部分（liability towards G. A. contributions）。

5. 救助费用

海上保险中的救助费用，即为海难救助法中的救助报酬（详见第十八章内容）。该表述及内容不同于保险法中提及的施救费用。

（二）保险赔偿的支付

我国《海商法》第251条规定："保险事故发生后，保险人向被保险人支付保险赔偿前，可以要求被保险人提供与确认保险事故性质和损失程度有关的证明和资料。"根据该规定，保险事故发生后，如果被保险人向保险人请求保险赔偿，必须提供必要的索赔文件，以确定是否为保险人的责任以及保险赔偿的金额。保险赔偿请求的时效为2年，自保险事故发生之日起计算。保险人在赔付给被保险人保险赔偿之后，取得对保险标的的代位权。海上保险中的代位权，指保险人赔偿被保险人因保险事故遭受的经济损失后，在保险人的赔偿范围内，保险标的的有关权利转让给保险人行使。代位权包括代位求偿权（right of subrogation）与物上代位权。另外，我国《海商法》还规定了保险人的提前解约权。

1. 保险人的代位求偿权

我国《海商法》第252条规定，保险标的发生保险责任范围内的损失是由第三人造成的，被保险人向第三人要求赔偿的权利，自保险人支付赔偿之日起，相应转移给保险人。根据该规定，不论保险人赔偿的损失是全损还是部分损失，保险人都具有法定的代位求偿权，即保险人根据保险合同对被保险人的损失予以赔偿后，如果第三方根据合同或法律应对该损失承担损害赔偿责任，则被保险人享有的对第三方的请求权，应转移给保险人。

保险人取得代位求偿权的时间，是其实际赔付被保险人之日。保险人赔付之后，可以以自己的名义向第三人要求赔偿①。保险人的代位求偿权应严格限于被保险人原有的对第三人的

① 我国《海商法》关于代位求偿权行使的规定，不同于英国《1906年保险法》。根据后者，保险人获得代位求偿权之后，是以被保险人的名义向责任人索赔，就如同"穿上被保险人的鞋子"一样。

权利,保险人不能因为代位求偿而取得被保险人本不具有的权利。保险人的代位求偿权也只限于第三人对保险单所承保的被保险人对保险标的的保险利益的损害所负的赔偿责任,例如船舶保险人的代位求偿权不包括对被保险船舶丧失租船运费的请求权,因为租船运费不是船舶保险的保险标的。

被保险人有义务尽力协助保险人向第三人追偿,向保险人提供必要文件和其所需要知道的情况。被保险人未经保险人同意放弃向第三人要求赔偿的权利,或者由于过失致使保险人不能行使追偿权利的,保险人可以相应扣减保险赔偿金额。

被保险人已经从第三人取得的赔偿,视为被保险人为保险人的利益而保存,保险人支付保险赔偿时,可以从应支付的赔偿额中相应扣减被保险人已经从第三人取得的赔偿。保险人从第三人取得的赔偿,只要没有超过其支付的保险赔偿,就全部归保险人;如果超过其支付的保险赔偿,超过部分应当退还给被保险人。由于保险人的代位求偿权限于其实际支付给被保险人的范围之内,因此如果第三方责任人造成被保险人的损失超出保险人实际赔付金额的,则被保险人仍然有权在上述差额范围内向第三方责任人主张损害赔偿,不因保险人行使代位求偿权而受到影响。

2. 物上代位权

在部分损失的情况下,保险人无权取得保险标的的一部分的物权。但是,在保险人赔付全损保险赔偿的情况下,保险人除取得对债权的代位求偿权外,还有权取得对保险标的的全部物权。保险人所取得的物上代位权,不受保险人所支付的保险赔偿的限制。但是在不足额保险的情况下,保险人只能按保险金额与保险价值的比例取得对保险标的的部分物上权利。

3. 保险人的提前解约权

我国《海商法》第 255 条规定,发生保险事故后,保险人有权放弃对保险标的的权利,全额支付合同约定的保险赔偿,以解除对保险标的的义务。保险人行使该权利的限制是,保险人应当自收到被保险人有关赔偿损失的通知之日起 7 日内通知被保险人,同时被保险人在收到通知前,为避免或减少损失而支付的必要的合理费用,仍应由保险人偿还。根据上述规定,保险人可以选择在被保险人提出全损索赔之前,主动做出全损赔付,以解除对保险标的的义务。保险人行使该权利的另一代价是必须放弃对保险标的的权利,不得再主张对保险标的的物上权利。

第二节 海上货物运输保险合同

在海上保险中,海上货物运输保险的业务量最大,而且在国际贸易中占有重要地位,与航运业的关系也十分密切。本节主要介绍现行中国人民保险公司(现更名为"中国人民财产保险股份有限公司")海上货物运输保险条款的责任范围、除外责任等内容。

现行中国人民财产保险股份有限公司海上货物运输保险条款分为主险(main risks)条款和附加险(additional risks)条款两大类。附加险不得单独投保,须在投保主险后向同一保险人另外选择加保。附加险又分为普通附加险、特别附加险和特殊附加险。每一种附加险有相应的保险条款,附加险条款与主险条款存在抵触时,以附加险条款为准。

我国海上保险市场上通常使用的海上货物运输保险条款是以中国人民财产保险股份有限公司2009年修订的新版《海洋运输货物保险条款》(Ocean Marine Insurance Cargo Clauses)为蓝本制定的。《海洋运输货物保险条款》主险条款包括:(1)适用于涉外海上货物运输保险的一般货物"海洋运输货物保险条款";(2)"海洋运输冷藏货物保险条款";(3)"海洋运输散装桐油保险条款"。其中一般货物"海洋运输货物保险条款"又分为平安险、水渍险和一切险,介绍如下。

一、主险的责任范围

1. 平安险

平安险(free from particular average: F. P. A)的英文意思是"单独海损不赔",即起初平安险的保险人负责赔偿全损,但后来经过不断发展,平安险的责任范围,已大大超出只赔全损的范围。简言之,平安险的责任范围包括因自然灾害造成的全损和部分意外事故造成的全部或部分损失及其费用。具体说来,保险人的赔偿责任包括:

(1)恶劣天气、雷电、海啸、地震、洪水造成整批被保险货物的全损,包括实际全损或推定全损;

(2)水上运输工具遭受搁浅、触礁、沉没、与水以外的任何外部物体碰撞或触碰造成被保险货物的全损或部分损失;

(3)陆上运输工具遭受碰撞、倾覆或出轨造成被保险货物的全损或部分损失;

(4)火灾、爆炸造成被保险货物的全损或部分损失;

(5)在船舶或驳船装卸时,任何整件被保险货物落海或跌落造成该货物的全损或部分损失;

(6)保险事故发生后,被保险人为防止或减少被保险货物的损失而支付的必要的合理的费用,但以不超过该批被救货物的保险金额为限;

(7)水上运输工具遭遇天灾、海上或者其他可航水域的危险或者意外事故,致使运输或运输合同在保险单载明的目的地以外的港口或地点终止,由于卸货、存仓及运送被保险货物至本保险单载明的目的地所产生的必要的合理的额外费用;

(8)共同海损牺牲、分摊和救助费用;

(9)运输合同订有"双方互有过失碰撞"条款,保险事故发生后,根据该条款规定应由货方偿还承运人的损失。

2. 水渍险

水渍险(with particular average: W. A.)的英文意思为"单独海损包括在内"。其责任范围除包括上述平安险项下的各项承保风险外,保险人还负责被保险货物由于恶劣天气、雷电、海啸、地震、洪水所造成的部分损失。在水渍险下,保险人对针对被保险货物的施救费用的赔偿范围也相应扩大。

3. 一切险

保险人在一切险(all risks)下的责任范围,除包括上列平安险和水渍险的责任范围外,还负责被保险货物由于外来原因所造成的全损或部分损失。

二、附加险的责任范围

1. 普通附加险

普通附加险被包括在一切险责任范围之内,因此投保了一切险的情况下,没有必要再投保普通附加险。但是投保人在投保了平安险和水渍险这两种基本险的基础上,可根据需要选择加保一种或几种普通附加险。经保险人同意,并增收适当的保险费,附加险条款即可生效。目前常用的普通附加险条款有以下 11 种,分别为:偷窃、提货不着险(theft, pilferage & non-delivery: TPND);淡水雨淋险(fresh water and/or rain damage);短量险(risk of shortage);混杂、沾污险(risk of intermixture & contamination);渗漏险(risk of leakage);碰损、破碎险(risk of clash and breakage);串味险(risk of taint of odour);受潮受热险(sweat & heating);钩损险(hook damage);包装破裂险(breakage of packing)和锈损险(risk of rusting)。

2. 特别附加险

特别附加险的责任范围不包括在一切险的责任范围之内。其承保的风险或者是一切险的除外责任,或者是与政治、国家行政权力相关联的风险,或者是超出了一般海上运输意外事故的范围。常见的特别附加险包括进口关税险、舱面险、拒收险、黄曲霉素险和虫损险等。

3. 特殊附加险

特殊附加险包括战争险和罢工险,其条款是各自独立的,由被保险人分别投保。

(1)战争险。一般国际海上货物运输都加保战争险。海上货物运输战争险条款的保险期间原则上限于货物在海运途中,不是仓至仓责任。保险人的责任范围为:

①直接由于战争、类似战争行为和敌对行为、武装冲突或海盗行为所致的损失;

②由于上述行为引起的捕获、拘留、扣留、禁制、扣押所造成的损失;

③各种遗弃的常规武器,包括水雷、鱼雷、炸弹所致的损失;

④上述责任范围引起的共同海损牺牲、分摊和救助费用。

(2)罢工险。货物运输罢工险条款承保被保险货物由于罢工者、被迫停工工人或参加工潮、暴动、民众斗争的人员的行动,或任何人的恶意行为所造成的直接损失,以及上述行动或行为引起的共同海损牺牲、分摊和救助费用。罢工险负责的损失必须是直接损失,保险人不负责间接损失。

三、主险的保险期间

2009 年版海洋运输货物保险条款主险的保险期间规定在第三条,由四款组成。第一款是所谓"仓至仓条款",第二款与第三款分别是"延伸条款"和"运输合同终止条款",第四款是关于被保险人变更目的地的新增规定。

1. 仓至仓条款

"仓至仓条款"规定了正常运输情况下,货物保险人的责任期间,即保险人的责任自被保险货物在本保险单载明的起运地仓库或储存处所向运输工具装载时开始,包括正常的运输过程,直至发生下列任一情况时终止:

(1)货物抵达本保险单载明的目的地的最后收货仓库或处所并从运输工具卸载完毕;

(2)货物抵达本保险单载明的目的地或之前的,由被保险人用作分配、分派的其他储存处所或非正常运输的其他处所并从运输工具卸载完毕;

(3)运输行程终止后,被保险人或其雇员使用最后的运输工具用于货物存储时;

(4)货物在最后卸载港全部卸离海船后满六十天。如在上述六十天期限内被保险货物需转运到非本保险单载明的目的地时,则至该货物开始转运时,保险责任终止。

2."延伸条款"和"运输合同终止条款"

第二款和第三款分别规定了当运输合同继续有效和运输或运输合同终止两种情况下保险合同期间的终止。

3. 关于被保险人变更目的地的新增规定

第四款是针对被保险人自愿改变航程情况下保险期间的终止。

四、主险的除外责任

根据海洋运输货物保险主险条款,保险人对下列损失不负赔偿责任:

(1)被保险人及其代理人或发货人的故意行为或过失。

(2)货物的自然损耗、本身缺陷、自然特性、包装或准备不当,以及在保险责任开始前,被保险货物已存在的品质不良、数量短差。

(3)行市变化、航行延迟或交货延迟,即使该延迟是由于保险事故所引起。

(4)船舶、驳船不适航或船舶、驳船、运输工具、集装箱不适合被保险货物的安全运输,但以投保人或被保险人或其雇员在装载时知道或应当知道该情况为限;集装箱内积载不当,但以保险责任开始前积载已完成或该积载是由投保人或被保险人或其雇员所进行的为限。

(5)被保险货物放置在舱面,但集装箱船所载普通封闭式集装箱货物或经保险人同意承保并在保险合同中载明的其他舱面货物不在此限。

(6)承运人无正本提单交付货物,或水上运输工具未抵达本保险单载明的目的地,但由于发生保险事故导致水上运输工具未抵达目的地的不在此限。

(7)船舶所有人、管理人、租船人或经营人的破产或不履行债务。

(8)政府或有关当局行为,以及保险合同中载明的海洋货物运输战争险条款、货物运输罢工险条款、交货不到险条款、拒收险条款、舱面货物险条款、进口关税险条款、黄曲霉毒素险条款约定的责任范围和除外责任。

第三节　国内水路运输货物保险条款

中国人民财产保险股份有限公司于 1997 年 7 月试行《水路货物运输保险条款》,该条款是在 1990 年 5 月 1 日条款的基础上形成的,2009 年又进行了修订并向保监会报备,即 2009 年版《水路货物运输保险条款》。2009 年版《水路货物运输保险条款》分"基本险"和"综合险",保险人按照保险单注明的承保险别分别承担保险责任。

一、"基本险"承保的风险

(1)火灾、爆炸、雷电、冰雹、暴风、暴雨、洪水、海啸、崖崩、突发性滑坡、泥石流等;

(2)船舶发生碰撞、搁浅、触礁,或桥梁、码头的坍塌;

(3)因以上两款所致船舶沉没失踪;
(4)在装货、卸货或转载时,因意外事故造成的损失;
(5)按国家规定或一般惯例应承担的共同海损牺牲、分摊和救助费用;
(6)在发生上述灾害事故时,因纷乱造成货物的散失以及因施救或保护货物所支付的直接合理费用。

二、"综合险"承保的风险

"综合险"在"基本险"的基础上,还承保被保险货物的下列风险:
(1)因受碰撞、挤压而造成的货物破碎、弯曲、凹瘪、折断、开裂的损失;
(2)因包装破裂致使货物散失的损失;
(3)液体货物因受碰撞或挤压致使所用容器(包括封口)损坏而渗漏的损失,或用液体保藏的货物因液体渗漏而造成的该货物腐烂变质的损失;
(4)遭受盗窃的损失;
(5)符合安全运输规定而遭受雨淋所致的损失。

三、保险人的约定除外责任

约定的除外责任包括:
(1)在保险责任开始前已存在的品质不良或数量短差(原残);
(2)自然损耗、本质缺陷、特性引起的污染、变质、损坏;
(3)投保人、被保险人的故意行为或违法犯罪行为;
(4)属于发货人责任引起的损失;
(5)战争、军事行动、扣押、罢工、哄抢和暴动;
(6)船舶本身的损失;
(7)市价跌落、运输迟延造成的损失。
除此之外,对由于行政行为或执法行为所致的损失以及其他不属于保险责任范围内的损失,保险人都不负赔偿责任。

四、保险责任起讫

国内货运保险的保险责任期间一直实行"仓至仓"责任制度,自签发保险单凭证后,保险货物运离起运地发货人的最后一个仓库或储存处所时起,至该保险凭证上注明的目的地的收货人在当地的第一仓库或储存处所时终止;但保险货物运抵目的地后,如果收货人未及时提货,则保险责任的终止期最多延长至保险货物卸离运输工具后的15天为限。

五、保险金额的确定

保险金额的确定,按本款有两种方式:一是依起运地的"货价"(所谓"离岸价");二是依"货价加运杂费"。但是为获得充分的保险保障,被保险人可按货价加运杂费,再加上保险费及适当的预期利润来投保。为便利客户,中国人民财产保险股份有限公司自1989年10月1日起,对索赔额在2000元人民币以下的国内货运保险案件(占总索赔案件的80%),在全国范围内实行"代查勘、代理赔"方法(简称"双代"),被保险人如发现货损,应在10日内向当地保险公司报案并申请检验。当地保险公司应即时进行单证、索赔人资格、保险责任和定损等方面的审查，认为符合赔付条件的，即可进行赔额计算。对超出权限（2000 元人民币）的赔案，货物出险地公司必须在查勘现场后 2 日内，将有关情况电告承保公司。

根据 2001 年 1 月 1 日起实施的《国内水路货物运输规则》，原 180 天索赔通知期的规定已被废除。另按最高人民法院“释〔2001〕18 号”和“〔2002〕民四他字第 13 号复函”，沿海货物运输也适用《海商法》关于货物运输诉讼时效为 1 年的规定，自承运人交付或者应当交付货物之日起计算；承运人起诉托运人、收货人也适用这一时效规定。这一时效规定是针对托运人、收货人向承运人索赔的规定。而作为被保险人的货主根据水路货物运输保险合同，向保险人索赔的期限仍为两年。例如 2009 年版《水路货物运输保险条款》第 22 条规定：“被保险人从获悉或应当获悉保险货物遭受损失的次日起，如果经过两年不向保险人申请赔偿，不提供必要的单证，或者不领取应得的赔款，则视为自愿放弃权益。”由此可知，国内水路货物运输被保险人的保险索赔权的期间为两年，自被保险人知道或应当知道保险货物遭受损失的次日起算。

第四节　远洋船舶保险合同

由于远洋船舶保险承保的是国际航线上营运的船舶，所以本节在具体介绍了我国的船舶保险条款的同时，也对国际上广泛采用的船舶保险条款予以简单介绍。

一、中国的船舶保险条款

中国人民财产保险股份有限公司于 2009 年向保监会报备供在国际航线上营运的船舶投保的《船舶保险条款》（Hull Insurance Clauses），该版本在 1986 年版本的基础上进行了一定的修改。其具体内容如下：

（一）保险标的

2009 年《船舶保险条款》首先明确了作为该保险条款的保险标的的范围，即船舶，包括其船壳、救生艇、机器、设备、仪器、索具、燃料和物料。

（二）险别与承保范围

2009 年《船舶保险条款》继续将全损险和一切险合并在一起规定。

1. 全损险（total loss only）

全损险是指只有当被保险船舶因列明的承保危险而遭受全损时，保险人才予以赔偿。在全损险下，船舶遭受部分损失时，保险人不予以赔偿；如果船舶因列明承保危险遭受全损，保险人的赔偿数额为保险金额，但超额保险的情况除外。

船舶保险条款规定，对下列原因造成的被保险船舶的全损，保险人予以赔偿：

（1）地震、火山爆发、闪电或其他自然灾害；

（2）搁浅、碰撞、触碰任何固定或浮动物体或其他物体或其他海上灾害；

（3）火灾或爆炸；

（4）来自船外的暴力盗窃或海盗行为；

(5)抛弃货物;

(6)核装置或核反应堆发生的故障或意外事故。

本保险还承保由于下列原因所造成的被保险船舶的全损:

(1)装卸或移动货物或燃料时发生的意外事故;

(2)船舶机件或船壳的潜在缺陷;

(3)船长、船员有意损害被保险人利益的行为;

(4)船长、船员和引航员、修船人员及租船人的疏忽行为;

(5)任何政府当局,为防止或减轻因承保风险造成被保险船舶损坏而引起的污染所采取的行动。

但上述五种损失原因应不是由于被保险人、船东或管理人未恪尽职守所致的。

2. 一切险(all risks)

在一切险下,保险人的赔偿责任范围是在上述全损险赔偿责任范围的基础上,加上相同的列明承保危险造成的被保险船舶的部分损失,以及碰撞责任、共同海损和救助费用及施救费用。换言之,在船舶投保一切险的情况下,保险人除负责承保船舶的全损或部分损失外,还负责承保被保险船舶的责任和费用。

(1)碰撞责任

所谓碰撞责任,是指因被保险船舶与其他船舶碰撞或触碰任何固定的、浮动的物体或其他物体而引起的被保险人应负的法律赔偿责任,由保险人负责赔偿。但是,保险人不负责下列应由被保险人承担的责任:

①人身伤亡或疾病;

②被保险船舶所载的货物或财物或其所承诺的责任;

③清除障碍物、残骸、货物或任何其他物品;

④任何财产或物体所造成的污染或沾污(包括预防措施或清除费用),但与被保险船舶发生碰撞的他船或其所载财产的污染或沾污不在此限;

⑤任何固定的、浮动的物体以及其他物体的延迟或丧失使用的间接费用。

当被保险船舶与被碰的他船或物体对碰撞发生互有过错时,除一方或双方所有人的赔偿责任受法律限制外,保险人对被保险船舶的碰撞责任的赔偿,按交叉责任(cross liability)原则计算。所谓交叉责任原则,是指碰撞双方的保险人分别按各自承保的被保险人的责任比例负担对方的碰撞损失。根据船舶保险条款碰撞责任的有关交叉责任原则的规定,除了碰撞一方或双方所有人因碰撞引起的赔偿责任受到法律限制以外,保险人按照被保险船舶的碰撞责任比例负担对方的碰撞损失。

船舶保险人承保的被保险船舶碰撞他船或其他物体的碰撞责任和触碰责任风险,是船舶保险这一财产保险中唯一附带承保的责任保险。根据碰撞责任条款,船舶保险人对被保险船舶的碰撞责任予以赔偿;而对于因碰撞而产生的被保险船舶本身的损失,则由保险人根据列明承保危险造成的被保险船舶的损失予以赔偿。

船舶保险人根据碰撞责任条款对每次事故所负的保险赔偿责任是船舶保险其他条款项下保险人责任的增加部分,但保险人对每次碰撞事故所负的碰撞责任不得超过船舶的保险金额。

(2)共同海损和救助

保险人负责赔偿被保险船舶应当分摊的共同海损和救助费用。共同海损包括共同海损牺牲和共同海损费用。船舶保险条款规定,对被保险船舶遭受的共同海损牺牲,船舶保险人按单独海损处理,径直全部赔付给被保险人,而无须先向货方索取共同海损分摊,这一规定对被保险人十分有利。但对于船舶遭受的共同海损费用,船舶保险人并不直接赔付,而只承担船舶应分摊的共同海损部分,即船舶保险人承担的是被保险船舶的共同海损分摊风险。另外,根据一切险,船舶保险人还负责赔偿被保险船舶应分担的救助费用(即救助报酬)。

(3)施救

施救是指由于前述列明承保危险使被保险船舶造成损失或处于危险之中时,对于被保险人为防止或减少根据本保险可以从保险人处得到赔偿的损失而付出的合理费用,保险人予以赔付。前述合理费用称为施救费用,保险人对施救费用的赔偿责任,与保险人对碰撞责任的赔偿责任一样,是在本保险其他条款规定的保险赔偿责任之外另行赔付的,但是保险人对施救费用的赔付,不超过一个单独的保险金额。如果保险人承保一切险,当被保险船舶遭受损失并出现上述碰撞责任和费用时,保险人的赔偿总额可能会超过一个保险金额,甚至可能达到三个保险金额,即对船舶本身损失和费用的赔付为一个保险金额,船舶碰撞责任的赔付为一个保险金额以及施救费用的赔付为一个保险金额。当然,保险人的赔偿总额可能达到三个保险金额只是一种理论上的分析,在实践中出现的可能性较小。

(三)除外责任

除外责任指保险人不负赔偿责任的保险标的的损失、责任或费用的范围。船舶保险条款规定,对下列原因所致的损失、责任和费用,保险人不予以赔付:

(1)被保险船舶不适航,包括人员配备不当、装备或装载不妥,但以被保险人在船舶开航时,知道或应该知道此种不适航为限。换言之,如果船舶在开航时不适航,但被保险人不知道或不能够知道此种不适航,则对因此造成的损失、责任和费用,保险人仍应予以赔付。

(2)被保险人及其代表的疏忽或故意行为。但被保险人的代理人、船长、船员及其他受雇人员的疏忽或故意行为引起的损失、责任和费用,保险人仍负责赔偿。

(3)被保险人恪尽职守应予发现的正常磨损、锈蚀、腐烂或保养不周,或材料缺陷,包括对状况不良的部件的更换或修理。即船舶自然耗损与维修保养费用,保险人不予以承保。

(4)属于战争和罢工险条款承保和除外的责任范围。对战争和罢工险承保范围的损失,如被保险人已投保,则根据战争和罢工险条款向保险人索赔;如未投保战争和罢工险,则不能索赔。对于战争和罢工险除外责任,即使被保险人已投保战争和罢工险,也不得索赔。

(四)保险期限

1. 定期保险

定期保险的保险期限最长为一年,起止时间以保险单规定为准。但如果保险到期时,被保险船舶尚在航行中或处在危险之中,或在避难港或中途港停靠,则经被保险人通知保险人并按日比例加付保险费后,保险期限延续至船舶抵达目的港之日为止。保险人不得拒绝或要求更多的保险费,但如果被保险船舶在延长时间内发生保险人须赔付的全损,被保险人需加交六个月的保险费。

2. 航次保险

航次起止以保险单订明的为准。如船舶未载货,则航次自起航港解缆或起锚时起,至目的港抛锚或系缆完毕为止;如船舶载货,则航次自起航港装货时起,至目的港卸货完毕时止,但自船舶抵达目的港当日午夜零点起最长不超过 30 天。

（五）免赔额

船舶遭受部分损失，保险人在赔偿时，每次事故要扣除一个保险单规定的免赔额。中国人民财产保险股份有限公司船舶保险条款采用绝对免赔额，即当部分损失数额未达到免赔额时，保险人不赔；当部分损失数额超过免赔额时，保险人对部分损失扣除免赔额后予以赔付。对于全损、碰撞责任、救助费用、共同海损分摊、施救费用的索赔，保险人不扣免赔额。

（六）保险费的退还

如系定期保险，则在下列情况下，保险人退还保险费：

（1）被保险人退保或保险终止时，保险费应自保险终止之日起，按净保费的日比例计算退还给被保险人，但因被保险船舶在货物、航行区域等方面违反保证而保险自动终止时除外。

（2）船舶在保险人同意的港口或区域停泊超过 30 天，不论在此期间是否在修理或装卸货，停泊期间的保险费按净保费的日比例的 50% 计算退还给被保险人，但船舶发生全损时除外。如系航次保险，则不退还保险费。

（七）被保险人的义务

（1）被保险船舶发生事故或遭受损失，被保险人应在获悉后 48 小时内通知保险人。如船舶在国外，还应立即通知最近的保险代理人，并采取一切合理措施，避免或减轻保险人承保的损失。

（2）被保险人与有关方确定被保险船舶应负的责任和费用时，应事先征得保险人的同意。

（3）被保险人要求保险人赔偿损失时，如涉及第三者的责任或费用，被保险人应将必要的证件移交给保险人，并协助保险人向第三者追偿。

（4）除非事先征得保险人同意（并加付保险费），被保险船舶不得有下列行为：

①从事拖带或救助服务；

②与他船（非港口或沿海小船）在海上直接装卸货物，包括驶近、靠拢和离开；

③为拆船意图或为拆船出售的意图航行；

④船级变更、注销或撤回，或者所有权和船旗变更，或者被光船出租、征用或征购；

⑤所运货物、航程、航行区域等与保险单规定的保证不一致。

（八）船舶战争、罢工险条款

船舶战争、罢工险是船舶保险的一项附加险。因此，前述船舶保险条款的规定对此附加险同样适用，除非此附加险条款另有不同规定。

1. 承保范围

根据中国人民财产保险股份有限公司的船舶战争、罢工险条款，对于下列原因造成的被保险船舶的损失、碰撞责任、共同海损和救助或施救费用，保险人予以承保：

（1）战争、内战、革命、叛乱或由此引起的内乱或敌对行为；

（2）捕获、扣押、扣留、羁押、没收或封锁，但自事件发生之日起满六个月后，保险人才能受理；

（3）各种战争武器，包括水雷、鱼雷、炸弹；

（4）罢工、被迫停工或其他类似事件；

（5）民变、暴动或其他类似事件；

(6)任何怀有政治动机的恶意行为。

2. 除外责任

对下列原因引起的被保险船舶的损失、责任和费用,保险人不负赔偿责任:

(1)原子弹、氢弹或核武器的爆炸;

(2)由被保险船舶的船籍国或登记国的政府或地方当局所采取的或命令的捕获、扣押、扣留、羁押或没收;

(3)被征用或被征购;

(4)联合国安理会常任理事国之间爆发的战争(不论宣战与否)。

二、国际上的船舶保险条款

国际上运作成熟的保险市场很多,没有一个统一的船舶保险条款,但由于远洋船舶全球航行的运输特点,国际上的通行做法有很多。

在世界范围内,伦敦水险市场在海上保险业的地位有目共睹,它每一次对其条款的修改都对其他国家的水险市场产生不同程度的影响。所以,在介绍国际上广泛采用的船舶保险条款时,理应介绍伦敦水险市场上的船舶保险条款。

2002年11月1日起开始正式使用《国际船舶保险条款》(International Hull Clause,简称IHC)是其最新的船舶保险条款。该条款旨在逐步取代1983年10月1日修订的《协会定期船舶保险条款》(Institute Time Clause – Hulls)。2002年条款在水险市场转强的背景下推出,吸收了1995年条款被市场排斥的教训,广泛征求了船东意见。它重新平衡了双方的权利义务,并适应了普通法的发展,加入了一些选择性的条款和有创新的条款,同时也加重了船东的义务。但是,其他保险市场并没有接受它的义务,因为应用这一条款必须考虑到其中关于英国法院专属管辖和首席保险人、保险经纪人等规定是否与本地市场的做法相配合的问题。

2002年的《国际船舶保险条款》分为3大部分,共53条。第一部分"主要保险条款"共33条,皆为强制性条款。第二部分"附加条款"共12条,其中第40条至第44条是选择性条款,需双方在合同成立时逐一单独协议;其余皆为强制性条款,是常用的附加条款,现明确并入主条款中。第三部分"索赔条款"共9条,皆为强制性条款,规定了保险理赔程序及双方的义务。但双方在订约时可修改强制性条款。

第五节　沿海内河船舶保险条款

一、船舶保险范围

《沿海内河船舶保险条款》是由中国人民财产保险股份有限公司于1996年颁布的,2009年,为了适应新的《保险法》,在向保监会报备条款时对《沿海内河船舶保险条款》进行了有限的修改,但主体部分变化不大。该条款首先明确规定了本条款的适用条件。即,本条款只适用于国内船舶投保,而且一般适用于在国内沿海或内河航线营运的船舶。船舶的范围包括船体、机器、船舶仪器和用于航行的仪器、设备和索具(如舵、桅、锚、橹、子船和风帆等)。船上燃料、物料、给养、淡水等财产和渔船(中国人民财产保险股份有限公司有专门的远洋及沿海内河的渔船保险条款)不属于本保险标的。保险期限一般为一年，起止日期须在保险单中载明。本条款未规定航次保险。

二、保险责任

本条款分全损险条款和一切险条款，须在保单上注明。

全损险保险人只保下列危险造成的保险船舶的全损：(1)8 级以上大风(含 8 级)、洪水、地震、海啸、雷击、崖崩、滑坡、泥石流、冰凌；(2)火灾、爆炸；(3)碰撞、触碰；(4)搁浅、触礁；(5)由于上述(1)至(4)款灾害或事故引起的倾覆、沉没；(6)船舶失踪。

一切险保险人承保的损失风险，包括上述列明承保危险造成的保险标的的损失(全损或部分损失)、3/4 碰撞和触碰责任、保险船舶应分摊的共同海损、施救或救助费用。碰撞、触碰责任除只保 3/4 外，还仅限于对方的直接损失和费用，不包括对方船或码头等设施的营运损失，也不包括他船沉没引起的清理航道费用；触碰责任仅限于碰码头、港口设施和航标，不包括碰海上养殖台筏、天然珊瑚礁等；在保险期限内，一次或数次累计最高赔偿额以不超过保险金额为限；人身伤亡皆为除外责任。没有明确规定适用交叉责任原则，故只能适用单一责任原则，法律费用是否在碰撞、触碰责任范围内也不明确。

三、除外责任

该项内容规定在条款的第 3 条，列举了 8 项原因造成的保险船舶的损失(包括共同海损、施救或救助费用，不限于保险船舶本身的损失)或赔偿责任(如碰撞责任)，保险人不负责赔偿。

四、保险金额

该项内容为条款的第 5 条。本条目的在于限制船舶超额投保。船龄在 3 年以内的视为新船。新船按重置价格(市场新船购置价)确定保险金额。新船若按出厂造价确定保险金额，不考虑船舶的营运费用(燃料、物料等)，实际上是不足额保险。旧船按实际价值确定保险金额，实际价值是指船舶市场价或出险时的市场价。

五、被保险人义务

该内容规定在条款的第 14 条至第 18 条，规定了被保险人应遵从的几项义务，而且规定了违反这些义务的法律后果——保险人有权终止保险合同或拒绝赔偿，但解释上应考虑公平原则。

六、索赔和赔偿

在该条款的第 6 条至第 13 条规定了较为详细的关于被保险人索赔和保险人的赔偿义务。但是有一些已经过时或与法律原则不吻合的内容，笔者认为中国人民财产保险股份有限公司应该予以修改或根据现行法律给予解释。

第六节　船东保赔协会

一、船东保赔协会的性质

船东保赔协会(Shipowner's Protection & Indemnity Club：P&I Club)，又称船东互保协会，是船舶所有人之间互相保障性质的组织，是会员船东相互保险的非营利保险组织，不同于市场上的以营利为目的的商业保险机构。

如前所述，市场上的商业保险公司作为海上保险人时，对一些船舶在海上运输或其他活动中经常出现的风险，如货损货差、人身伤亡、油污责任、罚款等，通常不予承保。而且，保险公司的赔偿责任有限制，即以保险金额为限。上述保险公司不承保的风险和超过保险公司赔偿限额的风险，船东自身难以承担。为了分散风险，很多船舶所有人便组织起来，形成船东保赔协会。参加协会的会员船东既是保险人，又是被保险人。协会以会员船东缴纳的会费作为保险赔偿基金，不以营利为目的。

国际上，最早的船东保赔协会是1855年成立的，即现在英国布列塔尼亚汽船保赔协会的前身。目前，国际上比较著名的船东保赔协会有联合王国船东互保协会、西英船东互保协会、SKULD国际船东保赔协会、利物浦与伦敦汽船保赔协会、(百慕大)标准汽船所有人保赔协会等。此外，上述保赔协会还成立了国际保赔集团(International Group of P&I Club：IG)。我国于1984年1月1日成立中国船东互保协会(China Shipowners Mutual Assurance Association：CPI)，简称中船保。中远系统的船舶和各地方远洋公司所属的船舶，大部分都加入了中国船东互保协会。到1994年，中国船东互保协会共有71家船东会员，共有入会船586艘，其中方便旗船有61艘。到2015年2月，入会船舶达到1000艘，承保船舶总吨位超过3391万总吨。现行的中国船东互保协会保险条款是2010年5月12日在陕西省延安市召开的第二十六届会员大会表决通过的由中国船东互保协会修订的《中国船东互保协会保险条款》，共29条，明确约定适用中国海商法。

船东保赔协会的会员，按其加入协会的船舶的情况，向协会缴纳保费。通常，保费分为预付保费(advance call)和追加保费(supplementary call)。预付保费在保险年度开始时支付，费率根据船舶的登记吨位、船龄、技术状况、营运特点、保险范围，以及历年保险赔付情况等因素予以确定。因此，船东的预付保费的费率常常是不同的。追加保费一般在保险年度结束时，根据协会的赔付情况，向会员船东征收，其费率对所有船东均一致。

二、船东保赔协会的作用

船东保赔协会有保障(protection)和赔偿(indemnity)两方面作用。

为保障船东利益，协会可向会员提供多种服务，主要有：(1)提供担保以避免扣船或使被扣船舶获释；(2)协助海事处理；(3)为会员船东培训业务和技术人员；(4)提供港口资料、装卸和配载技术指导及其他信息；(5)为会员船东草拟、修改各种合同及文件等。协会通常在世界主要港口雇请通信代理人、保护代理人、律师、检验人员、航海技术专家等，随时为会员船东提供各种服务与指导。赔偿是指协会对其承保的风险造成会员船东的损失和责任予以赔付。

三、保赔保险的承保范围与除外责任

保赔保险,主要是指由船东保赔协会承保的船舶责任保险。

(一)保赔保险的承保范围

各船东保赔协会均有自己的章程,规定承保的风险范围。如前所述,这些风险主要是船舶保险人通常不保而船舶在海上运输或其他活动中经常出现的,以及超出船舶保险人承保范围的风险。《中国船东互保协会保险条款》规定了25项承保风险,具体如下:

(1)入会船船员的人员伤、病或死亡;

(2)入会船船员以外的任何人(包括旅客)的人员伤、病或死亡;

(3)船员遣返及替换费用;

(4)个人物品的灭失或损坏;

(5)船舶全损时船员的失业赔偿;

(6)由某些补偿协议或合同产生的责任;

(7)碰撞责任;

(8)财产的灭失或损坏;

(9)改变航线的费用;

(10)安置偷渡与避难人员的费用;

(11)救助人命费用;

(12)污染风险;

(13)船舶拖带责任;

(14)残骸处理的责任;

(15)检疫费用;

(16)货物责任;

(17)入会船上的财产;

(18)无法取得赔偿的共同海损分摊费用;

(19)船方共同海损分摊款;

(20)各种罚款;

(21)对救助人的特别补偿;

(22)海事调查费用;

(23)船舶营运所产生的费用;

(24)损害防止及法律费用;

(25)执行本协会指示而开支的费用。

(二)保赔保险的除外责任

通常,在下列情况下,船东保赔协会对会员船东遭受的损失或承担的赔偿责任,不予承保:

(1)船舶险承保的风险;

(2)战争风险(不包括船员的不法行为和海盗);

(3)核风险;

(4)入会船损坏、租金损失等;

(5)未与协会达成特别协议的特种船(如救助船、海上钻探船)或特种作业(如重大件运输、废料处置)所引起的相关费用或责任;

(6)双重保险;

(7)轻率贸易:由于入会船承运违禁品,偷越封锁线,或从事非法贸易,或进行本协会董事会认为不安全、不适当或将引起额外风险的航程而引起的索赔;

(8)无纸贸易。

第二十三章 海事争议的解决

海事争议(maritime disputes),是指当事人之间因海上运输关系和与船舶有关的关系而发生的纠纷。海事的发生可能由单方的责任造成,也可能由双方或第三方的责任而发生,或由意外事故或不可抗力原因所致。从表现形式上划分,海事争议主要体现为物权和债权之争。

前者包括船舶所有权、货物所有权等争议问题;后者主要是因合同和侵权行为产生的纠纷,如因海上货物运输合同、船员雇用合同、海上救助合同、修船合同、船舶抵押合同、船舶代理合同等产生的争议,以及因船舶碰撞、海上污染、错误扣船等产生的争议。

海事争议的解决途径主要有和解、调解、诉讼、仲裁以及选择性争议解决方法(ADR)。其中,和解(reconciliation),也称自行和解,是指在无第三方参与的情况下,双方当事人本着互谅、互让的精神,通过协商、切磋解决其间所发生的纠纷的方式。在实践中,许多海事争议是由双方当事人通过和解方式解决的。有时双方或一方通过自己聘请的代理人(包括律师)参与和解。达成和解时,双方应将和解的内容制成和解协议书。和解的优点是,双方不伤和气,有利于今后的进一步合作;不足是,这种和解协议(包括庭外和解协议)不具有法院强制执行的约束力,任何一方的反悔都会使协议无法履行。因此,对于不具备和解条件的争议,应及时采取其他解决途径,以避免争议久拖不决。

调解(mediation),是在第三方的主持或参与下解决双方海事争议的方式。由此可见,是否有第三方参与,是和解与调解的主要区别。对海事争议进行调解的主要机构有:(1)行政机构的调解,在我国主要体现为海事局的调解;(2)海事法院的调解;(3)仲裁机构的调解;(4)其他单位或个人进行的调解。调解的首要原则是自愿原则,在此原则下在查明事实的基础上,依照法律规定进行。双方达成的调解协议,除当事人双方须在协议书上盖章外,调解人也要签字盖章。值得注意的是,不同的调解人进行的调解所产生的法律效力不同。在行政机关主持下达成的调解协议不具有法院强制执行的效力,一方或双方反悔的,只能通过起诉或其他方式解决海事争议;法院的调解书一经双方签收,便发生法律效力;仲裁调解书与裁决书具有同等法律效力①,但在调解书签收之前,一方或双方当事人反悔的,会使调解书失去法律效力,只有在签收后,调解书才具有法律效力。

选择性争议解决方法(alternative dispute resolution:ADR),又被称为替代性争议解决方法,是目前在美国等西方国家比较盛行的国际民商事争议解决方式。ADR 发始于 20 世纪 60 年代的美国,其兴起主要是因为当事人和律师意识到通过诉讼解决法律纠纷日益变得昂贵、费时、不保密;而法院面对“诉讼爆炸”亦感人力、财力难以为继,鼓励 ADR 以疏减讼源遂成为自

---

① 《中华人民共和国仲裁法》第 51 条。

然而然的选择。ADR 实际上是解决争议的一组程序群[①]，迄今尚没有一个公认的定义。传统上的 ADR，通常是指除诉讼以外的各种解决争议方法的总称，如仲裁、调解、模拟法庭等方式，即非诉讼纠纷解决的方法。第二次世界大战以后，仲裁得到快速发展而成为一种独立的争议解决方法，因此，现代意义上的 ADR，是指不包括诉讼、仲裁在内的其他解决争议的方法。

ADR 的特征包括：（一）它是当事人之间达成的自愿解决争议的一种方法；（二）通过 ADR 达成的解决争议的方案本身没有法律上强制执行的效力，这是 ADR 与诉讼和仲裁之间的最重要区别；（三）ADR 既可单独适用，也可适用于诉讼程序和仲裁程序。ADR 在单独适用的情况下，本身并没有法律上的拘束力。然而，ADR 如果在诉讼程序或仲裁程序中适用，在法官或仲裁员的主持下达成的和解协议，由法官或仲裁员据此做成法院判决或仲裁裁决的形式后，即与法院判决与仲裁裁决具有相同的效力。在诉讼程序和仲裁程序中适用 ADR 的情况下，一般也应当以争议双方的自愿为前提，而由法官或仲裁员作为调解员，促成当事人达成和解协议。[②]在我国，ADR 实际上早已在采用，只不过没有引起人们足够的重视，冠以其 ADR 专名。例如，在司法诉讼和仲裁程序中，如果当事人双方同意，法官和仲裁员也可以作为调解员，促使争议双方达成和解，就是广泛地运用了 ADR 的方法。

对于海事争议的其他两种途径，详见本章第一节和第二节。

第一节　海事诉讼

一、海事诉讼的概念

海事诉讼（maritime litigation），是指海事法院（maritime court）在海事争议当事人和其他诉讼参与人的参加下，依法审理和判决海事争议案件的全部活动过程。

在海事诉讼中，海事法院、海事诉讼参加人和其他海事诉讼参与人构成海事诉讼法律关系的主体。海事诉讼参加人包括当事人（即原告、被告）、第三人、共同诉讼人、诉讼代表人以及诉讼代理人，但是其他关系方，如代理人、翻译、鉴定人则不能成为诉讼主体。广义上的诉讼参与人，是指除了法院以外的全部参加诉讼的人，具体包括诉讼参加人、翻译、鉴定人、证人等；狭义上的诉讼参与人仅指翻译、鉴定人、证人等，也称为其他诉讼参与人。

在我国，根据民事诉讼法规定，诉讼法律关系的主体只能是自然人、法人和其他组织，物不能够成为诉讼主体。

二、海事诉讼适用的程序法

海事法院审判案件应依法进行。这里的“法律”既包括程序法（procedure law），又包括实体法（substantive law）。法院适用的实体法会因案件性质的不同而不同（详见本章第四节）；对于海事法院审理案件所适用的程序法，均为本国程序法，这是各国法院的普遍做法，尤其对涉

① 郭玉军、甘勇，《美国选择性争议解决方式（ADR）介评》，《中国法学》，2000 年第 5 期。

② 赵秀文，《论选择性争议解决方法（ADR）及其适用》，《法学杂志》，2005 年第 5 期。

外案件,“程序问题适用法院地法”是国际私法的一项基本原则。

目前,我国海事法院审理海事案件所适用的程序法主要有:

(一)《中华人民共和国海事诉讼特别程序法》及其司法解释

《中华人民共和国海事诉讼特别程序法》(以下简称《海事诉讼特别程序法》)于 1999 年 12 月 25 日经第九届全国人民代表大会常务委员会第十三次会议通过,自 2000 年 7 月 1 日起生效施行。该法的起草、通过与实施完全是为了符合海事司法实践的需要,也有助于提高审判质量,统一司法,迅速解决海事纠纷。在我国领域内进行的海事诉讼,《海事诉讼特别程序法》有规定的,应当优先适用该法;《海事诉讼特别程序法》没有规定的,适用《民事诉讼法》等规定。

为了依法正确审理海事案件,根据《民事诉讼法》和《海事诉讼特别程序法》的规定以及海事审判的实践,对人民法院适用海事诉讼特别程序法做出了《最高人民法院关于适用〈中华人民共和国海事诉讼特别程序法〉若干问题的解释》(以下简称“海事诉讼特别程序法司法解释”)。该解释已于 2002 年 12 月 3 日由最高人民法院审判委员会第 1259 次会议通过,自 2003 年 2 月 1 日起施行。

(二)《民事诉讼法》

该法于 1991 年 4 月 9 日由第七届全国人大常委会第四次会议通过并公布实施,共分四编(总则;审判程序;执行程序;涉外民事诉讼法程序的特别规定),29 章 270 条。1992 年 7 月 14 日,最高人民法院又发布了《关于适用中华人民共和国民事诉讼法若干问题的意见》,共 320 条,为各级法院的司法审判所适用。1991 年《民事诉讼法》经过 2007 年和 2012 年两次修正。2012 年修正后的《民事诉讼法》共四编 27 章 284 条。

(三)《最高人民法院关于扣押与拍卖船舶适用法律若干问题的规定》(以下简称《扣船与卖船规定》)

该规定于 2014 年 12 月 8 日最高人民法院审判委员会通过,自 2015 年 3 月 1 日起施行。主要对《海事诉讼特别程序法》第三章规定的船舶扣押与拍卖程序进行了补充与完善。包括多次扣船、光租船舶的拍卖、扣船担保及数额、扣船裁定的执行、船舶的拍卖与变卖、有关海事法院判决与裁定的上诉、卖船价款的受偿顺序、拍卖船舶实现船舶担保物权的管辖权等等。

(四)《最高人民法院关于民事诉讼证据的若干规定》

最高人民法院于 2001 年 12 月 21 日颁布、2002 年 4 月 1 日开始施行《最高人民法院关于民事诉讼证据的若干规定》。该规定弥补了 1991 年《民事诉讼法》的一些缺陷及不完善之处,包括当事人举证、人民法院调查收集证据、举证时限与证据交换、质证、证据的审核认定和其他等六章内容,对民事和海事诉讼产生很大影响。

(五)《关于海事法院受理案件范围的若干规定》

2001 年 8 月 9 日最高人民法院审判委员会通过了《关于海事法院受理案件范围的若干规定》,2001 年 9 月 18 日起施行,该规定明确了海事法院的最新受案范围(详见本节第四个问题)。

（六）最高人民法院、中国海事局《关于规范海上交通事故调查与海事案件审理工作的指导意见》

2006年1月19日，最高人民法院和中国海事局联合发布该意见。目的是为规范海上交通事故调查和海事案件审理，加强海事局与海事法院之间的工作协调与配合，共同维护海上交通运输安全秩序。该指导意见对海事局海事调查报告作为证据的采纳、海事法院向海事局调取证据、船舶扣押与拍卖时海事局的协助义务等都做了规定。

（七）最高人民法院《民事案件案由规定》

2007年10月29日最高人民法院审判委员会第1438次会议讨论通过《民事案件案由规定》。2011年2月18日最高人民法院以法〔2011〕41号文件发布《最高人民法院关于修改〈民事案件案由规定〉的决定》，经修订的《民事案件案由规定》包括各种海事海商案件的案由，对当事人诉由的选择和海事法院立案具有重要意义。

（八）最高人民法院有关海商法方面的各种司法解释

我国《海商法》于1993年7月1日实施后，经过20多年的实践检验，有些方面存在一定问题，但限于立法资源的紧张又无法及时修改，为满足司法实践之需，最高人民法院陆续出台了一系列司法解释，这些司法解释中有的包含一些程序性规定，在海事诉讼时需加以适用。如2006年《最高人法院关于审理海上保险纠纷案件若干问题的规定》、2008年《最高人民法院关于审理船舶碰撞纠纷案件若干问题的规定》、2009年《最高人民法院关于审理无正本提单交付货物纠纷案件若干问题的规定》、2010年《最高人民法院关于审理海事赔偿责任限制相关纠纷案件的若干规定》、2011年《最高人民法院关于审理船舶油污案件若干问题的规定》、2012年《最高人民法院关于审理海上货运代理纠纷案件若干问题的规定》等。

（九）其他民商事诉讼的文件规定

《海事诉讼特别程序法》作为《民事诉讼法》的特别法，在其没有规定的事项范围内，当然可以适用关于民商事诉讼的法律规定。如2009年《最高人民法院关于涉港澳民商事案件司法文书送达问题若干规定》《最高人民法院关于审理买卖合同纠纷案件适用法律问题的解释》等等。

三、有关国际公约

海事诉讼方面的国际公约主要有：

（1）1952年5月10日于比利时布鲁塞尔签订的《船舶碰撞民事管辖权若干规定的国际公约》(International Convention on Certain Rules Concerning Civil Jurisdiction in Matters of Collision, 1952)，该公约已经于1955年9月14日生效①。

（2）1977年的《统一船舶碰撞民事管辖权、法律选择、判决的承认和执行若干规定的国际公约草案》(Draft International Convention for the Unification of Certain Rules Relating to Civil Ju-

---

① 根据CMI官方网站发布的2014年年报的统计数据，截至目前，该公约有73个缔约国和地区，其中包括香港特别行政区和澳门特别行政区，但是中国内地尚未批准该公约。因为英国和葡萄牙都是该公约的缔约国，因此在香港特别行政区和澳门特别行政区回归后，中国政府提交书面声明，承认这两个特别行政区依然作为该公约成员。

risdiction, Choice of Law and Recognition and Enforcement of Judgements in Matters of Collision, 1977)。

(3)1952 年 5 月 10 日于布鲁塞尔签订的《统一扣押海运船舶若干规定的国际公约》(Draft International Convention for the Unification of Certain Rules Relating to the Arrest of Seagoing Ships, 1952)(以下简称《1952 年扣船公约》),该公约已经于 1956 年 2 月 24 日生效①。

(4)1985 年国际海事委员会通过的《统一扣押海运船舶若干规定的国际公约修正草案》(Amendment of International Convention for the Unification of Certain Rules Relating to the Arrest of Seagoing Ships, 1985),以下简称《1985 年扣船公约草案》。

(5)《1999 年国际扣船公约》(International Convention on the Arrest of Ships, 1999),该扣船公约于 1999 年 3 月 1 日至 12 日在日内瓦召开的外交大会审议通过。该公约已经于 2011 年 9 月 14 日生效,根据 CMI 官方网站发布的 2014 年年报统计数据,截至目前,共有 10 个缔约国,分别是阿尔巴尼亚、阿尔及利亚、贝宁、保加利亚、厄瓜多尔、爱沙尼亚、拉脱维亚、利比里亚、西班牙、叙利亚。中国尚未批准该公约。

(6)《2014 年关于外国船舶司法出售及其承认的国际公约草案》(A Draft International Convention on Recognition of Foreign Judicial Sales of Ships),该议题最初于 2007 年 CMI 执委会上由中国海商法协会副主席李海律师提出,2011 年在 CMI 奥斯陆会议上提交了该公约草案第一稿。经反复讨论,工作组根据奥斯陆会议精神,起草了有关船舶司法出售问题的国际文书第二稿,并于 2012 年提交给在北京召开的第 40 届 CMI 国际大会讨论,进而形成了《北京草案》初稿;后经 2013 年在北爱尔兰都柏林召开的 CMI 国际分委员会议的讨论以及 2014 年在汉堡召开的国际分委员会议的逐条审议、修改、定稿，最终在 CMI 国际大会上获得通过。公约草案较详细地规定了外国船舶司法出售及其承认的条件、程序等内容。

我国 2012 年修订的《民事诉讼法》第 260 条规定:“中华人民共和国缔结或者参加的国际条约同本法有不同规定的,适用国际条约的规定,但是,中华人民共和国声明保留的条款除外。”《海事诉讼特别程序法》第 3 条规定:“中华人民共和国缔结或者参加的国际条约与《中华人民共和国民事诉讼法》和本法对涉外海事诉讼有不同规定的,适用该国际条约的规定,但中华人民共和国声明保留的条款除外。”这说明我国实行国际条约优先于国内法适用的原则。对上述各种国际公约,虽然我国未参加,但在海事法院的海事审判活动中可以参考、借鉴。我国《海事诉讼特别程序法》在很多方面即参考了《1999 年国际扣船公约》的规定。

四、海事法院及其受案范围

(一)海事法院

海事法院,是我国受理第一审国内外海事诉讼案件的专门法院,是国家审判机关的组成部分。海事法院与中级人民法院同级,不受理刑事案件和其他民事案件。对海事法院判决和裁定不服的上诉案件,由海事法院所在地高级人民法院审理。

鉴于海事诉讼案件的特殊性,全国人民代表大会常务委员会根据《宪法》《法院组织法》,

① 根据 CMI 官方网站发布的 2014 年年报统计数据,截至目前,该公约有 83 个缔约国和地区,其中包括香港特别行政区和澳门特别行政区,中国内地尚没有批准该公约。

于1984年11月14日做出了《关于在沿海港口城市设立海事法院的决定》（以下简称《设立海事法院的决定》）。《设立海事法院的决定》授权最高人民法院决定海事法院的设置、变更或撤销。最高人民法院据此于1984年11月28日做出了《关于设立海事法院几个问题的决定》，并在广州、上海、青岛、天津、大连五个城市首先设立了海事法院。1987年以后，相继又在武汉、海口、厦门、宁波、北海设立了海事法院。各海事法院在辖区内下设数个派出法庭。

海事法院内设机构一般有：海事审判庭、海商审判庭、海事行政审判庭（有的法院还未成立）、立案庭、审判监督庭、审判管理办公室、执行局、法警支队、研究室、办公室、政治部等机构。海事法院的最高权力机构是海事审判委员会，一般由海事法院的院长、庭长、研究室主任组成，它有权对海事法院受理的重大疑难案件或合议庭成员对案件意见分歧较大的案件进行集体讨论并做出决定。海事审判委员会对案件的决定，合议庭必须服从。

根据最高人民法院2014年9月2日发布的《中国海事审判白皮书（1984—2014）》，自1984年设立海事法院至2013年12月底，全国十个海事法院共受理各类海事案件225 283件，审结执结215 826件，结案标的额人民币1460多亿元。这些案件的当事人、案件事实等因素涉及70多个国家和地区。截至2013年底，海事法院共扣押船舶7744艘次，其中外轮1660艘次；拍卖船舶633艘，其中外轮123艘。目前，我国是世界上设立海事审判专门机构最多最齐全的国家，也是受理海事案件最多的国家，具备较为完善的海事法律制度和海事司法服务保障体系，已初步确立亚太地区海事司法中心的地位。①

（二）海事法院的受案范围

随着我国海运事业的发展，海洋开发利用等活动的增加以及人们对海洋环境保护意识的增强，我国海事法院的受案范围也在发生着变化。根据2016年2月24日最新公布，将于2016年3月1日实施的《最高人民法院关于海事法院受理案件范围的规定》，海事法院受理的案例扩大为六大类，共108种案件。现将海事法院的最新受案范围具体介绍如下：

1. 海事侵权纠纷案件

（1）船舶碰撞损害责任纠纷案件，包括浪损等间接碰撞的损害责任纠纷案件；

（2）船舶触碰海上、通海可航水域、港口及其岸上的设施或者其他财产的损害责任纠纷案件，包括船舶触碰码头、防波堤、栈桥、船闸、桥梁、航标、钻井平台等设施的损害责任纠纷案件；

（3）船舶损坏在空中架设或者在海底、通海可航水域敷设的设施或者其他财产的损害责任纠纷案件；

（4）船舶排放、泄漏、倾倒油类、污水或者其他有害物质，造成水域污染或者他船、货物及其他财产损失的损害责任纠纷案件；

（5）船舶的航行或者作业损害捕捞、养殖设施及水产养殖物的责任纠纷案件；

（6）航道中的沉船沉物及其残骸、废弃物，海上或者通海可航水域的临时或者永久性设施、装置，影响船舶航行，造成船舶、货物及其他财产损失和人身损害的责任纠纷案件；

（7）船舶航行、营运、作业等活动侵害他人人身权益的责任纠纷案件；

（8）非法留置或者扣留船舶、船载货物和船舶物料、燃油、备品的责任纠纷案件；

---

① 中国海事法院30年来审结执结案件逾21万件，来源：新华网，2014年09月02日21:36发布，2015年2月3日访问。

（9）为船舶工程6提供的船舶关键部件和专用物品7存在缺陷而引起的产品质量责任纠纷案件；

（10）其他海事侵权纠纷案件。

2. 海商合同纠纷案件

（11）船舶买卖合同纠纷案件；

（12）船舶工程合同纠纷案件；

（13）船舶关键部件和专用物品的分包施工、委托建造、订制、买卖等合同纠纷案件；

（14）船舶工程经营合同（含挂靠、合伙、承包等形式）纠纷案件；

（15）船舶检验合同纠纷案件；

（16）船舶工程场地租用合同纠纷案件；

（17）船舶经营管理合同（含挂靠、合伙、承包等形式）、航线合作经营合同纠纷案件；

（18）与特定船舶营运相关的物料、燃油、备品供应合同纠纷案件；

（19）船舶代理合同纠纷案件；

（20）船舶引航合同纠纷案件；

（21）船舶抵押合同纠纷案件；

（22）船舶租用合同（含定期租船合同、光船租赁合同等）纠纷案件；

（23）船舶融资租赁合同纠纷案件；

（24）船员劳动合同、劳务合同（含船员劳务派遣协议）项下与船员登船、在船服务、离船遣返相关的报酬给付及人身伤亡赔偿纠纷案件；

（25）海上、通海可航水域货物运输合同纠纷案件，包括含有海运区段的国际多式联运、水陆联运等货物运输合同纠纷案件；

（26）海上、通海可航水域旅客和行李运输合同纠纷案件；

（27）海上、通海可航水域货运代理合同纠纷案件；

（28）海上、通海可航水域运输集装箱租用合同纠纷案件；

（29）海上、通海可航水域运输理货合同纠纷案件；

（30）海上、通海可航水域拖航合同纠纷案件；

（31）轮渡运输合同纠纷案件；

（32）港口货物堆存、保管、仓储合同纠纷案件；

（33）港口货物抵押、质押等担保合同纠纷案件；

（34）港口货物质押监管合同纠纷案件；

（35）海运集装箱仓储、堆存、保管合同纠纷案件；

（36）海运集装箱抵押、质押等担保合同纠纷案件；

（37）海运集装箱融资租赁合同纠纷案件；

（38）港口或者码头租赁合同纠纷案件；

（39）港口或者码头经营管理合同纠纷案件；

（40）海上保险、保赔合同纠纷案件；

（41）以通海可航水域运输船舶及其营运收入、货物及其预期利润、船员工资和其他报酬、对第三人责任等为保险标的的保险合同、保赔合同纠纷案件；

（42）以船舶工程的设备设施以及预期收益、对第三人责任为保险标的的保险合同纠纷案件；

（43）以港口生产经营的设备设施以及预期收益、对第三人责任为保险标的的保险合同纠纷案件；

（44）以海洋渔业、海洋开发利用、海洋工程建设等活动所用的设备设施以及预期收益、对第三人的责任为保险标的的保险合同纠纷案件；

（45）以通海可航水域工程建设所用的设备设施以及预期收益、对第三人的责任为保险标的的保险合同纠纷案件；

（46）港航设备设施融资租赁合同纠纷案件；

（47）港航设备设施抵押、质押等担保合同纠纷案件；

（48）以船舶、海运集装箱、港航设备设施设定担保的借款合同纠纷案件，但当事人仅就借款合同纠纷起诉的案件除外；

（49）为购买、建造、经营特定船舶而发生的借款合同纠纷案件；

（50）为担保海上运输、船舶买卖、船舶工程、港口生产经营相关债权实现而发生的担保、独立保函、信用证等纠纷案件；

（51）与上述第11项至第50项规定的合同或者行为相关的居间、委托合同纠纷案件；

（52）其他海商合同纠纷案件。

3. 海洋及通海可航水域开发利用与环境保护相关纠纷案件

（53）海洋、通海可航水域能源和矿产资源勘探、开发、输送纠纷案件；

（54）海水淡化和综合利用纠纷案件；

（55）海洋、通海可航水域工程建设（含水下疏浚、围海造地、电缆或者管道敷设以及码头、船坞、钻井平台、人工岛、隧道、大桥等建设）纠纷案件；

（56）海岸带开发利用相关纠纷案件；

（57）海洋科学考察相关纠纷案件；

（58）海洋、通海可航水域渔业经营（含捕捞、养殖等）合同纠纷案件；

（59）海洋开发利用设备设施融资租赁合同纠纷案件；

（60）海洋开发利用设备设施抵押、质押等担保合同纠纷案件；

（61）以海洋开发利用设备设施设定担保的借款合同纠纷案件，但当事人仅就借款合同纠纷起诉的案件除外；

（62）为担保海洋及通海可航水域工程建设、海洋开发利用等海上生产经营相关债权实现而发生的担保、独立保函、信用证等纠纷案件；

（63）海域使用权纠纷（含承包、转让、抵押等合同纠纷及相关侵权纠纷）案件，但因申请海域使用权引起的确权纠纷案件除外；

（64）与上述第53项至63项规定的合同或者行为相关的居间、委托合同纠纷案件；

（65）污染海洋环境、破坏海洋生态责任纠纷案件；

（66）污染通海可航水域环境、破坏通海可航水域生态责任纠纷案件；

（67）海洋或者通海可航水域开发利用、工程建设引起的其他侵权责任纠纷及相邻关系纠纷案件。

4. 其他海事海商纠纷案件

（68）船舶所有权、船舶优先权、船舶留置权、船舶抵押权等船舶物权纠纷案件；

（69）港口货物、海运集装箱及港航设备设施的所有权、留置权、抵押权等物权纠纷案件；

（70）海洋、通海可航水域开发利用设备设施等财产的所有权、留置权、抵押权等物权纠纷案件；

（71）提单转让、质押所引起的纠纷案件；

（72）海难救助纠纷案件；

（73）海上、通海可航水域打捞清除纠纷案件；

（74）共同海损纠纷案件；

（75）港口作业纠纷案件；

（76）海上、通海可航水域财产无因管理纠纷案件；

（77）海运欺诈纠纷案件；

（78）与航运经纪及航运衍生品交易相关的纠纷案件。

5. 海事行政案件

（79）因不服海事行政机关作出的涉及海上、通海可航水域或者港口内的船舶、货物、设备设施、海运集装箱等财产的行政行为而提起的行政诉讼案件；

（80）因不服海事行政机关作出的涉及海上、通海可航水域运输经营及相关辅助性经营、货运代理、船员适任与上船服务等方面资质资格与合法性事项的行政行为而提起的行政诉讼案件；

（81）因不服海事行政机关作出的涉及海洋、通海可航水域开发利用、渔业、环境与生态资源保护等活动的行政行为而提起的行政诉讼案件；

（82）以有关海事行政机关拒绝履行上述第 79 项至第 81 项所涉行政管理职责或者不予答复而提起的行政诉讼案件；

（83）以有关海事行政机关及其工作人员作出上述第 79 项至第 81 项行政行为或者行使相关行政管理职权损害合法权益为由，请求有关行政机关承担国家赔偿责任的案件；

（84）以有关海事行政机关及其工作人员作出上述第 79 项至第 81 项行政行为或者行使相关行政管理职权影响合法权益为由，请求有关行政机关承担国家补偿责任的案件；

（85）有关海事行政机关作出上述第 79 项至第 81 项行政行为而依法申请强制执行的案件。

6. 海事特别程序案件

（86）申请认定海事仲裁协议效力的案件；

（87）申请承认、执行外国海事仲裁裁决，申请认可、执行香港特别行政区、澳门特别行政区、台湾地区海事仲裁裁决，申请执行或者撤销国内海事仲裁裁决的案件；

（88）申请承认、执行外国法院海事裁判文书，申请认可、执行香港特别行政区、澳门特别行政区、台湾地区法院海事裁判文书的案件；

（89）申请认定海上、通海可航水域财产无主的案件；

（90）申请无因管理海上、通海可航水域财产的案件；

（91）因海上、通海可航水域活动或者事故申请宣告失踪、宣告死亡的案件；

（92）起诉前就海事纠纷申请扣押船舶、船载货物、船用物料、船用燃油或者申请保全其他财产的案件；

（93）海事请求人申请财产保全错误或者请求担保数额过高引起的责任纠纷案件；

（94）申请海事强制令案件；

（95）申请海事证据保全案件；

（96）因错误申请海事强制令、海事证据保全引起的责任纠纷案件；

（97）就海事纠纷申请支付令案件；

（98）就海事纠纷申请公示催告案件；

（99）申请设立海事赔偿责任限制基金（含油污损害赔偿责任限制基金）案件；

（100）与拍卖船舶或者设立海事赔偿责任限制基金（含油污损害赔偿责任限制基金）相关的债权登记与受偿案件；

（101）与拍卖船舶或者设立海事赔偿责任限制基金（含油污损害赔偿责任限制基金）相关的确权诉讼案件；

（102）申请从油污损害赔偿责任限制基金中代位受偿案件；

（103）船舶优先权催告案件；

（104）就海事纠纷申请司法确认调解协议案件；

（105）申请实现以船舶、船载货物、船用物料、海运集装箱、港航设备设施、海洋开发利用设备设施等财产为担保物的担保物权案件；

（106）地方人民法院为执行生效法律文书委托扣押、拍卖船舶案件；

（107）申请执行海事法院及其上诉审高级人民法院和最高人民法院就海事纠纷作出的生效法律文书案件；

（108）申请执行与海事纠纷有关的公证债权文书案件。

除上述108种具体案件外，如果当事人提起的民商事诉讼、行政诉讼包含本规定所涉海事纠纷的，案件也由海事法院受理。当事人就本规定中有关合同所涉事由引起的纠纷，以侵权等非合同诉由提起诉讼的，由海事法院受理。法律、司法解释规定或者上级人民法院指定海事法院管辖其他案件的，从其规定或者指定。

五、海事诉讼管辖

海事法院的受案范围和海事诉讼管辖是不同的概念。前者说明哪些案件属于海事法院的审理范围，是海事法院和其他组织之间解决海事争议的分工和权限；后者说明某一海事、海商案件，具体应由哪一海事法院审理，是各级法院或同级法院之间受理第一审海事、海商案件的分工和权限。海事法院依法对海事案件具有管辖的权力称为管辖权（jurisdiction）。各海事法院只有在自己的分工和权限内，才能够对海事案件进行管辖，行使管辖权。

（一）各海事法院之间地域管辖的区域划分

在我国，一般民事纠纷案件的地域管辖是依据行政区域划分的。但是，海事法院对海事案件的地域管辖不受陆地行政区域划分的限制，主要以水域划分。自1984年、1987、1990和1992年全国10个海事法院的先后设立，最高人民法院对各海事法院之间的地域管辖也在相应地做着调整。

为推进“一带一路”建设、海洋强国战略、京津冀一体化、长江经济带发展规划的实施，促进海洋经济发展，及时化解海事纠纷，保证海事法院正确行使海事诉讼管辖权，依法审理海事案件，最高人民法院根据《民事诉讼法》《海事诉讼特别程序法》《行政诉讼法》以及全国人民代表大会常务委员会《关于在沿海港口城市设立海事法院的决定》等法律规定，于2016年2

月24日公布了最新的《最高人民法院关于海事诉讼管辖问题的规定》，自2016年3月1日起施行。最高人民法院以前做出的有关规定与本规定不一致的，以本规定为准。但是，2016年《最高人民法院关于海事诉讼管辖问题的规定》仅对大连、武汉海事法院的管辖区域做出了调整，其他各海事法院仍然依据此前最高人民法院发布的决定或通知确定的管辖区域对海事案件行使管辖权。根据2016年最高人民法院最新规定和以前有关的决定、通知，我国各海事法院之间的地域管辖如下。

广州海事法院管辖区域：

广东省沿海海域、与海相通的内河水域、港口及其岸带以及南海部分海域。上诉案件由广东省高级人民法院管辖。

上海海事法院管辖区域：

江苏及上海沿海海域（包括洋山深水港及周边海域）和长江水道浏河口以下通海水域。上诉案件由上海市高级人民法院管辖。

青岛海事法院管辖区域：

南自山东省与江苏省交界处，北至山东省与河北省交界处的延伸海域，其中包括黄海一部分、渤海一部分、海上岛屿和和岚山、石臼所、青岛、威海、烟台、蓬莱、龙口、羊口等山东省沿海所有港口。上诉案件由山东省高级人民法院管辖。

天津海事法院管辖区域：

南自河北省与山东省交界处，北至河北省与辽宁省交界处的沿海港口及其海域、海上岛屿的海事、海商案件，以及连接点在北京的共同海损纠纷案件、海上保险纠纷案件、海事仲裁裁决的承认和执行案件。上诉案件由天津市高级人民法院管辖。

大连海事法院管辖区域：

南自辽宁省与河北省的交界处、东至鸭绿江口的延伸海域和鸭绿江水域，其中包括黄海一部分、渤海一部分、海上岛屿；吉林省的松花江、图们江等通海可航水域及港口；黑龙江省的黑龙江、松花江、乌苏里江等通海可航水域及港口。上诉案件由辽宁省高级人民法院管辖。

武汉海事法院管辖区域：

自四川省宜宾市合江门至江苏省浏河口之间长江干线及支线水域，包括宜宾、泸州、重庆、涪陵、万州、宜昌、荆州、城陵矶、武汉、九江、安庆、芜湖、马鞍山、南京、扬州、镇江、江阴、张家港、南通等主要港口。上诉案件由湖北省高级人民法院管辖。

海口海事法院管辖区域：

海南省所属港口和水域以及西沙、中沙、南沙、黄岩等岛屿及其水域。上诉案件由海南省高级人民法院管辖。

厦门海事法院管辖区域：

南自福建省与广东省交界处，北至福建省与浙江省交界处的延伸海域，其中包括东海南部、台湾省、海上岛屿和福建省所属港口。上诉案件由福建省高级人民法院管辖。

宁波海事法院管辖区域：

浙江省所属港口和水域（包括所辖岛屿、所属港口和通海的内河水域）。上诉案件由浙江省高级人民法院管辖。

北海海事法院管辖区域：

广西壮族自治区所属港口、水域、北部湾海域及其岛屿和水域，以及云南省的澜沧江至湄公河等与海相通的可航水域发生的海事、海商案件。北海海事法院与广州海事法院的管辖区域以英罗湾河道中心为界，河道中心线及其延伸海域以东由广州海事法院管辖，河道中心线及其延伸海域以西，包括乌泥岛、涠州岛、斜阳岛等水域由北海海事法院管辖。发生在云南省水域（北海）内的船舶碰撞、共同海损、海难救助、船舶污染、船舶扣押和拍卖案件，以及涉外海事、海商案件，由北海海事法院管辖。发生在云南省水域内的其他海事、海商案件，由地方人民法院管辖（但审理应适用海商法、海事诉讼特别程序法等有关法律的规定）。上诉案件由广西壮族自治区高级人民法院管辖。

（二）海事诉讼的具体管辖

上述各海事法院之间的地域管辖是一般性规定，有关海事诉讼的具体管辖并不局限于此。根据《2000年海事诉讼特别程序法》第6条的规定，海事诉讼的地域管辖，依照《民事诉讼法》的有关规定。下列海事诉讼的地域管辖，依照以下规定：

（1）因海事侵权行为提起的诉讼，除依照《2012年民事诉讼法》第28条至第30条的规定以外，还可以由船籍港所在地海事法院管辖。

（2）因海上运输合同纠纷提起的诉讼，除依照《2012年民事诉讼法》第27条的规定以外，还可以由转运港所在地海事法院管辖。

（3）因海船租用合同纠纷提起的诉讼，由交船港、还船港、船籍港所在地、被告住所地海事法院管辖。

（4）因海上保赔合同纠纷提起的诉讼，由保赔标的物所在地、事故发生地、被告住所地海事法院管辖。

（5）因海船的船员劳务合同纠纷提起的诉讼，由原告住所地、合同签订地、船员登船港或者离船港所在地、被告住所地海事法院管辖。

（6）因海事担保纠纷提起的诉讼，由担保物所在地、被告住所地海事法院管辖；因船舶抵押纠纷提起的诉讼，还可以由船籍港所在地海事法院管辖。

（7）因海船的船舶所有权、占有权、使用权、优先权纠纷提起的诉讼，由船舶所在地、船籍港所在地、被告住所地海事法院管辖。

第7条规定，下列海事诉讼，由本条规定的海事法院专属管辖：

（1）因沿海港口作业纠纷提起的诉讼，由港口所在地海事法院管辖；

（2）因船舶排放、泄漏、倾倒油类或者其他有害物质，海上生产、作业或者拆船、修船作业造成海域污染损害提起的诉讼，由污染发生地、损害结果地或者采取预防污染措施地海事法院管辖；

（3）因在中华人民共和国领域和有管辖权的海域履行的海洋勘探开发合同纠纷提起的诉讼，由合同履行地海事法院管辖。

第8条规定，海事纠纷的当事人都是外国人、无国籍人、外国企业或者组织，当事人书面协议选择中华人民共和国海事法院管辖的，即使与纠纷有实际联系的地点不在中华人民共和国领域内，中华人民共和国海事法院对该纠纷也具有管辖权。

第9条规定，当事人申请认定海上财产无主的，向财产所在地海事法院提出；申请因海上事故宣告死亡的，向处理海事事故主管机关所在地或者受理相关海事案件的海事法院提出。

第10条规定，海事法院与地方人民法院之间因管辖权发生争议，由争议双方协商解决；协商解决不了的，报请他们的共同上级人民法院指定管辖。

第 11 条规定，当事人申请执行海事仲裁裁决，申请承认和执行外国法院判决、裁定以及国外海事仲裁裁决的，向被执行的财产所在地或者被执行人住所地海事法院提出。被执行的财产所在地或者被执行人住所地没有海事法院的，向被执行的财产所在地或者被执行人住所地的中级人民法院提出。

由于某一具体的海事案件往往具有两个以上的连结点，使得不同法院对同一海事案件因不同连结点而具有管辖权。当原告、被告就同一诉讼标的依据不同的连结点在不同国家的法院提起诉讼时，就会产生管辖权的冲突。国际上解决管辖权冲突的通常做法是，由先起诉或先受理案件的法院管辖①。另外，欧美一些国家还以方便诉讼、礼让原则来确定对案件的管辖。

六、海事请求保全

（一）海事请求保全的概念

海事请求保全（security of maritime claims），是指海事法院根据海事请求人的申请，为保障其海事请求权的实现，对被申请人的财产所采取的强制措施。

申请扣押的被申请人的财产一般包括船舶、船上所载货物以及船用燃油、物料。而且，大多数是船舶。根据我国《海事诉讼特别程序法》目前的规定，海事请求保全不包括海事强制令（也叫行为保全）。海事强制令是指海事法院根据海事请求人的申请，为使其合法权益免受侵害，责令被请求人作为或者不作为的强制措施。可以说，海事强制令这种行为保全的规定是对我国当时实施的《1991 年民事诉讼法》和民诉法理论的突破。②

海事请求保全多数发生在诉讼之前，故有人称之为“诉前保全”（security prelitigation）或“非诉保全”（security extralitigation）。海事请求人申请海事请求保全的直接目的是通过扣船或其他财产，迫使被请求人提供担保，以保全其请求权的实现，并非一定进行诉讼。海事请求保全不受当事人之间关于该海事请求在管辖、仲裁和法律适用方面的协议的约束。海事请求保全措施只能由海事法院以裁定的形式做出并执行。因此，在海事仲裁案件中，如果当事人申请海事请求保全，应由仲裁委员会将当事人的申请提交海事法院裁定，而不能自行做出保全决定。

（二）海事请求保全所依据的海事请求

海事请求权人申请海事请求保全，是为了保障其海事请求权的实现。申请人可以为哪些债权请求保全完全基于法律的规定。换言之，申请人请求保全的依据应是法律规定的海事请求。

海事请求（maritime claims），是指涉及或发生于与船舶的所有、建造、占有、营运、买卖、救助和抵押以及船舶优先权等有关的请求。现有国际公约及我国有关法律对海事请求的范围采用了列举式的规定。我国《2000 年海事诉讼特别程序法》第 21 条对可以申请扣押船舶的有关海事请求的范围规定如下：

---

① 参见《1968 年关于管辖权与法院判决执行的欧洲公约》第 21 条、《1952 年民事管辖权公约》第 1 条第 3 款、我国《2012 年民事诉讼法》第 35 条等。

② 因为当时的《1991 年民事诉讼法》中还没有行为保全的规定，2012 年修正的《民事诉讼法》第 100 条保全的规定已经包括了行为保全。

(1)船舶营运造成的财产灭失或者损坏。

(2)与船舶营运直接有关的人身伤亡。

(3)海难救助。

(4)船舶对环境、海岸或者有关利益方造成的损害或者损害威胁;为预防、减少或者消除此种损害而采取的措施;为此种损害而支付的赔偿;为恢复环境而实际采取或者准备采取的合理措施的费用;第三方因此种损害而蒙受或者可能蒙受的损失;以及与本项所指的性质类似的损害、费用或者损失。

(5)与起浮、清除、回收或者摧毁沉船、残骸、搁浅船、被弃船或者使其无害有关的费用,包括与起浮、清除、回收或者摧毁仍在或者曾在该船上的物件或者使其无害的费用,以及与维护放弃的船舶和维持其船员有关的费用。

(6)船舶的使用或者租用协议。

(7)货物运输或者旅客运输协议。

(8)船载货物(包括行李)或者与其有关的灭失或者损坏。

(9)共同海损。

(10)拖航。

(11)引航。

(12)为船舶营运、管理、维护、维修提供物资或者服务。

(13)船舶的建造、改建、修理、改装或者装备。

(14)港口、运河、码头、港湾以及其他水道规费和费用。

(15)船员的工资和其他款项,包括应当为船员支付的遣返费和社会保险费。

(16)为船舶或者船舶所有人支付的费用。

(17)船舶所有人或者光船承租人应当支付或者他人为其支付的船舶保险费(包括互保会费)。

(18)船舶所有人或者光船承租人应当支付的或者他人为其支付的与船舶有关的佣金、经纪费或者代理费。

(19)有关船舶所有权或者占有的纠纷。

(20)船舶共有人之间有关船舶的使用或者收益的纠纷。

(21)船舶抵押权或者同样性质的权利。

(22)因船舶买卖合同产生的纠纷。

该法第22条进一步明确规定,非因本法第21条规定的海事请求不得申请扣押船舶,但为执行判决、仲裁裁决以及其他法律文书的除外。

《1952年扣船公约》第1条规定的海事请求共17项,并且该公约第2条明确规定:“悬挂任一缔约国旗帜的船舶,得因(上述)任何海事请求而在任何缔约国管辖区域内被扣押,但不得因其他请求而被扣押。”《1985年扣船公约草案》将《1952年扣船公约》中海事请求的范围从17项增加到22项。《1999年国际扣船公约》第1条亦列举了22项海事请求(有关公约的海事请求范围详见公约规定)。

(三)扣押船舶的范围

如前所述,海事请求保全大多表现为扣押船舶。但是,海事请求权人向法院申请扣船时,并非一切船舶均可以被扣押。根据有关扣船的国际公约和一些国家法律的规定,可以扣押船舶的范围主要有两类：一是发生海事请求的当事船舶；二是与海事请求相关的其他船舶。一般而言，对当事船舶的扣押被普遍承认，尤其在英美法系国家，请求人根据“对物诉讼”原则，可以直接对当事船舶提起诉讼；对于其他相关船舶，则各国规定不尽相同，英美国家要求必须在弄清真正的责任人的前提下方可对其他船舶进行扣押。

现结合有关扣船公约和我国有关规定对扣押船舶的范围说明如下：

1. 扣押当事船舶

《1952 年扣船公约》第 3 条第 1 款规定：“除本条第 4 款及第 10 条另有规定外，请求人得扣押引起海事请求的当事船舶……”这一规定可以理解为一切当事船舶均可扣押，不论对海事请求负有责任的是船舶所有人、经营人还是承租人，也不论发生海事请求时和扣押时，船舶是否属于同一所有人、经营人和承租人。

《1985 年扣船公约草案》对此做了一定限制。(1)扣押当事船舶时，需符合两个条件：①海事请求产生时，该船的所有人或者光船承租人对该海事请求负有责任；②在实行扣押时，该船舶所有人或光船承租人仍是该船的所有人或者光船承租人。(2)基于船舶优先权、船舶抵押权、船舶质押权或有关船舶所有权或占有权的请求只能扣押当事船舶，且不受上述条件的限制。

《1999 年国际扣船公约》在扣押当事船舶的范围上做了与《1985 年扣船公约草案》基本相同的规定。

我国最高人民法院《1994 年关于诉讼前扣押船舶的规定》(下称《1994 年扣船规定》)(已废止)对扣押当事船舶的条件规定如下：(1)被扣押船舶的所有人、经营人或承租人应对该海事请求负有责任；(2)在申请扣押时和发生海事请求时，该当事船舶属于同一船舶所有人、同一经营人或同一承租人，但为行使船舶优先权而申请扣押船舶的除外。

我国《海事诉讼特别程序法》第 23 条第 1 款对扣船范围的规定有所变化，有下列情形之一的，海事法院可以扣押当事船舶：

(1)船舶所有人对海事请求负有责任，并且在实施扣押时是该船的所有人；

(2)船舶的光船承租人对海事请求负有责任，并且在实施扣押时是该船的光船承租人或者所有人；

(3)具有船舶抵押权或者同样性质的权利的海事请求；

(4)有关船舶所有权或者占有的海事请求；

(5)具有船舶优先权的海事请求。

2. 扣押其他船舶(姊妹船)

《1952 年扣船公约》规定，可以扣押“在发生海事请求时属于该当事船舶所有人的任何其他船舶”。如系光船租赁，光船承租人对该船有关的海事请求负有责任的情况下，可以扣押该光租人所有的任何其他船舶，不能扣押船舶所有人所有的其他船舶(只能扣押当事船舶的例外请见上述第 1 点内容)。据此规定，亦不能扣押船舶经营人、定期承租人、航次承租人所有的其他船舶。

《1985 年扣船公约草案》规定，除船舶所有权或占有权的请求外，可以扣押对海事请求负有责任的当事船舶所有人、承租人所有的其他船舶。这一规定明显扩大了可供扣押的其他船舶的范围，即对海事请求负有责任的当事船舶的光租人、定期承租人和航次承租人所有的其他船舶均可以扣押。

《1999 年扣船公约》与《1985 年扣船公约草案》相比较，在这方面的内容基本相同。

我国最高人民法院《1994 年扣船规定》(已废止)对扣押其他船舶规定如下：

(1)扣押船舶所有人所有的其他船舶；

(2)扣押对该海事请求负有责任的船舶经营人、承租人所有的、经营的或租用的其他船舶；

(3)扣押非当事船舶时，该项海事请求必须是非因船舶所有权、抵押权、占有权或船舶的经营、收益分配所引起的。

另外，扣押船舶属具适用本规定，军事船艇和公务船不适用本规定。

值得注意的是，《1994 年扣船规定》(已废止)扩大了扣船范围，包括承租人租用的船舶。这种规定不仅增加了出租人的风险，容易造成扣船秩序的混乱，也与最高人民法院《1994 年关于拍卖被扣押船舶清偿债务的规定》(下称《1994 年卖船规定》)(已废止)不相衔接。因为根据《1994 年卖船规定》："被拍卖的船舶所有人必须是被告，且对该海事请求确实负有责任。"因此，即使海事请求人扣押了承租人租用的属于出租人所有的船舶，根据《1994 年卖船规定》，也无法申请法院拍卖该船。针对这一情况，最高人民法院于 1995 年在厦门召开了全国海事审判工作研讨会，在形成的会议纪要(《厦门纪要》)中解释："租用"是指光船租赁的租船方式。根据 2015 年最高人民法院《扣船与卖船规定》第 3 条的规定，船舶因光船承租人对海事请求负有责任而被扣押的，海事请求人依据《海事诉讼特别程序法》第 29 条的规定，申请拍卖船舶用于清偿光船承租人经营该船舶产生的相关债务的，海事法院应予准许。因此根据 2015 年最高人民法院《扣船与卖船规定》的规定，光船租赁船舶不仅可以被扣押，而且可以被拍卖，从而终结了在我国曾经困扰司法实践的"光租船可扣不可卖"的困境。

我国《海事诉讼特别程序法》第 23 条第 2 款规定："海事法院可以扣押对海事请求负有责任的船舶所有人、光船承租人、定期租船人或者航次租船人在实施扣押时所有的其他船舶，但与船舶所有权或者占有有关的请求除外。"该法去掉了"经营 ""租用"二词，使我国的扣船范围与国际上有关扣船公约的扣船范围相衔接。

《海事诉讼特别程序法》第 23 条第 3 款规定，从事军事、政府公务的船舶不得被扣押。

(四)船舶扣押程序

在海事司法实践中，常见的是诉前扣船，《海事诉讼特别程序法》第三章第二节专门规定了船舶的扣押与拍卖程序。无论诉前扣船还是诉讼中扣船，都必须由海事法院依一定程序进行。

1. 申请人提出扣船申请

《海事诉讼特别程序法》第 15 条规定："海事请求人申请海事请求保全，应当向海事法院提交书面申请。申请书应当载明海事请求事项、申请理由、保全的标的物以及要求提供担保的数额，并附有关证据。"实践中，该书面扣船申请书的内容一般包括：

(1)申请人和被申请人的名称、国籍、地址；

(2)扣船的事实和理由，主要陈述引起扣船的海事请求发生的经过、申请人与被申请人之间的利害关系等；

(3)申请扣押的船舶停泊地、动态和有关资料；

(4)要求被申请人提供担保的数额和担保的种类；

(5)申请人损害索赔清单及相关证据；

(6)申请书的最后一般声明,如因申请人申请错误致使被申请人遭受经济损失的,申请人愿承担赔偿责任。

2. 法院审查

海事法院接到扣船申请后,应当进行审查,认为申请符合扣押船舶条件并有合理依据的,在48小时内做出准予扣船的裁定。

根据《海事诉讼特别程序法》第16条的规定,不论诉前扣船,还是诉讼中申请扣船,海事法院"可以"责令申请人提供担保。申请人不提供担保的,法院驳回其申请。应注意的是,根据2015年最高人民法院《扣船与卖船规定》第4条规定,因船员劳务合同、海上及通海水域人身损害赔偿纠纷申请扣押船舶,且事实清楚、权利义务关系明确的,可以不要求提供担保。根据该规定第5条,海事请求人提供担保的具体数额,应当相当于船舶扣押期间可能产生的各项维持费用与支出、因扣押造成的船期损失和被请求人为使船舶解除扣押而提供担保所支出的费用。船舶扣押后,海事请求人提供的担保不足以赔偿可能给被请求人造成损失的,海事法院应责令其追加担保。

3. 扣船令的送达与执行

海事法院在做出准予扣船裁定的同时,签发扣船令(arrest order),对船舶实施扣押。扣船令一经签发,与扣船裁定一样立即生效。扣船令需由海事法院执行人员登轮送达,以执行对船舶的扣押。执行人员送达扣船令时,应着法院制服,并出示"执行公务证",向船长宣读裁定书和扣船令,将裁定书和扣船令送达给船长。扣船令还应张贴于船舶主桅杆下部或其他明显部位。

扣押船舶时,一般都需要海事局、边防检查站和船舶代理人等部门和单位的协助执行。根据最高人民法院和海关总署的联合通知和《海事诉讼特别程序法》第26条规定,海事法院也可以要求海关等协助执行。但在登轮执行之前,海事法院需向协助执行单位发出协助执行通知书,列明要求协助执行的事项。必要时,可派员登轮对船舶实施扣押和监护。驻船监护确有困难的,可以将船舶证书扣留在海事法院,待解除扣押时归还船方。

另外,根据最高人民法院《关于执行领事条约中对派遣国船舶实行强制措施时保护条款的通知》规定,执行扣船的海事法院必须在发布扣船令的同时,书面通知船籍国驻中国使领馆。

根据2015年最高人民法院《扣船与卖船规定》第9条,如果扣押船舶裁定执行前,海事请求人撤回扣押船舶申请,海事法院应当裁定予以准许,并终结扣押船舶裁定的执行。扣押船舶裁定做出后因客观原因无法执行的,海事法院应当裁定终结执行。

4. 解除扣押

扣船后,如果被申请人按裁定书的要求提供了海事法院或申请人认可的担保,或者申请人解除对船舶的扣押,或者被申请人有正当理由申请解除扣押,或者申请人未在规定的期限内提起诉讼或仲裁的,海事法院应当裁定释放被扣押船舶。其程序是,由海事法院发出"解除扣押船舶命令",并送达给船长,同时通知协助执行单位释放船舶。

(五)船舶拍卖程序

根据《1994年卖船规定》(已废止),如果船舶被扣押后,被申请人在法定期限届满时不提供充分、可靠的担保,且船舶本身机件、设备不宜继续扣押,同时该船舶的所有人是被告,且对该海事请求确实负有责任,申请人才可以申请海事法院依照法定程序强制拍卖被扣押的船舶。

而根据《海事诉讼特别程序法》第29条规定，船舶扣押期间届满，被请求人不提供担保，而且船舶不宜继续扣押的，海事请求人就可以在提起诉讼或者申请仲裁后，向扣押船舶的海事法院申请拍卖船舶。

拍卖船舶的程序大致如下：

1. 申请人提出申请

强制拍卖船舶的申请人必须是扣船申请人，同时是诉讼案件的原告或仲裁案件的申诉人。申请人可以在提起诉讼的同时或提起诉讼后，或者在仲裁过程中，提出强制拍卖船舶的申请。卖船申请书必须采用书面形式，写明申请卖船的理由和依据。卖船申请书应向扣押船舶的海事法院提出。如海事法院要求申请人就强制拍卖船舶提供担保的，申请人应依其要求提供担保。根据2015年最高人民法院《扣船与卖船规定》第4条的规定，因船员劳务合同、海上及通海水域人身损害赔偿纠纷申请扣押船舶，且事实清楚、权利义务关系明确的，可以不要求提供担保。《海事诉讼特别程序法》第76条第2款规定的海事请求人提供担保的具体数额，应当相当于船舶扣押期间可能产生的各项维持费用与支出、因扣押造成的船期损失和被请求人为使船舶解除扣押而提供担保所支出的费用。船舶扣押后，海事请求人提供的担保不足以赔偿可能给被请求人造成损失的，海事法院应责令其追加担保。案件终审后，海事请求人申请返还其所提供担保的，海事法院应将该申请告知被请求人，被请求人在三十日内未提起相关索赔诉讼的，海事法院可以准许海事请求人返还担保的申请。被请求人同意返还，或生效法律文书认定被请求人负有责任，且赔偿或给付金额与海事请求人要求被请求人提供担保的数额基本相当的，海事法院可以直接准许海事请求人返还担保的申请。①

申请人在提交拍卖船舶申请时，还应申明对申请错误造成被申请人的损失负责赔偿，并应向海事法院预交拍卖船舶费用。

2. 法院审查和裁定

《1994年卖船规定》（已废止）第1条第2款规定："海事法院收到拍卖船舶申请后，应认真进行审查，及时做出准许或不准许拍卖的裁定，裁定书由院长批准。"

当事人对海事法院准许或不准许卖船的裁定有异议的，可以申请复议一次。《1994年卖船规定》（已废止）规定，复议期间，不停止裁定的执行。而《海事诉讼特别程序法》第30条规定："海事法院收到拍卖船舶的申请后，应当进行审查，做出准予或者不准予拍卖船舶的裁定。当事人对裁定不服的，可以在收到裁定书之日起五日内申请复议一次。海事法院应当在收到复议申请之日起五日内做出复议决定。复议期间停止裁定的执行。"该法关于"复议期间停止裁定的执行"的规定是合理的，因为实践中不可避免地存在着卖船错误的可能性，而船舶一旦被拍卖，损失将难以挽回。

3. 发出售船通知

根据《海事诉讼特别程序法》第33条规定，海事法院应当在拍卖船舶三十日前，向被拍卖船舶登记国的登记机关和已知的船舶优先权人、抵押权人和船舶所有人发出通知。通知内容包括被拍卖船舶的名称、拍卖船舶的时间和地点、拍卖船舶的理由和依据以及债权登记等。通知方式包括书面方式和能够确认收悉的其他适当方式。

强制拍卖与我国签订有领事条约的派遣国的船舶时，应事先通知该国驻我国的使领馆。

---

① 2015年最高人民法院《扣船与卖船规定》第5条、第6条的规定。

4. 发出拍卖公告

原来《1994 年卖船规定》(已废止)要求法院裁定拍卖被扣押船舶后,应在《中国日报》《人民日报》(国内、海外版)上连续刊登拍卖船舶公告三日。实践表明,这一要求不仅使公告费用较高,而且使海事法院操作困难。因此,《海事诉讼特别程序法》第 32 条仅规定,海事法院裁定拍卖船舶,应当通过报纸或者其他新闻媒体发布公告。拍卖外籍船舶的,应当通过对外发行的报纸或者其他新闻媒体发布公告。公告包括以下内容:

(1)被拍卖船舶的名称和国籍;

(2)拍卖船舶的理由和依据;

(3)拍卖船舶委员会的组成;

(4)拍卖船舶的时间和地点;

(5)被拍卖船舶的展示时间和地点;

(6)参加竞买应当办理的手续;

(7)办理债权登记事项;

(8)需要公告的其他事项。

拍卖船舶的公告期间不少于三十日。

5. 组成拍卖船舶委员会

拍卖委员会由海事法院指定本院执行员和聘请的会计师、验船师三人或五人组成。拍卖委员会对海事法院负责并报告工作。其任务是:组织对船舶进行鉴定、估价,主持拍卖,并负责与买方签署拍卖成交确定书,办理船舶移交手续,签署船舶移交完毕确认书。

6. 买船登记

竞买人应在规定的期限内向拍卖委员会登记,并在拍卖前交验本人或本企业法人代表身份证明、委托代理人的授权委托书,并交纳一定数额的买船保证金。

7. 拍卖船舶

拍卖是整个卖船程序的中心环节。拍卖以投标或公开叫价等形式,以底价以上最高报价成交。如果报价低于底价,可再次拍卖或以其他形式变卖。2015 年最高人民法院《扣船与卖船规定》对船舶拍卖的程序进行了更加详细的规定。例如,该规定第 12 条规定,海事法院拍卖船舶应当依据评估价确定保留价。保留价不得公开。第一次拍卖时,保留价不得低于评估价的百分之八十;因流拍需要再行拍卖的,可以酌情降低保留价,但降低的数额不得超过前次保留价的百分之二十。第 13 条规定,对经过两次拍卖仍然流拍的船舶,可以进行变卖。变卖价格不得低于评估价的百分之五十。第 14 条规定,依照本规定第 13 条变卖仍未成交的,经已受理登记债权三分之二以上份额的债权人同意,可以低于评估价的百分之五十进行变卖处理。仍未成交的,海事法院可以解除船舶扣押。第 15 条规定,船舶经海事法院拍卖、变卖后,对该船舶已采取的其他保全措施效力消灭。

8. 成交

拍卖成交后,由拍卖委员会与买方签署拍卖成交确认书。该确认书经海事法院盖章确认,即具有买卖合同同等的效力。根据《1994 年卖船规定》(已废止),买方在成交时须立即支付船价 25% 的定金,并在成交之日起 7 日内付清全部价款。买方反悔的,定金不予返还,7 日内未付清价款的,视为反悔,但拍卖委员会与买方另有约定的除外。但是,如果船舶拍卖移交前灭失,海事法院是否要双倍返还 25% 的定金,会有问题。因此,《海事诉讼特别程序法》第 37

条规定，买受人在签署拍卖成交确认书后，应当立即交付不低于百分之二十的船舶价款，其余价款在成交之日起 7 日内付清，但拍卖船舶委员会与买受人另有约定的除外。

9. 移交船舶

买方付清全部价款后，拍卖委员会应在规定的期限内，于船舶停泊地以被拍卖船舶原状向买方移交船舶，并与买方签署船舶移交完毕确认书。在移交船舶的同时，发布解除扣押船舶的命令。

10. 公告并注销原船舶登记

船舶移交后，海事法院应在前述报刊上再次刊登公告，说明船舶已被公开拍卖给买方，船舶所有权及风险自移交时转移，买方对船舶在移交前所负的债务不承担任何责任。原船舶所有人应向原登记机关办理船舶注销登记，原船舶所有人不办理注销登记的，不影响船舶所有权的转移和买方的重新登记。

七、海事诉讼时效

（一）海事诉讼时效的概念

海事诉讼时效（time bar; limitation of time），是指海事请求权人于一定期间内通过诉讼程序请求海事法院保护其合法权利的法律制度。如果海事请求权人未在诉讼时效届满前行使自己的权利，即丧失请求海事法院依法强制义务人履行义务的权利。

实行海事诉讼时效制度可以促使权利人及时行使其权利，保证海事法院正确、合理、及时地审判各种海事纠纷，避免因时过境迁难以取证，给审判工作带来困难，同时有利于国际海上运输秩序的稳定。

（二）海事诉讼时效期间

根据海上运输的特点，参照有关国际公约，我国《海商法》第十三章对不同性质的海事请求，分别规定了不同的海事诉讼时效。具体内容如下：

（1）就海上货物运输向承运人索赔的诉讼时效期间为 1 年，自承运人交付或者应当交付货物之日起计算；在时效期间内或者时效期间届满后，被认定为负有责任的人向第三人提起追偿请求的，时效期间为 90 天，自追偿请求人解决原赔偿请求之日起或收到受理对其本人提起诉讼的法院的起诉状副本之日起计算。

但是，承运人就海上货物运输向货方提出索赔的诉讼时效期间应为多少，《海商法》规定并不明确，实践中对此曾有不同观点：一种认为，此种诉讼时效期间亦应为 1 年；另一种认为，根据《民法通则》的规定，此种诉讼时效期间应为 2 年。最高人民法院 1997 年《关于承运人就海上货物运输向托运人、收货人或提单持有人要求索赔的请求权时效期间的批复》明确规定：承运人向货方索赔的时效比照适用《海商法》第 257 条的规定，时效期间为 1 年，自权利人知道或应当知道权利被侵犯之日起计算。

（2）有关航次租船合同、船舶租用合同的诉讼时效期间为 2 年，自知道或者应当知道权利被侵害之日起计算。

（3）海上旅客运输合同的诉讼时效时期为 2 年。有关旅客人身伤害的请求权，自旅客离船或应当离船之日起计算；有关旅客死亡的请求权，发生在运送期间的，自旅客应当离船之日起计算；因运送期间内的伤害而导致旅客离船后死亡的，自旅客死亡之日起计算，但是此期限自离船之日起不得超过3年;有关行李灭失或损坏的请求权,自旅客离船或者应当离船之日起计算。

(4)海上拖航合同的请求权,诉讼时效期间为1年,自知道或者应当知道权利被侵害之日起计算。

(5)船舶碰撞的请求权,时效期间为2年,自碰撞事故发生之日起计算;对第三人的人身伤亡承担连带责任的赔偿额超过自己应承担的责任比例的,其追偿请求的诉讼时效期间为1年,自当事人连带支付损害赔偿之日起计算。

(6)海难救助的诉讼时效期间为2年,自救助作业终止之日起计算。

(7)共同海损分摊的诉讼时效期间为1年,自理算结束之日起计算。

(8)就海上保险合同向保险人要求保险赔偿的请求权,时效期间为2年,自保险事故发生之日起计算。而保险人向被保险人索赔的时效,我国《海商法》无规定,应适用《民法通则》第135条规定的2年普通诉讼时效。

(9)船舶油污损害的诉讼时效期间为3年,自损害发生之日起计算;但是,在任何情况下诉讼时效期间不得超过从事故发生之日起6年。

(三)海事诉讼时效的中止、中断和延长

海事诉讼时效的中止,是指在时效期间的最后6个月内,因不可抗力或者其他障碍不能行使请求权,因而海商法规定暂时停止诉讼时效的进行,待阻碍事由消失后,诉讼时效又继续计算。因此,时效期间中止必须具备两个条件:一是中止原因发生在时效期间的最后6个月内;二是中止原因须为不可抗力或其他足以妨碍权利人行使请求权的客观事实。其特点是,待中止原因消除后,时效期间继续计算。

海事诉讼时效的中断,是指在诉讼时效进行期间,因法定事由的出现使已经进行的时效期间全部归于无效,待法定事由消除后,时效期间重新开始计算。根据《海商法》第267条的规定,时效期间中断的原因有请求人提起诉讼、提交仲裁或者被请求人同意履行义务。但是,请求人撤回起诉、撤回仲裁或者起诉被裁定驳回的,时效不中断。另外,若请求人申请扣船,则诉讼时效自申请扣船之日起中断。

关于海事诉讼时效的延长问题,《海商法》没有做明确规定。在我国实践中,也曾存在"允许延长"和"不允许延长"两种相反的主张。但是,根据2008年9月《最高人民法院关于审理民事案件适用诉讼时效制度若干问题的规定》第2条,当事人违反法律规定,约定延长或者缩短诉讼时效期间、预先放弃诉讼时效利益的,人民法院不予认可。即我国不允许当事人延长或缩短诉讼时效期间。

第二节 海事仲裁

一、海事仲裁的概念及其特点

海事仲裁(maritime arbitration),是指海事仲裁机构或仲裁员,根据当事人在争议发生之前或之后达成的仲裁协议及书面申请,按照一定的程序规则,对其海事争议进行审理,并做出终局裁决的一种解决争议的方式。

海事仲裁作为解决海事争议的重要途径之一，不同于海事诉讼，这是由它和海事诉讼相比较所具有的特点决定的：

第一，两种机构性质不同。法院作为诉讼机构，属于国家权力机构，法院法官的任职条件（尤其是国籍）受到严格的控制；海事仲裁机构多为民间机构，隶属于特定的国际商会（ICC），仲裁员可以由仲裁机构选聘，且多为兼职人员，其国籍一般不受限制。

第二，两种方式下当事人的权利不同，对于案件的管辖法院，当事人只能在法律允许的范围内选择，且不能违反专属管辖的规定，在诉讼时只能适用法院地的程序法；而在海事仲裁方面，当事人可以协议选择仲裁机构、指定仲裁员、选择仲裁适用的程序及实体法、仲裁审理适用的语言、仲裁裁决的效力等。而且，有效的仲裁协议可以排除法院的管辖权。

第三，两者的裁判制度不同。法院诉讼普遍采用两审终审或三审终审制；而海事仲裁普遍采用一裁终局制。因此，仲裁案件结案的速度较快。

第四，裁判的执行范围不同。对于一国法院的判决，只有在法院地国与他国存在有关司法协助条约时，才能在他国得到承认和执行；而对于仲裁裁决，截至 2014 年 9 月，已有 152 个国家和地区①参加了《1958 年承认与执行外国仲裁裁决公约》（以下简称为《纽约公约》），使某一缔约国仲裁裁决在其他缔约国普遍得到承认与执行。

总之，海事仲裁与海事诉讼相比较，具有专业性、快捷性、灵活性和裁决易于执行性的特点。

二、海事仲裁机构

海事仲裁机构（maritime arbitration institution）是为解决海事方面争议而设立的专门性组织。仲裁作为解决海事争议的方式之一，具有悠久的历史。由于它具有诉讼不可比拟的优点，已被国际上普遍承认并采用。而且，各主要航运国家都设有常设仲裁机构（permanent arbitration institution），如伦敦海事仲裁员协会、美国海事仲裁协会、瑞典斯德哥尔摩海事仲裁协会、东京海事仲裁委员会、摩纳哥海事仲裁院、国际海事仲裁委员会等等。这些常设仲裁机构多属民间性质，设有秘书处进行日常性工作，具有自己的仲裁员名册和仲裁规则。

有些国家除设立常设仲裁机构外，也承认临时仲裁（ad hoc arbitration）。其特点是：没有固定的组织形式，没有日常的管理机构；仲裁员在仲裁协议中指定，多为独任仲裁；仲裁程序、仲裁地点、仲裁裁决的方式及效力均由双方当事人协议；临时仲裁庭在裁决做出后即解散。目前，在伦敦、美国、日本、中国香港等地，这种临时仲裁仍具有相当的地位。

我国海事仲裁机构是全国性的常设仲裁机构，现名为“中国海事仲裁委员会”（China Maritime Arbitration Commission：CMAC）。最早是 1958 年 11 月根据国务院《关于在中国国际贸易促进委员会内设立海事仲裁委员会的决定》，于 1959 年设立的，并由中国国际贸易促进委员会于同年制定了《中国国际贸易促进委员会海事仲裁委员会仲裁程序暂行规则》。根据我国改革开放及航运业发展形势的需要，1988 年更名为“中国海事仲裁委员会”，并于同年 9 月 12 日通过了修改后的《中国海事仲裁委员会仲裁规则》（China Maritime Arbitration Commission Rules

① 中国海事仲裁委员会上海分会（上海海事仲裁院）主办，《海事仲裁（上海）通讯》，2014 年第 5 期，第 4 页。

of Arbitration)。鉴于我国《仲裁法》于1994年8月31日的公布,中国国际商会于1995年9月4日修订并通过了《中国海事仲裁委员会仲裁规则》,该规则于1995年10月1日起实施。中国海事仲裁委员会适用的最新的仲裁规则是2015年1月1日起实施的《中国海事仲裁委员会仲裁规则》。目前我国法律尚不承认临时仲裁。

三、中国海事仲裁委员会的受案范围

《2015年中国海事仲裁委员会仲裁规则》结合航运实践的发展、变化,对其所受理的争议进一步归纳、分类和补充。根据该规则第3条,中国海事仲裁委员会根据当事人的约定受理下列争议案件:

(一)租船合同、多式联运合同或者提单、运单等运输单证所涉及的海上货物运输、水上货物运输、旅客运输争议;

(二)船舶、其他海上移动式装置的买卖、建造、修理、租赁、融资、拖带、碰撞、救助、打捞或集装箱的买卖、建造、租赁、融资争议;

(三)海上保险、共同海损及船舶保赔争议;

(四)船上物料及燃油供应、担保、船舶代理、船员劳务、港口作业争议;

(五)海洋资源开发利用、海洋环境污染争议;

(六)货运代理,无船承运,公路、铁路、航空运输,集装箱的运输、拼箱和拆箱,快递,仓储,加工,配送,仓储分拨,物流信息管理,运输工具、搬运装卸工具、仓储设施、物流中心、配送中心的建造、买卖或租赁,物流方案设计与咨询,与物流有关的保险,与物流有关的侵权争议,以及其他与物流有关的争议;

(七)渔业生产、渔业捕捞争议;

(八)双方当事人协议由仲裁委员会仲裁的其他争议。

四、仲裁协议

(一)仲裁协议的概念及其表现形式

仲裁协议(arbitration agreement)是当事人在争议发生之前或者在争议发生之后达成的将争议提交仲裁机构或仲裁员,依照法律和仲裁规则解决的一种书面协议。

《2015年中国海事仲裁委员会仲裁规则》第5条第2项规定:“仲裁协议应当采取书面形式。书面形式包括合同书、信件、电报、电传、传真、电子数据交换和电子邮件等可以有形地表现所载内容的形式。在仲裁申请书和仲裁答辩书的交换中,一方当事人声称有仲裁协议而另一方当事人不做否认表示的,视为存在书面仲裁协议。”

仲裁协议应采用书面形式,具体表现形式有:

(1)合同中订明的仲裁条款(arbitration clause)。即双方当事人在争议发生之前,在合同中以合同条款的形式表现出来的一种约定。在海商法领域,存在着大量的标准合同格式,如各种租船合同、造船合同、船舶买卖合同、救助合同、拖航合同等,这些合同大多订有比较完整、规范的仲裁条款。

(2)仲裁协议书(submission to arbitration)。是双方当事人在争议发生前后为将其争议交付仲裁而专门订立的一种单独协议。多在争议发生之后签订,不仅适用于合同方面的争议,也适用于侵权及其他方面的纠纷。

另外，双方当事人在业务往来的书信、电传、电报或其他电讯手段中有关仲裁事项的特别规定，也构成书面仲裁协议的证明。

（二）仲裁协议的内容

从各国仲裁法及联合国国际商事仲裁示范法的规定来看，对仲裁协议应具有的内容要求不一，但基本包括提交仲裁的事项、仲裁地点、仲裁机构、仲裁程序、仲裁所适用的法律以及仲裁员的指定、裁决的效力等。

根据我国《仲裁法》第16条规定，仲裁协议应当具有请求仲裁的意思表示、仲裁事项、选定的仲裁委员会三项必要内容。但在航运实践中，很多仲裁条款难以满足第16条规定的须有"选定的仲裁委员会"的要求。例如，有的合同中的仲裁条款规定"有关……争议提交仲裁"，或者仅规定"有关……争议在中国仲裁"，如果当事人就所缺少的仲裁机构能够达成补充协议，该条款有效；如果达不成补充协议，此种仲裁协议无效。2005年12月26日最高人民法院审判委员会第1375次会议，以法释〔2006〕7号文件通过并发布了《最高人民法院关于适用〈中华人民共和国仲裁法〉若干问题的解释》（以下简称《仲裁法司法解释》），根据该司法解释的规定，仲裁协议约定的仲裁机构名称不准确，但能够确定具体的仲裁机构的，应当认定选定了仲裁机构。仲裁协议仅约定纠纷适用的仲裁规则的，视为未约定仲裁机构，但当事人达成补充协议或者按照约定的仲裁规则能够确定仲裁机构的除外。仲裁协议约定两个以上仲裁机构的，当事人可以协议选择其中的一个仲裁机构申请仲裁；当事人不能就仲裁机构选择达成一致的，仲裁协议无效。仲裁协议约定由某地的仲裁机构仲裁且该地仅有一个仲裁机构的，该仲裁机构视为约定的仲裁机构。该地有两个以上仲裁机构的，当事人可以协议选择其中的一个仲裁机构申请仲裁；当事人不能就仲裁机构选择达成一致的，仲裁协议无效。

为了指导人们订立规范化的仲裁协议，中国海事仲裁委员会于1995年专门制定了一条示范仲裁条款，其最新版本的示范仲裁条款如下①："凡因本合同引起的或与本合同有关的任何争议，均应提交中国海事仲裁委员会，按照申请仲裁时该会现行有效的仲裁规则进行仲裁。仲裁裁决是终局的，对双方均有约束力。"（Any dispute arising from or in connection with this contract shall be submitted to China Maritime Arbitration Commission for arbitration which shall be conducted in accordance with the commission's arbitration rules in effect at the time of applying for arbitration. The arbitral award is final and binding upon both parties.）在实践中，当事人可以根据具体情况，参照该示范条款制定仲裁协议。

（三）仲裁协议的效力

仲裁协议的效力是指它的法律约束力。一项有效的仲裁协议对当事人、法院和仲裁机构均有一定的约束力。对当事人来说，任何一方不得随意变更或撤销他们之间达成的仲裁协议，也不得将争议向法院起诉；对于法院来说，法院不得受理双方存在有效仲裁协议的海事争议案件，一旦受理，另一方当事人有权请求法院停止诉讼而将案件移交仲裁解决。但是，根据《仲裁法》第26条规定，当事人达成仲裁协议，一方向法院起诉未声明有仲裁协议，法院受理后，另一方在首次开庭前未对法院受理该案提出异议的，视为放弃仲裁协议，法院应当继续审理；

① 参见中国海事仲裁委员会官方网站，http://www.cmac-sh.org/tk/tiaokuan.htm，2015年11月10日访问。

对于仲裁机构来说，有效的仲裁协议是其受理和审理仲裁案件的依据。

仲裁协议虽然通常存在于合同条款中，但是它又分立于合同，具有独立性，合同的变更、解除、终止或者无效，均不影响仲裁协议的效力（《仲裁法》第19条）。2006年《仲裁法司法解释》第10条对仲裁协议的独立性做了进一步规定："合同成立后未生效或者被撤销的，仲裁协议效力的认定适用仲裁法第十九条第一款的规定。当事人在订立合同时就争议达成仲裁协议的，合同未成立不影响仲裁协议的效力。"《2015年中国海事仲裁委员会仲裁规则》第5条第4款也明确了"合同中的仲裁条款应视为与合同其他条款分离的、独立存在的条款，附属于合同的仲裁协议也应视为与合同其他条款分离的、独立存在的一个部分；合同的变更、解除、终止、转让、失效、无效、未生效、被撤销以及成立与否，均不影响仲裁条款或仲裁协议的效力。"

当事人对仲裁协议的效力有异议的，应当在仲裁庭首次开庭前提出，既可以直接请求仲裁委员会做出决定，也可以请求法院做出裁定。根据1998年10月《最高人民法院关于确认仲裁协议效力几个问题的批复》第三项规定，当事人对仲裁协议的效力有异议，一方当事人申请仲裁机构确认仲裁协议效力，另一方当事人请求法院确认仲裁协议无效，如果仲裁机构先于人民法院接受申请并已做出决定，人民法院不予重理；如果仲裁机构接受申请后尚未做出决定，人民法院应予受理，同时通知仲裁机构中止仲裁。《2015年中国海事仲裁委员会仲裁规则》第6条规定，仲裁委员会有权对仲裁协议的存在、效力以及仲裁案件的管辖权做出决定。如有必要，仲裁委员会也可以授权仲裁庭做出管辖权决定。当事人对仲裁协议的异议，应当在仲裁庭首次开庭前书面提出；书面审理的案件，应当在第一次实体答辩前提出。

如果仲裁协议无效，则对上述各方均无法律效力。至于哪些仲裁协议无效，各国仲裁法或仲裁规则均有明确规定。根据我国《仲裁法》第17条和第18条规定，下列仲裁协议无效：

（1）约定的仲裁事项超出法律规定的仲裁范围；

（2）无民事行为能力或限制民事行为能力人订立的仲裁协议；

（3）一方采取胁迫手段，迫使对方订立仲裁协议的；

（4）仲裁协议内容不明确，当事人达不成补充协议的。

对于涉外仲裁协议的效力应适用哪国法律认定的问题，国内外学者有不同观点。我国《仲裁法》对仲裁协议的准据法无规定，实践中争议较大。有的认为应适用当事人在合同中选择的准据法；有的认为应适用裁决做出地的法律。为此，《仲裁法司法解释》第16条做出了补充规定："对涉外仲裁协议的效力审查，适用当事人约定的法律；当事人没有约定适用的法律但约定了仲裁地的，适用仲裁地法律；没有约定适用的法律也没有约定仲裁地或者仲裁地约定不明的，适用法院地法律。"

（四）海事仲裁程序

海事仲裁程序（maritime arbitration proceedings）是海事仲裁机构审理仲裁案件所依据的行为规则。各国仲裁机构几乎都订立了自己的仲裁程序规则。如果当事人在仲裁协议中没有特别指定，仲裁机构通常适用本国的仲裁规则审理仲裁案件。从各国仲裁法程序规则来看，仲裁程序大体一致。此处仅以《2015年中国海事仲裁委员会仲裁规则》为例，对海事仲裁程序予以介绍。

1. 仲裁申请、答辩、反请求

仲裁程序自仲裁委员会仲裁院收到仲裁申请书之日起开始。①

如果争议双方存在将其争议提交仲裁的协议，则一方当事人（申请人）还需根据该协议向仲裁机构提交仲裁申请，仲裁机构收到申请后进行审查，对符合条件的予以立案。仲裁申请书应以书面形式为主，并应写明下列事项：(1)申请人和被申请人的名称和住所（如有邮政编码、电话、电传、传真、电报号码或其他电子通信方式，也应写明）；(2)申请人所依据的仲裁协议；(3)案情和争议要点；(4)申请人的仲裁请求；(5)仲裁请求所依据的事实和理由。

仲裁申请书应由申请人或申请人授权的代理人签名及/或盖章。提交仲裁申请书时，要附具申请人请求所依据的证据材料以及其他证明文件。

仲裁委员会经过审查，认为手续已完备的，应向申请人和被申请人发出仲裁通知。被申请人应在收到仲裁通知之日起 30 天内提交答辩和有关证明文件；被申请人如有反请求，最迟在收到仲裁通知之日起 30 天内以书面形式提交仲裁委员会。被申请人提出反请求时，应在其反请求申请书中写明具体的反请求事项及其所依据的事实和理由，并附具有关的证据材料以及其他证明文件。

2. 仲裁员及仲裁庭的组成

仲裁员不代表任何一方当事人，应独立于各方当事人，平等地对待各方当事人。仲裁委员会对仲裁申请及仲裁协议进行审查予以立案后，便组成仲裁庭审理海事争议。仲裁庭由一名或三名仲裁员组成。除非当事人另有约定或《海仲规则》另有规定，仲裁庭由三名仲裁员组成。申请人和被申请人应各自在收到仲裁通知后 15 天内选定或委托仲裁委员会主任指定一名仲裁员。当事人未在上述期限内选定或委托仲裁委员会主任指定的，由仲裁委员会主任指定。第三名仲裁员由双方当事人在被申请人收到仲裁通知后 15 天内共同选定或共同委托仲裁委员会主任指定。第三名仲裁员为仲裁庭的首席仲裁员。双方当事人未能按照上述规定共同选定首席仲裁员的，由仲裁委员会主任指定首席仲裁员。独任仲裁员可以由双方当事人在仲裁员名册中共同选定，也可以共同委托仲裁委员会主任指定。

《2015 年中国海事仲裁委员会仲裁规则》对仲裁员对有关信息的披露、仲裁员的回避和更换等都做了详细规定。

3. 审理

仲裁庭应当开庭审理案件，但不公开进行。如果双方当事人申请或者同意，仲裁庭也认为不必开庭审理的，可以只进行书面审理并做出裁决。如果双方当事人要求公开审理，由仲裁庭决定是否允许公开审理。

对开庭地点，当事人有约定的，仲裁审理应当在约定的仲裁地进行，但是当事人应预交仲裁员异地开庭的差旅费等额外开支。开庭审理的案件，仲裁庭确定第一次开庭日期后，应不晚于开庭前 20 天将开庭日期通知双方当事人。当事人有正当理由的，可以请求延期开庭，但应于收到开庭后 5 天内提出书面延期申请；是否延期，由仲裁庭决定。

为审理案件，仲裁庭可以实地调查、询问证人、咨询专家、审定证据等；审理过程中，也允许双方当事人在仲裁庭之外自行达成和解协议，或者由仲裁庭在自愿基础上对案件进行调解。

为实现仲裁的公平、经济和快捷，如果两个或多个仲裁案件涉及相同的事实或法律问

① 《2015 年中国海事仲裁委员会仲裁规则》第 11 条。

题，在征求各方当事人意见后，仲裁庭经商仲裁委员会可以决定对两个或多个仲裁案件合并开庭（《2015 年中国海事仲裁委员会仲裁规则》第 49 条）。

4. 裁决

仲裁庭应当在组庭之日起 6 个月内做出仲裁裁决书。在仲裁庭要求下，仲裁委员会秘书长认为确有必要并确有正当理由的，可以延长该期限。裁决效力是终局的，当事人不得向法院起诉，也不得向其他机构提出变更仲裁裁决的请求。对于当事人自行和解的案件，申请人应及时申请撤销案件，对已撤销的案件再次提出仲裁申请的，由仲裁委员会主任做出是否受理的决定；经仲裁庭调解达成和解协议的案件，仲裁庭可以根据调解协议的内容做出裁决书。

仲裁庭认为必要或当事人提出请求并经仲裁庭同意的，仲裁庭可以在做出最终裁决之前，就当事人的某些请求事项先行做出部分裁决。部分裁决是终局的，对双方当事人均有约束力。一方当事人不履行部分裁决，不影响仲裁程序的继续进行，也不影响仲裁庭做出最终裁决（《2015 年中国海事仲裁委员会仲裁规则》第 55 条）。

《2015 年中国海事仲裁委员会仲裁规则》第四章规定了简易程序。除非当事人另有约定，凡争议金额不超过人民币 200 万元的，或争议金额超过人民币 200 万元但经一方当事人书面申请并征得另一方当事人书面同意的，或双方当事人约定适用简易程序的，适用简易程序。没有争议金额或者争议金额不明确的，由仲裁委员会根据案件的复杂程度、涉及利益的大小以及其他有关因素综合考虑决定是否适用简易程序。在适用简易程序时，被申请人应在收到仲裁通知后 20 天内提交答辩书及证据材料以及其他证明文件；如有反请求，也应在此期限内提交反请求书及证据材料以及其他证明文件。申请人应在收到反请求书及其附件后 20 天内针对被申请人的反请求提交答辩。当事人确有正当理由请求延长上述期限的，由仲裁庭决定是否延长；仲裁庭尚未组成的，由仲裁委员会仲裁院做出决定。开庭日期应不晚于开庭前 15 天将开庭日期通知双方当事人。当事人有正当理由的，可以请求延期开庭，但应于收到开庭通知 3 天内提出书面延期申请；是否延期，由仲裁庭决定。仲裁庭应在组庭后 3 个月内做出裁决书，有正当理由可申请延期。

五、仲裁裁决的执行

仲裁裁决属于终局裁决，当事人应在仲裁裁决书写明的期限内自动履行裁决；未写明期限的，应当立即履行。一方当事人不履行的，另一方当事人可以根据我国《民事诉讼法》的有关规定，向被申请人住所地或者财产所在地的海事法院申请执行。如果需要执行的当事人的财产在国外，就需要由外国法院对裁决予以承认并协助执行。这时需根据《1958 年纽约公约》或我国缔结或参加的其他司法协助条约，向有管辖权的外国法院申请执行。

《1958 年纽约公约》于 1958 年 6 月 10 日在纽约召开的联合国国际商事仲裁会议上通过，并因此得名。该公约于 1959 年 6 月 7 日生效，目前已有 152 个国家和地区参加了该公约。1986 年 12 月 2 日第六届人大常委会第 18 次会议决定我国加入该公约，1987 年 4 月 22 日公约对我国生效，使我国仲裁机构的裁决在外国执行有了充分的法律保证。

《1958 年纽约公约》原则上规定缔约国之间必须相互承认和执行外国仲裁裁决，同时规定了拒绝承认和执行缔约国裁决的条件，其主要内容是：

（1）根据当事人协议选择的准据法或者做出裁决国家的法律，仲裁协议是无效的；

（2）被执行人没有得到关于仲裁员指定或进行仲裁程序的适当通知，没有被给予答辩的机会以致未能对案件提出意见；

(3)仲裁裁决的事项超越仲裁协议中约定的事项；

(4)仲裁庭的组成或仲裁程序与仲裁协议不符，或无此协议时与仲裁地所在国法律不符；

(5)仲裁裁决对当事人尚未发生法律约束力，或在做出裁决的国家为无效裁决；

(6)依被请求承认和执行仲裁裁决的国家的法律，争执的事项不属于仲裁的受案范围或该仲裁裁决与该国的公共秩序相抵触。

我国在加入《1958 年纽约公约》时，对公约做出了“互惠保留”和“商事保留”。前者指我国对在另一缔约国领土内做出的仲裁裁决的承认和执行适用该公约。对在非缔约国做出的仲裁裁决，需在我国法院承认和执行的，根据我国《民事诉讼法》有关互惠的原则办理。后者指我国仅对按照我国法律属于契约性和非契约性商事法律关系所引起的争议适用该公约。所谓“契约性和非契约性商事法律关系”，是指由于合同、侵权或者根据有关法律规定而产生的经济上的权利、义务关系。海上运输中发生的各种合同与非合同关系的海事争议当然应包括在其中。

我国 2012 年修正的《民事诉讼法》第 26 章对仲裁问题做了专门规定，为保证我国仲裁规则的正确适用提供了法律依据。该法第 274 条规定：“对中华人民共和国涉外仲裁机构做出的裁决，被申请人提出证据证明仲裁裁决有下列情形之一的，经人民法院组成合议庭审查核实，裁定不予执行：

(一)当事人在合同中没有订有仲裁条款或者事后没有达成书面仲裁协议的；

(二)被申请人没有得到指定仲裁员或者进行仲裁程序的通知，或者由于其他不属于被申请人负责的原因未能陈述意见的；

(三)仲裁庭的组成或者仲裁的程序与仲裁规则不符的；

(四)裁决的事项不属于仲裁协议的范围或者仲裁机构无权仲裁的。

人民法院认定执行该裁决违背社会公共利益的，裁定不予执行。”

对于法院裁定不予执行的海事仲裁裁决案件，当事人可以根据双方达成的书面仲裁协议重新申请仲裁，也可以向人民法院起诉。

第三节　海事局对海事争议的处理

海事局是对我国沿海水域的交通安全实施统一监督管理的主管机关[①]，具有处理海事争议的特殊职能。在《1983 年海上交通安全法》公布实施以前，海事局（其前身港务监督）根据 1953 年政务院有关文件的精神，已对大量的海损事故及时地进行了调查和处理，对保障港口和沿海水域的安全、良好程序、维护国家权益，起到了重要作用。《1982 年海洋环境保护法》及《1983 年海上交通安全法》颁布以后，海事局（其前身港务监督）对海事处理的职能发生了相应的变化，具有了更加明确的法律依据。

① 《1983 年海上交通安全法》第 3 条。该法正在修订中。

一、海事局对海事的行政处理

根据《1983 年海上交通安全法》第 42 条、第 43 条的规定，船舶、设施发生交通事故，应当向海事局递交事故报告书和有关资料，并接受调查处理，海事局有权对这些交通事故查明原因，判明责任。根据 2000 年 4 月 1 日施行的新修订的《海洋环境保护法》第 5 条的规定，海事局还“负责所辖港区水域内非军事船舶和港区水域外非渔业、非军事船舶污染海洋环境的监督管理，并负责污染事故的调查处理”。

海事局对于海上交通事故和海洋污染事故的调查，主要是查明海上事故的事实和发生的原因，收集有关海上事故的证据，从而判明责任，属于海运行政处理。对于海上交通事故，海事局可以根据事故的情节，分别对肇事者处以警告、扣留或吊销职务证书、罚款的处罚。对于造成或者可能造成海洋环境污染损害的行为，除可以给予警告、罚款外，还可以责令限期治理，缴纳排污费、支付清除污染费用及赔偿国家损失。

根据《1983 年海上交通安全法》第 45 条的规定，当事人对上述海上交通事故和海洋环境污染事故不能直接向法院起诉，法院也不应受理，而应通知当事人首先接受海事局的行政处理。当事人对此处理不服的，可以在接到处罚通知之日起 15 日内，向法院起诉，期满不起诉又不履行的，由海事局申请法院强制执行。

法院对于当事人的起诉，应根据《行政诉讼法》进行审查，认为符合行政诉讼收案范围的，应当在 7 日内立案，并进入普通程序。如不予立案，应当做出不予受理的裁定。当事人对裁定不服可以上诉。

根据《行政诉讼法》第 50 条规定，法院对此类行政案件的审理不适用调解，应以判决形式进行。当事人不服法院第一审判决的，有权在判决书送达之日起 15 日内向上一级法院提起上诉。根据《2015 年最高人民法院关于海事法院受理案例范围的规定》，海事行政案件属于海事法院，而不由地方法院受理。如前所述，目前，在我国，海运行政诉讼案件由地方法院受理。

二、海事局对海事争议的调解

海上事故的肇事方除需承担行政责任外，有时还需依法承担民事（经济）赔偿责任，甚至刑事责任。

根据《1983 年海上交通安全法》第 46 条规定，因海上交通事故引起的民事纠纷，可以由海事局调解处理，不愿意调解或调解不成的，当事人可以向海事法院起诉；涉外案件的当事人，还可以根据书面仲裁协议提交仲裁机构进行仲裁。

海事局对海事争议的调解完全在双方当事人自愿的前提下进行，由海事局依法在“查明原因，判明责任”的基础上，进一步对海事争议进行调解，有利于案件的迅速解决。但由于海事局的调解不具有法律拘束力，因此对案件复杂，双方争议较大，当事人不愿调解或难以调解的案件，当事人应及时向有管辖权的海事法院起诉，或根据仲裁协议将争议提交仲裁解决，应避免争议久拖不决，使双方当事人产生更大的损失。

第四节　涉外海事关系的法律适用

海商法的特点之一就是具有很强的涉外性，使其大部分调整对象成为具有涉外因素的海事法律关系（以下简称“涉外海事关系”）。表现为这种涉外海事关系的诸因素（主体、客体和内容）中至少有一种因素与外国有联系。涉外海事关系以船舶为中心，船舶又在世界各国港口间从事海上运输，由此产生的各种海事争议实际上往往涉及多个国家或地区。应适用哪国法律来解决各种涉外海事争议，是各国海事国际私法（private international maritime law）的任务。我国《海商法》第十四章“涉外海事关系的法律适用”就是我国海事国际私法的主要表现形式，是对涉外海事关系法律适用问题的专章规定。《海商法》第十四章没有规定的，应适用我国《2011 年涉外民事法律关系适用法》。本节主要对《海商法》第十四章的规定进行论述。

一、涉外海事关系法律适用的基本原则

（一）国际条约优先适用原则

这是我国《海商法》第 268 条第 1 款的规定，即中华人民共和国缔结或者参加的国际条约同本法有不同规定的，应优先适用国际条约的规定，但是我国声明保留的条款除外。

（二）适用国际惯例原则

我国《海商法》第 268 条第 2 款明确规定，我国法律和我国缔结或者参加的国际条约没有规定的，可以适用国际惯例，即我国法律承认国际惯例具有法律效力。

（三）公共秩序保留原则

我国《海商法》第 276 条规定，适用外国法律或者国际惯例不得违背中华人民共和国的社会公共利益。这是各国国际私法中普遍接受的一项原则，即如果外国法或国际惯例的适用与法院地的公共秩序（public order）相抵触，则对其不予适用。此时，根据我国《涉外民事关系法律适用法》第 5 条规定，将适用我国法律解决涉外海事案件。

二、涉外海事关系的法律适用

（一）船舶物权的法律适用

船舶物权包括船舶所有权和船舶担保物权，后者又包括船舶抵押权、船舶优先权和船舶留置权。

1. *船舶所有权的准据法*（applicable law）

在国际私法中，有关物权的传统冲突规范是“物权依物之所在地法”。但对于船舶物权，不能再机械地适用“物之所在地法”，因为船舶作为运输工具，其所在地在不断发生变化，“物之所在地法”随之不断改变，使船舶物权法律关系丧失了可预见性和稳定性。而船舶具有相对稳定的国籍，并受船旗国法律的管辖和保护，因此，在海事国际私法中，各国对船舶物权（主要是船舶所有权和船舶抵押权）通常以船舶国籍作为联结点而适用船旗国法（the law of the flag)。韩国《国际私法》第 60 条规定,船舶优先权也适用船旗国法。[①] 我国《海商法》第 270 条即规定:"船舶所有权的取得、转让和消灭,适用船旗国法律。"

2. 船舶抵押权的准据法

对于船舶抵押权,虽然它是基于抵押合同产生的,但在国际私法理论中却不允许当事人自主选择适用的法律。各国一般规定对其适用船旗国法。我国《海商法》第 271 条规定:"船舶抵押权适用船旗国法。船舶在光船租赁以前或者光船租赁期间,设立船舶抵押权的,适用原船舶登记国的法律。"

3. 船舶优先权的准据法

关于船舶优先权的法律适用,各国立法、司法实践做法不尽一致,主要有法院地法、船舶所在地法、债权原因发生地法、船旗国法和依据最密切联系原则确定的法律等。但多数国家对船舶优先权适用法院地法,包括我国《海商法》第 272 条。主要理由为:(1)船舶优先权是法定担保物权,有关法律规定只能在立法者管辖范围之内确定;(2)船舶优先权是程序性权利[②],对程序问题适用法院地法是各国普遍接受的原则;(3)船舶优先权须通过司法程序行使,表现为需通过法院对船舶实施扣押、拍卖、债权登记及清偿债务等。既然与船舶优先权有关的程序问题适用法院地法,船舶优先权本身也应适用法院地法,这样,能够保证法律适用的完整性和连续性。

4. 船舶留置权的准据法

对于船舶留置权的准据法,我国《海商法》没有规定,笔者主张适用留置船舶所在地的法律,因为船舶留置权以"占有"船舶为前提。

(二)船长、船员权利义务的法律适用

关于船长、船员权利义务的法律适用问题,我国《海商法》第十四章没有明确的规定。对于船长的权利义务,大陆法系国家(如阿根廷、保加利亚、意大利、捷克斯洛伐克等)均规定适用船旗国法。而英国对此规定有所不同,如果船长的权利义务是基于雇用合同产生的,应适用雇用合同的准据法;如果直接根据法律规定产生的争议,船舶在公海上时则适用船旗国法,在一国领海或内水时,则适用船舶所在水域所属国的法律。对于船员的权利义务,结合主要海运国家立法、司法实践及《1940 年通商航行法条约》的有关规定,一般允许合同双方在雇用合同中自主选择法律;当事人没有选择法律的,适用船旗国法。

(三)海商合同的法律适用

我国《海商法》第 269 条规定:"合同当事人可以选择合同适用的法律,法律另有规定的除外。合同当事人没有选择的,适用与合同有最密切联系的法律。"这是当事人"意思自治原则"和"最密切联系原则"在法律适用上的体现,也是大多数国家在合同领域所采用的一项基本法律适用原则。

与海上运输有关的合同种类很多,包括提单证明的国际海上货物运输合同、租船合同、海上旅客运输合同、海上拖带合同、海上保险合同、海上救助合同等,不同性质的合同,内容不尽相同,由当事人在合同中或争议发生后自主选择其争议所适用的法律,不仅被各国国际私法普

① 高丽大学海商法研究中心,Maritime Law News Update, 2015 年 1 月,第 9 期。

② 当然,船舶优先权是属于程序性权利还是实体性权利,尚存在争议。

遍接受，也有利于争议迅速、及时地解决。

在实践中，大量海上运输合同（尤其是采用标准格式的合同）中都订有法律适用条款。一般而言，只要该条款中约定的准据法不与法院地的强制性法律规定相抵触，不与法院地公共秩序相抵触，其效力都会得到法院的承认。

在合同当事人没有选择所适用的法律时，适用于与合同有最密切联系的国家法律，这是一条为大多数国家接受的冲突规则，它要求法官在综合考虑与合同有关的各种联结因素（如合同缔结地、合同履行地、装货港、卸货港、承运人主营业所所在地、船旗国、当事人住所、居所等）的基础上，确定合同争议与哪个国家有最密切的联系，就适用哪个国家的法律。

（四）船舶碰撞损害赔偿的法律适用

船舶碰撞属于一种海上侵权行为，根据传统国际私法理论，“侵权适用侵权行为地法”这一原则对船舶碰撞也应适用。但有时船舶碰撞发生在公海上，或者同一国籍的船舶之间在他国海域发生碰撞，再坚持适用“侵权行为地法”明显存在不合理之处。因此，我国《海商法》第273条分别就不同情况规定了船舶碰撞的准据法。

（1）船舶碰撞的损害赔偿，适用侵权行为地法。当船舶碰撞发生在一国领海及内水时，由其引起的损害赔偿适用侵权行为地法的做法，已被各国及国际公约所接受。不仅能够照顾到侵权行为发生地国的特殊利益，而且，能够使当事人较容易地预见其所承担的法律责任。

（2）船舶在公海上发生碰撞的损害赔偿，适用受理案件的法院所在地法律，这一规定主要适用于不同国籍的船舶之间在公海上发生的碰撞，因为公海上不存在“侵权行为地法”。但这一规定又会助长原告“择地行诉”（forum shopping）的现象，使法院判决结果缺乏预见性、稳定性。

（3）同一国籍的船舶，不论碰撞发生于何地，碰撞船舶之间的损害赔偿适用船旗国法。对于同一国籍的船舶在公海上发生的碰撞，大多数国家（如阿根廷、保加利亚、意大利、日本、澳大利亚、新西兰和美国等）均规定适用船旗国法。对于同一国籍的船舶在他国领海或内水发生的碰撞，我国《海商法》仅规定有关船舶之间损害赔偿适用船旗国法，对于因碰撞引发的其他损害赔偿仍应适用侵权行为地法。

（五）共同海损的法律适用

对于共同海损，各国立法规定不尽相同，主要有适用货物运输合同中选择的法律、航次终止地法、理算地法、船旗国法等。我国《海商法》第274条规定：“共同海损理算，适用理算地法律。”但在实践中，共同海损不仅包括理算问题，还包括共同海损的成立、应履行的手续、各方的分摊义务等，对此均应解释为适用理算地法。

值得注意的是，我国《海商法》第十章共同海损第203条又规定：“共同海损理算，适用合同约定的理算规则；合同未约定的，适用本章的规定。”这两条同作为有关共同海损的冲突规范，存在相互矛盾、不太衔接之处，建议做出以下修改：“共同海损理算，适用合同约定的理算规则；合同未约定的，适用理算地法律。”

（六）海事赔偿责任限制的法律适用

海事赔偿责任限制是一种在发生重大海损事故时，责任人可根据法律规定，将自己的赔偿责任限制在一定范围内的法律制度。因此，海事赔偿责任限制的提出以某一重大海损事故的发生为前提。这样，海事赔偿责任限制所适用的准据法是否与引起该责任限制的海损事故适用的准据法相一致呢？对此国际上有不同的主张：有的主张两者的准据法应一致，即一元论或同一原则；有的主张责任限制问题适用责任限制的准据法，而引起责任限制的重大海损事故依其性质不同而适用不同的准据法，即二元论或分立原则。

我国《海商法》第 275 条规定："海事赔偿责任限制，适用受理案件的法院所在地法律。"由此规定看，我国采用了分立原则。

（七）船舶扣押的准据法

就其性质而言，船舶扣押是一种保全，无论作为诉前保全还是诉讼保全，均属程序法的范畴。关于"程序问题适用法院地法"的原则已为各国国际私法普遍接受，因此，虽然我国《海商法》没有规定船舶扣押的准据法，但是在我国海事国际私法理论及司法实践中均适用法院地法来处理该问题。需要说明的是，引起船舶扣押的受实体法调整的海事争议并不一定适用法院地法，而应根据该海事争议案件的性质来确定其准据法。

最后应注意的是，根据我国《涉外民事关系法律适用法》第 9 条规定："涉外民事关系适用的外国法律，不包括该国的法律适用法。"即我国法院在审理涉外海事案件，通过有关冲突规范的指引确定的准据法为外国法时，仅适用该外国的实体法，不包括其冲突法。

参考文献

[1]谢梅. 海运业务与海法. 北京:人民交通出版社,1988.

[2]尹东年,於世成. 海运法规教程. 北京:人民交通出版社,1990.

[3]张永坚,侯志亭. 船长在取证中的作用. 大连:大连海运学院出版社,1992.

[4]王义源,曾凯. 远洋运输业务. 3 版. 北京:人民交通出版社,1992.

[5]交通部政策法规司,交通法律服务中心. 中华人民共和国海商法条文释义. 北京:人民交通出版社,1993.

[6]司玉琢. 中华人民共和国海商法问答. 北京:人民交通出版社,1993.

[7]张忠晔. 各国和地区海商法比较. 北京:人民交通出版社,1994.

[8]交通部国际合作司. 国际海事条约汇编:第 5 卷:大连:大连海事大学出版社,1994.

[9]交通部国际合作司. 国际海事条约汇编:第 6 卷:大连:大连海事大学出版社,1994.

[10]司玉琢,胡正良. 海商法详论. 大连:大连海事大学出版社,1995.

[11]司玉琢,吴兆麟. 船舶碰撞法. 大连:大连海事大学出版社,1995.

[12]王利明,郭明瑞. 民法新论. 北京:中国政法大学出版社,1995.

[13]王恩韶,许履刚. 共同海损. 大连:大连海事大学出版社,1996.

[14]汪鹏南. 海上保险合同法详论. 大连:大连海事大学出版社,1996.

[15]金正佳,翁子明. 海事请求保全专论. 大连:大连海事大学出版社,1996.

[16]朱清编. 海事诉讼与仲裁. 大连:大连海事大学出版社,1996.

[17]司玉琢. 海商法大辞典. 北京:人民交通出版社,1998.

[18]邹海林,常敏. 债权担保的方式和应用. 北京:法律出版社,1998.

[19]沈木珠. 海商法比较研究. 北京:中国政法大学出版社,1998.

[20]中华人民共和国合同法:中英对照. 北京:法律出版社,1999.

[21]王艳玲. 现代物流实务与法律. 北京:人民交通出版社,2001.

[22]中华人民共和国国际海运条例:中英文. 北京:人民交通出版社,2002.

[23]张晓. 远洋运输业务与海商法. 大连:大连海事大学出版社,2003.

[24]中华人民共和国交通部. 中华人民共和国国际海运条例实施细则:中英文. 北京:人民交通出版社,2003.

[25]韩立新,王秀芬. 各国(地区)海商法汇编. 大连:大连海事大学出版社,2003.

[26]李志文,袁绍春,尹伟民. 国际海运条例释义. 大连:大连海事大学出版社,2004.

[27]交通部国际合作司. 国际海事条约汇编:第 10 卷. 大连:大连海事大学出版社,2005.

[28]交通部国际合作司. 国际海事条约汇编:第11卷. 大连:大连海事大学出版社,2006.

[29]郑丙贵,王学锋. 无船承运人制度与业务. 大连:大连海事大学出版社,2006.

[30]胡美芬,王义源. 远洋运输业务. 4版. 北京:人民交通出版社,2007.

[31]郭萍. 国际货运代理法律制度研究. 北京:法律出版社,2007.

[32]胡正良,韩立新. 海事法. 北京:北京大学出版社,2009.

[33] 张丽英. 海商法学. 2版. 北京:高等教育出版社,2010.

[34]郭萍,袁绍春,蒋跃川. 国际海上货物运输实务与法律,大连:大连海事大学出版社,2010.

[35]韩立新. 海上侵权行为法研究,北京:北京师范大学出版社,2011.

[36]司玉琢. 海商法. 3版. 北京:法律出版社,2012.

[37]交通部国际合作司. 国际海事条约汇编:第10卷第11卷补充本. 大连:大连海事大学出版社,2012.

[38]郭萍. 货物多式联运法律制度比较研究. 大连:大连海事大学出版社,2012.

[39]郭萍. 租船实务与法律. 3版. 大连:大连海事大学出版社,2014.

[40]韩立新. 海事国际私法. 2版. 大连:大连海事大学出版社,2015.

[41]韩立新,袁绍春,尹伟民. 海事诉讼与仲裁. 大连:大连海事大学出版社,2015.